世界地理

大讲堂
双　色
图文版

刘凤珍◎主编　马欣◎编著

中国华侨出版社
北京

图书在版编目（CIP）数据

世界地理大讲堂 / 马欣编著 . —北京：中国华侨出版社，2016.12
（中侨大讲堂 / 刘凤珍主编）
ISBN 978-7-5113-6496-8

Ⅰ . ①世… Ⅱ . ①马… Ⅲ . ①地理—世界—通俗读物
Ⅳ . ① K91-49

中国版本图书馆 CIP 数据核字（2016）第 285887 号

世界地理大讲堂

编　　著 / 马　欣

出 版 人 / 刘凤珍

责任编辑 / 千　寻

责任校对 / 王京燕

经　　销 / 新华书店

开　　本 / 787 毫米 × 1092 毫米　1/16　印张 /24　字数 /483 千字

印　　刷 / 三河市华润印刷有限公司

版　　次 / 2022 年 2 月第 1 版第 2 次印刷

书　　号 / ISBN 978-7-5113-6496-8

定　　价 / 48.00 元

中国华侨出版社　北京市朝阳区静安里 26 号通成达大厦 3 层　邮编：100028

法律顾问：陈鹰律师事务所

编辑部：（010）64443056　　64443979

发行部：（010）64443051　　传真：（010）64439708

网　　址：www.oveaschin.com

E-mail：oveaschin@sina.com

前 言

Preface

　　有些知识对个人而言，多则有益，少亦无碍。但世界地理知识不是这样，缺少它不仅会给生活带来很多障碍和不必要的麻烦，而且会失去许多美好的东西。当你迷失在亚马孙的原始丛林中时，当你感叹金字塔的壮观却对它的悠久历史所知甚少时，当你漫步佛罗伦萨的街道却难以理解这个城市深厚的文化内涵时，当你俯视科罗拉多大峡谷却不知道它的地貌成因时……这一点你会深切地体会到。

　　我们评价一个人有学问，常用"上知天文，下晓地理"这句话，这可以从一定程度上反映出国人对地理知识的重视。然而一个人掌握知识的能力（包括精力、理解力、时间）是有限的，对于一个普通读者，如何在精力有限、时间有限的情况下，掌握必需的地理知识，构建合理的知识结构，是一个亟待解决的问题。本书编写目的正在于此，将地理知识和人文历史有机融合，使读者在短时间内纵览世界锦绣山河、全球风土人情，同时了解相关的人文历史知识。

　　本书具备体例简明、信息丰富、阅读轻松的鲜明特点。共分为六个部分，第一个部分介绍了地球所处的宇宙环境，地球上的海陆状况、气候、居民及四大洋的基本概况，后五个部分则分别对非洲、亚洲、大洋洲、美洲（北美洲和南美洲）和欧洲予以讲解，以国家为单元，用生动流畅的语言、科学翔实的数据，辅以"国家概况"等相关列表，详细介绍了世界上200多个国家和属地的地理位置、地形特征、气候、经济、习俗、旅游等方面的知识，多角度解读世界自然和人文地理，系统、全面地展示了世界各国的地域风情和人文特色。可以说，这是一部便捷实用的世界地理百科全书。

　　同时我们也没有忽视本书的审美要求，力图把它打造成一部艺术性与知识性相融合、包罗万象的工具书和优秀的旅游指南。因此，在配图方面，我们精心选取了约200幅精美图片，包括景色怡人的自然奇观、文化厚重的历史遗迹、宏伟壮丽的都会名城、独具魅力的民俗风情等，结合新颖时尚的版式设计和简明科学的体例，全方位展现各国地理的丰富多彩，使读者在学习地理知识的同时，获得更加鲜明而深刻的印象。

　　本书广征博引，融知识性、实用性及科学性为一体，图文并茂、蔚然大观。它可读、可藏、可用，能使读者轻松获取地理知识，提升文化素养，同时得到更广阔的审美感受和愉快体验。

目 录
Contents

◀ 美 洲 ▶

◀ 欧 洲 ▶

宇宙与地球

UNIVERSE
and EARTH

宇宙，一般被当作天地万物的总称。古代，人们把空间称为"宇"，把时间称为"宙"，用空间和时间来表达宇宙的内涵。现代天文学家通过各种观测手段，认识到宇宙是由各种形态的物质构成的，是在不断运动和发展变化的。

地球是宇宙中的一个星球。地球上的许多自然现象都与它所处的宇宙环境和自身的运动有着密切关系。地球是人类的家园，为了扩大社会生产活动，人类还要不断开拓新的天地。因此，人类为了更好地生存和发展，应该首先了解地球的宇宙环境。

简述

宇宙是天地万物，是物质世界。"宇"是空间的概念，是无边无际的；"宙"是时间的概念，是无始无终的。宇宙是无限的空间和无限的时间的统一。宇宙的统一性在于它的物质性，即任何宇宙空间无一不是物质的或由物质构成的，宇宙中物质的存在形式具有多样性，一部分物质以电磁波、星际物质（气体、尘埃）等形式呈连续状态弥散在广漠的空间；另一部分则积聚成团，表现为各种堆积形式的实体，如地球、月球、其他行星、恒星和星云等。所有的物质都在不停地运动、变化着。当前最大的光学望远镜已可观测到 200 亿光年的遥远目标，这就是现今人类所能观测到的宇宙部分，它只是无限宇宙的一个小小局部。随着科学技术的发展，人类对宇宙范围的认识将不断扩大。

太阳系

太阳系是银河系一个极微小的部分，离银河系中心近 3 万光年。太阳系由 8 颗大行星以及无数小行星、彗星、流星体等天体围绕太阳公转构成。太阳是太阳系的核心，占整个太阳系质量的 99.86%。大行星由太阳起往外的顺序是：水星、金星、地球、火星、木星、土星、天王星和海王星。离太阳较近的水星、金星、地球及火星称为类地行星，它们的共同特征是密度大、体积小、自转慢、卫星少，内部成分主要为硅酸盐，具有固体外壳。木星和土星被称为巨行星，它们是气态行星，主要成分是氢、氦和不同物理状态下的水，体积和质量都很大，平均密度小，表面温

地球从尘埃和气体的云雾中诞生

云层覆盖地球，凝聚成雨。在低洼处形成海洋

当地球内部的岩浆冲出地壳后，其中的挥发性物质逸出，形成原始大气

陨星的撞击破坏了地球表面

度低。天王星和海王星被称为远日行星，其体积适中，主要是由分子氢组成的大气，通常有一层非常厚的甲烷冰、氨冰之类的冰物质覆盖在其表面上，再以下就是坚硬的岩核。在火星与木星之间有 10 万个以上的小行星（即由岩石组成的不规则的小星体）。在太阳系中，现已发现 1 600 多颗彗星，还有数量众多的大小流星体，有些流星体是成群的，这些流星群是彗星瓦解的产物。大流星体降落到地面则成为陨石。

地球

地球是太阳系自中心向外的第三颗行星，已有 46 亿年的历史，到太阳的平均距离是 149 573 000 千米（日地平均距离被称作 1 个天文单位）。地球公转的角速度平均为每天大约 59 分，线速度为每秒 30 千米，公转一周的时间为 365.256 天。地球绕太阳公转时，也绕自己的轴旋转，每 23 小时 56 分 4 秒自转一周。地球为太阳系第五大行星，赤道圆周长 40 076 千米，表面积约 50 960 万平方千米，其中约 29% 为陆地。地球的大气层由气体混合物组成，主要是氮和氧。地球只有一个自然卫星——月球，距地球约 384 400 千米。

板块学说

板块学说认为，地球的地壳由几个

实体板块构成，各自在热地幔上漂浮。它们的漂浮具有两个过程：扩大和缩小。扩大指两个板块互相远离，下面涌上来的岩浆形成新地壳；缩小则指两个板块相互碰撞，其中一个的边缘部分伸入了另一个的下面，在地幔中受热而破碎。在板块分界处有许多断层，大洲板块间也有碰撞，地震经常发生在这些板块交界处。目前地球有六大板块：美洲板块、南极洲板块、亚欧板块、非洲板块、印度洋板块、太平洋板块。

陆地

陆地是指地球表面未被海水淹没的部分。陆地的平均高度为875米，大体分为大陆、岛屿和半岛。大陆是面积广大的陆地。全球有6个大陆，按面积大小依次为亚欧大陆、非洲大陆、北美大陆、南美大陆、南极大陆、澳大利亚大陆。大陆和它附近的岛屿总称为洲。全球有七大洲，按面积大小依次为亚洲、非洲、北美洲、南美洲、南极洲、欧洲和大洋洲。岛屿是散布在海洋、河流或湖泊中的小块陆地，彼此相距较近的一群岛屿称群岛。世界岛屿总面积为970多万平方千米，约占世界陆地总面积的1/15。岛屿按成因可分为大陆岛、海洋岛（火山岛、珊瑚岛）和冲积岛。

地球表面高低悬殊，形态多样。按照高度和起伏形态，陆地大体可分为平原、山地、高原、丘陵和盆地五大形态；此外，还有受外力作用强烈影响而形成的河流、三角洲、瀑布、湖泊、沙漠等。平原是指宽广平坦或略有起伏而边缘无崖壁的地区，海拔一般为200米以下。山地是由海拔500米以上的低山、1000米以上的中山和高峻山脉组成的。山地地面起伏大，山坡陡峻，相对高度大。线状延伸的山体叫山脉，成因上相

联系的若干相邻山脉叫山系。目前世界上的高大山脉多是在地壳运动特别强烈的地带逐渐形成的。高原一般指高度较大、起伏较小、边缘通常以崖壁为界的地区。丘陵一般指地表起伏小、坡度较缓、连绵不断的低矮山丘。丘陵海拔和相对高度一般小于山地，丘顶呈浑圆状。盆地一般指四周高（山地或高原）、中部低（平原或丘陵）的地区。

海洋

海洋是指地球上广阔连续的水域，平均深度为3795米，包括洋、海和海峡。洋是海洋的主体部分，具有幽深而浩瀚的水域，有比较稳定的盐度（36‰左右），有独自的潮汐和洋流系统。世界上有太平洋、大西洋、印度洋和北冰洋四大洋。海是海洋的边缘部分，海没有独自的潮汐和洋流系统，面积较小，深度较浅，温度和盐度受大陆影响较大。海又分边缘海、内陆海和陆间海3种。濒临大陆，以半岛或岛屿与大洋分开的海，叫边缘海；伸入大陆内部，仅有狭窄水道与大洋或边缘海相连的海叫内陆海；位于两个大陆之间的海，叫陆间海。海峡是两端连接海洋的狭窄水道。

深厚的海水掩盖了海底的面貌，实际上海底地势的起伏并不亚于陆地。海底地形大体分为大陆架、大陆坡和洋底3种。大陆架是指大陆边缘在海面以下的延续部分。大陆架坡度平缓、海水很浅，一般深度为0～200米，个别外缘可达500～600米。大陆坡是指大陆架以外到深海盆地坡度陡急的过渡带，是地球上最大的斜坡，由大陆架至深海大陆坡底部，深度在3000米左右。洋底是海洋的主体部分，深度一般为3000～6000米，约占海洋总面积

的 80%。海底地貌类型多样，有海岭、海盆、海沟、海丘、海山、海渊和海底高原等。

气候

各种形成因素错综复杂的相互作用，形成了不同地区的不同气候。为了解各地气候特征及其变化规律，在时间上可以划分气候季节，在地区上可划分气候带与气候类型。季节变化主要是因地球公转、地表接受太阳辐射随时间而变化造成的，一般来说，平均气温低于 10℃ 是冬季，高于 22℃ 为夏季，10～22℃ 为春季或秋季。太阳辐射在地球上的分布取决于地理纬度，因而气候也相应地有按纬度呈带状分布的规律性。以回归线和极圈为界级划分的五带，实际上是天文气候带；以温度指标划分的五带，实际上是温度带。不同学科划分气候的标准也不相同，有的以气温和降水划分气候带，有的以植被类型划分气候带，有的以气团的地理类型及其活动范围划分气候带等，并在气候带内又根据气候的差异划分出一些气候类型。

世界民族

当今世界约有 2000 个大小不同的民族，人口在 1 亿以上的有 7 个，他们是汉人、印度斯坦人、美利坚人、俄罗斯人、孟加拉人、日本人、巴西人，占全球总人口的 42% 以上。人口在 1 亿以下 1000 万以上的民族有 65 个，其中 5000 万～1 亿的有德意志人、比哈尔人、意大利人、爪哇人、墨西哥人、泰卢固人、英吉利人、朝鲜人，约占全球人口的民族 12.5%。100 万以上 1000 万以下的民族有 305 个。全球人口在 10 万人以上的民族共 550 余个，其人数合计占总人口的 99%。人口较少的民族有的仅百人或几十人。

世界语言

到现在还无人能确切地说出世界上有多少种语言，语言学家大都同意至少有 2500 种，单是非洲就有 1000 种以上，但是使用人数超过 100 万的语言只有 134 种，也就是说绝大多数语言的使用者很少，有的只有几十人。另外，还有大量的语言因为使用它们的人全部死亡或者接受了其他民族的语言而消失了。语言学家根据语言的发音特点、语法结构，把多种语言归并成类，称为语系。举例来说，"母亲"一词英语称为"mother"，希腊语称为"meter"，而西班牙语称为"madre"，伊朗语称为"matar"，新加坡语称为"maoa"，阿尔曼语称为"mair"，因此这几种语言都可归并为一类，属于印欧语系。用这种方法可以把全世界的语言分为 20 个语系，汉语属于汉藏语系，此外还有阿拉伯语系、阿尔泰语系等。

世界人种

世界居民以肤色分类主要有黄色人种、白色人种、黑色人种、棕色人种和南美洲的印第安人。黄色人种主要分布于亚洲，集中在东亚和东南亚；白色人种是分布最广泛的人种，遍布全世界，欧洲和北美洲最集中，南美洲、亚洲西部、非洲北部以及中国西北部也有少量白色人种；黑色人种主要集中在非洲撒哈拉以南地区，美国等一些国家也有不少；棕色人种主要分布在澳大利亚西部。种族是综合特征分类，凡具有形态上和生理上的共同性和语言习俗等历史文化因素共同性的有区域性特点的群体一般可以归为同一种族。全世界种族的划分，在黄色人种、白色人种和黑色人种三大人种之内，既有不少的过渡类型，又有许多区域性的变异，情况错综复杂，目前流行的是地理分类方法，即按地理区域划分为亚洲人、非洲人、美洲印第安人、欧洲人、东印度人、澳大利亚人等。

太平洋 /Pacific Ocean

地理位置及分布

太平洋位于亚洲、大洋洲、南极洲和美洲之间，占世界海洋总面积的49.8%，占地球总面积的35%。

太平洋的平均深度为3957米，最大深度为马里亚纳海沟，其西南角的斐查兹深渊深达11034米，是目前已知世界海洋的最深点。地球上水深在6000米以上的海沟共有29条，太平洋就占20条，全世界深度超过1万米的6个深海沟全都在太平洋。太平洋上的岛屿众多，有2万多个，总面积440多万平方千米，约占世界岛屿总面积的45%，是四大洋中岛屿最多的大洋。大陆岛主要分布在西部，中部有很多星散般的海洋岛。

太平洋西南以塔斯马尼亚岛东南角至南极大陆的经线与印度洋分界，东南以通过南美洲最南端的合恩角的经线与大西洋分界，北经白令海峡与北冰洋连接，东经巴拿马运河和麦哲伦海峡、德雷克海峡沟通大西洋，西经马六甲海峡通印度洋，总轮廓近似圆形。

面　　积	17868万平方千米
平均深度	3957米
最大深度	11034米
最大宽度	18000千米
最大长度	13900千米
海 岸 线	135663千米
年蒸发量	114厘米
年交换量	13厘米
年度陆地来水量	6厘米

人们通常以南、北回归线为界，将太平洋分为南、中、北太平洋。北太平洋为北回归线以北海域，地处北亚热带和北温带，主要属海有东海、黄海、日本海、鄂霍次克海和白令海。中太平洋位于南、北回归线之间，地处热带，主要属海有南海、爪哇海、珊瑚海、苏禄海、苏拉威西海、班达海等。南太平洋为南回归线以南海域，地处南亚热带和南温带，主要属海有塔斯曼海、别林斯高晋海、罗斯海和阿蒙森海。

太平洋地区共有30多个国家。西岸有俄罗斯、中国、韩国、朝鲜、越南、柬埔寨、老挝、日本等；东岸有智利、秘鲁、墨西哥、美国、加拿大等；南边还有澳大利亚、新西兰、西萨摩亚、瑙鲁、汤加、斐济等，此外，还有十几个分属美、英、法等国的海外领地。

海底地形

太平洋的海底地形可分为中部深水区域、边缘浅水区域和大陆架三大部分。2000米以下的深水区域约占总面积的87%，200～2000米的边缘部分约占7.4%，200米以内的大陆架约占5.6%。北半部有巨大海盆，西部有多条岛弧，岛弧外侧有深海沟。北部和西部边缘海有宽阔的大陆架，中部深水域水深多超过5000米。夏威夷群岛和莱茵群岛将中部深水区分隔成东、北太平洋海盆。海底有大量的火山锥。边缘浅水域水深多在5000米以上，海盆地面积较小。

太平洋深海盆地占太平洋总面积的55%。以太平洋中脊为准，可以把洋底分成东、西两个大海盆，洋脊以西的海盆大于洋脊以东的海盆。东北太平洋海盆西起于中部海底山脉，南到土阿莫土

夏威夷群岛的海岸

夏威夷为太平洋中部的一组火山岛，火山喷发的熔岩散落在海岸，十分壮观。

和东太平洋洋脊、东界、北界与北美大陆水下边缘相连。南太平洋海盆位于汤加岛克马德克群岛和新西兰以东，与东太平洋海隆相接，南部与南太平洋海隆相连，广泛分布着纬向断裂带，平均深度 5 500 米左右，最深处近 6 000 米。

太平洋的过渡带分布广泛，约占洋底面积的 13.5%，包括岛弧、边缘海和海沟，特征极为突出。太平洋岛弧在海面上多呈花彩状弧形分布的岛屿，而在大洋底则是沿海沟内侧延伸的巨大山脉和山系，它们与同名称的海沟组成岛弧—海沟系，主要分布在太平洋西部。

太平洋大陆架的总面积约为 975 万平方千米，约占海底面积的 45%。西部大陆架宽于东部，如白令海峡北部、渤海、黄海、东海、南海都有极为广阔的大陆架。太平洋大陆坡较窄，平均宽度只有 20 ~ 40 千米。

气候

太平洋有很大一部分处在热带和亚热带地区，故热带和亚热带气候占优势，它的气候分布、地区差异主要是由于水面洋流及附近大陆上空的大气环流影响而产生的。气温随着纬度增高而递减。南、北太平洋最低月平均气温从回归线向极地为 20 ——16℃，中太平洋常年保持在 25℃ 左右。太平洋

年平均降水量一般为 1 000 ~ 2 000 毫米，多雨区可达 3 000 ~ 5 000 毫米，而降水量最小的地区不足 100 毫米。北纬 40° 以南常有海雾。水面气温平均为 19.1℃，赤道附近最高达 29℃。在靠近极圈的海面有结冰现象。

太平洋上的吼啸狂风和汹涌波涛很是著名。在寒暖流交接的过渡地带和西风带内，多狂风和波涛。太平洋北部以冬季为多。南部以夏季为多，尤以南、北纬 40° 附近为甚。中部较平静，终年利于航行。

洋流

太平洋洋流大致以北纬 5° ~ 10° 为界，分成南、北两大环流。北部环流顺时针方向运行，由北赤道暖流、日本暖流、北太平洋暖流和加利福尼亚寒流组成；南部环流逆时针方向运行，由南赤道暖流、东澳大利亚暖流、西风漂流、秘鲁寒流组成。两大环流之间为赤道逆流，由西向东运行，流速约每小时 2 千米。

自然资源

在太平洋生长的动植物，浮游植物、海底植物以及鱼类和其他动物都比其他大洋丰富。

太平洋浅海渔场面积约占世界各大洋浅海渔场总面积的 1/2，海洋渔获量占世界渔获量的一半以上，秘鲁、日本、中国舟山群岛、美国及加拿大西北沿海都是世界著名渔场。盛产鲱鱼、鳕鱼、鲭鱼、鳟鱼、鲣鱼、沙丁鱼、金枪鱼、比目鱼等鱼类。此外，海兽（海豹、海象、海熊、海獭、鲸等）捕猎和捕蟹业也占重要地位。

近海大陆架的石油、天然气、煤很丰富，深海盆地有丰富的锰结核矿层（所

含锰、镍、铜 4 种矿物的金属储量比陆地多几十倍至上千倍），此外海底砂锡矿、金红石、锆等砂矿储量也很丰富。

大洋中有非常丰富的动力资源，如潮汐、波浪、海流、铀、重水等都可以用来发电。太平洋的潮汐多为不规则的半日潮，潮差为 2 ~ 3 米。最大者达 12.9 米，在鄂霍次克海的舍列霍夫湾。中国钱塘江口的潮差为 8.93 米，也远远高于一般的潮差。浅海港湾、海峡潮汐的能量比远海更为可观。

大西洋 / Atlantic Ocean

地理位置及分布

大西洋位于欧洲、非洲与南美洲、北美洲之间，南接南极洲，面积 9165.5 万平方千米，约占海洋面积的 25.4%，平均深度为 3597 米，最深处在波多黎各岛北方的波多黎各海沟中，达 9218 米。

大西洋南接南极洲；北以挪威最北端—冰岛—格陵兰岛南端—戴维斯海峡南面—拉布拉多半岛的伯韦尔港与北冰洋分界；西南以通过南美洲南端合恩角的经线同太平洋分界；东南以通过南非厄加勒斯角的经线同印度洋分界。大西洋东西狭窄，南北延长，略呈 S 形。

根据大西洋的风向、洋流、气温等情况，通常将北纬 5° 作为南、北大西洋的分界线。大西洋在北半球的陆界比在

面　　积	9165.5 万平方千米
平均深度	3597 米
最大深度	9218 米
最大宽度	6000 千米
最大长度	16000 千米
海岸线	111866 千米
年蒸发量	104 厘米
年交换量	6 厘米
年度陆地来水量	20 厘米

南半球的陆界长得多，而且海岸曲折，有许多属海和海湾。重要的属海和海湾有加勒比海、墨西哥湾、地中海、黑海、北海、波罗的海、比斯开湾、几内亚湾、哈得孙湾、巴芬湾、圣劳伦斯湾、威德尔海、马尾藻海等。重要的岛屿和群岛有大不列颠岛、爱尔兰岛、冰岛、纽芬兰岛、古巴岛、伊斯帕尼奥拉岛及加勒比海—地中海中的许多群岛，格陵兰岛也有一小部分位于大西洋。

海底地形

大西洋从水平轮廓上看，东、西两岸弯曲的程度完全一样，如把东、西两岸靠拢合拼起来，几乎可以完全吻合。从海底地貌看，大西洋的海底形态非常复杂，最突出的是呈 S 形的中央海岭，此外还有海底盆地、海底峡谷、海底山脉、岛弧、海沟和大陆架等不同地形。

大西洋海底地形特点之一是大陆架面积较大，主要分布在欧洲和北美洲沿岸。超过 2000 米的深水域占 80.2%，200 ~ 2000 米的水域占 11.1%，大陆架占 8.7%，比太平洋、印度洋都大。大西洋洋底中部有一条从冰岛到布韦岛，南北延伸 15000 多千米的中大西洋海岭，在赤道地区被狭窄分水鞍所切断，一般距水面 3000 米左右，有些部分凸出水面，形成一系列岛屿。整条海岭蜿蜒成 S 形，即大西洋中脊，一般宽度 1500 ~ 2000 千米，约占大西洋宽度的 1/3。这条洋脊把大西洋分隔成与海岭平行伸展的东西两个深水海盆。东海盆比西海盆浅，一般深度不超过 6000 米，西海盆较深，深海沟大都在西海盆内。

大西洋中的大陆架总面积为 620 万

平方千米，占总面积的 8.7%。洋中各部分的大陆架宽窄不一，从几十千米到上千千米不等。大西洋中的大陆坡比较突出，沿欧洲、非洲大陆架的大陆坡比较陡峭，坡度大都超过 35°，宽度一般只有 20～30 千米。在美洲大陆架外侧的大陆坡一般坡度较缓，经常在 3°以下，但宽度都可达 50～80 千米，甚至有超过 90 千米的地方，例如拉布拉多半岛东南及阿根廷东侧一些地区。在大西洋的大陆坡上已发现了很多海底峡谷，它们构成了大陆架海底河谷的延伸带。海底峡谷分布最多的是北美东侧大陆坡。世界上最长的海底峡谷就是中大西洋海底峡谷。

气候

大西洋的气候南北差别较大，东西两侧亦有差异。赤道地区气温差不到 1℃，亚热带纬区气温差为 5℃，北纬和南纬 60° 地区气温差为 10℃，但大洋西北部和极南部气温差超过 25℃。大西洋北部盛行东北信风，南部盛行东南信风。温带纬区地处寒暖流交接的过渡地带和西风带，风力最大。在南北纬 40°～60° 多暴风；在北半球的热带纬区 5～10 月常有飓风。大西洋地区的降水量，高纬区大部分为 500～1000 毫米，中纬区大部分为 1000～1500 毫米，亚热带和热带纬区从东往西为 100～1000 毫米以上，赤道地区超过 2000 毫米。大西洋水面气温在赤道附近平均为 25～27℃，在南北纬 30° 之间东部比西部冷，在北纬 30° 以北则相反。在大西洋范围内，南、北两半球夏季浮冰可分别达南、北纬 40° 左右。

海洋近海处蕴藏着大量的石油和天然气，图为正在近海作业的石油钻井平台。

洋流

大西洋的洋流南北各成一个环流系统。北部环流为顺时针方向运行，由北赤道暖流、拉布拉多寒流、墨西哥湾暖流、加那利寒流组成，其中墨西哥湾暖流延长为北大西洋暖流，远入北冰洋；南部环流为逆时针方向运行，由南赤道暖流、巴西暖流、西风漂流（南极寒流）和本格拉寒流组成。在两大环流之间有赤道逆流。赤道逆流由西向东至几内亚湾，称为几内亚暖流。

自然资源

大西洋资源丰富，西北部和东北部的纽芬兰和北海地区为主要渔场，盛产鲱鱼、鳕鱼、沙丁鱼、鲭鱼、毛鳞鱼等鱼类。其他水产有牡蛎、贻贝、鳌虾、蟹类以及各种藻类等。海洋渔获量占世界的 1/3～2/5。南极大陆附近产鲸、海豹和磷虾，海兽捕获量也很大。

加勒比海、墨西哥湾、北海、几内亚湾和地中海均蕴藏丰富的海底石油和天然气。英国和加拿大在大西洋沿岸海底开采煤。在英国每年采煤 2000 万～2500 万吨。加拿大每年的海底产煤量也有几百万吨。

在纽芬兰东海岸外侧海底有世界上最大的铁矿。法国诺曼底海岸外也有海底铁矿，并进行了开采。磷灰石分布在美国东南部的弗吉尼亚州到佛罗里达州沿海和非洲纳米比亚及南非西沿岸大陆架上。大西洋的锰结核主要分布在北美海盆地和阿根廷海盆地底部。在波罗的海、北海、黑海等浅海底也有锰结核分布。金刚石分布在纳米比亚沿海和南非西海岸，其中99%是可做装饰品用的高级金刚石。

金红石、铁分布在非洲西部的塞拉利昂沿海和佛罗里达州东海岸。海水中可提炼镁、溴、钾、盐、铀、锂、硫、食盐等。

加拿大东部芬地湾最大潮汐为15.39米，居世界首位；英国西南部的布里斯托尔湾最大潮汐在12米以上，都是很好的能源。法国在布列塔尼半岛的圣马洛附近的朗河河口建了潮汐发电站，发电能力为20多万千瓦，是目前世界上最大的潮汐发电站。

印度洋 /Indian Ocean

地理位置及分布

印度洋，位于亚洲、大洋洲、非洲和南极洲之间，大部分在南半球。面积7617.4万平方千米。约占世界海洋总面积的20.8%，为世界第三大洋。平均深度为3711米，最大深度为爪哇海沟，深达7450米。

印度洋西南以通过南非厄加勒斯角

面 积	7617.4万平方千米
平均深度	3711米
最大深度	7450米
最大宽度	10200千米
最大长度	9400千米
海 岸 线	41339千米
年蒸发量	138厘米
年交换量	30厘米
年度陆地来水量	7.5厘米

的经线同大西洋分界，东南以通过塔斯马尼亚岛东南角至南极大陆的经线为界与太平洋相连。印度洋的轮廓是北部为陆地封闭，南部向南极洲敞开。

印度洋主要属海和海湾有红海、阿拉伯海、亚丁湾、波斯湾、阿曼湾、孟加拉湾、安达曼海、阿拉弗拉海、帝汶海、卡奔塔利亚湾、大澳大利亚湾、莫桑比克海峡等。印度洋有很多岛屿，其中大部分是大陆岛，如马达加斯加岛、斯里兰卡岛、安达曼群岛、尼科巴群岛、明打威群岛等。留尼汪岛、科摩罗群岛、阿姆斯特丹岛、克罗泽群岛、凯尔盖朗群岛等为火山岛。拉克沙群岛、马尔代夫群岛、查戈斯群岛，以及爪哇西南的圣诞岛、科科斯群岛都是珊瑚岛。

海底地形

印度洋海底有一条从印度半岛西岸到澳大利亚大陆以南、自北而南向东伸延的高地，一般在水下3000～4000米，北段为马尔代夫海岭、中段为中印度洋海岭、南段为西南印度洋海岭、西段以后的部分称大西洋—印度洋海岭。这一带高地把印度洋分成东、西两个部分，东部为东印度海岭，海岭南北纵贯，长达5000千米，从北纬10°到南纬34°，是地球上最直、最长的线状构造。中印度洋海盆和沃顿海盆分列东西，海水较深，其中有些深陷的海沟，以爪哇海沟最深。西部海底地形十分复杂，有许多隆起，海岭交错分布，分隔出一系列海盆：在马尔代夫海岭与亚洲海岸之间有阿拉伯海盆，马尔代夫海岭与非洲海岸之间有索马里海盆，西南印度洋海岭西部有马达加斯加海盆、纳塔尔海盆和厄加勒斯海盆，东部有克鲁塞特海盆，印度洋南部的凯尔盖朗海岭的东、西两侧为南印度洋海盆和大西洋—印度洋海盆。这些海盆的深度均超过5000米。在印度洋热带沿海区多珊瑚礁和珊瑚岛。

印度洋大陆隆或海台较多，分布亦广。其成因多为浊流或大陆坡滑动崩塌，使大量碎屑物质堆积于深海平原边部，或原为大陆的一部分分异沉降而成。在非洲沿岸有厄加勒斯海台和莫桑比克海台，在马达加斯加岛南部有马达加斯加海台。海台的水深都在2500米左右。在马达加斯加东北的马斯林克林海台，深度从100米到数百米不等，有的地方高出海面形成岛屿。邻近澳大利亚大陆的大陆隆是由大陆的断陷或分离产生的，如埃克斯默恩海台和纳彻腊利斯特海台。靠近亚洲大陆的大陆隆有印度半岛西侧向南的查戈斯—拉克代夫海台。

世界大洋中，印度洋的大陆架是最为狭小的，面积4363万平方千米。

气候

印度洋大部分位于热带，夏季气温普遍较高，冬季一般仅南纬50°以南气温才降至零摄氏度以下。印度洋北部是地球上季风强烈的地区之一，在南半球西风带中的南纬40°～60°以及阿拉伯海的西部常有暴风，在印度洋热带纬区有飓风。阿拉伯海和孟加拉湾的东部沿岸地区、印度洋赤道附近降水丰富，年降水量为2000～3000毫米；阿拉伯海西部沿岸降水量最少，仅100毫米左右；印度洋南部大部分地区，年降水量1000毫米左右。印度洋西部南纬40°～50°多海雾。印度洋水面气温平均

为20～26℃，赤道以北5月份水面气温最高可达29℃以上。

洋流

印度洋南部的海流比较稳定，为一逆时针方向的大环流，由南赤道暖流、莫桑比克暖流、厄加勒斯暖流、西风漂流、西澳大利亚寒流组成。北部海流因季风影响形成季风暖流，冬夏流向相反。冬季逆时针方向，夏季顺时针方向。夏季浮冰最北可达南纬55°左右，冰山一般可漂到南纬40°；在印度洋西部，有时可漂到南纬35°。

自然资源

印度洋石油资源极为丰富，波斯湾、红海、阿拉伯海、孟加拉湾、苏门答腊岛与澳大利亚西部沿海都蕴藏有海底石油。波斯湾是世界海底石油量最大的产区。

印度洋海水上层生物很丰富，盛产鲱鱼、鲭鱼、金枪鱼、马鲛鱼等鱼类，鲸、海豹、企鹅也很多。棘皮动物中多海胆、海参、蛇尾、海百合等。海生哺乳动物中儒艮是印度洋特产。植物有各种藻类及各种红树林。

在金属矿藏中，以锰结核最为重要。锰结核含有锰、铁、铜、钴、镍、钛等30余种稀有、稀土和放射性元素，在这些矿藏中以锰、铜、钴、镍4种金属价值最大。

非洲南部的厄加勒斯海台有巨大的磷灰石矿库。印度半岛近海、斯里兰卡周围、莫桑比克海峡、南部非洲东侧大陆架区域以及澳大利亚西海岸的海滨砂和海岸沙丘中有相当数量的重砂矿。

印度洋整个热带海岸很多地方都出产珍珠，特别是斯里兰卡、巴林群岛以及澳大利亚西北海，尤以斯里兰卡最为著名。

北冰洋 /Arctic Ocean

面　　积	1475 万平方千米
平均深度	1225 米
最大深度	5527 米
最大宽度	3 200 千米
最大长度	5 000 千米
海　岸　线	45 389 千米

地理位置及分布

北冰洋，大致以北极为中心，为亚洲、欧洲、北美洲三洲所环抱，面积 1475 万平方千米，约相当于太平洋面积的 1/14，约占世界海洋总面积的 4.1%，是地球上四大洋中最小最浅的洋。平均深度约 1225 米，利特克海沟最深处达 5527 米，是北冰洋最深点。

北冰洋被陆地包围，近于半封闭，通过挪威海、格陵兰海和巴芬湾同大西洋连接，并以狭窄的白令海峡沟通太平洋。

根据自然地理特点，北冰洋分为北极海区和北欧海区两个部分。北冰洋主体部分、喀拉海、拉普捷夫海、东西伯利亚海、楚科奇海、波弗特海及加拿大北极群岛各海峡属北极海区；格陵兰海、挪威海、巴伦支海和白海属北欧海区。北极圈以北的地区称北极地方或北极地区，包括北冰洋沿岸亚、欧、北美三大洲大陆北部及北冰洋中许多岛屿。

海底地形

北冰洋地区大陆与岛屿的海岸线曲折，沿亚洲和北美洲海岸都有较宽的大陆架。北冰洋大陆架面积达 440 万平方千米，占北冰洋总面积的 36%，比其他大洋的大陆架面积都大。大陆架的宽度一般为 500 ~ 1000 千米，半数以上的大陆架水深不足 50 米。1/3 多一点的大陆架水深不到 200 米。它们原是陆地的一部分，后由于冰雪融化，陆地被海水淹没所致。

北冰洋海底并不是一个平坦的海盆，而是交相分布着一系列海岭、海盆、海槽的海沟。其中主要有两条贯穿海底

的海岭——罗蒙诺索夫海岭和门捷列夫海岭。罗蒙诺索夫海岭从亚洲新西伯利亚群岛横穿北极直抵北美洲格陵兰岛北岸，峰顶一般距水面 1000 ~ 2000 米，个别峰顶距水面仅 900 多米，有剧烈的火山和地震活动；门捷列夫海岭与它平行，门捷列夫海岭从符兰格尔岛起，延至埃尔斯米尔岛附近与罗蒙诺索夫海岭相汇合。两条海岭把北极海区分成加拿大海盆、马卡罗夫海盆和南森海盆。海盆深度均为 4000 ~ 5000 米。在北冰洋中部还有许多海丘和洼地。格陵兰岛和斯瓦尔巴群岛之间有一带东西向海底高地，是北极海区与北欧海区的分界。北欧海区东北部为大陆架，西南部为深水区，以格陵兰海最深，达 5 500 多米。

北冰洋上分布着大量的岛屿，主要有格陵兰岛、加拿大北极群岛、新地岛、斯匹次卑尔根岛、北地群岛、新西伯利亚群岛和法兰士约瑟夫地群岛等。其中世界第一大岛格陵兰岛，面积为 210 多万平方千米，最小的岛屿只有几平方千米。气候条件比较好的沿海地区有人居住，主要生活着以捕鱼打猎为生的因纽特人和拉普兰等少数民族。

气候

北冰洋气候寒冷，洋面大部分常年冰冻。北极海区最冷月平均气温可达 −40 ~ −20℃，暖季也多在 8℃以下，年降水量仅 75 ~ 200 毫米，格陵兰海年降水量可达 500 毫米，寒季常有暴风。北欧海区受北大西洋暖流影响，水温、气温

北极地区地表结构图

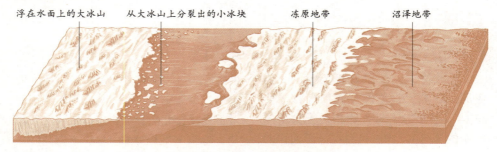

浮在水面上的大冰山　　从大冰山上分裂出的小冰块　　冻原地带　　沼泽地带

较高，降水较多，冰情较轻，暖季多海雾，有些月份每天有雾，甚至会延续几天。北极海区从水面到水深 100～225 米的水温为 −1～11.7℃，在滨海地带水温全年变动很大，为 −1.5～8℃；而北欧海区，水面温度全年为 2～12℃。此外，在北冰洋水深 100～250 米到 600～900 米处，有来自北大西洋暖流的中间温水层，水温为 0～1℃。

洋流

北冰洋洋流系统由北大西洋暖流的分支挪威暖流、斯匹次卑尔根暖流、北角暖流和东格陵兰寒流等组成。北冰洋洋流进入大西洋，在地转偏向力的作用下，水流偏向右方，沿格陵兰岛南下的称东格陵兰寒流，沿拉布拉多半岛南下的称拉布拉多寒流。

北冰洋有常年不化的冰盖，冰盖面积占总面积的 2/3 左右。其余海面上分布有自东向西漂流的冰山和浮冰。仅巴伦支海地区受北角暖流影响常年不封冻。北冰洋大部分岛屿上遍布冰川和冰盖，北冰洋沿岸地区则多为永冻土带，永冻层厚达数百米。

在北极点附近，每年近 6 个月都是无昼的黑夜（10 月至次年 3 月），这时高空有光彩夺目的极光出现，一般呈带状、弧状、幕状或放射状，北纬 70°附近常见。其余半年是无夜的白昼。

自然资源

北冰洋地区的生物种类和数量十分贫乏，且分布很不平衡。植物主要是苔藓和地衣，南部的一些岛屿上有耐寒的草本植物和小灌木。

在北冰洋地区有海鸥、野鹅、野鸭等鸟类。夏天，在各个岛屿的悬崖峭壁上常有一群群的鸟类聚集，形成"鸟市"。大的"鸟市"有时栖息着数百万只鸟。短促的夏季一过，大部分鸟类就会南飞。在海岛、浮冰和冰山上，还栖息着喜欢寒冷气候的动物，如北极熊、海象、海豹和北极狐、旅鼠等。动物大多呈白色，北极狐全身纯白，皮毛极为珍贵。

鱼类的种类和数量都远比其他大洋少。只是在受北大西洋暖流影响的巴伦支海鱼类和海兽比较丰富。鱼类中的鲱鱼、鳕鱼较为著名。格陵兰鲸等海兽由于遭到掠夺性的捕杀，目前数量不多。

北冰洋海域的矿藏资源相当丰富，是地球上一个尚未开发的资源宝库。尤其是石油和天然气资源，开采价值极高，主要分布在加拿大北部沿海、岛屿及其附近海峡区。北冰洋大陆架的近海，石油蕴藏量较大，可以跟中东相媲美。北冰洋地区还蕴藏着丰富的锰结核、煤、锌等矿产资源。

非 洲

AFRICA

陆地面积：3029 万平方千米。约占世界陆地总面积的 20.2%，居世界第二位

人口：10.325 亿（2015 年）。约占世界总人口的 14.7%

大陆最北端：突尼斯白朗角附近的吉兰角（东经 9° 50′，北纬 37° 21′）

大陆最南端：南非的厄加勒斯角（东经 20° 02′，南纬 34° 51′）

大陆最东端：索马里的哈丰角（东经 51° 24′，北纬 10° 27′）

大陆最西端：塞内加尔的佛得角（西经 17° 33′，北纬 14° 45′）

海岸线：30 500 千米

最高点：坦桑尼亚的乞力马扎罗山，高 5 895 米

最低点：吉布提的阿萨勒湖，湖面在海平面以下 153 米

主要山脉：乞力马扎罗山等

主要河流：尼罗河、刚果河、尼日尔河、赞比西河等

主要湖泊：维多利亚湖、坦噶尼喀湖、马拉维湖、乍得湖等

主要瀑布：维多利亚瀑布等

主要沙漠：撒哈拉沙漠等

概况

地理位置及分布

非洲为世界第二大陆，面积仅次于亚洲；人口则居世界第三位，仅次于亚洲和欧洲（包括俄罗斯西部）。非洲地处陆半球的中央，与其他各大洲距离很近。非洲北隔地中海，与欧洲相对；东北以苏伊士运河、红海与亚洲相隔；东部非洲与澳大利亚之间、南部非洲与南极大陆之间，以印度洋相隔；而西部则以大西洋和南北美洲相隔。

非洲大陆可区分为两个显著不同的部分：一是北部非洲，在地质上、气候上、文化上和历史上属于地中海世界的一部分；二是撒哈拉以南的地区，包括热带非洲全部，以及后来与欧洲脱离关系的地区。

地形地貌

非洲地形的显著特征是地势较为平坦，为高原大陆。从形成来看，非洲高原是随着整个大陆的隆起，再经过长久的侵蚀轮回形成的，而不是大规模的褶皱作用，所以在高原形成的过程中，会发生一些断层作用，从而形成峡谷，比如著名的东非大裂谷。一般来说，非洲北部和西部的高原（通称低非洲）比东部和南部的高原（通称高非洲）稍低，海岸陡降从而形成巨大的陡崖。低非洲平均海拔为 750 米，而高非洲为 1 000 米以上。一般而言，非洲大陆很少有低于 500 米的地区。另外，非洲缺乏宽阔的海岸平原，且其内陆亦少有海拔超过 2 300 米的地区。与其他大陆的地形相比，非洲地形最显著的特点是缺乏长而大的山脉岭脊。

河流与湖泊

非洲高原的隆起使地表产生了广而浅的盆地，其中堆积着厚厚的沉积岩层，这些洼地在平坦的高原上划分成很多水系。西南部干燥多沙的卡拉哈迪盆地内又含有很多小型洼地而形成临时湖泊。至于其他盆地中央则有大型的永久性浅水湖泊，如东非的维多利亚湖，为非洲最大的内陆水域；而查德盆地，其湖泊以前是广阔的内陆海。此外，其他盆地内尚有大河流经，如尼罗河、刚果河和尼日尔河，它们横越周围的高原，最后注入海洋。流入大西洋的主要河流有塞内加尔河、冈比亚河、伏塔河、尼日尔河、刚果河、橘河。流入地中海的河流有尼罗河。此外，还有许多短河迅速地从高原边缘流出，其中很多河川切过高原流入内陆，形成内流河水系。

非洲有 1/3 地域的河川不流入海洋。内流河水系分布的地区包括撒哈拉沙漠、利比亚沙漠、查德盆地、部分卡拉哈迪盆地等。

气候

非洲因地处南纬 35°和北纬 37°之间，且赤道贯穿大陆中部，因此形成南北对称的气候类型。其气候带的分布通常皆与纬度相符合，但东非地区例外，东非因地势高耸且又有季风的吹拂，影响了它的温度和降雨量。

非洲除了高地以外，其他地方都很热，所以气候类型主要依据降雨来界定。赤道附近有一条降雨带，整年都有雨，在潮湿的气候下，便形成热带雨林。热带雨林带外围为热带莽原带，地带距赤道越近处雨量越少，故又可分为茂草原和热带草原两区。这些地区降雨带随着太阳季节性的行径向北、向南移动，因此冬季干燥无雨，夏季则雨量丰沛。与热带莽原带外侧相邻的是热带沙漠带，北部有撒哈拉沙漠，南部有纳米比亚沙漠和卡拉哈迪沙漠，这些沙漠位于气团下降的地带（南北纬20°～30°），故雨量稀少。大陆南北两端，即地中海沿岸和开普敦附近，因受到西风的吹拂，而有间歇的飓风式暴风雨，这种暴风雨只出现在冬季，形成一种冬雨夏干的温和气候，这些地区便是所谓的地中海气候区。非洲南部由于地势高且距赤道较远，气温层不太高从而形成了副热带草原区。在上述地区中的高原和高山，则形成高地气候区，气候较凉且影响到植物分布类型。

自然资源

　　非洲的自然资源主要以矿产资源为主，许多矿物的储量位居世界前列。目前已经探明的矿物种类繁多，其中黄金、金刚石久负盛名，石油、天然气蕴藏丰富，铁、锰、铬、钴、镍、钒、铜、铅、锌、锡、磷酸盐等储量也很大，而诸多

非洲蕴藏着丰富的矿产资源，比如赞比亚的铜、坦桑尼亚的钻石、南非的黄金等。矿产资源的开采为非洲人民提供了不少就业机会，图为布基纳法索的工人在开采黄金。

铀矿脉相继被发现则更是吸引世人的目光。非洲地处热带雨林地区，森林面积占非洲总面积的21%，植物种类多达4万种。主要盛产红木、黑檀木、花梨木、柯巴树、乌木、樟树、栲树、胡桃木、黄漆木、栓皮栎等经济林木。另外，非洲的草原辽阔，草原面积占非洲总面积的27%，居各洲首位。尼罗河为非洲带来了丰富的水力资源，而四面临海则使非洲成为沙丁鱼、金枪鱼、鲐、鲸等海产品的重要出口地区。

经济

　　非洲富藏矿产和能源，并具有许多良好的可耕地，因历史原因及受气候和地形的限制，这块大陆在现代工业经济及国际贸易等方面的发展一直都很缓慢。许多世纪以来，非洲一直是欧洲及北美洲国家的资源储藏地和产品销售市场。到了20世纪60年代早期，许多非洲殖民地纷纷独立，这些新兴国家的政府都试图寻求经济及政治的独立，并借城市工业化来提高人民的生活水平。非洲的经济仍大多以传统的自给自足式经济及现代的商品买卖式经济两种方式进行。

农业

　　农业在非洲国家国民经济中占有重要的地位，是大多数非洲国家的经济支柱。粮食作物主要有麦、稻、玉米、小米、高粱、马铃薯等，还有特产木薯、大蕉、椰枣、薯芋、食用芭蕉等。非洲的经济作物，特别是热带经济作物在世界上占有重要地位，棉花、剑麻、花生、油棕、腰果、芝麻、咖啡、可可、甘蔗、烟叶、天然橡胶、丁香等的产量都很高。乳香、没药、卡里特果、柯拉、阿尔法草是非洲特有的作物。

工业

采矿业和轻工业是非洲工业的主要部门。重工业有冶金、机械、金属加工、化学和水泥、大理石采制、金刚石琢磨、橡胶制品等部门。非洲为了以出口赚取外汇，对天然资源的开采相当重视。他们的外汇收入依赖于世界对其原料的需求及对这些商品所给予的价格，但是价格往往波动很大。对于这些商品而言，最基本的问题通常是这些出口品的生产过剩。非洲国家和其他原料生产国均参加联合国发展会议（UNCTAD），联合对富裕国家实施压力，希望他们能支持维持出口品价格的计划。

经济发展的展望

非洲丰富的天然资源若能加以开发，它的成长潜力很大，然而非洲却一直因管理和组织上的问题而延缓了经济的发展，包括农、工、矿业的成长。现在非洲国家正发展良好的运输、通信与动力系统来提高其经济发展。除了一些基本设施外，非洲在经济成长方面尚需大量农业技术人员。技术和管理方面的能力可推动长期的经济成长。但如果未来几十年内人口持续迅速增长，则人民生活水平将很难提高。非洲目前最需的是对国内工业给予融通，尤其是透过储蓄机构将国内储金融资给本地的投资者。同时，非洲国家亦需建立强有力的工业发展银行和股份有限公司，这些机构不仅可吸收所需之资金，也可帮助国家将大型建设计划付诸实现。

人口

非洲人口分布极不均匀，整块大陆有30%是人烟稀少的沙漠，而大量人口则集中在尼罗河谷下游地区、维多利亚湖附近和几内亚海岸中部。另外，撒哈拉南部与林波波河北端就少有人口密集的城市。西非的尼日尔河湾带和濒临几内亚海岸的约鲁巴兰有密集的传统都市，其聚居年代较欧洲人的到达早好几个世纪。而其余各地，人口大举迁至城市则是近年来的现象。传统非洲主要是由定居于小村的村民、游牧与半游牧民族构成的。

非洲的总人口密度略高于世界平均数的一半，可见非洲并非人口过多，但因许多地区土地贫瘠，加上雨量不定，限制了土地的功能，因此无法满足人口增加所需的生产力。到了20世纪，生态学的节育无法遏止不断上升的人口数量，1960年后，人口增长速度更是超过了粮食产量的增长速度，造成大规模的贫穷，婴儿死亡率高出世界数据40%，平均寿命只有50岁，国民平均生产总值不超过世界的1/4。如果非洲的人口增长不加以节制，而继续以每25年增加2倍的速度增长的话，那么非洲将面临空前的赤贫和动乱。

种族与民族

非洲大陆有许多不同的民族、语言和文化。人口最多、分布最广的首推次撒哈拉非洲的"纯种黑人"，即森林地区尼格罗人。他们的皮肤呈棕色或黑色，头发呈黑色且卷曲，鼻子宽扁，嘴唇外翻，身高差异颇大，但都高于150厘米。常被归为森林地区尼格罗人变种的是尼罗亚种，他们身材较为高瘦，鼻子较窄，嘴唇较少外翻，主要居住在大湖和东部苏丹区，经常与邻近的森林地区尼格罗人混居。在赤道非洲森林区内与森林地区尼格罗人混居的是匹美人，他们与森林地区尼格罗人的主要差异是平均身高低于 152 厘米。

另一个种族是西南非的布希曼人种（亦称开普人种），人口较少，以桑人（亦称布希曼人）和科伊科伊人（亦称何坦托人）为代表。桑人平均身高略高于152 厘米，皮肤微皱，肤色呈较深的黄褐色，头发短黑且相当卷曲。

大部分北部非洲人的体型属高加索人种体型。次撒哈拉非洲的高加索族近代才自欧亚移入，仍不能被视为土著。

有许多非洲人，如西非撒哈拉南部的富拉尼人与承继尼格罗和高加索祖先特征的索马里人，他们可以完全被视为混血种族。

语言

非洲是世界上语言种类最多的大陆，根据各种权威资料估计，独立的语言约为 800～1000 多种，主要分为 4 种语族，即亚非语族、尼尔—科多芬语族、尼罗—撒哈拉语族、科伊桑语族。

北非语言比较统一，从埃及到毛里塔尼亚都是阿拉伯语居统治地位。最重要的方言分界线在埃及—苏丹方言诸变体与马格里布方言诸变体（利比亚往西）之间。与马格里布诸方言混杂在一起的有柏柏尔诸语言，主要集中在阿尔及利亚和摩洛哥，向东分布到埃及西部的锡瓦绿洲，往西到塞内加尔—毛里塔尼亚边界，南至撒哈拉南部边缘。

撒哈拉南部的非洲语言情况较为复杂。除最南端的科伊桑诸语言（布须曼语和霍屯督语）外，整个非洲南部的 1/3 地区都是密切相关的班图诸语言。班图语和非班图语交错分布在班图语区以北，从喀麦隆经萨伊北部，穿过乌干达到肯尼亚地区。

在英语、法语以及少部分葡萄牙语被多数非洲人引用为第二种语言之前，有些非洲地区就已添进了外来语的惯用法，这些语言统称为"洋泾浜语"，其有利于地区中商业和其他沟通的进行。斯瓦希里语为其中一支隶属刚果—科多芬语系中的班图语。其他地区的语言，如彭巴语、恩加拉语、刚果语（赤道非洲的班图语支系）、豪萨语（西非的亚非语之中乍得支系的一支）、曼丁哥语等也都属于"洋泾浜语"。

宗教

非洲土著宗教的第一个特征是多样性。在非洲，几乎每个部落都发展出自己的信仰体系和礼教，且无法刻意向其他社会流传，这与它们特有的文化息息相关。非洲宗教的第二个普遍特征是对造物主的信仰。人们用各种仪式、祷告和祭祀去取得造物主的关心与帮助。由于宗教深入社会和人民生活，且是日常活动中极为重要的一部分，只有少数地区有类似教堂的组织，专任牧师与布道亦不多。牧师、预言家、造雨者、治疗者通常只是世系或社会上获得特殊宗教

伏都教
一群多哥妇女正在通过特殊的典礼仪式成为非洲原始物教——伏都教的教徒。伏都教吸取了法国天主教与非洲黑人其他传统信仰的成分，在海地也相当流行。

技能的成员。在有些国家或部落里，他们可能就是国王或酋长，而其他的国家或部落里则是由专业人士担任。

文化艺术

　　非洲大陆是人类较早的发源地之一，在漫长的历史长河中，勤劳的非洲人民创造了光辉灿烂的古代文化。由于非洲地域辽阔，存在着众多历史、文化背景截然不同的民族和部落，因此，他们创造的艺术作品也呈现出多种多样的风貌。总的来看，在非洲西部几内亚湾一带，其雕刻艺术在世界美术史中放射着耀眼的光芒，而非洲黑人部族创造的面具、岩画、壁画以及建筑、乐器、舞蹈等，更是充满原始性与神秘性，给人无尽的遐想。我们甚至可以用激情奔涌的热烈、恣肆率性的强悍、天真自然的朴拙、神秘莫测的深邃和酣畅明快的显达，来描述包括绘画、雕塑（陶塑、铜像、木雕、牙雕等）、面具以及建筑、匠心独运的实用造型和装饰图案在内的整个非洲艺术的感性魅力。

蔻库巴族的面具（民主刚果）
在撒哈拉沙漠以南的非洲，人们常在出席各种社会活动时使用面具，比如庆典、葬礼等，这些面具可以是木制的，也可以是纤维制的，有时候也可以是直接绘于脸上。

埃及 /Egypt

地理位置

　　埃及跨亚、非两大洲，大部分位于非洲东北部，只有苏伊士运河以东的西奈半岛位于亚洲西南部。西连利比亚，南接苏丹，东临红海并与巴勒斯坦、以色列接壤，北濒地中海。海岸线长约2700千米。

地形特征

　　全境地势平坦，沙漠占国土面积的90%以上。西部的利比亚沙漠区是撒哈拉沙漠的东北部分，呈自南向北倾斜的高原状。尼罗河谷地及三角洲地区地表平坦。西奈半岛大部分为沙漠，南部为山地，北部地势平缓，地中海沿岸多沙丘。

气候

　　埃及地处北非沙漠带边缘，气候炎热干燥，降水稀少，年均仅10毫米，地中海沿岸年降水150~200毫米，开罗地区28毫米，开罗以南广大地区基本为无雨区，而且蒸发强烈。从气候带的分布来看，埃及南部属热带沙漠气候，

正式名称	阿拉伯埃及共和国（The Arab Republic of Egypt）
面　　积	1 001 450平方千米
人　　口	9150万（2015年）
民　　族	信奉伊斯兰教的阿拉伯人约占87%；信奉基督教的科普特人约占11.8%；希腊东正教、天主教等其他基督教徒约25万，还有少数犹太教徒
语　　言	官方语言为阿拉伯语；中上层通用英语，法语次之
首　　都	开罗（Cairo）
行政区划	全国划分为27个省（2011年）
地理区	尼罗河流域和尼罗河三角洲，西部的利比亚沙漠，东部的阿拉伯沙漠，西奈半岛

显著特征是又干又热，除12月至次年2月以外，月平均气温在26℃以上，夏季的最高气温可以达到50℃。尼罗河三角洲和北部沿海地区，属亚热带地中海气候，气候相对温和，冬季平均气温为9～19℃，夏季平均气温为22～34℃。

自然资源

埃及的自然资源主要有石油、天然气、磷酸盐、铁等。已探明的储量为石油12.16亿吨，天然气1.13万亿立方米，磷酸盐约70亿吨，铁矿6000万吨。阿斯旺水坝是世界七大水坝之一，全年可发电约100亿度。此外还有锰、煤、金、锌、铬、银、钼、铜和滑石等。

经济

埃及是农业国，经济以农业为主，农村人口占全国总人口的56%，农业产值约占国民生产总值的16%。但是，由于全国可耕地面积为800万费丹（1费丹合0.42公顷），仅占全国国土总面积的3.5%，再加上近年来，埃及人口不断增长，粮食严重缺乏，每年70%的粮食来源于进口。埃及已经成为世界较大的食品进口国之一。

埃及的工业以纺织、食品加工等轻工业为主，占工业总产值的一半以上。近10年中，成衣及皮制品、石油工业、建材工业、水泥生产、肥料、药品等发展较快，化肥可自给，石油年产量约4070万吨，为非洲第四大产油国。

埃及政府长期实行家庭补贴，另外还对大米、面粉、食油、糖和能源等实行物价补贴。随着经济改革不断深化，政府逐步调整物价，减少补贴，同时不断增加职工工资。

习俗

选择斋月时节前往埃及做商务旅行是适宜的，这期间，人们都缩短工作时间，生活节奏一般也放得很慢。拜访须先预约，宜持用阿拉伯文与英文对照的名片。埃及耗费在会议上的时间要比人们想象的长很多。埃及人都很和蔼，很容易结交。他们不喜欢急性子的人，因此客商只要有耐心便能建立起友好关系。如果出了什么差错，只要说声"很抱歉"，便能大事化小、小事化了。停留埃及期间尽量不要喝酒。主人招待的茶水要喝，按照埃及习惯，只有喝了他们的茶，你下次才有可能再来。

埃及人喜吃甜食，宴会或家庭正餐的最后一道菜都是甜食。

农村婚礼复杂，场面奢侈，可持续30天左右。西部的锡瓦绿洲有奇异的婚俗，姑娘8岁定亲，14岁完婚，嫁妆为100条袍裙。女子自出生起，家庭就着手为她缝制袍裙。

主要城市

开罗

开罗是埃及的首都，人口1877万（2015年），是全国政治、经济、文化中心和交通枢纽，是非洲最大城市。开罗位于尼罗河三角洲顶点以南14千米处，尼罗河从市中心蜿蜒而过，著名的艾资哈尔大学、开罗大学、艾因·夏姆斯大学就坐落在开罗市。收藏埃及古代文物最多的埃及博物馆也在开罗，展品达10万多件。开罗拥有钢铁、石油、化工、机器、纺织等现代化工厂。开罗是一座古迹遍布的城市，距市中心13千米处的吉萨地区是举世闻名的金字塔所在地。开罗东部的穆卡塔姆山坡上，有一座巍峨壮观的萨拉丁城堡，具有土耳其建筑风格。开罗是现代文明与古老传统相交融、东西方色彩相辉映的城市，郊外的荒漠、骆驼以及屹立在眼前的金字塔，仿佛把人带回到三四千年以前的法老时代，而遍布街头的广告牌、招贴画和鳞次栉比的超级市场又使人感到强烈的现代气息。

亚历山大

亚历山大是埃及第二大城市，人口338万，是埃及重要商港、工业中心和旅游胜地。位于尼罗河三角洲西缘，面临地中海。是古代欧洲与东方贸易的中心和文化交流的枢纽。北端的法斯岛上，曾矗立着古代世界七大奇迹之一的法罗斯灯塔（亚历山大灯塔）。市中心是塔里尔广场，其东南是商业区，其北面坐落着珍藏古文物的博物馆，另有收藏大量阿拉伯文和欧洲各种文字书籍的图书馆及艺术陈列馆。亚历山大是世界著名的棉花市场，也是埃及重要的纺织工业基地。此外，造船、化肥、炼油等工业亦很发达。亚历山大港是仅次于马赛港、热那亚港等的地中海大港。年吞吐量约2000万吨，埃及每年有80%～90%的外贸货物都从这里吐纳。亚历山大城三面环水，气候凉爽，拥有风景独特的海滨大道。

旅游

埃及历史悠久，文化灿烂，名胜古迹很多，具有发展旅游业的良好条件。政府非常重视发展旅游业。旅游业收入跃居埃及第一大外汇来源。主要旅游点有金字塔、狮身人面像、卢克索神庙、阿斯旺水坝等。

利比亚 /Libya

地理位置

利比亚位于非洲北部地中海沿岸，与埃及、苏丹、突尼斯、阿尔及利亚、尼日尔和乍得为邻。北与南欧诸国隔地中海相望，海岸线长1900余千米。

地形特征

利比亚北部沿海（的黎波里地区）和东北部内陆区（昔兰尼加地区）是海拔200米以下的平原，其他大部分地区被沙砾覆盖，由北向南逐渐为高原、内陆盆地。山脉海拔500～1500米。利比亚是典型的沙漠国家，撒哈拉沙漠占其国土面积的95%以上，其间散布有绿洲。

气候

利比亚的气候非常炎热，日温差、南北温差都很大。北部沿海地区属亚热带地中海型气候，冬暖多雨，夏热干燥。冬季平均温度12℃，夏季26℃，夏季常受来自南部撒哈拉沙漠干热风的侵袭，最高气温可达58℃。内陆大部分地区属热带沙漠气候，干热少雨，年平均气温27℃。年降水量从北向南从500毫米递减到30毫米以下。沙漠地区有时连续几年不下雨，中部的塞卜哈是世界上的干燥地区之一。的黎波里1月气温8～16℃，8月气温22～30℃。

正式名称	大阿拉伯利比亚人民社会主义民众国（The Great Socialist People's Libyan Arab Jamahiriya）（卡扎菲执政时期）
面　积	176 万平方千米
人　口	628 万（2015 年）
民　族	主要是阿拉伯人，其次是柏柏尔人
语　言	官方语言为阿拉伯语
首　都	的黎波里（Tripoli）
行政区划	利比亚把全国划分成 28 个人民省及 2 个地区
地理区	西北方的沿海平原，东北方的昔兰尼加，其余国土为沙漠

自然资源

利比亚的自然资源以石油为主，已探明储量为 390 亿桶。其次为天然气，探明储量达 13 100 亿立方米。其他有铁（蕴藏量 20 亿～30 亿吨）、钾、锰、磷酸盐、铜、锡、硫磺、铝矾土等。沿海水产主要有金枪鱼、沙丁鱼、海绵等。

经济

利比亚原来是个落后的农业国，全国从事农牧业的人口占 80%。20 世纪 50 年代中期发现油田，揭开了开发石油的序幕，并一跃成为非洲和阿拉伯世界富有的国家之一。1992—1999 年利比亚受国际制裁期间，石油生产和运输能力遭到严重打击，经济受到很大影响。近年来利比亚政府采取新的经济政策，放宽对私有经济限制，鼓励私营工商业，提出对除石油和大型企业外的其他企业实行民营化，放宽进出口权限，鼓励出口创汇型企业，积极吸引外国公司来利比亚投资和开展贸易等。2001 年，随着国际石油价格的飙升，利比亚经济形势大为好转。目前，农业人口占全国总人口的 24%。主要农作物有小麦、大麦、玉米、花生、柑橘、橄榄、烟草、椰枣和蔬菜等。畜牧业在农业中占重要地位。牧民和半牧民占农业人口一半以上。利比亚政府依靠巨额石油收入实行高工资、高福利政策，全民享有免费医疗和教育，对粮食、糖、茶叶等生活必需品实行价格补贴。平均每千人有病床 4.8 张、医生 2 名、电话 70 部。全国有 12.2 万人享受社会保险。大多数家庭都有小汽车。

习俗

利比亚人款待宾朋的佳肴是一道现宰的生羊肝。客人到来后，现宰大肥羊一只，用小刀将生羊肝切成片，整齐地码在瓷盘里，上面撒一些辣椒粉和香料，然后端到桌上敬客，这是最盛情的款待。客人若不吃，就不礼貌，有负主人的一片心意。

主人待客时先盘腿坐在毯子上，客人依次围坐成一圈。先伸出双手，由仆役用水壶替客人依次冲手。然后开吃，边吃边谈，往往一次宴请需 1～2 小时。最后再上一道咖啡。不上咖啡，客人绝不可起身告辞。

主要城市

的黎波里

的黎波里是利比亚的首都，有 3000

德拉尔特·阿卡库斯石窟
位于利比亚与阿尔及利亚接壤的高原上，石窟内已发现数百幅非洲史前时代的雕刻画和数千幅绘画遗迹。

多年的历史，是利比亚最大的城市，人口168万。的黎波里是全国政治、文化、经济和交通的中心，位于地中海沿岸，是一座古老又现代化的优美城市，有优良港口，绵延十几千米，蔚为壮观。的黎波里分东西两城区，西区为老城，具有阿拉伯传统风格，多古迹等建筑；东区是新建的比较欧化的现代化城区，宽阔的林荫大道清洁整齐，街道两旁坐落着政府机关、研究所、学校、医院、工厂、商店等。

旅游

首都的黎波里和班加西均有许多历史遗迹，又有现代化的旅游设施为旅客服务。此外，还有许多旅游观光之地。比如，西北部的滨海城市——塞卜拉泰是著名的古城，城中有巨大的古罗马遗迹。该城建于公元前700年，城内有各个历史时期的建筑遗迹。地中海岸的胡姆斯有海水浴场，吸引着许多游客；兹利坦也是著名的旅游城市，至今仍保留着用石头修建的城墙。

萨布拉塔剧场遗址

萨布拉塔剧场遗址位于地中海附近，与的黎波里和列普蒂斯马格纳共同组成"大的黎波里地区"。1982年被列入《世界遗产名录》。

突尼斯 /Tunisia

地理位置

突尼斯位于非洲北端，南北长756千米，东西宽351千米。西与阿尔及利亚为邻，东南与利比亚接壤，北、东临地中海，隔突尼斯海峡与意大利相望，海岸线长1300千米。

正式名称	突尼斯共和国（The Republic of Tunisia）
面　　积	162155平方千米
人　　口	1110万（2015年）
民　　族	90%以上为阿拉伯人，其余为柏柏尔人
语　　言	阿拉伯语为国语，通用法语
首　　都	突尼斯（Tunis）
行政区划	全国划分为24个省，下设262个县、260个市镇
地 理 区	北部的阿特拉斯和泰欠萨山区，东部沿海平原，中部高原，西部撒哈拉沙漠

地形特征

突尼斯境内北部属阿特拉斯山脉的最东段，占国土面积的1/3，分为北泰勒山脉和高泰勒山脉两大山系。中西部为高原，海拔在500米左右，但高原南面为一连串低洼的浅盐湖，其中，有2个季节性大盐湖，杰里德湖低于海平面15米。南部属撒哈拉沙漠的一部分。东北部有带状平原。

气候

突尼斯濒临海洋，气候变化不大，属于典型的地中海型气候，夏季漫长、炎热而干燥，冬季短暂而温和，降水量适中。突尼斯市冬季气温为7～18℃，平均气温11℃；夏季则为18～34℃，平均气温26℃。热风期间，气温可以达到50℃，热风在突尼斯语中

被称为什希利 (shehili)，它是源自沙漠的干燥热风，风期约 7 天，经过北非和中东。内陆和南部日夜温差大。

自然资源

突尼斯的自然资源主要有磷酸盐、石油、天然气、铁、铝等。已探明储量磷酸盐 20 亿吨，石油 7000 万吨，天然气 615 亿立方米，铁矿石 2500 万吨等。

主要城市

突尼斯

突尼斯市是突尼斯的首都，人口 225 万，是国家的政治、经济和文化中心，位于国土东北部，临近地中海南岸的突尼斯湾，是一座阿拉伯建筑与现代建筑相融合的城市。1979 年，阿拉伯联盟总部迁到这里，并在此多次举行阿拉伯世界的重要会议。市区由民族传统的旧城麦地纳和欧化的新城"低城"组成。麦地纳还保持着古色古香的阿拉伯东方色彩，是商业、手工业、住宅区的集中地，颇有中世纪的遗风。新城高楼林立，各式各样的别墅鳞次栉比。市中心繁华热闹，东北郊有著名的古迹迦太基城遗迹；西郊 3 千米处有巴尔多古皇宫，如今是国民议会和巴尔多国家博物馆所在地；西北郊是大学城；南郊和西南郊是工业区。

俯瞰繁华的突尼斯首都——突尼斯市

阿尔及利亚 / Algeria

地理位置

阿尔及利亚位于非洲西北部。北临地中海，东临突尼斯、利比亚，南与尼日尔、马里和毛里塔尼亚接壤，西与摩洛哥、西撒哈拉交界。南北线长约 2000 千米，东西最宽约 1800 千米，海岸线长约 1200 千米。

正式名称	阿尔及利亚民主人民共和国 (The People's Democratic Republic of Algeria)
面 积	238 万平方千米
人 口	3970 万人（2015 年）
民 族	大多数是阿拉伯人；其次是柏柏尔人（约占总人口 20%）。少数民族有姆扎布族和图阿雷格族
语 言	官方语言为阿拉伯语，通用法语
首 都	阿尔及尔（Alger）
行政区划	全国共 48 个省（2013 年）
地 理 区	沿海地区，泰勒阿特拉斯山区，大高原地区，撒哈拉阿特拉斯山区，沙漠地区

地形特征

全境以山地、高原和沙漠为主，以沿海的泰勒阿特拉斯山脉及其以南的撒哈拉阿特拉斯山脉为界，自北向南分为 3 个地形区。地中海沿岸是平原区，东西长 1000 千米，平均海拔 200 米以下；中部是高原（如著名的阿哈加尔高原），海拔 800～1000 米，地表平缓开阔，又可分为泰勒阿特拉斯山区、大高原地区和撒哈拉阿特拉斯山区 3 个地理区；南部是沙漠地区，面积约占全国国土总面积的 80%，属撒哈拉沙漠的一部分，地形为内陆盆地和高原。

气候

北部沿海地区属地中海气候，雨量

不足，每年的平均降水量不到 800 毫米，有时不足 400 毫米，月平均气温相差不大，最热与最冷月份温差约为 11℃；中部为热带草原气候，日气温和年气温变化幅度均较大；南部为热带沙漠气候，常年干旱，年降雨量不足 100 毫米。总体来说，阿尔及利亚每年 8 月最热，最高气温 29℃，最低气温 22℃；1 月最冷，最高气温 15℃，最低气温 9℃。

自然资源

天然气储量为 4.6 万亿立方米，产量居世界第七位。已探明石油储量为 90 亿吨，可开采石油储量 17 亿吨（120 亿桶）。阿尔及利亚主要矿藏有铁、铅、锌、铜、金、铀、磷酸盐等。铁矿有 30 亿~50 亿吨。铀矿的蕴藏量估计 2.4 万~5 万吨，煤蕴藏量 4000 万吨，磷酸盐 10 亿吨。另外，阿尔及利亚作为非洲唯一的汞生产国，为世界提供了约 1/10 的汞。

经济

阿尔及利亚的农业人口占全国人口的 56%。主要农产品有粮食（小麦、大麦、

图阿雷格人在沙漠中行走

图阿雷格人是使用柏柏尔语言的游牧民族，居住范围从阿尔及利亚的托瓦特及利比亚的古达米斯，到尼日利亚北部，从利比亚的费赞到马里的廷巴克图。北方的图阿雷格人主要住在纯沙漠地区；南方的主要住在大草原和稀树草原地区，饲养瘤牛和骆驼。图阿雷格人保存了一种特殊的文字，称为"提芬纳赫"文字。

燕麦和豆类）、蔬菜、葡萄、柑橘和椰枣等。由于土地贫瘠，阿尔及利亚的粮食仍然需要进口，它是世界粮食、奶、油、糖十大进口国之一。阿尔及利亚的国民经济严重依赖碳化氢产业，2005 年其产值占阿尔及利亚 GDP 的 45%。1989 年，阿尔及利亚开始经济改革，向市场经济过渡，国民经济实现连续增长。2005 年以来，国际油价走高，阿尔及利亚油气收入大增，经济稳步增长，经济重建全面开展。

习俗

在卡比利山区的柏柏尔人爱穿花衣服，而且妇女不戴面纱。在阿哈加尔山地的图阿雷格人，喜欢用蓝色面纱遮盖面部，男人用其包住头部，再用蓝色斗篷遮住自己的身躯，所以被称为"戴面纱的人"或"蓝色的人"。

卡比尔人是柏柏尔人的分支。这是个既粗犷又单纯的人群。他们长期生活在与世隔绝的封闭山村中，生活方式呈氏族形式。

阿尔及利亚的年轻姑娘和小伙子都愿意选择美好的金秋季节举行婚礼。

主要城市

阿尔及尔

阿尔及尔是阿尔及利亚的首都，人口 256 万。阿尔及尔是全国政治、经济和文化交通中心，是阿尔及利亚的主要海港。阿尔及尔是一座美丽的城市，依山而建的白色建筑物，显得十分清新圣洁。全城共分 10 个区，其中卡斯巴区最古老也最富有民族特色，有很多呈斜坡式的建筑、木结构的小楼、纵横交错的

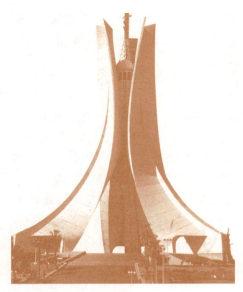

阿尔及利亚无名烈士纪念碑

坐落在阿尔及利亚首都阿尔及尔哈马山上的无名烈士纪念碑高92米，呈三片由外向内斜立的棕榈叶状，三叶在45米处相交，根部各有一尊雕像，分别代表不同革命时期牺牲的烈士，三叶下有一支永不熄灭的火炬，周围饰以月桂和罗勒枝，象征着荣誉与永恒。

狭窄街巷，古色古香。而新市区高楼林立、街道宽阔。市内有代表性的现代化建筑——奥拉茜宾馆、耸立在格里皇陵上的罗马式建筑——"非洲圣母院"、位于阿尔及尔西郊的"松树俱乐部"，均闻名遐迩。此外，还有国立博物馆、巴尔德博物馆和国立美术馆。

旅游

阿尔及利亚具有丰富的旅游资源。地中海气候、半干燥气候和沙漠气候以及海岸、山区、沙漠适于各个季节不同形式的旅游。2007年接待境外游客174万人次。著名的旅游胜地有尤巴二世王后墓、杰米拉古城遗址、阿杰尔的塔西利、廷加德等。

摩洛哥 /Morocco

地理位置

摩洛哥位于非洲西北端，东北至西南最长为1328千米，东西最宽765千米。东、东南接阿尔及利亚，南部为撒哈拉沙漠，西临大西洋，北隔直布罗陀海峡与西班牙相望，扼大西洋入地中海的门户。海岸线长1700多千米。

正式名称	摩洛哥王国（The Kingdom of Morocco）
面 积	45.9万平方千米（不包括有争议的西撒哈拉领土）
人 口	3437.7万（2015年）
民 族	阿拉伯人约占80%，柏柏尔人约占20%
语 言	阿拉伯语为国语；通用法语
首 都	拉巴特（Rabat）
行政区划	现有16个大区，49个省和13个省级市，1547个市镇
地 理 区	沿海低地、阿特拉斯山脉、撒哈拉沙漠

地形特征

摩洛哥地形主要包括沿海低地、阿特拉斯山脉和撒哈拉沙漠。沿海低地夹在西部和北部的阿特拉斯山脉和海洋之间，水源丰富，土地肥沃。阿特拉斯山有4支，即沿地中海的里夫山脉，海拔2400米；中阿特拉斯山，海拔3300米；高阿特拉斯山，呈东北—西南走向，横贯境内；阿特拉斯山自西南入海，海拔2400米。阿特拉斯山南麓和东麓为撒哈拉沙漠，其间散布着一些肥沃的绿洲。

气候

北部属地中海型气候，夏季炎热

干燥，冬季温和湿润；中部属热带山地气候，温和湿润；东部、南部属半沙漠气候，降水量在 250 毫米以下。月平均气温的年变化幅度在沿海地区为 17 ~ 23℃，内陆为 10 ~ 27℃。年降水量北部 800 毫米，南部 200 毫米，东南部沿撒哈拉地区为 100 毫米或更少。

自然资源

摩洛哥全国约有 1/5 的地区为森林覆盖，主要树木资源有西洋杉、枞树、杜松、野橄榄和矮棕榈等。另外阿特拉斯山区有野生动物资源，如野绵羊、大耳小狐和猕猴等。

磷酸盐为摩洛哥主要资源，储量 1 100 亿吨，占世界储量的 75%。其他矿产资源有铁、铅、锌、钴、锰、钡、铜、盐、磁铁矿、无烟煤、油页岩等，其中油页岩储量 1 000 亿吨以上，含原油 60 亿吨。

经济

摩洛哥的国民生产总值占非洲第六位，经济发展较为稳定。2/5 的摩洛哥人从事农业生产。农业在国内生产总值中占 1/5。主要农作物有小麦、大麦、甜菜、甘蔗、水果、蔬菜等。摩洛哥的工业不发达，主要部门有农业食品加工、化工医药、纺织皮革、采矿和机电冶金工业。矿业是摩洛哥的支柱产业，矿产品出口占全部出口的 30%，特别是磷矿。传统手工业在摩洛哥经济中也颇具重要性，主要产品有毛毯、皮革制品、金属加工品、陶瓷和木制家具。2001 年，摩洛哥与突尼斯、埃及、约旦签署了《阿加迪尔协定》，宣布成立 4 国自由贸易区。

习俗

嗜茶 摩洛哥人一日三餐离不开茶。清早起床后第一件事就是喝一杯清香的茶（绿茶），然后才进早餐。午餐和晚餐也要喝煮好的清茶。饭后有时还喝 3 道茶。在招待客人、宴请宾朋时，要献上一杯甜茶，客人若不喝则会被视为无礼貌。这是一种薄荷茶，在节日、宴会和社交活动中可以代酒。

妇女文身 文身的习惯在摩洛哥妇女中比较普遍。大多数人是在前额和下颏刺有对称的蓝黑色花纹，也有的将花纹刺在胸部、肚脐和腿等隐蔽部位。

"抢新娘" 在柏柏尔族居住区的一些部族还流行一种"抢新娘"的习俗。在双方举行婚礼时，村里的小伙子们设法把新娘子抢走，并占有一段时间。波科脱人举行婚礼时，新郎首先要演唱歌曲《最好的牛》。非斯市人在新婚之夜，新娘要坐在圆桌面上，妇女们围着她边转边喊"新娘是抵押品"，意在向新郎新娘的双方家属要礼钱，扔的钱直至她们基本满意为止。摩尔族人举行婚礼的第二天清早，新郎要将沾有血渍的手帕抛到窗外去，以此向家人证明新娘子是贞洁的。

新娘集市 摩洛哥艾特—哈迪杜的柏柏尔部族的新娘集市，又叫"穆塞姆节"，每年 9 月举行，为期 3 天。它既是求偶盛会，也是一个贸易集市。在这个"集市"上，离过婚的妇女和寡妇最受欢迎，人们认为这样的妇女最会持家。

献羊节　摩洛哥历史最长、最具特色的传统节日，也是摩洛哥的和平节。每年1月23日，家家户户都要准备一只羊，摆设羊宴，邀请亲友邻里共同庆贺。节日献羊典礼是最隆重的活动。

赛马节　古都梅克内斯的赛马节是全国最盛大的节日。在每年的5月举行，为期5天，全国出类拔萃的骑士都会赶来参加。

庆生会与割礼　摩洛哥的孩子出生后，按照惯例要举行庆生会，并把孩子的头发剪掉，让它重新长出。施行割礼的年龄，随各地的习俗不同而有所不同，有的是在出生40天后举行。

主要城市

拉巴特

拉巴特是摩洛哥的首都，历史名城，建于12世纪，人口约212万。拉巴特濒临布赖格赖格河，对岸为塞拉，公路、铁路和国际航空业均很畅通。拉巴特旧城北面有一个17世纪的堡垒、一个安达卢西亚花园和一个艺术博物馆。东南有历史建筑哈桑塔等。西南有一个考古博物馆。旧城以北和以东则为新城，新城呈现出欧洲风貌与阿拉伯情调相交融的景象。主要工业有棉毛织品、皮革制品和地毯业，拉巴特地毯闻名于世。

旅游

旅游业发达。旅游为侨汇之后的第二大外汇来源。旅游业收入占国内生产总值的9%，接待境外游客约835万人次。主要旅游点有拉巴特、马拉喀什、卡萨布兰卡、非斯等。拉巴特呈现出欧洲风貌和阿拉伯情调相交融的景象；马拉喀什有长达7千米的红砖砌成的古城堡，并有"不夜城"之称。

西撒哈拉 ／Western Sahara

地理位置

西撒哈拉位于非洲西北部，北接摩洛哥，东、南邻阿尔及利亚和毛里塔尼亚，西濒大西洋，海岸线长约900千米。

正式名称	西撒哈拉（Western Sahara）
面　积	266 000 平方千米
人　口	40 万（2014 年）
民　族	居民为阿拉伯人和柏柏尔人
语　言	通用阿拉伯语和西班牙语
首　都	阿尤恩（Laayoune）
地 理 区	除少数绿洲外，几乎全是沙漠

地形特征

典型的风沙地貌，全境除少数绿洲外，几乎全是沙漠。西部沿海地势低平，海拔200米以下；东部海拔约450米；东北部海拔800米，为全国最高地区，高原上有深谷。

气候

境内大部分地区为沙漠和半沙漠地带，属热带沙漠气候，西部沿海气候湿润，东部高原气候干燥。内地日平均温差 11～14℃。

自然资源

磷酸盐矿藏丰富，有钾盐、铜、铁、锌等矿藏。海洋水产资源丰富，其中海蟹、海狼、沙丁鱼、鲭鱼等最为著名。

主要城市

阿尤恩

阿尤恩坐落在北部萨吉耶哈姆拉河谷，是西撒哈拉首都，人口约 13 万。城内街道宽敞，沥青路面平坦、清洁，但见不到树木，高层建筑不多。建有航空站、机场与达赫拉·拉斯帕尔马斯（加那利群岛）、卡萨布兰卡（摩洛哥）和努瓦克肖特（毛里塔尼亚）之间有班机往来。

毛里塔尼亚 /Mauritania

地理位置

毛里塔尼亚位于非洲撒哈拉沙漠西部，与西撒哈拉、阿尔及利亚、马里和塞内加尔接壤，西濒大西洋，海岸线长667 千米。

正式名称	毛里塔尼亚伊斯兰共和国（The Islamic Republic of Mauritania）
面　积	103 万平方千米
人　口	407 万（2015 年）
民　族	40% 是哈拉廷人；30% 是阿拉伯－柏柏尔血统的摩尔人；其余是黑人。黑人主要是图库洛尔族、索宁克族、颇尔族和沃洛夫族
语　言	官方语言为阿拉伯语，通用法语；阿拉伯语、颇尔语、索宁克语和沃洛夫语为民族语言
首　都	努瓦克肖特（Nouakchott）
行政区划	现全国划分为 13 个省、54 个县，县下设区
地 理 区	大部分地区是低高原，东南边境和沿海地区是平原

地形特征

全境地势平坦。有 2/3 的地区是沙漠，大部分地区是海拔 300 米左右的低高原。东南边境和沿海地区为平原。

气候

毛里塔尼亚气候属热带大陆性气候，高温少雨，年平均气温30℃～35℃，大多数地方的夏季午后气温超过 38℃，内陆白昼最高温度常高达46℃，但夜间气温大幅降至 7～13℃。

自然资源

矿藏主要有铁矿，储量估计达 87亿吨。其他资源储量：铜矿 2 200 万吨，石膏约 40 亿吨，磷酸盐 1.4 亿吨。渔业资源丰富，储量为 400 万吨。

经济

1986 年，毛里塔尼亚被联合国列为世界最不发达国家之一。经济结构单一，以农牧渔业为主，基础薄弱。随着矿产资源的开采和商业捕鱼的发展，1960 年后传统经济项目在国民生产总值中的比例逐渐缩小。铁、铜矿出口在经济中居重要地位，其次是渔产品和部分畜产品。主要进口产品是食品、纺织品、日用消费品、建材用品以及交通运输设备等。1992 年，毛里塔尼亚与国际货币基金组织和世界银行达成协议，开始执行经济结构调整计划，推进自由化进程，同意货币贬值以争取外援，同时采取国家调控、监督市场和稳定物价等措施，经济低速增长。2005 年，毛里塔尼亚制订短期结构调整计划，紧缩行政开支，改善公共财政。2006 年的石油出口使毛里塔尼亚财政总额实现盈余，外贸逆差下降，外汇储备增加。

习俗

毛里塔尼亚人的居室主要是尖顶帐篷。妇女讲究佩戴精美奇特的饰物，成年男子头上用黑布缠绕。

主要城市

努瓦克肖特

努瓦克肖特是毛里塔尼亚的首都，地处撒哈拉沙漠南端，是全国政治、经济、文化、交通中心，人口103万（2014年）。中心大街的东端路北是总统府和政府各部所在地。

城市建筑继承了撒哈拉地区的传统风格，其中许多建筑物是用贝壳修建的，因而有"贝壳城"之称。

旅游

塞内加尔河沿岸有奇妙的自然景观，在海岸还有许多著名的国家公园，比如邦克达·阿让国家公园，该公园设立于1976年，面积达11 700平方千米，是非洲最大的海岸公园，包括了各种地形，如沙丘、海岸沼泽、小岛，以及海岸浅水区等，该公园保存了该地区的渔

候鸟在邦克达·阿让国家公园过冬

据统计，每年在走大西洋迁徙路线的700万只鸟中，约30%在邦克达·阿让国家公园过冬，它们组成了世界上最大的涉水禽鸟越冬群以及世界上种类最繁多的筑巢类食鱼鸟群落。

业资源，对毛里塔尼亚经济发展有特殊贡献。

塞内加尔 /Senegal

地理位置

塞内加尔位于非洲西部凸出部位的最西端。北接毛里塔尼亚，东邻马里，南接几内亚和几内亚比绍，西濒大西洋。海岸线长约700千米。

正式名称	塞内加尔共和国（The Republic of Senegal）
面　积	196 722平方千米
人　口	1510万（2015年）
民　族	全国有20多个部族，主要有沃洛夫族、颇尔族、谢列尔族、图库洛尔族等
语　言	官方语言为法语；全国80%的人通用沃洛夫语
首　都	达喀尔（Dakar）
行政区划	全国分为14个行政区，45个省，117个县
地理区	沿海低洼平原，东南部富塔贾隆山丘陵地带，东北部费尔罗高原，南部卡萨曼斯地区

地形特征

境内地势较平坦，东南部和极西部为低山丘陵，中部、东部大部分地区为沙漠地带。福拉平原河网密布、土质肥沃，是重要的灌溉农业区。地势大体上自东向西倾斜。

气候

大部分地区属热带草原气候，炎热干燥，年平均气温为29℃，最高气温达到45℃。11月至次年6月是旱季，7～10月是雨季。旱季多哈马丹热风，年平均降水量自北至南由500毫米递增到

1000 余毫米。沿海地区气候较温和。

自然资源

矿产资源贫乏，主要有磷酸盐、铁、海盐、大理石等。磷酸盐藏量约 2 亿吨。铁矿藏量 6 亿吨。水力资源较丰富。塞内加尔同马里、毛里塔尼亚成立了"塞内加尔河开发组织"，同冈比亚、几内亚、几内亚比绍成立了"冈比亚河开发组织"。森林面积占全国面积的 32%，约 620.5 万公顷。

经济

塞内加尔是农业国。农业产值约占国内生产总值的 21.4%。农业人口占全国的 70%。主要经济作物有花生和棉花，主要农作物有小米、高粱、玉米。粮食不能自给，仅能满足 40% 需求。林业产值约占国内生产总值的 1.1%。渔业是塞内加尔经济主要支柱之一，约占国内生产总值的 30%，也是外汇的主要来源。塞内加尔有一定的工业基础。1984年以来，推行新农业和工业政策，减少国家干预，强调优先发展农业，争取粮食自给；重视对生产项目的投资，提高工业生产水平，增强出口创汇能力。国民经济保持 50% 左右的增长速度。

格里奥与科拉琴

在塞内加尔，人们称串村走乡从事说唱的民间艺人为"格里奥"。这些艺人擅长多种民族乐器，其中，科拉琴就是他们常用的乐器之一。这种长颈竖琴式诗琴，装有 21 根皮制或尼龙弦，共鸣箱呈戎芦形，共鸣板上覆以皮革，音域刚刚超过 3 个 8 度。

习俗

塞内加尔盛产花生，每到花生收获季节，"垒花生"比赛便成了当地人的一项体育活动。比赛开始，竞赛者们肩扛头顶将花生袋放入白线内。随着他们来回奔跑穿梭，花生袋越垒越高，当花生袋垒到"金字塔"形的最顶端，只能放置一袋时，即算堆垒完毕。这时参赛者迅速将花生堆四周清洁干净，待酋长来验收。比赛通常以 50 人为一组，获胜的组每人得到一袋花生作为奖赏。这种比赛是男女青年进行社交的场合。每次比赛结束后，都有许多女青年跑上前去向获胜的男青年表示祝贺，或递上一块擦汗的手帕，或递上一罐清凉的饮料。如果男青年对女青年也有意，便在三天之内回赠一块手帕和一些蜂蜜，表示愿意同她结合，希望婚后生活如蜜一般甜美。

主要城市

达喀尔

达喀尔是塞内加尔的首都。人口 253.5 万，是大西洋航线的重要中继港，也是热带非洲工业和服务业中心之一，拥有食品、纺织、化学、机械、造船工业等。达喀尔堪称塞内加尔的文化中心，设有非洲研究、海洋历史、人种学和考古博物馆等。

旅游

旅游业是塞内加尔四大经济支柱之一，为塞内加尔第二大创汇产业，旅游业收入约占国内生产总值的 3%。旅游点主要集中在达喀尔、捷斯、济金朔尔、圣路易地区。

冈比亚 /Gambia

地理位置

冈比亚是西非国土面积最小的国家，位于非洲西部，为一狭长平原嵌入塞内加尔共和国境内。西濒大西洋，海岸线长 48 千米。

正式名称	冈比亚共和国（The Republic of the Gambia）
面　　积	10690 平方千米
人　　口	199 万（2015 年）
民　　族	主要部族有曼丁哥族、富拉尼族（又称颇尔族）、沃洛夫族、朱拉族和塞拉胡利族
语　　言	官方语言为英语；民族语言有曼丁哥语、沃洛夫语及无文字的富拉尼语（又称颇尔语）和塞拉胡利语等
首　　都	班珠尔（Banjul）
行政区划	全国分为 2 个市（班珠尔市和卡尼芬市）和 5 个区，区以下分 35 个县
地 理 区	北冈比亚河平原，红树林沼泽地，沙质高原

地形特征

冈比亚被从东至西流经其全境的冈比亚河分为两部分。国土大部分是无树大草原，只有在靠近河边和海边的地区有些森林和沼泽地。从地形上看，全境为一平坦、狭长的冲积平原，东部略高，全国最高点海拔只有 46.4 米。

气候

冈比亚气候属于热带气候，分干、湿 2 季。6 ～ 10 月是短暂的雨季，11 月至次年 5 月是旱季。年平均降水量为 1150 毫米，全部集中在雨季。年平均气温内地 27℃，沿海 24℃。冈比亚境内植被包括高地的热带稀树草原、低洼地多种内陆沼泽和冈比亚河流两岸的红树林沼泽。

自然资源

资源贫乏。已探明有钛、锆、金红石混生矿（储量约 150 万吨）和高岭土（50 多万吨），均未开采。

主要城市

班珠尔

班珠尔是冈比亚的首都，人口 36 万（2003 年），是全国最大城市和海港，全国政治、经济、交通、文化中心，位于冈比亚河河口的圣玛丽岛上，该市有花生剥壳、榨油厂等花生加工企业，是冈比亚工业集中区。

马里 /Mali

地理位置

马里位于非洲西部撒哈拉沙漠南缘，西北邻毛里塔尼亚，西靠塞内加尔，北、东与阿尔及利亚和尼日尔为邻，南接几内亚、科特迪瓦和布基纳法索，为内陆国。

地形特征

马里国土大部分地势平坦，主要为高原和平原。南部和西南部的高原间有深切河谷；东南部和东部的高原为一系列断层丘陵地带，平均海拔 300 ～ 600 米。北部为广大平原地带，属撒哈拉的一部分；西南部和中南部为尼日尔冲积平原和谷地地带，内有尼日尔河三角洲，为马里主要的农业区。

正式名称	马里共和国（The Republic of Mali）
面　积	1 241 238 平方千米
人　口	1760 万（2015 年）
民　族	全国有 23 个民族，主要有班巴拉、颇尔、塞努福、桑海、马林克和多贡族等
语　言	官方语言为法语；通用班巴拉语，各民族均有自己的语言，但无文字
首　都	巴马科（Bamako）
行政区划	全国划分为 8 个大区和 1 个中央直辖管区
地理区	北部撒哈拉沙漠，中部萨赫勒地区，南部尼日尔河流域

气候

北部为热带沙漠气候，属撒哈拉带，夏季气温高达 55℃，几乎无降雨，空气极其干燥，昼夜温差大，植被稀少。中北部属萨赫勒带，年降雨量为 200 ~ 500 毫米，平均气温 23 ~ 36℃，以草原植被为主，有耐旱乔木。南部为热带草原气候，年降水量 500 ~ 1400 毫米，平均气温 24 ~ 30℃，以草本植被为主。

自然资源

马里有许多矿产资源。现已探明的主要矿藏资源及其储量：岩盐 5300 万吨，磷酸盐 1180 万吨，黄金 900 吨，铝矾土 12 亿吨。其他还有铁、锰等金属矿藏，储量分别为 5 亿吨和 800 万吨。森林面积 110 万公顷，覆盖率不到 1%。水力资源丰富，目前有 3 个水电站、12 个火力发电站、1 个太阳能电站。

经济

马里为农牧业国家，农业产值占国内生产总值的 30% ~ 35%。农村人口占总人口的 73%、占就业人口的 82%，特别是畜牧业，在国民经济中占重要地位，是第二大出口产业，2002 年，畜牧业产值占国内生产总值

的 9.8% 左右。马里的工业基础薄弱，工业产值约占国内生产总值的 13%，主要工业部门有食品、纺织、卷烟、建筑材料、机修和制药等。1988 年马里开始实施"经济结构调整计划"和"国有企业改革计划"。1992 年后，逐年同世界银行和国际货币基金组织签订实施结构调整计划协议，马里在协议规定的期限内可获得一定的援助。1995 ~ 1997 年，马里国内生产总值增长率均在 4.5% 以上。2006 年，马里大力发展农业，加强交通、电力、通信等基础设施建设，积极改善投资环境。粮食生产丰收，棉花产量居西非第二位，黄金产量和出口较往年继续增加。

习俗

马里传统的礼服叫"布布"。一件"布布"要用布 5 ~ 6 米，无领、宽肩、袖肥，十分凉爽。穿"布布"时，要上配毡帽，下配拖鞋。

马里妇女很讲究发式。一般先将头发梳成无数条上下一般粗细的小辫子，再把辫子整理成不同的发型。民族、年龄不同，发式各有差异，已婚的妇女往往以布包头。妇女们还特别注意装饰，手镯、项链、耳环、鼻环都很讲究。最突出的是耳环和鼻环，有的耳环又大又重，不得不用一条细绳挂在头上，以减轻耳垂之重负。鼻环有两种：小鼻环套在鼻翼上；大鼻环夹在两个鼻孔中间。

马里的黑人妇女把黑色视为一种吉祥、最美的颜色。因此，尽管她们的肤色是黑的，还是要用"地阿比"树叶将手、足和牙龈染得更黑。小伙子选择配偶，首先要了解姑娘是否具备染足、画

手、染牙龈的手艺，这是考虑对方是否合适的第一个条件。所以当地的女孩从小就向大人学习染技，谁染技高超，谁就会赢得更多人的爱戴和尊敬。

根据当地传统，男子向女子求婚时要通过媒人向女方 3 送柯拉果（一种提神和药用的果子）。若 3 次上门，礼物均被收下，婚事则告成功。马里人的婚礼必须举行 2 次，一次是民事婚礼；另一次是宗教婚礼。

多贡族的葬礼，隆重而又惊险。在亲属友邻吊唁、艺人舞蹈一番之后，登高能手攀上山顶，然后将死者安放于山洞之中，既不土埋，也不火葬。

斐巴摩纳是马里最热的地方，白天最高气温可达 50℃。为了给在滚滚热浪中长途跋涉的旅客们提供一个凉爽的安身之处，当地居民开设了一种"井中旅店"。他们在高坡上打 3 米多深的干井，然后井底四周挖出一高 2 米、面积 40 平方米左右的空洞，用小梯子上下。在空洞中安置 20 ~ 30 人的铺位，这种旅店的室内温度只有 13 ~ 14℃。餐厅和生活服务设施设在井里。这对在热浪包围中的旅客们来说，算得上是"清凉胜地"了。

葫芦舞是马里农村常见的舞蹈之一，多表现五谷丰登的喜庆场景。

主要城市

巴马科

巴马科是马里的首都，人口 245.9 万（2012 年），是马里政治、经济、文化中心，也是重要的交通枢纽。市内有机车修理、纺织、发电、食品、烟草等众多工业企业。市中心的商业区，有现代化的商店，也有非洲传统的市场。巴马科的木雕、象牙雕及金银饰物等工艺品十分精美，驰名西非。巴马科风景秀丽，依山傍水，北面是库卢巴山陡壁悬崖，南部是河水清澈、碧波粼粼、轻舟来往于如梭的尼日尔河。

旅游

马里主要旅游城市有首都巴马科、古城通布图和水城莫普提，最佳旅游季节为 11 月至次年 1 月。马里是西非的文明古国，通布图是最重要的古都，这里可看到 19 世纪欧洲探险家的住宅。位于中部的塞古是第二大城市，也是农副产品的重要集散地和加工中心。莫普提市东边班迪亚加提—桑加山区，有多贡"小人国"的遗址。其不远处便是多贡族的故乡。多贡族的习俗和传统生活方式保留至今，他们居住的房屋多建在岩石峭壁上，尖顶泥屋，层层叠叠，别具一格，政府近年来不断拨款，修路打井，建造旅店，使这里日渐成为马里的旅游胜地。

布基纳法索 /Burkina Faso

地理位置

布基纳法索位于非洲西部。东北与尼日尔为邻，东南与贝宁相连，南与科特迪瓦、加纳、多哥交界，西、北与马里接壤，是西非面积最小的内陆国。

地形特征

全境大部分地区是较平缓的台地，自北向南倾斜，平均海拔不到300米。北部和东北部有岩丘隆起在连绵的沙地上，西部有砂岩高原，其边缘为邦福拉陡崖。境内高原向南徐缓倾斜，被河谷穿切。

气候

布基纳法索地处西非干旱地区，气候干燥炎热。但南北差异明显，北部属撒哈拉地区，气温为13～14℃；南部属热带草原气候，气温为20～35℃。6～10月为雨季，11月至次年5月为旱季。年降水量从南部的1100毫米递减到北部的280毫米左右。

自然资源

主要矿藏：黄金储量150万吨（含金量22吨），锰1770万吨，磷酸盐2.5亿吨，锌银合成矿1000万吨，石灰石600万吨。森林面积约225万公顷。

主要城市

瓦加杜古

瓦加杜古是西非的一座古城，建于15世纪，是全国政治、经济、文化中心，位于布基纳法索中部地区。莫西皇帝的皇宫就坐落在这里。全国1/3的工商业也集中在这里。现有机械修配、轧棉、制革、碾米、啤酒、制鞋等小型工厂。花生、棉花、畜产品贸易较发达。全市有十几家电影院，并设有电影培训和研究学院，是非洲新兴的电影城和文化城，被称为"非洲的好莱坞"。2年一度的泛美电影节就在这里举行。市内有宽广的"革命大道"、庄严的"联合国"广场、雄伟的人民宫，以及中国援建的"八四"体育场等具有现代色彩的建筑。市内还设有一些地区组织的总部，常举行国际会议，是西非地区国际活动的中心地之一。

正式名称	布基纳法索（The Burkina Faso）
面　　积	274 200平方千米
人　　口	1810万（2015年估）
民　　族	共有60多个民族，分为沃尔特和芒戴2个族系。沃尔特族系主要有莫西族、古隆西族、古尔芒则族等；芒戴族系主要有萨莫族、马尔卡族、布桑塞族等；此外还有颇尔人和豪萨人
语　　言	官方语言为法语；主要民族语言有莫西语、迪乌拉语和颇尔语
首　　都	瓦加杜古（Ouagadougou）
行政区划	全国分为30个省，300个县。1996年进行行政改革，将省增加到45个
地 理 区	属内陆高原，主要为草地。西南为沼泽区，西部为砂岩丘陵

佛得角 /Cape Verde

地理位置

　　佛得角位于北大西洋的佛得角群岛上，东距非洲大陆最西点佛得角（塞内加尔境内）500多千米，海岸线长965千米，佛得角意为"绿色海角"。地扼美、非、欧、亚四大洲海上交通要冲。在1869年埃及苏伊士运河开通前，它是从欧洲绕道非洲去亚洲海上航线的必经之地，迄今仍是各洲远洋船只及大型飞机过往的补给站，被称为"连接各大洲的十字路口"。

正式名称	佛得角共和国（The Republic of Cape Verde）
面　积	4033平方千米
人　口	52.1万（2015年）
民　族	绝大部分为黑白混血的克里奥尔人；欧洲人占1%
语　言	官方语言为葡萄牙语；民族语言为克里奥尔语
首　都	普拉亚（Praia）
行政区划	全国划分为22个市
地理区	15个大小岛屿，皆为火山岛

地形特征

　　佛得角群岛由15个大小火山岛屿组成。圣地亚哥为最大岛屿，面积980平方千米。除萨尔等3岛地势低平外，几乎全为山地，地势崎岖。福古岛上的福古活火山海拔2829米，为全国最高峰。佛得角群岛上河流稀少，水资源匮乏。

气候

　　佛得角属热带干燥气候，终年刮干热的东北信风。年平均温度24℃，年降水量100~300毫米，最多处不超过400毫米。

自然资源

　　资源匮乏，主要矿产有石灰石、白榴火山灰、浮石、岩盐等。

主要城市

普拉亚

　　普拉亚为佛得角的首都，人口13.4万，是全国政治、经济和文化中心，也是欧洲、南美州和西非的海底电缆站和来往船只的燃料、食品补给站。普拉亚坐落在群岛中最大的岛——圣地亚哥岛南端，市内有榨油、卷烟、水泥、鱼类加工等小型工业。其港口设备良好，可停靠万吨级轮船。每年都有大批进出口物资在这里装卸。"普拉亚"在葡萄牙语中意为"海滩"，因它拥有1000多米的海滩而得名。

几内亚比绍 /Guinea-Bissau

地理位置

　　几内亚比绍位于非洲西部，包括比热戈斯群岛等60多个离岸岛屿。大陆部分北接塞内加尔，东、南邻几内亚，西濒大西洋。海岸线长约300千米。

地形特征

　　几内亚比绍的地形除东南角多丘陵外，其他地区为海拔100米以下的沿海低地，但被许多海湾所分割。内部陆地主要为平原，在靠近几内亚边境地带为高地。沿海低地主要为广阔的红树林沼泽地带，可种植水稻和甘

正式名称	几内亚比绍（The Republic of Guinea-Bissau）
面 积	36125平方千米
人 口	184万（2015年）
民 族	有27个民族，主要有富拉尼族、巴兰特族、曼丁哥族（占全国人口的80%）
语 言	官方语言为葡萄牙语；通用克里奥尔语（无文字）
首 都	比绍（Bissau）
行政区划	全国划分为8个省和1个自治区，36个县
地 理 区	沿海低地、内陆平原和东北高地

蔗等热带作物。内陆平原主要指西北部地区，位于热巴河与塞内加尔边界之间。东部靠近几内亚的高地包括几内亚富塔贾隆高原的外沿山脊、中部的巴法塔高原和东北部的加布高原。

气候

几内亚比绍属热带海洋性季风气候，年平均气温25℃，最高气温31℃。年降水量1500～2000毫米，沿海多于内陆；5～11月为雨季，其余为旱季。

自然资源

截至2013年，矿产资源尚未开发。主要矿藏有铝矾土，蕴藏量2亿吨；磷酸盐，储量约1亿吨。沿海有石油。森林覆盖率约为38%，森林里有极富经济价值的硬木树种。渔业资源丰富。

主要城市

比绍

比绍是几内亚比绍的首都，是西非重要的交通枢纽和几内亚比绍对外贸易中心。城市位于热巴河河口的比绍岛上，有堤联结大陆。市内有榨油、碾米、锯木等小型企业。比绍港是全国最大的驳运港和渔港，是联系五大洲海运的重要港口。

几内亚 /Guinea

地理位置

几内亚位于西非西岸，北邻几内亚比绍、塞内加尔和马里，东与科特迪瓦、南与塞拉利昂和利比里亚接壤，西濒大西洋。海岸线长约352千米。

地形特征

全境可为分4个自然区。西部（下几内亚）为狭长的沿海平原；中部（中几内亚）平均海拔900米，为高原地带；东北部（上几内亚）平均海拔约300米，为台地；东南部平均海拔600～1000米，称为几内亚高原或森林几内亚。

气候

沿海地带为热带季风气候，内地为热带草原气候。大部分地区终年炎热，年平均气温为24～32℃。年平均降水量为3000毫米。

自然资源

几内亚资源丰富，有"地质奇迹"

正式名称	几内亚共和国（The Republic of Guinea）
面 积	245857平方千米
人 口	1260.8万（2015年）
民 族	全国有20多个民族，主要有富拉尼族（又称颇尔族）、马林凯族、苏苏族
语 言	官方语言为法语；各民族均有自己的语言；主要语种有苏苏语、马林凯语和富拉语（又称颇尔语）
首 都	科纳克里（Conakry）
行政区划	全国划分为首都科纳克里和7个行政区，行政区以下设省，共33个省
地 理 区	西部沿海沼泽地；中部高原；东北部莽原；东南部森林和丘陵

之称。铝矾土储量估计为 400 亿吨，占世界总储量的 2/3；铁矿石储量为 70 亿吨；钻石储量为 2500 万～3000 万克拉。此外还有黄金、铜、铀、钴、铅、锌等。水力资源极为丰富，居西非首位。沿海渔业资源也较丰富，近海浅层水域鱼的蕴藏量为 23 万吨，深海区蕴藏量约 100 万吨。沿海大陆架已发现有石油。东南部有大片原始森林，盛产红木、黑檀木等贵重木材。

一座横跨河流的藤桥

图片中的藤桥位于几内亚高地恩泽雷科雷省附近。编造藤桥是当地利用自然资源解决交通问题的独创性方法。几内亚国内的热带气候以及丰富的植被资源还为众多的野生动物提供了一个绝佳的生活环境。

经济

几内亚为农业国，其主要农作物有稻米、玉米和油椰等，工业基础薄弱，为联合国公布的世界最不发达国家之一。1984 年 4 月后先后实行自由经济政策、3 年临时经济复兴计划及执行国际货币基金组织和世界银行的"货币和经济改革"结构调整计划，注重吸引外资，经济有所发展。2000 年年初，国际金融机构对几内亚贷款解冻，几内亚上半年经济形势略有好转，但受国际市场石油价格飞升和几内亚主要出口创汇产品铝矾土和黄金价格大幅下跌等因素影响，全年经济增长低缓，总体形势仍十分严峻。

习俗

由于男少女多，几内亚实行一夫多妻制，有试婚的习惯，人们在生了孩子后才结婚。

巴布亚布族的服饰很简单，男人唯一的衣着是一种晒干的植物秆做成的围兜。妇女穿的是植物纤维织的短裙，背部背着一个编织袋。

主要城市

科纳克里

科纳克里是几内亚首都和最大港口，人口 210 万，是几内亚政治、经济、文化中心和交通枢纽。科纳克里 1884 年由法国建立，地跨卡卢姆半岛和通博岛。它三面环海，一面背依绿色的山冈。这里有较大规模的纺织厂和罐头厂，在卡卢姆半岛上有已开采的大铁矿。科纳克里同时也是几内亚的教育中心，设有科纳克里大学。1960 年还建立了博物馆、图书馆和国家档案馆。其市内的著名建筑物有反殖民主义烈士纪念碑和天主大教堂等。

旅游

科纳克里海滨的金沙细浪、大西洋落日景象、洛斯群岛上的火山和卡金波的洞窟等都独具特色。此外，金迪、马木一带的沿海低地和丘陵地带有别样的风光。富塔贾隆高原有热带丛林、溪谷、瀑布等多处奇观。

塞拉利昂 /Sierra Leone

地理位置

塞拉利昂位于非洲西部，北、东北与几内亚接壤，东南与利比里亚交界，西、西南濒临大西洋。海岸线长约485千米。

地形特征

塞拉利昂的地形为由西向东呈梯形倾斜，全国大部分土地为利昂—利比里亚高地。西部为平原，起伏的丘陵点缀其间，东北部为富塔贾隆高原的支脉，有洛马和廷吉两大山系，洛马山系中的宾蒂马尼山海拔1945米，为全国最高点。

气候

塞拉利昂属于热带季风气候，气温高，多暴雨、湿度大。11月至次年4月为旱季，5~10月为雨季。

自然资源

塞拉利昂矿藏丰富，主要有钻石、黄金、铝矾土、金红石、铁矿砂等。黄金矿砂发现5处，其中仅南方省包马洪地区储量即达2000万吨，每吨矿砂含金0.2盎司。铝矾土储量1.22亿吨，金红石储量约1亿吨，铁矿砂储量2亿吨。渔业资源丰富，主要有邦加鱼、金枪鱼、黄花鱼、青鱼和大虾等鱼类。全国森林面积约32万公顷，占土地总面积的4%，盛产红木、红铁木等，木材储量300万立方米。

经济

塞拉利昂经济落后，被联合国列为世界最不发达国家之一。全国65%的劳动力从事农业生产，2005年农业产值占国内生产总值的48%。塞拉利昂土地肥沃，雨量充沛，适宜农作物生长，但生产方式落后，大多以家族为单位采用传统方法耕作，粮食不能自给。主要农产品有稻米、甘薯、木薯、玉米、棕榈油、咖啡、可可等。工业从业人口占总劳动力的19%。2005年工业产值约占国内生产总值的10.5%，采矿业是主要工业部门，其余有建筑业、食品加工、制鞋、石油提炼、制漆和水泥等。1997年以来，因内战不息、政局动荡，经济遭到重创。2002年内战结束后，随着政局趋向稳定，政府集中精力重建经济，并制定了《2002—2003年国家复兴战略》。2006年，积极实施减贫策略，经济稳步增长。

习俗

母系家族制度　曼迪族仍保留着部族的法律和母系的家族制度，婚姻为一夫多妻制。子女属母亲的家族，但在夫妇双方均为赤贫的情况下，子女则属两

正式名称	塞拉利昂共和国（The Republic of Sierra Leone）
面　　积	71740平方千米
人　　口	645万（2015年）
民　　族	全国有20多个民族。南部的曼迪族最大；北部和中部的泰姆奈族次之，两者占全国人口的60%以上；林姆巴族占8.4%，克里奥尔人占10%
语　　言	官方语言为英语，民族语言主要是曼迪语、泰姆奈语、林姆巴语和克里奥尔语
首　　都	弗里敦（Freetown）
行政区划	全国分为3个省和1个西区，3省之下设有12个行政区，行政区以下设149个酋长领地
地理区	利昂—利比里亚高地，西部平原，东北部高原

亲所有。子女在成年以前由母亲养育，成年以后成为部族成员。

秘密会社　秘密会社对外界人来说是秘密，对本国人则是各个部族生活中不可缺少的重要组成部分。其中影响最大的是分布在曼迪族和泰姆奈族中的波罗社，主要吸收男性社员。桑德社和邦杜社也较大，主要吸收女性社员。会社无统一的中央机构，而是分散在各地独立活动。会址一般设在森林中，入口处都设有各自的徽记，不是一个社的绝不会去闯别的会社。部族成员到一定年龄都要入社，这是长大成人的标志。

主要城市

弗里敦

弗里敦是塞拉利昂的首都，人口约107万，是全国政治、经济和文化中心，坐落在塞拉利昂半岛北部的台地上，是大西洋的海口。城区的南部和西部是行政区，北部是全城最繁华的商业区。弗里敦市为全国商业和交通运输中心，主要输出棕桐油、可可、生姜和可乐果等，拥有天然良港，并建有深水码头。弗里敦设有福拉湾学院、马尔盖师范学院等，市内还有几座教堂，包括圣公会的圣乔治大教堂。

首都弗里敦一角

旅游

海滨地区风光秀丽，十分适宜发展旅游业。但由于交通不便和缺乏资金，旅游资源一直得不到有效开发。主要景点有未被污染的长约50千米的原始沙滩、宾图玛尼山脉和铁吉山脉等。

利比里亚 /Liberia

地理位置

利比里亚位于非洲西部。北接几内亚，西北界塞拉利昂，东邻科特迪瓦，西南濒大西洋。海岸线长537千米，是西非沿海各国最接近赤道的地区，有"非洲大门"之称。

正式名称	利比里亚共和国（The Republic of Liberia）
面　积	111 370平方千米
人　口	440万（2014年）
民　族	有16个民族，从语言可分为曼德人、克瓦人和梅尔人3个语族。主要有克鲁、丹、洛马、戈拉等民族
语　言	官方语言为英语；较大民族均有自己的语言
首　都	蒙罗维亚（Monrovia）
行政区划	除首都蒙罗维亚外，全国划分为15个州
地 理 区	沿海平原，内陆地势渐高，北部和西北部为高地

地形特征

地势东北高西南低，从沿海至内陆逐渐升高。沿海为30～60千米宽的狭窄平原；中部为与海岸平行绵延起伏的低丘陵，平均海拔300～500米，大部分地区被茂密的热带雨林所覆盖；内地高原平均海拔700米。宁巴山位于利比里亚与几内亚两国交界处。利比里亚境内主要河流均向西南流动，最后注入大西洋，该国与科特迪瓦之间的界河卡瓦拉河有部分河段可通航。

气候

利比里亚属热带季风气候，高温多雨。年平均气温25℃，内陆最高气温34℃。5～10月为雨季，11月至次年4月为旱季。年平均降水量内陆1500毫米，沿海高达5100毫米。蒙罗维亚和西南部地区年均降水量可达5000毫米。

自然资源

铁矿砂储量估计为18亿吨，另有钻石、黄金、铝矾土、铜、铅、锰、锌、钶、钽、重晶石、蓝晶石等矿藏。森林覆盖面积479万公顷，占全国总面积的58%，是非洲一大林区，盛产红木、非洲紫檀和桃花心木等名贵木材。林姆巴山区因其独特的动植物群被联合国教科文组织列为世界遗产，野生动物有猴子、黑猩猩、羚羊、鳄鱼等，亦有一些象、野牛和豹，但数量在逐渐减少。

经济

利比里亚是联合国公布的世界最不发达国家之一，为农业国，全国3/4的人口从事农业生产。农业产值约占国内生产总值的30.3%。主要农产品是稻米和木薯，主要经济作物有橡胶、咖啡和可可。天然橡胶、木材和钻石的生产为其国民经济的主要支柱，均供出口。工业不发达，仅有少数企业生产日用消费品。制造业和矿业约占国内生产总值的1/5，以铁矿砂生产为主，占总出口值的

卸载货物

图片中的轮船位于利比里亚最重要的港口——蒙罗维亚港口。当地在1990年内战爆发之前曾与多个国家有贸易往来，但目前来看，当地经济的复苏尚需时日。

一半。制造业以生产进口替代品的小型企业为主。1997年政府制订重建计划，但经济复苏缓慢。2000年上半年，利比里亚开始执行国际货币基金组织的监督计划，主要包括改善金融状况、实行贸易自由化、公务员制度改革和国有企业改革等。但由于经济薄弱，经济重建任务十分艰巨。

主要城市

蒙罗维亚

蒙罗维亚是利比里亚的首都，人口130万，是全国政治、经济、文化和交通中心，位于大西洋海岸梅苏拉多角半岛上。市区北部的布什罗德岛，是新兴的工业区，工业企业占全国的70%。这里炼油厂、木材家具厂、纺织厂、啤酒厂、鱼类加工厂、碾米厂、汽车修配厂等鳞次栉比，一片生机。市区东部的首都山，也称国会山，是政府机关所在地。山上宏伟的行政大厦与铜质穹顶的国会大厦遥遥相对。市内有上百年历史的利比里亚大学、医疗机构、国立博物馆、图书馆。这里也是国内外旅游的中心，有美国式的公共设施、学校，具有同非

洲其他国家不同的独特风格。沿曼丁哥贸易大道驾车行驶，可到洛法州首府、繁华的古镇——沃恩贾马一游。这里是咖啡、柯拉果等商品的采购中心和转运站，尤其是手工皮革制品更是远近闻名。

旅游

除蒙罗维亚外，东南海角重镇哈珀、内地最繁荣的城市沃恩贾马、重要的传教点佐尔佐尔、腹地交通枢纽城市邦加、运输港布坎南、海角上的美丽城市罗伯茨波特等都是著名的旅游景点。

科特迪瓦 /Cote d'Ivoire

地理位置

科特迪瓦位于非洲西部。西与利比里亚和几内亚交界，北与马里和布基纳法索为邻，东与加纳相连，南濒几内亚湾，海岸线长约550千米。

地形特征

地势由西北向东南倾斜。西北部有芒达山和丘陵山地；北部是辽阔的热带

正式名称	科特迪瓦共和国（The Republic of Cote d'Ivoire）
面　　积	322 463平方千米
人　　口	2270万（2015年）
民　　族	全国有69个民族，主要分四大族系：阿肯族系、曼迪族系、克鲁族系、沃尔特族系
语　　言	官方语言为法语；各民族均有自己的语言；全国大部分地区通用迪乌拉语（无文字）
首　　都	政治首都亚穆苏克罗（Yamoussoukro），经济首都阿比让（Abidjan）
行政区划	全国划分为31个省、197个县
地理区	狭长的沿海区、赤道林区、栽培林区、热带稀树草原区

稀树草原区；中部为茂密的热带雨林。但近百年来，由于各种人为和自然原因，中部的赤道雨林区已经大为减少，形成了以利比里亚边界为底线，阿比让北部为顶角的三角地区。南部沿海区狭长，最宽也不过64千米，海岸线也较为平直。

气候

科特迪瓦全国以北纬7°左右为界可以分为2个不同的气候区。北部气候较干燥，年降雨量为1400毫米；南部较湿润，年降雨量为1500～2000毫米。总体来看，北区和南区在气温上相差不大，年平均气温基本为26～28℃。

自然资源

主要矿藏有钻石、黄金、锰、镍、铀、铁和石油。已探明的石油储量约12亿吨，天然气储量156亿立方米，铁矿30亿吨，铝矾土12亿吨，镍4.4亿吨，锰3500万吨。森林面积250万公顷。

经济

独立后，科特迪瓦实行以"自由资本主义"和"科特迪瓦化"为中心内容的自由经济体制。20世纪六七十年代经济发展迅速，国民生产总值年均增长8%，创造了"经济奇迹"。进入20世纪80年代以来，由于西方经济危机的影响，特别是出口农产品价格持续下跌，出口收入锐减，经济状况恶化。为克服经济困难，1990年后实施"稳定和振兴经济计划"，削减行政开支、改革税制、推行私有化。利用非洲法郎贬值有利于出口的机遇，大力增加出口，经济开始呈现复苏迹象。1995年以后，经济形势继续好转。2005年由于石油、

天然气等产量增加，经济在历经了 3 年衰退后，首次实现增长。

习俗

村落　以一个大家族或有血缘关系的几个家族构成的国家行政系统的一个单位，多建在交通干线旁边。北部的塞努福族则是以住宅为中心，形成一个圆形的村落。最古老的家族族长，就是这个村落的村长。

复活节　阿比杰人隆重的节日。每年的三四月月圆之时，阿比杰人宰鸡备饭置于地头，纪念传说中为他们拥有玉米、稻谷和山药而献出头颅的头人的儿子皮迪奥。

大象王国　科特迪瓦过去叫"象牙海岸"。这个国家在 20 世纪 50 年代曾

非洲象

非洲象是现存最大的陆生哺乳动物，主要分布在非洲中部、东部和南部。非洲象通常为群居，由一只雄象率领，无定居，以野草、树叶、树皮、嫩枝等为食，已列入《濒危野生动植物种国际贸易公约》。

有 10 万多头大象，现在虽说象的头数逐渐减少，但在科特迪瓦，仍然会感到一切都与大象结下不解之缘。国徽上印有大象，邮票上有大象，商品广告上有大象，洲际旅馆称"象牙旅馆"，最好的报纸叫《象牙晚报》，国家足球队称"大象队"，科特迪瓦人也称自己为"象牙人"。

主要城市

阿比让

阿比让是科特迪瓦的最大城市和经济首都，是非洲最大的深水港口，人口 415 万。阿比让市区主要坐落在一个岛和一个半岛上，两部分用两座桥架连接，市区分成具有欧洲风格的城区、土著地区和工业港湾区。阿比让是农林产品的集散地，工业很发达。它也是科特迪瓦的旅游中心，市内还有许多教育和研究机构。

旅游

科特迪瓦重视发展旅游业和开发旅游资源。阿比让毗邻几内亚湾，环绕潟湖，风景优美，市内建有高达 30 余层的象牙旅馆、象牙市场。另外，宁巴山自然保护区、科莫埃国家公园等地的景色也异常秀美壮观。

加纳 ／Ghana

地理位置

加纳位于非洲西部、几内亚湾北岸，西邻科特迪瓦，北接布基纳法索，东毗多哥，南濒大西洋，海岸线长约 562 千米。

正式名称	加纳共和国（The Republic of Ghana）
面　积	238 537 平方千米
人　口	2740 万（2015 年估）
民　族	全国有 4 个主要民族：阿肯族、莫莱—达戈巴尼族、埃维族和加—阿丹格贝族
语　言	官方语言为英语；另有埃维语、芳蒂语和豪萨语等民族语言
首　都	阿克拉（Accra）
行政区划	全国共设 10 个省，省下设有 138 个县
地　理　区	沿海平原、中部高原、北部莽原和草地
最　高　点	阿发第加多山，海拔 880 米
最　低　点	沿岸海平面
主要山脉	阿发第加多山等
主要河流	白伏塔河、黑伏塔河、安卡布拉河等
主要湖泊	沃尔特湖等

地形特征

加纳领土呈长方形，全境地势平坦，大部分地区为平原，由北向南倾斜，沿海和沃尔特河谷地区为平原，西南部和北部为高原，东南部和中部有两列山地，海拔600～700米。加纳境内的水系以沃尔特河为主，流域面积占全国土地总面积的60%以上，还有人工湖沃尔特水库。

气候

沿海平原和西南部阿散蒂高原属热带雨林气候，沃尔特河谷和北部高原地区属热带草原气候。4～9月为雨季，11月至次年4月为旱季。各地降雨量差别很大，西南部平均年降雨量2180毫米，北部地区为1000毫米。全境终年高温，2～3月气温最高，可达43℃；8～9月较凉爽，最低15℃。

自然资源

矿产资源丰富，主要矿物储量：黄金约17.5亿盎司，是非洲第二大黄金生产国；钻石约1亿克拉，居世界第四位；铝矾土约4亿吨；锰4900万吨，居世界第三位。此外还有石灰石、铁矿、红柱石、石英砂和高岭土等。森林资源曾经很丰富，约占全国面积的1/3，但由于缺乏保护和管理，现只占国土面积的1/10左右。

主要城市

阿克拉

阿克拉是加纳的首都，人口约229万（2012年），是全国政治、经济、文化中心。它临大西洋几内亚湾。阿克拉的房屋以铝皮盖顶，银光闪闪，景色奇特。西部为老市区，建在潟湖的周围，传统的非洲市场设在这里。东部为新市区，这里道路宽阔，高楼林立。市内有纺织、水泥、炼钢、木材加工、金属加工、可可加工、橡胶等企业。外贸都利用外港特马。它位于阿克拉以东27千米处，特马成为首都的新兴工业区，拥有炼铝、炼油、炼钢、纺织、食品等现代化企业。阿克拉是一个十分美丽的滨海城市，近郊有游泳场，市中心的国立博物馆陈列着古代及现代的美术作品及加纳各族人民的传统文物。海岸边上有3座古堡，其中最大一座白色古堡叫克里斯琴博堡，是前殖民总督府，如今是总统官邸，其余2座过去是关押奴隶的城堡。内独立广场北侧有50米高的"独立门"。

多哥 /Togo

地理位置

多哥位于非洲西部，南濒几内亚湾，东邻贝宁，西接加纳，北与布基纳法索接壤。海岸线长53千米。

地形特征

多哥是长而狭窄的国家，长约600

正式名称	多哥共和国（The Republic of Togo）
面　积	56 785 平方千米
人　口	730 万（2015 年估）
民　族	全国有 41 个部族，主要有埃维族、米纳族、阿克波索族、阿凯布族、卡布列族等
语　言	官方语言为法语，通用埃维语和卡布列语
首　都	洛美（Lome）
行政区划	全国分为滨海区、高原区、中部区、卡拉区和草原区五大经济区。经济区为地理经济概念，未设行政机构。全国设 30 个省和 4 个专区。省下设县等
地理区	沿海平原多为湿地，内陆属于高原地形，并崛起为东北—西南走向的多哥山脉；北部是草地

千米，最大宽度 120 千米。中部高，南北低。中部为海拔 500～800 米的高原；南部为沿海平原；北部为海拔 200 多米的低高原草原区。更为细致地看，多哥可分为 6 个地理区，即海岸区、瓦查高原区、台地区、奥蒂河沙石高原区、西北较高区和莫诺台地。海岸区是一片狭窄、低洼的沙滩，背靠潮汐平原和浅水潟湖。瓦查高原区伸入内地约 32 千米。东北台地区，地上流贯莫诺河及其支流，地下则是先寒武纪的片麻岩石。奥蒂河沙石高原区位于东北台地区的北边，而西北则是一片主要由花岗岩和片麻岩组成的较高地区。莫诺台地是砖红土壤区。

气候

多哥有两个相当分明的气候带。南部属热带雨林气候，炎热而湿润，月均温度为 21～31℃，雨量充沛。北部属热带草原气候，较凉爽，月均温度 19～22℃。雨量较少。

自然资源

自然资源不很丰富，主要矿业资源是磷酸盐。为世界第四大生产国，截至 2014 年已探明储量优质矿 2.6 亿吨，含少量碳酸盐的矿约 10 亿吨。其他矿藏有石灰石、大理石、铁和锰等。

主要城市

洛美

洛美是多哥首都，是全国最大港口，是政治、经济和文化中心，面积 90 万平方千米，人口 157 万（2014 年），著名的《洛美协定》签订地。洛美市内楼舍林立，绿树成荫，风景优美，有"非洲瑞士"之称。境内有一铁路把城市分为东、西两部分。西城区是政府首脑机关所在地，总统府坐落在海滨。东城区是繁华的商业区和居民区。沿着滨海公路向东漫步，是著名的洛美深水港，海港由东、西两条大堤组成。1700 多米长的西堤由北向东方向弯曲，直插波涛滚滚的大西洋，同东堤遥遥相对，形成一个美丽优良的港湾。外国商品遍布市场，市内有纺织、轧棉、榨油、可可加工业等。

贝宁 /Benin

地理位置

贝宁位于西非中南部，东邻尼日利亚，西北、东北与布基纳法索、尼日尔交界，西与多哥接壤，南濒大西洋。海岸线长 125 千米。

地形特征

全境北高南低，地势差异明显。南部是宽约 100 千米的沿海平原，中部与北部是海拔 200～400 米的高原。高原西北是一系列并行山岭。

气候

贝宁属热带气候，终年高温。大部分地区盛行西南风，雨量较充沛。南北分为 2 个气候区。在距海岸约 200 千米的沿海平原，属热带雨林气候，年降水量 1300 毫米，气温 22～34℃。中北部属热带草原气候，年降水量 1000 毫米，气温 26～27℃，最高达 42℃。

自然资源

矿藏主要有石油、天然气、铁矿石、

正式名称	贝宁共和国（The Republic of Benin）
面　　积	112622 平方千米
人　　口	1090 万（2015 年估）
民　　族	60 多个部族，主要有芳族、约鲁巴族、阿贾族、巴利巴族、颇尔族和松巴族等
语　　言	官方语言为法语；全国使用较广的语言为芳语、约鲁巴语和巴利巴语
首　　都	波多诺伏（Porto-Novo），国民议会所在地；科托努（Cotonou），政府所在地
行政区划	全国分为 12 个省，77 个县（市）（67 个县，10 个市）
地 理 区	海岸地平多沙，主要由潟湖构成，再连接着广阔的沼泽区；以北是狭长、平坦的森林区；更北是草原；西北部为山区

磷酸盐、黄金等。石油储量 54.5 亿桶，天然气储量 910 亿立方米。有大量的地热资源，其发电可供出口。黄金仅有手工开采。森林面积 313 万公顷，占国土面积的 27%。

主要城市

波多诺伏

波多诺伏是国民议会所在地，贝宁政治、经济和文化中心，人口 25 万，位于国土东南端，濒临几内亚湾，市内古老的非洲宫殿为城市保持了古非洲风貌。市内环行马路两旁和总统府门前的广场四周，排列着高大的非洲樟树，花坛里鲜花盛开。城西有横跨波多诺伏湾的大铁桥。登桥远眺，城市三面临水，十分美丽。

冈维埃的水上村庄
离波多诺伏几十千米远的冈维埃水上村庄是享誉世界的旅游胜地。水上村庄在蓝天、白云与湖光水色的衬托下，风光格外绮丽迷人，被世人誉为"非洲的威尼斯城"。

尼日尔 /Niger

地理位置

尼日尔位于撒哈拉沙漠南缘北纬 11°～23°、东经 0°～16°之间，是西非的一个内陆国家。东邻乍得，西接马里、布基纳法索，南与贝宁、尼日利亚接壤，北与阿尔及利亚、利比亚毗连。

地形特征

全境大部分属撒哈拉沙漠，地势北高南低，中北部海拔 700～1 000 米。北部有许多岛状山地，东北部为沙漠区，沙漠约占全国总面积的 60%；中部为海拔 600～800 米的高原，为游牧区；南部地势较低，西南部有尼日尔盆地，为农业区。

气候

尼日尔是世界上炎热的国家之一，其北部属热带沙漠气候，南部属热带草原气候，年平均温度 30℃，5 月份平均气温 43℃。6～9 月为雨季，夏初常有暴风雨；10 月至次年 5 月为旱季，这时，干燥热风从东北吹向内陆。最南部年平均降水量 900 毫米，北部沙漠区仅 20 毫米。

自然资源

截至 2014 年，尼日尔已探明铀储量 30 万吨，占世界总储量 11%，居世界第五位。磷酸盐储量 12.5 亿吨，居世界第四位，尚未开发。煤蕴藏量 600 万吨。还有锡、铁、石膏、石油、黄金等矿藏。

正式名称	尼日尔共和国（The Republic of Niger）
面　　积	126.7 万平方千米
人　　口	1990 万（2015 年估）
民　　族	全国有 5 个主要部族，分别是豪萨族、哲尔马族、图阿雷格族、颇尔族和卡努里族
语　　言	官方语言为法语；各部族均有自己的语言；豪萨语可在全国大部分地区通用
首　　都	尼亚美（Niamey）
行政区划	全国共划分为 7 个大区、1 个大区级市（首都尼亚美），36 个省和 265 个镇
地 理 区	北部沙质高原、沙漠、阿伊尔山脉；南部地跨尼日尔河与查德湖的疏林莽原

尼日尔农村的圆形小屋

经济

尼日尔经济以农牧业为主，是联合国公布的世界最不发达国家之一。2005年农业产值占国内生产总值的 38.5%，粮食作物主要有粟和高粱，此外，也种植木薯和水稻等，粮食基本能够自给。2005 年工业产值约占国内生产总值的 23.3%，以铀矿开采为主。1986 年开始实施经济结构调整计划。20 世纪 90 年代以来，由于政局持续动荡，经济处于半停顿状态。2000 年 1 月哈马政府上台后，加强宏观调控，以开源节流为主线，大力整顿国家财政，将发展农牧业作为经济振兴的基础，财政危机有所缓解。但由于经济结构失衡，出口收入减少，债务负担沉重，目前经济仍面临严重困难。

习俗

在尼日尔农村盛行一夫多妻制，喜欢多子多孙。普通村民一般都娶 2～3 个妻妾，而酋长的妻妾达数十人，各妻妾分别领着自己的子女居于用泥土筑成的圆形小屋中。

主要城市

尼亚美

尼亚美是尼日尔的首都，人口约 100 万，是尼日尔政治、文化、经济中心。尼亚美跨河而建，一座 900 米长的大桥把南北两岸连成一体。城市的大部分在河北区。这里有矿业公司大楼、花生公司大楼、纳赛尔大楼，还有国家博物馆和豪华旅馆，是棉花、花生和畜产品的集散地。

旅游

尼日尔的旅游业在 1984 年起步。主要旅游点有南部的 W 自然保护区和尼日尔河谷，北部的阿伊尔高地、贾多高原、阿加德兹图阿雷格族城和泰内雷沙漠等。巴黎－达喀尔汽车拉力赛穿越尼日尔国境，为尼日尔主要旅游项目。拉力赛于 1991 年因尼日尔北部战乱中断，1996 年重新恢复。尼日尔非洲国际时装节为另一重要旅游项目，1998 年首次举办，两年一届。1997 年以来，尼日尔陆续开办"狩猎旅游""博物馆旅游"等特色旅游项目。

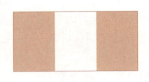

尼日利亚 /Nigeria

地理位置

尼日利亚位于西非东南部，东邻喀麦隆，东北隔乍得湖与乍得相望，西接贝宁，北接尼日尔，南濒大西洋几内亚湾。尼日利亚南北宽约1050千米，东西长约1130千米，边界线长约4035千米，海岸线长800千米。

地形特征

地势北高南低，地域差异明显。沿海是带状平原，宽约80千米，海拔50米以下；南部低山丘陵，海拔200～500米；中部为尼日尔—贝努埃谷地，平均海拔330米以下；北部是占全国面积1/4以上的豪萨兰高地，平均海拔900米，西北是索科托盆地；东北为乍得湖湖西盆地；东部边境为山地。

气候

尼日利亚气候受赤道海洋与热带大陆气团的影响，由南向北雨量递减，气温递增。东南部属热带湿润气候，全年高温多雨。西、北部为干湿季交替的热带草原气候，最北部为干旱气候。年平均气温26～27℃。5～10月为雨季，11月至次年4月为旱季。年均降水量从沿海地区的3000毫米递减到内地的500毫米。

自然资源

自然资源丰富，已探明有30多种矿藏。主要有石油、天然气、锡、煤、石灰石等。截至2014年9月已探明石油储量372亿桶，以目前产量可继续开采30年。已探明天然气储量达5.3万亿立方米，居世界第八位，目前已开发量仅占总储量的12%。煤储量约27.5亿吨，为西非唯一产煤国。沥青储量约430亿桶。森林覆盖率为17%。

经济

尼日利亚原为农业国，全国70%的劳动力从事农业。但粮食不能自给，每

开采石油

1956年，尼日利亚开始开采石油，目前石油产业已成为国家的经济命脉。尼日利亚的石油含硫量低，是提炼航空用油的理想原料。但是，对单品种的依赖，意味着经济会受到石油价格波动的严重影响。

年仍需大量进口。工业和采矿业约占国内生产总值的20%，以石油生产为主。制造业仍以小规模为主，纺织品为主要制成品，服务业、商业和运输业有一定程度的发展。

20世纪70年代尼日利亚成为非洲最大的产油国。20世纪80年代后随着国际市场油价下跌，尼日利亚经

正式名称	尼日利亚联邦共和国 (The Federal Republic of Nigeria)
面　　积	923 768 平方千米
人　　口	1.822 亿 (2015 年)
民　　族	有 250 多个部族，主要有北部的豪萨—富拉尼族、西部的约鲁巴族和东部的伊博族等
语　　言	官方语言为英语；主要民族语言有豪萨语等
首　　都	阿布贾 (Abuja)
行政区划	1 个联邦首都区、36 个州和 774 个地方政府
地理区	西北部索科托盆地，南部低山丘陵，中部尼日尔—贝努埃谷地，东部边境为山地

济陷入困境。1995年起，政府对经济进行整顿，取得一定成效。奥巴桑乔上台后，积极推行自由化和私有化改革，实施紧缩的货币政策，严格限制举借新债，大力扶持农业，积极争取外资、外援和债务减免。2006年，尼日利亚增加对铁路、电力、通信等基础设施建设投入，经济取得较快增长，但由于石油生产下降、农业落后、债务负担过重等原因，经济发展仍受阻碍。

习俗

伊博族的姑娘成人后必把自己养胖才能出嫁。胖是这里衡量女人漂亮的主要标准。豪萨族人的婚礼由双方亲属代为举行，新娘新郎都不参加。

每年2月在尼日利亚阿尔贡古城举行捕鱼节。这是体现尼日利亚部族间友好相处的友谊的节日。

伊古埃节是约鲁巴族辞旧迎新、祈求和平繁荣的节日，节日共包括10项精彩的节目内容，其中第三天假装打仗的场面最有意思，这是为了纪念第一代贝宁王奥巴与以奥面加为首的一帮元老之间的战争。在节日的最后一天，该族青年男女还将手举火把驱赶恶神迎接新年到来。

主要城市

阿布贾

阿布贾是尼日利亚的新首都，政治中心，人口300万。在原首都拉各斯东北约500千米处，是尼日尔州、卡杜纳州和高原州及克瓦拉州交界处。它交通方便，气候宜人，有机场和连接联邦首都及各州首府的高速公路。市区分为两

部分，中心区为政府机关所在地，另一区为住宅、商店和其他政府机构。

拉各斯

拉各斯是尼日利亚的原首都，现为文化、经济中心，位于尼日利亚西南沿海、左奥滚河河口，由6个岛和周围一部分大陆通过宽阔的高架铁桥连接成一体，被称为"非洲威尼斯"。市内有榨油、金属加工、汽车装配、船舶编织、机械和炼油等工业，还有拉各斯大学、图书馆、博物馆等文化设施。城市景色优美，是尼日利亚重要的旅游和疗养城市。

前首都——拉各斯
拉各斯快速增长的人口直追非洲第一大城市开罗。

旅游

旅游资源丰富，但尚未很好开发。主要旅游景点有夸拉州和高原州的瀑布、博尔诺州的乍得湖寺院、十安河州的大牧牛场、翁多州的温泉和包奇州的野生动物园等。另外还有拉各斯国家博物馆、贝宁王宫、贝宁博物馆、位于西部尼日尔河上的卡因吉水库、扬卡利动物保护区和避暑胜地乔斯等人文景区。

喀麦隆 /Cameroon

地理位置

喀麦隆位于非洲中西部，西南濒几内亚湾，西接尼日利亚，东北接乍得，东与中非共和国、刚果（布）为邻，南与加蓬、赤道几内亚毗连。国土北窄南宽，略呈三角形。海岸基准线长354千米。

地形特征

全境以高原为主，海拔600～1000米。北部为热带稀树草原区，其间散布孤山，在地势上向乍得湖盆地倾斜；中部的地势自北向南下滑，包括阿达马瓦高原；南部从萨纳加河一直延伸到南部边界，包括沿海平原和森林密布的高原；西部和北部沿尼日利亚边界一带的地势多为起伏的高山。

气候

喀麦隆属热带气候，气温常年为24～28℃。南部为热带雨林气候，北部是热带草原气候。南部湿热，北部干燥。

正式名称	喀麦隆共和国（The Republic of Cameroon）
面　积	475440平方千米
人　口	2330万（2015年）
民　族	约有200多个部族，主要有富尔贝族、巴米累克族、赤道班图族（包括芳族和贝蒂族）、俾格米族、西北班图族（包括杜阿拉族）
语　言	法语和英语为官方语言；约有200种部族语言，主要有富拉尼语、雅温得语和巴米累克语，均无文字
首　都	雅温得（Yaounde）
行政区划	全国划分为10个大区，58个省，309个区
地　理区	西部高山和丘陵，中部高原，沿海热带低洼地区

5～10月为雨季，11月至次年4月为旱季。降雨量自南向北递减。沿海地区的年平均降雨量可达2500毫米，而中部高原则为1500毫米左右。喀麦隆火山西麓年降水量达1万多毫米，是世界降水量丰富的地区之一。

自然资源

喀麦隆矿产资源较丰富。截至2012年已查明的主要矿藏有铝矾土（储量为10亿吨以上）、铁矿（约3亿吨）、金红石（约300万吨，钛含量92%～95%）。此外还有锡石矿、黄金、钻石、钴、镍等以及大理石、石灰石、云母等非金属矿产。石油储量估计为1亿吨，天然气储藏量约1100亿立方米。森林面积2200多万公顷，约占国土面积的47%，80%可采材，木材蓄积总量40亿立方米。盛产桃花心木、非洲梧桐等名贵木材。水力资源丰富，可利用的水力资源达2080亿立方米，占世界水力资源的3%。

经济

喀麦隆地理位置和自然条件优越，资源丰富。农业和畜牧业为国民经济主要支柱。工业有一定基础。20世纪80年代初期经济增长率达到两位数，人均国内征税总值曾达到1200美元，但20世纪80年代中期，由于受国际经济危机的影响及自身经济政策失误，经济陷入困境。1994年非洲法郎贬值，喀麦隆抓住机遇，深化改革，经济开始好转，2006年4月，世界银行和国际货币基金组织批准喀麦隆达到重债穷国计划完成点，喀麦隆获得大幅外债减免。

习俗

巴米累克族以人死亡为喜事。酋长、铁匠和医生去世后都要隆重庆祝。颇尔族人每年 11 月份举行霍顿戈节，它意味着人们放牧后平安归来，庆祝活动要持续数天。

主要城市

雅温得

雅温得是喀麦隆的首都，人口 167 万，现已建成为一座现代化的城市。市区西部是行政区，东部是商业区。现代工业有食品、纺织、化学、机械、木材加工、造纸、建材等工业部门。著名的雅温得大学和许多教育、科研、新闻、出版等机构都设在这里，并建有黑人艺术博物馆。雅温得位于中部高原的丘陵地区，这里山峦重叠，市内有海拔 700 米以上的山峰 7 座。

旅游

喀麦隆旅游资源丰富，有"微型非洲"之称，其北部的热带稀树大草原上，生活着大象、狮子等，已成为天然的动物园，每年吸引无数旅客前去游玩，多达 13 万人次左右，主要旅游点有贝努埃、瓦扎和布巴恩吉达等天然动物园。

喀麦隆乡村的木屋

赤道几内亚
/Equatorial Guinea

地理位置

赤道几内亚共和国位于非洲中西部，南近赤道，领土由大陆和海岛两部分组成。大陆部分西临大西洋，北邻喀麦隆，东、南与加蓬接壤。海岛部分由比奥科等 5 个岛屿组成。海岸线长 482 千米。

地形特征

大陆从沿海到内陆地势逐渐增高，形成海拔 600 ～ 900 米的高原和山地。最高点达 3007 米。比奥科岛和帕加卢岛是火山岛，地势崎岖险峻。

正式名称	赤道几内亚共和国 (The Republic of Equatorial Guinea)
面　　积	28051 平方千米
人　　口	84.5 万 (2015 年)
民　　族	主要有芳族 (约占人口的 75%) 和布比族 (约占人口的 15%)
语　　言	官方语言为西班牙语；法语为第二官方语言；民族语言主要为芳语和布比语
首　　都	马拉博 (Malabo)
行政区划	全国共划分为 7 个省，18 个区和 30 个市
地 理 区	慕尼河地区 (大陆部分) 和外海 8 个岛屿

气候

赤道几内亚属赤道雨林气候，气候炎热、潮湿，气温却因高度而变得缓和。终年气温为 24 ～ 26℃。这里雨量充沛，年均降水量在 2000 毫米以上，是世界上降水量丰富的地区之一。

自然资源

矿藏有石油、天然气、磷酸盐、黄

金、铝矾土等。估计天然气和原油储量分别为 375 亿立方米和 30 亿桶。林、渔业资源丰富，全国森林面积约 220 万公顷，森林覆盖率达 80%，木材蓄积量约 3.74 亿立方米。

主要城市

马拉博

马拉博是赤道几内亚的首都，位于比奥科岛北岸，人口约 5 万，是全国最大的海港和城市，政治和经济中心，也是可可、咖啡等热带农产品的集散地和加工点。城市建在一个由火山口形成的深水海湾岸边。随着经济的发展，政府又建起了马拉博新港，货物吞吐量成倍增加。

乍得 /Chad

地理位置

乍得位于非洲中北部，撒哈拉沙漠南缘，为内陆国。东接苏丹，南与中非、喀麦隆交界，西与尼日尔、尼日利亚为邻，北连利比亚。

地形特征

西部是乍得湖盆地区，平均海拔 300 多米，博代尔盆地是全国最低的地方。北部地区属撒哈拉沙漠的一部分，占全国面积的 1/3 多；东部是高原地区，平均海拔 2000 米，库西山海拔 3415 米，是全国最高峰。

正式名称	乍得共和国 (The Republic of Chad)
面 积	128.4 万平方千米
人 口	1400 万（2015 年估）
民 族	全国共有大小部族 256 个。北部、中部和东部主要是柏柏尔族、瓦达伊族、图布族等；南部和西南部主要为萨拉族、马萨族、科托科族、蒙当族等
语 言	法语和阿拉伯语同为官方语言；南方居民通用苏丹语系的萨拉语；北方通用乍得化的阿拉伯语
首 都	恩贾梅纳 (N'Djamena)
行政区划	乍得地方行政单位为大区、省、镇、村四级。全国划分为 22 个大区，下辖 57 个省级单位（含首都区），各省设有县级行政单位共 500 余个
地 理 区	西北部是提贝斯提山脉，中部是平原，西部是乍得湖盆地，东南部是高原山地

气候

北部属热带沙漠气候，中部属热带草原气候，南部属热带稀树草原气候。除北部高原山地外，大部分地区年平均气温 27℃ 以上，北部可达 29℃。南部地区每年 5 ～ 10 月降雨量为 800 ～ 1200 毫米，北部 6 ～ 9 月降雨量为 300 ～ 800 毫米。

自然资源

矿产资源较丰富，但大多尚未开采。主要矿产有天然碱、石灰石、白陶土和钨、锡、铜、镍、铬等。1970 年以来，乍得湖东北部加涅姆省和南方洛贡省均发现石油。

经济

乍得为农牧业国家，农村人口约占全国人口的 72%。2004 年农业产值约占国内生产总值的 25.9%。农产品占出口总量的 80%，以农产品为原料的加工业占工业总产值的 60%。主要粮食作物有高粱、玉米和小米，还有少量稻米和小麦等。主要经济作物为棉花，全国约有 1/4 人口从事棉花种植。其他经济作物还有烟草、花生、芝麻、甘蔗和阿拉伯树胶等。工业主要为农、牧产品加工企业，其中以棉花加工为主。另有一些

乍得土著居民

纺织、卷烟、面粉、饮料、制糖、农机制造等中小企业。此外，乍得年产天然碱约1万吨，部分供出口。代比执政后，继续执行经济结构调整计划，宣布实行企业私有化和自由经济，并积极争取国际援助，1996年以来，乍得经济保持持续增长势头，并在2000年10月正式启动石油开发计划，每年可获得8000万美元的稳定收入。

主要城市

恩贾梅纳

恩贾梅纳是乍得的首都，人口109.2万（2012年），是乍得政治、经济和交通中心，位于沙里河和洛贡河的交汇处。市区由殖民地型建筑、现代化建筑和南方的原始居民区3部分组成，设有河港和国家机场，有纺织、榨油、制糖、皮革等小型工业企业。

旅游

乍得的主要旅游地有乍得湖、德基亚野生动物保护区和面积30万公顷的扎科马国家公园等。

中非/Central Africa

地理位置

中非是非洲大陆中部的内陆国家，东接苏丹，南接刚果（布）、刚果（金），西连喀麦隆，北邻乍得。国土东西长约1350千米，南北宽约470千米。

地形特征

地形以丘陵为主，平均海拔为700～1000米。北部是乍得湖盆地的一部分；南部是刚果盆地的北缘；中部为阿赞得高原；东部是邦戈斯高原；恩加亚山位于东北边境；西部是邦德高原，洛贡河和乌班吉河二段支流发源于此。中非共和国是非洲三大水系即刚果河、沙里河和尼罗河流域的分水岭。

气候

北部属热带草原气候，南部属热带雨林气候。气温相对稳定，大部分地区全年平均气温为24～27℃。5～10月

正式名称	中非共和国（The Central African Republic）
面　积	622 984 平方千米
人　口	470万（2014年）
民　族	全国有大小部族60多个，按居住区域又可划分为10个较大的部族区，主要有巴雅、班达、班图、乌班吉人、恩格班迪部族区等，其中巴雅在各部族中人数最多，班达族分布最广
语　言	官方语言为法语、桑戈语
首　都	班吉（Bangui）
行政区划	全国划分为15个省、1个直辖市（首都班吉），省以下设69个县，另设11个行政检查站
地理区	中央高原，西、东北、东及东南部是山区

为雨季，11月至次年4月为旱季。降雨量向南和西南递增，并趋于全年降雨均匀分布。

自然资源

矿产主要是钻石，分布地区占全国面积的1/2，此外还有铀（储量2万吨）、铁（储量350万吨）、黄金、铜、镍、锰、铬、锡、汞和石灰石（储量800万吨）等。北部地区还发现石油。森林面积10.2万平方千米，约占全国面积的16%，可采面积2.8万多平方千米，木材储量约9000万立方米，盛产热带名贵木材。水力资源丰富。北部和东部有较多的大象、犀牛等野生动物资源。

经济

中非是联合国公布的世界最不发达国家之一。经济以农业为主，2003年农业产值约占国内生产总值的58%。主要粮食作物有木薯等薯类和粟，经济作物包括棉花、烟草、咖啡、花生等，20世纪80年代，开始种植棕榈。工业基础薄弱，80%以上的工业品靠进口。制造业主要局限于传统手工业和轻加工业，最重要的产品有棉纺织品和服装、皮革制品、家具、食品、卷烟等。总体来看，钻石、咖啡、棉花、木材是中非经济四大支柱。1996～1997年年初，中非发生3次兵变，使经济遭受沉重打击。1999年，由于政局趋稳，经济有所好转。2002年，受刚果（金）冲突影响，中非遭受油荒，经济再度陷入困境。

习俗

在中部非洲的一些部族，人人都携带一个头顶罐子的小木偶，他们将此木偶奉为神灵。据传，这些地方的居民原来常有头痛病，不知从何时起，他们的祖先制作了一个头顶罐子的小木偶，把头痛恶魔给镇住了。这一传统流传至今。如果外来的旅游者对小木偶流露出丝毫的轻慢，将会受到当地居民的冷落。

主要城市

班吉

班吉是中非的首都。中非政治、经济、文化和教育中心，是世界上屈指可数的几个边境首都之一。班吉位于乌班吉河北岸，乌班吉河在这里像一条彩带，由东向西注入刚果河。这里是中非棉花、钻石、木材等农副产品和自然资源的货物输出港。

科托河上的瀑布

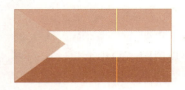

苏丹 /Sudan

地理位置

苏丹位于非洲东北部、红海西岸，是非洲面积最大的国家。北邻埃及，西接利比亚、乍得、中非共和国，南毗刚果（金）、乌干达、肯尼亚，东接埃塞俄比亚、厄立特里亚。东北濒临红海，海岸线长约 720 千米。

正式名称	苏丹共和国（The Republic of the Sudan）
面　积	2 505 813 平方千米
人　口	4020 万（2015 年）
民　族	全国有 19 个种族，597 个部落。黑人约占总人口的 52%，阿拉伯人约占 39%，贝贾人占 6%。南方地区人口占总人口的 20%
语　言	阿拉伯语为官方语言，使用者占总人口的 60%，通用英语
首　都	喀土穆（Khartourn）
行政区划	设 17 个州，辖 132 个县
地理区	北部为努比亚和利比亚沙漠；中部为苏丹盆地；南部为尼罗河泛滥平原和山脉

地形特征

境内中部是苏丹盆地。盆地以北是大沙漠台地，被尼罗河所分割，河东是努比亚沙漠，河西是利比亚沙漠。盆地以西是地势渐高的科尔凡多高原和达富尔高原。东部是埃塞俄比亚高原的延伸部分，沿海有狭长的平原，南面是东非高原的斜坡。尼罗河从南到北纵贯整个苏丹。白尼罗河和青尼罗河在喀土穆交汇后的河段上有几个大瀑布。

气候

全国气候差异很大，自北向南由热带沙漠气候向热带雨林气候过渡，最热季节气温可达 50℃，全国年平均气温 21℃，常年干旱，年平均降雨量不足 100 毫米。地处生态过渡带，极易遭受旱灾、水灾和沙漠化的侵袭。

自然资源

苏丹有铁、银、铬、铜、锰、金、铝、铅、铀、锌、钨、石棉、石膏、云母、滑石、钻石、石油、天然气和木材等丰富的自然资源。截至 2013 年，主要矿物资源储量：铁约 3 亿吨，铜约 900 万吨，铬 70 万吨，银约 9 000 吨，石油约 5 亿吨。森林面积 6 400 多万公顷，占全国面积 23.3%。在林业资源中，阿拉伯树胶占重要地位。水力资源丰富，有 200 万公顷淡水水域。

塞伊尔相思树
阿拉伯树胶是食品工业中用途最广及用量最大的水溶胶，质量最好的阿拉伯树胶产自非洲豆科类植物阿拉伯胶树和塞伊尔相思树。在营养学上，阿拉伯树胶是良好的水溶性膳食纤维，在医学上，它具有降低血液中胆固醇的功能。

经济

苏丹是联合国宣布的世界上最不发达的国家之一。经济以农牧业为主，农牧产品出口占出口总值的 80% 左右。棉花是该国主要经济作物，其他还有花生、芝麻等。主要粮食作物有高粱、小米和小麦，玉米和大麦也有少量种植。尼罗河的支流有其主要的渔业资源，而覆盖该国的热带大草原则可以放牧。工业基础薄弱，2003年产值约占国民生产总值的23.7%，对自然及外援依赖性强。制造业约占国内生产总值的1/10，核心工业为食品加工、饮料和烟草以及轧棉、植物油和肥皂生产。巴希尔政府执政以来，先后实施了《挽救经济三年计划》《十年全面发展战略计划》，实施了一系列改革措施，但由于原有基础差、人口多、内战和西方经济封锁等原因，苏丹经济虽出现好转，但仍未摆脱困境。近几年，苏丹建立起石油工业。随着大量石油出口，苏丹经济状况有所改善。

习俗

苏丹盛行文面，这是区别教派和部族的标志，也是美的象征。苏丹阿拉伯人仍保持右手抓饭进食的传统习惯，喜穿长袍，戴小圆帽，妇女不戴面纱。苏丹人问候的礼节十分讲究。苏丹人喜欢早婚。

主要城市

喀土穆

喀土穆是苏丹的首都，人口507万，是全国政治、经济、文化中心。喀土穆位于青、白尼罗河的交汇处，由喀土穆、北喀土穆和恩图曼3镇组成，气候炎热，5～6月地面最高温度可达70℃，号称"世界火炉"。这里有许多高大的清真寺和教堂、自然博物馆、国家博物馆和民族遗产馆。市内有动物园和大型游乐场等，还有制革、纺织、食品、水泥、机械加工、玻璃、陶器等工业企业。

旅游

旅游业有一定的发展，主要名胜有苏丹港红海沿岸的海底公园、青罗省东北角的丁德尔国家公园，以及位于恩图曼城的马赫迪陵等。

埃塞俄比亚 /Ethiopia

地理位置

埃塞俄比亚是位于非洲东北部的内陆国。东与吉布提、索马里毗邻，西同苏丹交界，南与肯尼亚接壤，北接厄立特里亚。高原占全国面积的2/3，平均海拔近3000米。海岸线长1013千米。

地形特征

领土以山地为主体，大部分是平均海拔2500～3000米的高原。在非洲各国中地势最高，有"非洲屋脊"之称。沙漠面积约占国土面积的25%，在高原的南部和东北部。东非大裂谷从东北向西南纵贯全境。西敏山脉的达尚峰海拔4620米，是全国最高峰。

气候

埃塞俄比亚气候复杂。高原区气候温和，平均温度15～20℃。高山区气温很少高于15℃。红海海岸区是世界上炎热的地区之一，马沙华港的气

正式名称	埃塞俄比亚联邦民主共和国 (The Federal Democratic Republic Of Ethiopia)
面 积	1 103 600 平方千米
人 口	7740 万 (2006 年)
民 族	全国约有 80 多个民族。主要少数民族有古拉格族、索马里族、锡达莫族和沃莱塔族
语 言	阿姆哈拉语为联邦工作语言；通用英语；主要民族语言有奥罗莫语、提格雷语等
首 都	亚的斯亚贝巴 (Addis Ababa)
行政区划	全国分为包括首都亚的斯亚贝巴市和商业城市迪雷达瓦市在内的 2 个自治行政区，以及 9 个民族州
地理区	以高原为主，红海沿岸平原

温常常高于 50℃。北部地区干旱严重，一般而言，以海拔高度划分气候。海拔 2500 米以上地区属寒带；1800～2500 米属温带；较低地区属热带，包括海岸平原区、北部大裂谷地区、热带谷地、东部干草原及周围低地区。

自然资源

矿产和水力资源丰富。已探明的矿藏有黄金、铂、镍、铜、铁、煤、钽、硅、钾盐、磷酸盐、大理石、石灰石、石油和天然气。已探明的天然气为 250 亿立方米。埃塞俄比亚境内河流湖泊较多，水资源丰富，号称"东非水塔"，但利用率不足 5%。埃塞俄比亚还是地热资源丰富的国家之一。

经济

埃塞俄比亚是联合国宣布的世界最不发达国家之一，以农牧业为主，主要粮食作物有大麦、小麦、玉米、高粱和埃塞俄比亚独有的苔麸。苔麸颗粒微小，富含淀粉，是埃塞俄比亚人民最喜爱的食物。经济作物有咖啡、恰特草、鲜花、油料等。埃塞俄比亚盛产咖啡，是世界咖啡十大生产国之一，产量居非洲第三位，出口额占出口总收入的 2/3。咖法地区一直被世人称为"咖啡的故乡"。工业基础薄弱。埃塞俄比亚人民革命民主阵线执政后采取了以经济建设为中心、以农业和基础设施建设为先导的发展战略，向市场经济过渡。经济一度恢复较快。目前已私有化的公司逾 195 家。2000 年 5 月，埃塞俄比亚政府开展救助灾民活动，同时将工作重心转移到经济建设上来，大幅削减国防开支，增加社会经济部门预算，加大农业和基础设施建设投入，致力于恢复中断多时的经济调改。

习俗

埃塞俄比亚人喜爱吃生牛肉，通常是拌上佐料或蘸着佐料吃。历法一年有 13 个月，前 12 个月每月有 30 天，第 13 个月逢平年为 5 天，闰年 6 天。平时人们忌穿黄颜色服装，黄色服装仅在办丧事时穿。

主要城市

亚的斯亚贝巴

亚的斯亚贝巴是埃塞俄比亚的首都，人口逾 300 万，是全国政治、经济、文化和交通中心，位于埃塞俄比亚高原海拔 2360 多米的盆地之中。市区依山而建，分为上半城和下半城。上半城建有皇宫、大教堂、亚的斯亚贝巴大学、政府部门和繁华的商业区。下半城建有许多高层建筑，如政府和非洲统一组织总部所在地的"非洲大厦"。亚的斯亚贝巴有众多工厂企业，约占全国工厂企业的一半。亚的斯亚贝巴文化发达，除了亚的斯亚贝巴大学外，还有许多名胜和纪念性建筑物。

旅游

埃塞俄比亚旅游资源丰富，文物古迹及野生动物公园较多。2009 年全国各项旅游收入达 25 亿比尔。亚的斯亚贝巴气温适宜，四季如春，人文景观奇特，民族成分多样。季马、贡德尔、阿克苏姆、拉利贝拉等也都有可观赏和游览的景点。塔纳湖、阿巴伊河、东非大裂谷、活火山、大小山峰等都是优美的自然风景区。到埃塞俄比亚旅游，当然还要观赏其热闹非凡的节日，品尝它的生牛肉，欣赏"鬣狗人"的鬣狗技艺。

吉布提 /Djibouti

地理位置

吉布提位于非洲东北部、亚丁湾西岸，扼红海进入印度洋的要冲，东南同索马里接壤，北与厄立特里亚为邻，西部、西南及南部与埃塞俄比亚毗连。陆地边界线长 520 千米。海岸线长 372 千米。

地形特征

吉布提地形复杂，东非大裂谷经过中部，裂谷带北端的阿萨勒湖为非洲最低点，湖面低于海平面 157 米，以此向四周呈坡状升起，大部分地区为高原山地和沙漠，占全国面积的 90%。南部高原山地一般在海拔 500 ~ 800 米。

气候

主要属热带沙漠气候，终年炎热少雨。内地以高原和山地为主，属热带草原气候。全年分凉、热 2 季。5 ~ 9 月为热季，平均气温 35℃以上，最高可达 46℃；10 月至次年 4 月为凉季，平均气温 25℃以上。从夏末至 3 月底，海风从印度洋带来雨水，沿海平均年降雨量不到 125 毫米，内陆则约 510 毫米。

自然资源

吉布提资源贫乏，主要有盐、石灰岩、珍珠岩和地热资源。盐总储量为 20 亿吨，石灰岩和石膏矿均属埋藏浅、储量大、易开发的优质矿。珍珠岩估算储量达 4800 万吨。此外，矿藏还有铁、铜、冰洲石等。

主要城市

吉布提

吉布提市是吉布提的首都，是全国最大港口城市，全国政治、经济、文化、交通中心，是埃塞俄比亚与红海之间贸易的转运港、加油地和供应站。吉布提市位于塔朱拉湾入口处，建于 1888 年，独立后保留自由港地位，以港口为基础的服务业收入在国家经济中居首位。市内有皮革加工等轻工业，还有著名的骆驼市场。

正式名称	吉布提共和国 (The Republic of Djibouti)
面 积	23 200 平方千米
人 口	88.8 万（2015 年）
民 族	主要有伊萨族和阿法尔族。另有阿拉伯人、埃塞俄比亚人和欧洲人
语 言	官方语言为法语和阿拉伯语；主要民族语言为阿法尔语和索马里语
首 都	吉布提 (Djibouti)
行政区划	全国共分 1 个市和 5 个地区
地理区	海岸平原，东北部与海岸平行的山脉，西南部高原

索马里 /Somalia

地理位置

索马里位于非洲大陆最东部的索马里半岛上,北临亚丁湾,东濒印度洋,西与肯尼亚、埃塞俄比亚接壤,西北与吉布提交界。海岸线长3200千米。

正式名称	索马里联邦共和国(The Federal Republic of Somalia)
面 积	637660平方千米
人 口	910万(2009年估)
民 族	绝大部分是索马里人。全国分萨马莱和萨布两大族系。萨马莱族系占全国人口的80%以上,分为达罗德、哈维耶、伊萨克和迪尔四大部族
语 言	官方语言为索马里语和阿拉伯语,通用英语和意大利语
首 都	摩加迪沙(Mogadishu)
行政区划	全国分为18个州,下设87个区,区下辖镇和村
地理区	中、南部为平坦地,北部为山区

地形特征

索马里大部分是沿海低地,包括亚丁湾沿岸低地和东部沿海平原,地表平坦,呈黄褐色,以气候湿热降、雨量少,植被稀疏为主要特征。北方多山,高原海拔达900～2000米,在米朱提尼亚地区高度达2515米。苏鲁德山海拔2416米,是全国最高峰。米朱提尼亚南边和西边远到谢贝利河的一片高原,最高仅为683米。谢贝利河与朱巴河之间是低平的农耕区,朱巴河西南到肯尼亚边界是低矮的牧草地。

气候

索马里的气候为热带型,但不炎热,气温的季节性变化很小,低矮地区平均气温27～31℃,高原地区要凉快些。

气温和降雨受西南及东北季风的影响。有2个降雨季节,大雨3～5月,小雨9～12月,年平均降雨量为100～600毫米不等,但经常出现干旱,有时会夺去很多人的生命。

自然资源

矿藏主要有铁、锡、锰、钨、镍、铬、镁、锌、铝、铀、石英石、绿柱石和石膏等,此外,还有石油和天然气。除绿柱石和石膏外,大部分矿藏均未开发。渔业资源很丰富。森林覆盖率约为13%。

经济

索马里是联合国宣布的世界上最不发达国家之一。经济以畜牧业为主,其产值约占国内生产总值的40%。在朱巴河与谢贝利河沿岸也有一些经济作物的种植,如香蕉等水果,以及甘蔗、棉花等。20世纪七八十年代,在政府的大力扶植下,渔业也有所增长。工业基础薄弱,1990年工业产值占国内生产总值的8.7%,以中小型企业为主,主要工业部门有纺织、皮革、制糖、制药、烟草、食品加工、炼油、电力和建筑材料工业等。20世纪80年代,在世界银行和国际货币基金组织支持下,调整经济政策,经济一度好转。1991年后,由于内战,

手工编织革席

索马里全国2/3以上人口为牧民或半牧民,这种仅仅需要一把小刀作为工具的手工艺在牧民中广受欢迎,除了草席之外,还可以编制竹筐等用具。

工农业生产和基础设施遭到严重破坏，经济全面崩溃。

习俗

按传统，索马里人的婚事都由男方主动提出，但求婚方式很多，若向家长求婚，称"巴杜努斯"婚；直接求婚，称"范戴得布"婚；一位小伙子看上一位姑娘，若姑娘同意，小伙子便送她一件衣服，再由姑娘向她父亲提出，称"莫罗萨尔"婚，等等。当小伙子看上一位姑娘，而姑娘又年幼，他可在她的头上系一根彩色的头绳，表示他已同她订婚。

索马里人习惯于在公园里僻静的地方搭起一个帐篷作为洞房，婚礼结束后，先将新郎送入帐篷中等待，然后新娘在一片欢呼声中缓缓地步入洞房。新郎、新娘在洞房中住上一星期或更长的时间，由两家各派一名妇女给他俩送饭送水。

主要城市

摩加迪沙

摩加迪沙是索马里的首都，人口160 万，是全国政治、经济和文化中心。摩加迪沙位于赤道北侧，濒临印度洋，始建于 10 世纪，市区建筑物以白色为主，主要工业有纺织、皮革、制糖、卷烟、化学、机械等。

肯尼亚 /Kenya

地理位置

肯尼亚位于非洲东部，赤道横贯中部，东非大裂谷纵贯南北。东邻索马里，南接坦桑尼亚，西连乌干达，北与埃塞俄比亚、苏丹交界，东南濒临印度洋，海岸线长 536 千米，境内多高原，平均海拔 1500 米。

地形特征

东部和北部的大部分地区为沙漠或半沙漠。中南和西部地区为高原，平均海拔 1500 ～ 2000 米，有"东非屋脊"之称。东部的死火山锥基里尼亚加峰，海拔 5199 米，是非洲第二高峰。东非大裂谷东支纵切高原南北，将高地分成东、西两部分。西部地区较为狭窄，有平原和高原；东部较为宽阔，有中央高地，该高地徐徐下降成为草原，直到海边。

气候

气候变化很大，沿海属热带潮湿气候，平均温度 27℃；内陆及北部为干

正式名称	肯尼亚共和国（The Republic of Kenya）
面　积	582 646 平方千米
人　口	3 860 万（2009 年）
民　族	全国共有 42 个部族，基库尤族为最大部族，其次是卢赫亚族、卡兰津族、马赛族和坝巴族等
语　言	斯瓦希里语为国语，与英语同为官方语言
首　都	内罗毕（Nairobi）
行政区划	全国分为 7 个省和 1 个省级特区，省以下设县、乡、村
地理区	沿海地区，内陆平原，西部和西南部高地，高地有东非大裂谷贯穿

燥平原，气温 21 ~ 27℃；西南高地气候凉爽宜人；维多利亚湖气候较温暖，介于 21 ~ 27℃。全国多数地区有两个明显的雨季，3 ~ 5 月是长雨季，10 ~ 12 月是短雨季。北部干燥，降水量 125 毫米，沿海地区则有 1 000 毫米。

自然资源

矿藏主要有纯碱、盐、萤石、石灰石、重晶石、金、银、铜、铝、锌、铌和钍等。森林面积 8.7 万平方千米，占国土面积的 15%。野生动物种类众多，有狮、豹、野狗、大象、犀牛、斑马、羚羊和瞪羚，河马以及鳄鱼等，主要集中在察沃等地的国家公园内。

经济

肯尼亚曾是撒哈拉以南非洲经济状况较好的国家之一。实行以私营经济为主、多种经济形式并存的"混合经济"体制，私营经济占整体经济的 70%。农业、工业和服务业是国民经济三大支柱。茶叶、咖啡（主要为阿拉伯咖啡）和花卉是农业三大创汇项目。主要制造业产品包括食品与饮料、烟草、纺织品、组装车辆、水泥和石油产品等。旅游业较发达，为主要创汇行业之一。2000 年，肯尼亚遇严重旱灾，工农业遭受重创，国内生产总值负增长 0.5%，经济陷入独立以来最困难时期。2005 年，政府加大调整财政政策力度，深化结构改革，经济有所好转。2006 年以来，政府出台削减公共财政开支、加大发展投入等一系列政策，使经济增长加快。

习俗

肯尼亚人对动物格外偏爱，到处可见印有虎、象等动物图案的服装、披肩等。妇女们用各种兽状雕刻物来装扮自己。家庭居室中陈列的装饰品也多为动物木雕石刻。各种生活用品也主要以动物为商标。商店、旅馆也不乏以动物命名的，甚至连群众文化团体也以动物命名，如著名的"狮子足球队""豹子俱乐部"等。

居住在肯尼亚境内的马赛族住宅非常简陋，以树枝编墙，再用牛粪拌上黏土搽在上面，在椭圆半拱形的屋顶上，铺上树枝和茅草，其外形颇似扣在地上的半个蚕茧，故称"蚕茧屋"。

在实行一夫多妻制的泰塔族中，住宅建筑以主妇（即男主人的第一位妻子）居室为中心。男子必须征得主妇同意方能另外再娶妻。主妇掌管家务，并安排丈夫每晚在各位妻子房间过夜。丈夫在妻子房间过夜都是深夜入室，黎明离开。

基库尤族男女青年，把逢年过节欢聚一堂的唱歌跳舞作为择偶良机。当小伙子相中某个姑娘时，就对姑娘说："我们再寻找一个住宅？"姑娘如果同意就说："欢迎。"这叫"寻宅觅情"。娶亲仪式也别开生面。新郎与同辈一起前往女方家，把新娘"抢"来，新娘则要"大哭大叫"，直到入洞房为止。新娘入洞房后，还要连唱 8 天"悲歌"，以示与娘家离别的依依心情。8 天后新娘回门，婚礼才告完成。

在一些部落里至今仍流行着女人"娶妻"的奇特婚俗。同正常婚娶一样，凭媒妁之言相亲订婚，明媒正娶，还要给"新娘"家送一笔数目可观的彩礼。通过隆重的婚礼仪式，正式结为"夫妻"关系。婚后，"女丈夫"要为"妻子"选择一个未婚男子与她的"妻子"同居，为"女丈夫"生儿育女，孩子自然归"女丈夫"，并称之为"父亲"（现在一般都由新娘自己选择如意郎君，获得真正的爱情）。这种婚俗久行不衰，其源于一些部族中男女均有继承财产的权利和维系家庭延续的义务。一些离婚、不能生育的妇女，或一个家庭中唯一幸存的女人，为了使自己的财产有人继承，使先祖香火得以延续，按传统习惯，形成了女人"娶妻"的奇婚异俗。

主要城市

内罗毕

内罗毕是肯尼亚的首都，是避暑胜地。全国农产品集散地和加工中心，也是全国铁路、公路和空运的枢纽。它虽距赤道不过 150 千米，但终年气温很少超过 27℃，因为位于海拔 1 700 多米的高原上。位于市中心的肯雅塔国际会议中心，包括一座 27 层的圆柱形的行政大楼与其右下角蘑菇形的会议厅，这是城内最雄伟的建筑物，每年在这里举行40 多次国际性的会议。市内有东非最大的机车修理、纺织、轻工和金属加工等工业，东非大多数商行在此设立总公司。市内有尖塔高耸入云的大清真寺，有国立博物馆、内罗毕大学、体育场、图书馆等。内罗毕被称为"世界上研究人类摇篮的基地"。内罗毕国家动物园和蛇公园是著名的旅游胜地。在内罗毕市中心以西 8 千米的内罗毕国家自然保护区内，有狮、豹、象等 100 多种珍贵动物和 400 多种鸟类。

旅游

肯尼亚终年气候温暖宜人，四季均可旅游。内罗毕市内公园、花园比比皆是。肯尼亚是全球顶尖的动物保护区。

内罗毕国家动物园和蛇公园有千姿百态的动物和色彩斑斓的鸟类。此外，察沃、安博塞利、库鲁、马赛马拉等地的国家公园，拥有长颈鹿、豹、狮、斑马、犀牛、大象等种类繁多的野生动物。

乌干达 /Uganda

地理位置

乌干达位于非洲东部，是地跨赤道的内陆国。东邻肯尼亚，南与坦桑尼亚和卢旺达交界，西与刚果（金）接壤，北与苏丹毗连。

地形特征

境内多为海拔 1 200 米左右的高原，丘陵连绵，山地平缓。中部平坦，西部、东北部边境均为山地。西南与扎伊尔交界处的鲁文佐里山脉由西南向东北绵亘96 千米。

气候

乌干达地处赤道，属热带草原气候，年平均气温 23℃左右，气候温和。坎

正式名称	乌干达共和国 (The Republic of Uganda)
面 积	241 550 平方千米
人 口	3 066 万（2009 年）
民 族	全国约有 65 个部族。从语言划分，有班图人、尼罗人、尼罗—闪米特人和苏丹人四大族群
语 言	官方语言为英语和斯瓦希里语；通用卢干达语等地方语言
首 都	坎帕拉 (Kampala)
行政区划	全国划分为 97 个地区
地 理 区	以高原为主。东部和西部是高地，东非大裂谷有艾伯特、爱德华和乔治 3 座湖，东南部有维多利亚湖

帕拉1月平均最高气温为28℃，7月为25℃。乌干达的降水极不平衡，维多利亚湖区年降水量可达到1500毫米；而东北部的某些地区，则少于500毫米，而且其分布的季节性也很强。

自然资源

已探明的矿产资源有铜、锡、钨、绿柱石、铁、金、钴、石棉、石灰石和磷酸盐等。森林覆盖率为12%，产硬质木材。水产资源丰富，维多利亚湖是世界上庞大的淡水鱼产地之一。水力发电潜力约2000兆瓦。尼罗河上的欧文电站是工业动力的重要来源，发电能力180兆瓦。

主要城市

坎帕拉

坎帕拉是乌干达首都，是全国政治、经济和文化中心，全国重要交通枢纽，位于维多利亚北面。全城坐落在7座小山头上，街道因地势起伏而建。全国的大公司多把总部设在这里。市内还有藏着大量历史文物的宫殿、卡巴卡陵墓、尔巴噶的天主教会、英国古城堡等历史文化圣地。

鲁文佐里山脉
乌干达和刚果民主共和国两国边境上的山脉，位于爱德华湖和艾伯特湖之间。该山脉有铜和钴矿藏。

坦桑尼亚 /Tanzania

地理位置

坦桑尼亚位于非洲东部、赤道以南。北与肯尼亚和乌干达交界，南与赞比亚、马拉维、莫桑比克接壤，西与卢旺达、布隆迪和刚果（金）为邻，东邻印度洋。大陆海岸线长840千米。外围领土有桑给巴尔岛、奔巴岛和马菲亚岛。

正式名称	坦桑尼亚联合共和国（The United Republic of Tanzania）
面　积	945 087平方千米（其中桑给巴尔2 657平方千米）
人　口	4370万 其中桑给巴尔近120万（2009年）
民　族	非洲人口占98.5%以上，分属126个部族。主要有苏库马、尼亚姆维奇等。其余为阿拉伯人、欧洲人后裔等
语　言	斯瓦希里语为国语，与英语同为官方通用语
首　都	多多马（Dodoma）
行政区划	全国共26省，辖114县。其中大陆21个省，桑给巴尔5省
地理区	坦噶尼喀及桑给巴尔岛、奔巴岛，本土分海岸地区、中央高原、东北部山脉；西部有坦噶尼喀湖、马拉维湖分布

地形特征

坦桑尼亚的大陆面积由3个主要地区组成，即海岸平原、东部低高原及较高的中部高原。海岸平原低缓而狭长。东部高原南部最宽，从坦噶尼喀延伸至尼亚沙湖（即马拉维湖）。中部高原位于地质断层的东非大裂谷的东西分支之间，并占据了内陆的其余地区。大陆的海拔平均为900米，孤立的高山地区处于本国边境上，北部的乞力马扎罗山高达5895米，为非洲最高峰。

气候

东部沿海地区和内陆部分低地属热带草原气候，西部内陆高原属热带山地气候。大部分地区年平均气温21~25℃。桑给巴尔的20多个岛屿属热带海洋性气候，终年湿热，年平均气温26℃。年降水量各地差异很大，内陆为760毫米，沿海地区为1500毫米以上。而维多利亚湖区，降水量为760~2200毫米。

自然资源

矿藏资源丰富，已探明的主要矿藏及储量为：钻石250万吨（含量6.5克拉／吨），金矿80万吨，天然气450亿立方米。森林和林地面积约4400万公顷，占国土面积45%，出产安哥拉紫檀、乌木、桃花心木等，水力资源丰富，发电潜力超过4.78亿千瓦。

经济

坦桑尼亚为联合国公布的最不发达国家之一。经济以农业为主，农业人口占总人口2/3。主要农作物有玉米、小麦、稻米、高粱、小米、木薯等。主要经济作物有咖啡、棉花、剑麻、腰果、丁香、茶叶、烟叶等。工业落后，坦桑尼亚大陆工业产值约占大陆生产总值的7.43%。桑给巴尔工业产值约占桑给巴尔生产总值的4.88%。大陆制造业以农产品加工和进口替代型轻工业为主，包括纺织、食品加工、皮革、制鞋、轧钢、铝材加工、水泥、造纸、轮胎、化肥、炼油、汽车装配、农具制造等。桑给巴尔工业主要是农产品加工业，有椰子加工厂、丁香油厂、碾米厂、糖厂、石灰厂、自来水厂、发电厂和印刷厂等。1999年，执行以经济结构调整为中心的经济改革政策，推进经济自由化和国企私有化的进程，强化税收，使国民经济得到缓慢回升。目前，经济继续保持增长势头。

习俗

坦桑尼亚90%的农民生活在"村子"和传统的村庄里。最时髦的发型被称为"索科莫科"，即把头发从前向后梳成许多道道，在脑后收拢，打成两结，在头上形成均匀的水渠式花纹。每到重大节日，各村都举行梳发比赛，妇女们各展妙手绝技。

甸丁拉姆人的新婚仪式别具一格。陪送新娘的人不是把新娘送到新郎家，而是送到新郎的邻居家中藏起来，然后由新郎去找。

另外，还有"姐妹共夫"，马赛族的"指腹为婚""婚前考验""摸脚定亲""猎狮为婚"，以及很多部族的"一夫多妻制"等都展现了坦桑尼亚别具风韵的婚俗。

马康迪人喜欢在脸上刺花纹，还擅长乌木雕刻。

主要城市

多多马

多多马是坦桑尼亚的新首都，位于坦桑尼亚中部，原本是人烟稀少的农业区，为花生、蓖麻子、葵花子、橡胶茶叶等的集散中心。20世纪80年代，坦桑尼亚政府机构开始由达累斯萨拉姆分期迁入，有公路、铁路和航空线与阿鲁沙、达累斯萨拉姆和坦噶相通。

旅游

野生动物资源丰富，1/3 的国土为国家公园、动物和森林保护区。全国有 12 个国家公园、19 个野生动物保护区和 50 个野生动物控制区。主要旅游点有"非洲珠穆朗玛峰"之称的"赤道雪山"乞力马扎罗山、塞伦盖蒂国家公园、恩戈罗戈罗火山口、维多利亚、坦噶尼喀湖、米库米动物园和东非大裂谷等。

卢旺达 /Rwanda

地理位置

卢旺达位于非洲中东部赤道南侧，是内陆国家。东连坦桑尼亚，南接布隆迪，西与西北和刚果民主共和国为邻，北与乌干达接壤。

地形特征

境内多山地和高原，共有大小山丘 1800 多个，有"千丘之国"之称。东部是丘陵、沼泽和湖泊地带；西部沿湖低地是东非大裂谷西支的一部分；中部高原地势起伏不大；中西部高地边缘多陡

卢旺达西部的火山口湖

崖，海拔大部分在 2000 米以上；西北部山地最高，由火山群组成，峰顶一般在海拔 3400 米以上。

气候

卢旺达气候温和，大部分地区属热带高原气候和热带草原气候。年平均温度西部边境低洼区域为 23℃，高原为 20℃，西部山区为 17℃，被称为"常青之国"。年降雨量西部河谷最低，仅 760 毫米；西部山区全年有雨，约 1470 毫米；高原区约 1190 毫米。

自然资源

自然资源贫乏。已开采的矿藏有锡、钨、铌、钽、锌、绿柱石、黄金等，其中锡储藏量约 9 万吨。泥炭蕴藏量估计为 3000 万吨。基伍湖天然气蕴藏约 600 亿立方米。尼亚卡班戈钨矿是非洲最大的钨矿。森林面积约 62 万公顷，占全国面积的 24%。境内野生动物丰富且种类繁多，有大象、狮子、黑猩猩、水牛、羚羊和斑马等。

主要城市

基加利

基加利是卢旺达的首都，人口 100 万，是全国政治、经济、文化中心，国内最大的城市。基加利位于国土中部 10 余座相连的山丘上。市内有制革、制鞋、金属加工、食品、收音机装配、制糖、制酒等小型工厂。

正式名称	卢旺达共和国（The Republic of Rwanda）
面　　积	26 338 平方千米
人　　口	1030 万（2010 年）
民　　族	由胡图、图西、特瓦 3 个部族组成
语　　言	官方语言为卢旺达语、法语和英语；国语为卢旺达语；部分居民讲斯瓦希里语
首　　都	基加利（kigali）
行政区划	全国分东、南、西、北 4 省和基加利市，下设 40 个县市、416 个乡镇
地 理 区	中央高地，西部为维伦加山脉，西南为东非大裂谷的山区，东部高原

布隆迪 /Burundi

地理位置

布隆迪是位于非洲中东部赤道南侧的内陆国。北与卢旺达接壤，东、南与坦桑尼亚交界，西与刚果（金）为邻，西南濒坦噶尼喀湖。

地形特征

境内多高原和山地，全国平均海拔1600米，西部刚果尼罗山脉贯穿南北，形成中央高原，有许多海拔在2000米以上的活火山，将尼罗河和刚果河分开。东部为高地草原，西部为热带森林，布琼布拉附近为低地。

气候

西部湖滨与河谷及东部为热带草原气候。年平均气温20～24℃，最高可达33℃。3～5月为大雨季，10～12月为小雨季，月均降雨量为65毫米。

自然资源

矿藏主要有镍、泥炭、铈、钒、锡、金、高岭土等。镍矿蕴藏量约3亿吨，

正式名称	布隆迪共和国（The Republic of Burundi）
面　　积	27834平方千米
人　　口	1120万（2015年）
民　　族	布隆迪由胡图（84%）、图西（15%）和特瓦（1%）3个部族组成
语　　言	官方语言为基隆迪语和法语；国语为基隆迪语，部分居民讲斯瓦希里语
首　　都	布琼布拉（Bujumbura）
行政区划	全国分为1个直辖市和16个省
地理区	西界是东非大裂谷，西北部和南部是高地，中部和东部是高原

泥炭储量约5亿吨，磷酸盐储量3050万吨，钒储量1600万吨，石灰石储量200万吨，金矿分布较广，西北部储量较大。森林覆盖率仅为国土面积的5%，约9.2万公顷。

主要城市

布琼布拉

布琼布拉是布隆迪的首都，人口约40万（2012年），是全国最大城市，地处坦噶尼喀湖的东北端，依山傍湖，风光迷人，是进出口贸易的唯一港口。布隆迪主要的工业企业都集中在这里，也是牲畜、咖啡、棉花的重要集散地。在市区耸立着的一座高大独立的纪念碑上，刻着一面鼓、一个狮子头，周围是几支利箭。鼓代表布隆迪古老的王国，狮子头表示国家的强大力量，而利箭意味着人民保护国家不受侵犯的信念。

刚果（金）/D.R.Congo

地理位置

刚果（金）为仅次于阿尔及利亚和苏丹的非洲第二大国，地处非洲中西部，东邻乌干达、卢旺达、布隆迪、坦桑尼亚，南接赞比亚、安哥拉，北连苏丹和中非共和国，西隔刚果河（原名扎伊尔河）与刚果（布）相望。西部有狭长走廊通大西洋。海岸线长37千米。

地形特征

刚果（金）绝大部分土地为盆地和

正式名称	刚果民主共和国 (The Democratic Republic of Congo)
面　　积	2345409 平方千米
人　　口	7726.88 万（2015 年）
民　　族	全国有 254 个部族，分属班图、苏丹、俾格米三大族系，其中班图人占 84%，其余还有俾格米人等
语　　言	官方语言为法语，主要民族语言有林加拉语、斯瓦希里语、基孔果语和契卢巴语
首　　都	金沙萨（Kinshasa），原名利奥波德维尔
行政区划	全国划分为 26 个省和金沙萨 1 个直辖市
地 理 区	中部、西部盆地，其他部分是高原
最 高 点	玛格丽塔山，海拔 5109 米
最 低 点	沿岸海平面
主要山脉	米通巴山脉、鲁文佐里山脉等
主要河流	刚果河等
主要湖泊	阿尔伯特湖、爱德华湖、基伍湖等

高原。中央盆地（刚果盆地）位于该国西北部，绝大部分为热带雨林所覆盖。中央盆地的四周高原耸立。东部和东南部高原的海拔 1000 ~ 1500 米，有的地方甚至达到 5000 米以上。南部高原地势平坦，最高点在沙巴高原上。西南部在刚果河的北岸，有一片狭长的土地，是刚果（金）唯一的海岸地区。总体来看，刚果（金）全境地势西面低，北、东、南三面高，从东南向西北倾斜。

气候

刚果（金）终年高温多雨，年平均气温为 27℃，年平均降水量 1500 毫米以上。南纬 5° 以南属于热带草原气候，以北属热带雨林气候。5 ~ 9 月为旱季，10 月至次年 4 月为雨季。

自然资源

自然资源丰富，素有"世界原料仓库""中非宝石"和"地质奇迹"之称。全国蕴藏多种有色金属、稀有金属和非金属矿，其中铜、钴、锌、锰、锡、钽、锗、钨、镉、镍、铬等金属和工业钻石储量很可观。森林覆盖为 53%，约 1.25 亿公顷，占非洲热带森林面积的一半，其中 8000 万公顷可供开采。盛产乌木、红木、花梨木、黄漆木等 22 种贵重木材。水力资源丰富，估计蕴藏量为 1.06 亿千瓦，占非洲总储量的 40%、世界的 13%。

经济

农业落后，粮食不能自给。自 1990 年以来，国民经济持续恶化，连年负增长，通货膨胀最高达 4 位数。1997 年卡比拉政权建立后，决定实行社会市场经济，推行私有化，提出振兴国民经济、初步摆脱贫困的 3 年发展计划，但 1998 年 8 月武装冲突爆发后，国家重建 3 年计划被迫中断，经济形势再度急剧恶化。2001 年年初约·卡比拉执政后，放宽经济控制，恢复外汇自由流通和钻石贸易。

习俗

刚果（金）妇女身着的衣裙，是两块 2 米长的花布，用一块紧束腰间，另一块围系臀部，其上端掖于紧束腰间布里面。上衣是一件月牙背心，给人一种大方、明快的感觉。妇女们很注重发式，有辫发、鬟发、大头额、发棍发、打妻棒发、发结发、波纹发等，而每一种发式都有特定的含义。如打妻棒发是已婚女子的发式。人们喜欢在衣服上印有国家元首头像、国旗、党旗的图案，以表示他们热爱领袖、热爱祖国等。

班布蒂族的男青年在姑娘正参加成人礼时就去求婚。如果女方父母同意，小伙子就出去打猎，把猎物献给未来的岳父母才能与她结婚。但是这个婚姻是否有效，还要取决于姑娘是否怀孕。

主要城市

金沙萨

金沙萨是刚果民主共和国的首都，是非洲中部最大的城市。位于刚果河下流的上端和中游万里航道的起点，是进出刚果盆地的必经之路，内地所在的公路、铁路和内河航道均汇集在这个咽喉地带，战略位置十分重要。它是全国也是中非地区最大的水陆交通枢纽和货物集散中心。市内建有花园别墅式的"国宾村"、拥有万名学生的"大学城"、能容纳 4 万名观众的"5·20"体育场、高度现代化的国际机场、热带病研究机构等。宽大的中央市场是购物的理想场所，这里象牙制品、木雕、首饰、蛇皮和鳄鱼制品琳琅满目，且价格合理。近郊有莫安达海水浴场、壮观的李文斯顿瀑布等。

旅游

刚果盆地的热带雨林、东非大裂谷的地质奇观、稀树草原上种类繁多的珍奇动物、从原始公社的部族社会到现代化的大都市，都是一幅幅绚丽多彩的旅游画卷。主要的旅游景点有维龙加国家公园、加兰巴国家公园、萨龙加国家公园、獾狐狓野生动物保护区等。南部的沙巴地区，有众多的河流、湖泊和瀑布，有数条观赏自然景色的旅游路线。

獾狐狓

栖息在刚果雨林中的一种珍稀动物。综合了长颈鹿、斑马的特征，体形小，避人，以树叶和果实为食。在刚果（金）设有专门的野生动物保护区，其被列入《世界遗产名录》。

刚果（布）/R.Congo

地理位置

刚果（布）位非洲中西部，赤道横贯中部。东、南两面邻刚果（金）、安哥拉，北接中非、喀麦隆，西连加蓬，西南临大西洋，海岸线长 150 多千米。

地形特征

地形大致中部高，北部低，南部丘陵起伏。东北部是刚果盆地的一部分，海拔 300 米，中部高原区平均海拔 600 ～ 800 米，西南部低山丘陵，海拔 500 ～ 1000 米，西南沿海是低地。

气候

刚果（布）东部属于热带草原气候，北部、中部属于热带雨林气候。年平均气温 23 ～ 26℃，年平均降水

正式名称	刚果共和国（The Republic of Congo）
面　积	342 000 平方千米
人　口	462 万（2015 年）
民　族	全国有大小部族56个，属班图语系。主要有刚果族（包括拉利族、维利族）、姆博希族以及少数俾格米人等
语　言	官方语言为法语；民族语言南方为刚果语、莫努库图巴语，北方为林加拉语
首　都	布拉柴维尔（Brazzaville）
行政区划	全国共划分 12 个省，6 个直辖市，97 个县
地理区	海岸平原、梅欧北断崖、尼亚里里河谷、斯坦利湖区、巴泰凯高原、刚果河盆地

量 1000~1600 毫米，西北部多达
2000 毫米。赤道以北地区 11 月至次
年 3 月为雨季，4~10 月为旱季，南
部地区刚好相反。

自然资源

截至 2003 年底，石油可采储量
约 2.1 亿吨，天然气储量约 1000 亿立
方米。钾盐矿储量数十亿吨，磷酸盐
矿 600 万吨，铁矿约 10 亿吨。主要矿
藏还有铝、锌、铜等金属矿。森林面积
2247.1 万公顷，约占全国面积的 65.8%，
其中可采面积 2052 多万公顷。

经济

刚果（布）是中非国家中工业比较
发达的国家，石油和木材为经济两大支
柱。农业生产值仅占国内生产总值的
1/10，粮食生产不能自给，最重要的出
口农产品为甘蔗和烟草，其次是可可、
咖啡等，采矿业占出口的 98% 以上。工
业产值约占国内生产总值的 30%，以农
产品加工为主，此外还有金属加工、纺
织、肥皂制造等行业，主要贸易伙伴为
法国、意大利、美国和德国等。1998 年
6 月，国际货币基金组织、世界银行、
欧盟和刚果（布）政府共同倡议在华盛
顿召开刚果（布）出资者圆桌会议。申
请援助总额达 5000 亿非洲法郎，7 月，
国际货币基金组织批准该计划。年底
由于刚果（布）国内发生武装冲突，该
计划中断执行。1999 年下半年起，国
际石油价格大幅上升，美元升值，刚果
（布）石油收入增加，经济形势有所好转。
2000 年 6 月，过渡国民议会通过政府
提交的战后临时计划，总投入 5110 亿
非洲法郎，重点恢复和发展能源、水利、
交通、通信和教育等领域。

刚果（布）乡村的居民区
至今，刚果（布）仍有一半以上的人口居住在乡村，
以农业为生，主要粮食作物为木薯。

习俗

南方的部族以母系为中心，主要由
舅父负责抚养，婚姻大事也由舅父做主。

一些地区流行瘢纹饰，即用利器刺
破皮肤，植入刺激性物体，使其长出肉
瘤，以此为美。妇女编无数发辫。

主要城市

布拉柴维尔

布拉柴维尔是刚果（布）的首都，
为中非名城，人口 156 万（2012 年），是
全国政治、经济、文化中心。市中心现
代化建筑林立，高等院校、科研机构和
总统府均处城市西部。市内有炼油、建
筑、食品、印染、造船等工业部门。布
拉柴维尔也是刚果（布）和中部非洲的
水陆交通枢纽。布拉柴维尔隔河与刚果
（金）首都金沙萨相望，渡船频繁往来。

旅游

刚果（布）气候宜人，其热带草原
区生活着多种珍稀野生动物，吸引了不
少游客，另外还有不少瀑布，其中，博
约马瀑布共分 7 级，宽约 800 米，是世
界著名瀑布。

加蓬 /Gabon

地理位置

加蓬位于非洲中西部，赤道横穿中部，西濒大西洋，东、南与刚果（布）为邻，北与喀麦隆、赤道几内亚交界。海岸线长800千米。

地形特征

沿海是宽80～200千米的平原；南部由沙丘、潟湖和沼泽组成；北部有临海山崖。内地为高原，海拔500～1000米。加蓬的疆域和其主要河流奥果韦河的流域范围相同，奥果韦河流域约有90%位于加蓬境内，构成该国东部2/3土地的大部。

气候

加蓬属赤道雨林气候，全年高温多雨，年均气温26℃。每年10月至次年5月为雨季，年平均降水量从利伯维尔的3050毫米，到西北部海岸的3810毫米不等。

自然资源

加蓬资源丰富。已探明可开采的石油储量约4亿吨；锰矿蕴藏量2亿吨，占世界储量的25%，居第四位，为世界第三大生产和出口国；铀矿品位较高，储量约3.6万吨，居非洲第二位。铌矿储量约40万吨，占世界总储量的5%。其他矿藏有磷酸盐、黄金、重晶石、镍、铬、锌等。森林面积2200万公顷，占国土面积的85%，原木储量约4亿立方米，居非洲第三位。其中名贵的奥堪美木榄和刺果美榄居世界首位。水产资源81.7万吨，其中渔业资源约23.4万吨。

主要城市

利伯维尔

利伯维尔是加蓬的首都，人口79万（2012年），是全国政治、经济、文化中心，位于加蓬河北岸，南距赤道只有46千米，可算是一座赤道城市。市内有木材加工、炼棕榈油、纺织、酿造等工业企业。利伯维尔是加蓬的教育中心，有奥马尔·邦戈大学（1970年）、图书馆（1960年）和热带农业等研究所，有现代化医院、天主教堂和博物馆等。

正式名称	加蓬共和国（The Gabonese Republic）
面　　积	267667平方千米
人　　口	140万（2008年）
民　　族	属班图种族的有40多个部族，主要有芳族、巴普努族、俾格米族等
语　　言	官方语言为法语；民族语言有芳语、米耶内语等
首　　都	利伯维尔（Libreville）
行政区划	全国划分为9个省，下辖44个州、8个县、12个市
地　理　区	沿岸平原，渐开为丘陵与低矮的山脉。东北部有高原

利伯维尔的天主教堂

圣多美和普林西比
/Sao Tome and Principe

地理位置

圣多美和普林西比是非洲中西侧几内亚湾东南部岛国，距非洲大陆 201 千米。由圣多美、普林西比以及罗拉斯、卡罗索等 14 个小岛组成。东与加蓬、东北与赤道几内亚隔海相望。海岸线长 220 千米。

正式名称	圣多美和普林西比民主共和国 (The Democratic Republic of Sao Tome and Principe)
面 积	1001 平方千米（圣多美岛 859 平方千米，普林西比岛 142 平方千米）
人 口	约 19.3 万（2016 年）
民 族	90% 为班图人；其余为混血种人
语 言	官方语言为葡萄牙语
首 都	圣多美（Sao Tome）
行政区划	全国分为 7 个县
地 理 区	2 个大岛（圣多美岛与普林西比岛）及数座小火山

地形特征

该岛群是火山岛群，地势崎岖。圣多美岛呈椭圆形，长约 49 千米，宽约 32 千米，西部多山，东部地势渐渐倾斜。普林西比岛位于圣多美岛东北 128 千米处，岛上普林西比峰海拔 948 米。普林西比岛长约 16 千米，宽约 8 千米，北半部为平原，南半部多山。

气候

圣多美和普林西比属热带雨林气候，终年湿热。海拔较低的地区年平均气温 27℃；海拔较高的地区年平均气温 20℃。1 ~ 5 月为大雨季，6 ~ 9 月为旱季，10 ~ 12 月为小雨季。年均降雨量 1000 ~ 2500 毫米。山地年平均降水量高达 3800 ~ 5100 毫米。

自然资源

森林和灌木面积占全国陆地面积的 60%，沿海有丰富的渔业资源。根据 1999 年美孚石油公司的初步勘探，圣多美和普林西比与尼日利亚两国海上交界处的油田石油蕴藏量约 60 ~ 100 亿桶。

主要城市

圣多美

圣多美市是圣多美和普林西比的首都，是全国最大海港。人口约 18.3 万（2011 年）。位于圣多美岛东北部。该市听不到喧闹的噪声，看不到热闹的街。住宅多砌成院墙，近郊的一些村落也辉映在绿荫之中，是一座田园般的城市。

安哥拉 /Angola

地理位置

安哥拉位于非洲西南部，南北延伸约 1300 千米，东西平均约 1100 千米。安哥拉国土分为两部分，最北端的滨海区卡宾达飞地与安哥拉本土之间被刚果（金）境内的狭长走廊隔开，北面与刚果（布）交界，安哥拉本土北邻刚果（金），东接赞比亚，南邻纳米比亚，西濒大西洋，海岸线长 1650 千米。

地形特征

境内大部分地区为海拔 1000 米以上的高原，东高西低，呈阶梯下降。西部的莫科峰海拔 2620 米，是全国最高峰，也是多数河川的发源地。沿海为平原，呈带状，平均海拔 200 米。

气候

大部分地区属热带草原气候。年平均气温 22℃。仅西南部属干燥与半干燥气候。5～9 月为干季，10 月至次年 4 月为湿季。年降水量从东北高原向西南递减，由 1500 毫米减至 50 毫米。

自然资源

矿产资源丰富，已探明的有石油、天然气、钻石、铁、铜、锰、黄金、钨、钒、铅、锡、锌、铬、钛、煤、石膏、绿柱石、高岭土、石英、大理石等 30 多种。钻石储量约 10 亿克拉。森林面积约 5300 万公顷，出产乌木、非洲白檀木、紫檀木等名贵木材。水力、海洋资源较丰富。

经济

安哥拉实行市场经济，有一定的工农业基础，工矿业是国民经济的支柱产业。农业仅占国内生产总值的 1/10。粮食作物包括木薯、甘薯、玉米和豆类等，经济作物包括咖啡、棉花、西沙尔麻、棕榈、甘蔗和烟草等。因受本格拉寒流

正式名称	安哥拉共和国（The Republic of Angola）
面 积	1 246 700 平方千米
人 口	2500 万（2015 年）
民 族	主要有奥文本杜、班本杜、巴刚果等 30 多个部族
语 言	官方语言为葡萄牙语；各主要部族有自己的部族语言
首 都	罗安达（Luanda）
行政区划	全国分 18 个省，设有 153 个市
地 理 区	披覆草地的丘陵构成内陆高原，地势往西渐升，再陡降为狭窄的海岸平原；南部是沙漠

影响，沿海一带捕渔业生产一度比较发达，但由于鱼群日趋减少，捕获量大幅度降低。制造业生产加工食品、水泥、精炼石油、纺织品、钢材等。近年工农业生产有所恢复，2000 年，为摆脱经济困境，多斯桑托斯总统调整了政府经济班子，加强对经济工作的领导，并与国际货币基金组织签订经济调改计划，经过调整，安哥拉汇率趋于相对稳定，长期的汇率市场双轨制状况有所改善，新货币"宽扎"贬值幅度初步得到控制，关税收入明显增加。

习俗

班图人保持着图腾崇拜的旧俗，人们习惯于在集会、成年仪式或死亡时化装为图腾的形态。班图人参加成人仪式，成员要用白泥涂身，头部及腰部捆着许多草，象征动物外形。布须曼人还保持着母系社会的特点，由妇女担任领袖，过着分散和流动的生活。芬达族人有聚居的习俗，一般住在没有屏障的大型村落中。各族住房也有各自不同的特点。南部热带莽原地区的农村，住屋多是圆锥形的茅草屋。奥文本杜族的住屋，屋顶大多呈金字塔形。

主要城市

罗安达

罗安达是安哥拉的首都，是罗安达省省府，人口 517.3 万（2011 年），是非洲西海岸天然良港之一。罗安达位于安哥拉西北部，濒大西洋本格湾，靠近宽扎河口，港区宽阔。始建于 1576 年，市内有建于 17～18 世纪的圣米格尔古堡和圣佩德罗·达巴拉古堡，还有王宫、天主教堂、博物馆等。有炼油、食品加工、机械制造、冶金、化学、

水泥、建材、纺织、造纸和服装等部门。港口设备先进，吞吐量为 400 万吨，可停泊远洋货轮。市内有国际航空港和高等学府——罗安达大学（1962年建）。

旅游

重要的旅游区有首都罗安达市及其附近的英洛斯岛和贝拉斯海岸、卡库亚克海岸村落及库依卡马国家公园。该市的圣米格尔古堡耸立于山脊，有筑成不规则多边形的长围墙，颇为雄伟，从这里可以俯瞰月牙形本格拉湾全景。坐落在宫殿广场上的纳萨·塞尼奥拉·多卡英教堂和耶稣会教堂，是 17 世纪的古建筑。南部的主要旅游点有安哥拉古城木萨米迪什，昔日为黑人王国的城镇。附近还有 1957 年建造的木萨米迪什自然保护区。

赞比亚 /Zambia

地理位置

赞比亚为非洲中南部的内陆国家，东接马拉维、莫桑比克，南接津巴布韦、博茨瓦纳和纳米比亚，西邻安哥拉，北靠刚果（金）及坦桑尼亚。大部分地区海拔 1000～1500 米。

地形特征

地势东北高，西南低。全境有五大地形区：东北部为东非大裂谷区；北部为加丹加高原区；西南部为卡拉哈迪盆

正式名称	赞比亚共和国（The Republic of Zambia）
面　积	752614 平方千米
人　口	1300 万（2011 年）
民　族	大多属班图语系黑人。有 73 个部族，其中本巴族约占全国人口的 8%，通加族占 12%，其他还有巴罗策族、恩戈尼族和隆达族等
语　言	官方语言为英语；另有 31 种部族语言
首　都	卢萨卡（Lusaka）
行政区划	全国分为 9 省 68 县
地理区	东北部东非大裂谷，北部高原区，西南部盆地区，东南部河谷区，中部盆地区

地区；东南部为卢安瓜高原谷地区；中部为卡富埃盆地区。位于东北边境的马芬加山为全国最高峰，海拔 2301 米。

气候

赞比亚属热带草原气候，5～8 月为干凉季，气温 15～27℃；9～11 月为干热季，气温 26～36℃；12 月至次年 4 月为雨季。年平均气温 21℃。

自然资源

自然资源丰富，以铜为主。铜蕴藏量 1900 万吨，约占世界铜总蕴藏量的 6%，赞比亚素有"铜矿之国"之称。钴是铜的伴生矿物，储量约 35 万吨，居世界第二位。此外矿藏还有铅、镉、硒、镍、铁、金、银、锌、锡、铀、绿宝石、水晶、钒、石墨、云母等。全国森林覆盖率为 45%。

经济

赞比亚从独立后至 20 世纪 70 年代中期经济发展较快，1975 年起经济陷入困境。赞比亚多党民主运动（简称"多民运动"）执政后，在西方国家和世界银行、国际货币基金组织的支持下，推行经济结构调整计划，实行经济自由化和私有化政策，大力发展经济多样化，努力争取外援，吸引外资，取得一定成效。2000 年，赞比亚经济在低迷数年

后实现低速增长，农业、制造业、旅游业和交通运输业取得较大发展，但由于国际石油价格上涨和出口收入减少等原因，通货膨胀率涨幅较大。

习俗

赞比亚人崇拜铜，铜制的工艺品、纪念品是男女婚嫁必备之物。人们认为用铜制作的车具接待客人是对宾客的最高礼遇，因此，政府用铜车接待外宾。

居民中有 60% 住在农村，渔民只在渔获季节搭临时性村落。农村重视女孩成年，进入青春期的女孩要先实行"隔离"教育，然后，全村举行隆重的庆祝活动。

各部族都有独特而多彩的庆典节日和习俗，恩戈尼的丰收节（恩克瓦拉），就带有明显的狩猎时代的特点。每年 2 月末，玉米扬花时，人们集体过祖先的原始生活，打猎、住草棚、穿兽皮、宰杀牛以祭先祖、敬酋长，祈求风调雨顺。庆祝活动昼夜不停地进行 3 天以后，人们才回归居处。再如巴罗策族的人民，每年要按照洪水的涨落，在分设于平原和水边的两组村落之间迁来迁去居住。其酋长则在雨季到来之前举行正式的仪式，并乘坐木船迁移到自己的雨季寝宫。

主要城市

卢萨卡

卢萨卡是赞比亚首都，人口 310 万，是全国最大城市，被誉为"铜都"，位于中南部海拔 1 280 千米的石灰石高原，有纺织、服装、制鞋、制烟、金属加工、机器制造和装配、水泥、食品等部门。卢萨卡位于通往坦桑尼亚的大北公路和通往马拉维的大东公路的交叉点，并有铁路与利文斯敦、恩多拉和坦桑尼亚相连。市区外郊为平坦的草原，有大型牧场和农场。主要景观为高达 3 ~ 6 米的白蚁土丘，主要居民是尼杨贾人和索利人，还有少数亚洲及欧洲移民。

旅游

赞比亚河上有莫西奥图尼亚（维多利亚）大瀑布。卢萨卡以南 150 千米处，有世界最大人工湖卡里巴湖（卡里巴水库），面积 5 180 平方千米，蓄水量约 1 600 亿立方米，湖上有 2 座水电站。在赞坦两国边界上，有地处卡兰博河火山岩峡谷中的卡兰博瀑布，为世界第三大瀑布，附近有史前遗迹。位于中西部的卡富埃国家公园，是赞比亚国内最大的野生动物园，建于 1950 年。在首都卢萨卡东北有卢安瓜河谷国家公园，面积约 1 万平方千米，也建于 1950 年。

赞比亚的土著居民

马拉维 / Malawi

地理位置

马拉维是非洲东南部内陆国家，旧称尼亚萨兰。西毗赞比亚，东北连坦桑尼亚，东部和南部与莫桑比克为邻。国土呈狭长形，南北长约 837 千米，东西宽 8 ~ 160 千米。

正式名称	马拉维共和国 (The Republic of Malawi)
面　　积	118 484 万平方千米
人　　口	1306.6 万（2008 年）
民　　族	绝大多数为班图语系黑人；主要部族为尼昂加族、奇切瓦族和尧族；另外还有少数欧洲人和亚洲人
语　　言	官方语言为英语和奇切瓦语
首　　都	利隆圭 (Lilongwe)
行政区划	全国分为 3 个区：北部、中部和南部区
地 理 区	南北纵贯的东非大裂谷；东部尼亚萨湖；南部有希雷河谷和高地；西部边境高地

地形特征

约有 3/4 的国土海拔 1 000 ~ 1 500 米。东非大裂谷纵贯南北，谷底是马拉维湖和希雷河。西部高原海拔 1 500 ~ 2 400 米。东部高地起伏不大，平均海拔 1 000 米，萨皮图瓦峰为全国最高峰，海拔 3 000 米。

气候

马拉维属热带草原气候，温度因地势高低不同而差别很大。湖泊附近的低地气候湿热，年平均温度 23 ~ 26℃，高地温度为 14 ~ 18℃。11 月至次年 4 月是雨季，北部高地雨量较多，年降雨量 1 780 毫米；南部的希雷河谷雨量较少，约 760 毫米。

自然资源

矿藏有煤、铝矾土、石棉、石墨、磷灰石、铀、铁矿等。森林面积约 73 万公顷。

主要城市

利隆圭

利隆圭是马拉维的现首都，是全国政治、经济、交通中心，人口约 66.9 万。利隆圭位于中西部利隆圭河畔，市内有农产品加工企业，有世界著名的烟草市场。干线公路纵贯南北，市郊有国际航空站。

莫桑比克 / Mozambique

地理位置

莫桑比克位于非洲东南部。南邻南非、斯威士兰，西接津巴布韦、赞比亚、马拉维，北接坦桑尼亚，东濒印度洋，隔莫桑比克海峡与马达加斯加相望。莫桑比克呈细长形，南北长约 1 770 千米，北部东西宽约 645 千米，南部宽约 320 千米。

正式名称	莫桑比克共和国 (The Republic of Mozambique)
面　　积	799 380 平方千米
人　　口	2241.6 万（2010 年）
民　　族	莫桑比克有 60 多个民族，主要有马库阿—洛姆埃、尚加纳、佐加、马拉维—尼扬加、马扎德和尧等部族
语　　言	官方语言为葡萄牙语；各大民族有自己的语言
首　　都	马普托 (Maputo)
行政区划	全国划分为 10 个省，43 个市（含 1 个直辖市）、128 个县
地 理 区	东部低地、西部高原

地形特征

莫桑比克全境可分为两个大区，即北部的高地和南部的低地，中间被赞比西河隔开。北部高地区又可分为沿海低地、内陆高原和山区三部分。南部低地除希莫尤高地外，几乎延伸到南部全境。总体来看，莫桑比克的沿海低地占全国总面积的 2/5，以西是由海拔 150～600 米的山丘和高地组成的过渡区。西部占全国总面积的 1/3，最高点宾加山海拔 2436 米。

气候

莫桑比克属热带草原气候，年均气温 20℃。

全年分干、湿两季，4～9 月为干季，平均气温 19℃；10 月至次年 3 月为湿季，平均气温 27～29℃。莫桑比克各地的年平均降雨量不等，西北部高地区约为 1420 毫米，东南部低地区则为 500～700 毫米。从历史记载来看，南部地区干旱的概率较大。

自然资源

自然资源主要有煤、铁、铜、钽、钛、铋、铝、石棉、石墨、云母、大理石和天然气等，其中煤蕴藏量超过 100 亿吨，钛 600 多万吨，钽矿储量居世界首位，大部分矿藏尚未开采。森林约占全国面积的 1/4。水力资源丰富，赞比西河上的卡奥拉巴萨水电站装机容量 207.5 万千瓦，为非洲第一、世界第七的大水电站。

经济

莫桑比克为农业国，76% 的人口从事农业。农业产值占整个国内生产总值的 30%。腰果、棉花、糖、剑麻是传统出口农产品。主要粮食作物有玉米、稻谷、大豆、木薯等。莫桑比克的工业主要是加工工业，有制糖、制茶、粮食及腰果加工、卷烟、榨油、纺织、木材、水泥、炼油、机车车辆制造、电池及轮胎业等。莫桑比克被联合国列为世界最不发达国家之一，连续内战曾使经济发展受到严重阻碍。1996 年以来，莫桑比克政府实行大力度的经济改革，取得显著成绩。农业是莫桑比克的传统支柱。丰富的水力、矿产和海洋资源是未来经济发展的最有希望的领域。

习俗

莫桑比克仍保持着图腾崇拜的传统。妇女婚姻自由。莫桑比克人有一夫多妻之俗。

主要城市

马普托

马普托是莫桑比克的首都，为马普托省首府，位于东南部印度洋之滨，马普托湾北岸，地处印度洋和大西洋交通要道，为东南非最大港口，人口 189 万，现为莫桑比克政治、经济中心和全国最大的工业基地。该市气候宜人，海滨浴场风景优美，设有自然历史博物馆和一所大学。

旅游

马普托市有 18 世纪建筑的国家议会大厦和大厦广场，还有天主教堂、印度东庙、中国古塔等建筑。贝拉附近有非洲著名的戈尤戈萨国家公园，是多种珍奇野生动物的栖息地。2001 年 10 月 4 日，莫桑比克库塔达国家公园同南非克鲁格国家公园、津巴布韦戈贡雷周国家公园合并成为世界上最大的野生动物园——大林波波河跨国公园。

科摩罗 / Comoros

地理位置

科摩罗是印度洋西部岛国，由大科摩罗、昂儒昂、莫埃利、马约特（现由法国占领）4 岛组成，位于非洲东侧莫桑比克海峡北端入口处，东、西距马达加斯加和莫桑比克各约 300 千米。

正式名称	科摩罗联盟（Union of Comoros）
面 积	2 236 平方千米（包括马约特岛）
人 口	约 80 万
民 族	主要由阿拉伯人后裔、卡夫族、马高尼族、乌阿马查族和萨卡拉瓦族组成
语 言	通用科摩罗语，官方语言为科摩罗语、法语和阿拉伯语
首 都	莫罗尼（Moroni）
行政区划	共分为 3 个自治岛，岛下设县、乡、村。全国共 15 个县，24 个乡
地 理 区	4 个大岛及诸多小岛和珊瑚礁

地形特征

全国有 4 个大岛及诸多小岛和珊瑚礁。群岛地表多山地。大科摩罗岛地势崎岖，广布森林。岛上的卡尔塔拉火山是世界活跃的火山口之一。众岛屿上有其特有的十几种鸟类和多种兽类。

气候

科摩罗属热带海洋气候，年平均气温 23 ~ 28℃，分旱季和雨季。年降水量 1 000 ~ 3 000 毫米。10 月至次年 4 月常有飓风。

自然资源

科摩罗无矿藏资源。水力资源贫乏。森林面积约 2 万公顷，占国土面积的 15%。渔业资源较丰富。

主要城市

莫罗尼

莫罗尼是科摩罗的首都，是全国最大的城市和海港，人口约 6 万，是香料（春草、香椿和丁香）的加工中心和出口港。莫罗尼位于大科摩罗岛西南沿海，市内有清真寺、近代抵抗外来侵略修筑的城堡和要塞。

马达加斯加 / Madagascar

地理位置

马达加斯加位于印度洋西南部，为世界第四大岛，隔莫桑比克海峡与非洲大陆相望。南北相距 1 570 千米，东西相距 580 千米。海岸线长 5 000 千米。

地形

中央山脉区平均高度为海拔 800 ~ 1 400 米。高原上河谷与山峡向四面八方交叉而过。山地较高处，一些大型盆地状的冲积洼地形成沼泽平地。东部带状土地是经水侵蚀的小山及沼泽地。西部有平原，地层下降地带及高原等。最高处 500 米，最宽处 190 千米。

正式名称	马达加斯加共和国（The Republic of Madagascar）
面 积	590 750 平方千米
人 口	约 2021.5 万
民 族	由 18 个部族组成，其中较大的有梅里纳人、贝齐米萨拉卡人、萨卡拉瓦等。还有少数科摩罗人、印度人等
语 言	民族语言为马达加斯加语（属马来—波利尼西亚语系）；官方通用法语
首 都	塔那那利佛（Antananarivo）
行政区划	分为 6 个自治省、22 个地区、111 个县
地 理 区	中央高地向西缓降为宽阔的平原，高地东侧陡降入海

气候

东南沿海属热带雨林气候，终年温热，年平均气温为 24℃；中部为热带高原气候，温和凉爽，年平均气温为 18.3℃；西部为热带草原气候，干旱少雨，年平均气温为 27℃。

自然资源

矿藏丰富，石墨储量居非洲首位，还有云母、铀、铅、宝石、石英、金、银、铜、镍、铝矾土、铬煤等。河流湍急，水力发电潜力大。森林面积 123 279 平方千米，占国土面积的 21%。

经济

马达加斯加是联合国贸易与发展会议宣布的世界最不发达国家之一。据联合国发展署统计，按人类发展指数方法排列，马达加斯加居世界第 143 位，贫困人口占总人口的 70%。经济以农业为主，工业基础薄弱。从 1993 年起，经济开始缓慢复苏。国际货币基金组织、世界银行以及法国等西方国家恢复对马达加斯加的援助，马达加斯加经济有了起色。2000 年，马达加斯加经济继续平稳增长。政府通过改革税收体制、稳定金融汇率、大力扶持第三产业、促进传统产品出口等措施，加强宏观调控并努力加快私有化进程。国际货币基金组织和世界银行决定将马达加斯加列为"重债穷国计划"受益国之一，自 2001 年起减免马达加斯加 15 亿美元债务（占其外债总额的 40%），使其资金紧张的局面稍有缓解，但自然灾害以及沉重的债务仍制约其经济的发展。

习俗

马达加斯加风俗与非洲大陆不同，与亚洲的印度尼西亚共和国相似。他们认为蛇和鳄鱼是神圣之物，并视牛为财富的标志和国家的象征。每周二和周四为禁忌之日。盛行一夫多妻制，男子行割礼，社会分等级。多数农村盛行祖先崇拜，相信灵魂永在，重视葬礼，有几代人合葬一巨型墓穴之习俗。在家族墓穴中严格按辈分排列，妻随夫墓，妾回娘家葬。梅里纳族在人死后数年行二次葬礼。

主要城市

塔那那利佛

塔那那利佛是马达加斯加的首都，是全国第一大城市、塔那那利佛省省会，人口约 170 万。塔那那利佛位于中央高原东部盆地的一座丫形山丘上，有著名古建筑群和历代王宫，此外，城市中心还有一个面积不大的阿诺西湖，环境极为优雅。市内有马达加斯加大学、塔那那利佛大学、塔那那利佛师范学院等，为全国重要的文化中心。郊区有各类加

巨型墓穴

工企业和国际机场。

旅游

　　旅游资源丰富。1997 年改革签证制度，允许游客申请落地签证。2008 年游客人数达 37.5 万人次。首都附近的津巴扎扎纳植物园，是该国主要旅游点之一，园内多珍希动植物。贝伦蒂自然保护区也是一个主要旅游点，走进保护区的罗望子树林，很快会看到树枝间跳来跳去的狐猴，旅游者在这里可以看到海滩、潟湖、原封不动的海底世界、适于生态旅游的莽莽森林等。

塞舌尔 /Seychelles

地理位置

　　塞舌尔是印度洋西南部的群岛国家，由 115 个大小岛屿组成。地处欧、亚、非三大洲中心地带，为亚、非两洲交通要冲。西距肯尼亚蒙巴萨港 1593 千米，西南距马达加斯加 925 千米。南与毛里求斯隔海相望，距印度 2813 千米。

正式名称	塞舌尔共和国（Republic of Seychelles）
面　　积	陆地面积 455.39 平方千米，领海面积约 40 万平方千米，专属海洋经济区面积约 140 万平方千米
人　　口	约 9.29 万（2015 年）
民　　族	多民族国家，居民主要为班图人、克里奥尔人（欧洲人和非洲人混血）、印巴人后裔、华裔和法裔等
语　　言	克里奥尔语为国语，通用英语和法语
首　　都	维多利亚（Victoria）
行政区划	全国分为 25 个区
地 理 区	约有 115 座花岗岩岛和珊瑚岛

锡卢埃特岛迷人的风光

地形特征

　　国土由大小 115 个岛屿组成，主要分成两大部分。北方 37 个岛屿组成的马埃群岛多为花岗岩岛。南方 78 个人烟稀少的岛屿则为珊瑚岛。以马埃岛最大，面积 148 平方千米。全部岛屿分为 4 个岛群：马埃岛及其周围卫星岛、锡卢埃特岛和北岛、普拉斯岛群、弗里吉特岛及其附近礁屿。塞舌尔山为马埃岛上最高点，海拔 905 米。全境多丘陵山地，无河流。

气候

　　塞舌尔属热带雨林气候，终年高温多雨，但在东南信风盛行的位置，气候条件略有好转。其热季平均气温 30℃，凉季平均气温 24℃。塞舌尔各岛的降雨量不等，在马埃岛，海面为 2300 毫米，而山坡则达到 3560 毫米。

自然资源

　　金枪鱼等渔业资源丰富。海域辽阔，专属海洋经济区为 200 海里（约合 100 万平方千米）。森林面积约 2000 公顷。

主要城市

维多利亚

　　维多利亚是塞舌尔的首都。全国商业和文化中心，也是塞舌尔唯一城市。它位于马埃岛东北角，市内有建于 1901 年的动植物园。

毛里求斯 /Mauritius

地理位置

　　毛里求斯是印度洋西南部岛国，位于马斯克林群岛中央，包括本岛及罗德里格斯岛、圣布兰群岛、阿加莱加群岛、查戈斯群岛（现由英国管辖）等属岛。西距马达加斯加约 800 千米，距肯尼亚的蒙巴萨港 1 800 千米，南距留尼汪 160 千米，东离澳大利亚 4 827 千米。海岸线长 217 千米。

地形特征

　　毛里求斯是一个火山岛，四周几乎被珊瑚礁所环绕。沿海多为平原，中部为高地；地势北高南低，海拔平均 200 ～ 700 米。小黑河峰为岛上最高峰，海拔 826 米，位于西南部。

气候

　　毛里求斯属于亚热带海洋气候，年平均气温为 25℃。11 月至次年 4 月为雨季，5 ～ 10 月为旱季。年平均降水量沿海 1 270 毫米，高原约 5 000 毫米。1 ～ 4

优美的度假胜地

20 世纪 70 年代以来，毛里求斯充分挖掘自己的旅游资源，投资建造大量的海边度假胜地，目前旅游业已成为该国外汇收入的主要来源。

月常有飓风。

自然资源

　　森林资源丰富，31% 的土地为森林所覆盖，多桃花心木、黑紫檀木等名贵树种，另外还有多种濒危的动植物资源，如瓶状棕榈。

主要城市

路易港

　　路易港是毛里求斯的首都，有"大洋都会"之称，是全国政治、经济、文化和交通中心。也是一个天然良港，人口约 15.6 万，位于主岛西北岸，三面环山，风景秀丽，为全国最大海港，如今也是南印度洋重要的海底电缆站。路易港地处南大西洋和印度洋之间的航道要冲，港口位置优越，是全国进出口货物的唯一门户，是蔗糖和茶叶的出口港。主要工业有船舶修造、机修、炼油、卷烟、食品、日用化工、电子元件、纺织等企业。手工业亦很发达。市内有高等学校、自然历史博物馆、艺术馆、图书馆等文化设施，毛里求斯大学也设在路易港。

正式名称	毛里求斯共和国（The Republic of Mauritius）
面　积	2040 平方千米（包括属岛面积 175 平方千米）
人　口	128.09 万（2010 年）
民　族	多民族国家。居民主要由印度和巴基斯坦人后裔、克里奥尔人（欧洲人和非洲人混血）、华裔和欧洲人后裔组成
语　言	官方语言为英语；法语亦普遍使用；克里奥尔语为当地最普遍使用的口语
首　都	路易港（Port Louis）
行政区划	全国分为 4 个大区和 5 个直辖市，区下设 126 个村
地理区	毛里求斯岛（中央高原，地势向西、南 2 方陡降）、罗德里格斯岛及其他小岛

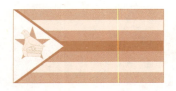

津巴布韦 /Zimbabwe

地理位置

津巴布韦是非洲东南部内陆国，东邻莫桑比克，南接南非，西南与博茨瓦多纳接壤，西北与赞比亚毗邻，其最西端的一角与纳米比亚相连。

地形特征

津巴布韦地形以高原为主，全境由三级高原组成，主要有马绍尔高原和马塔贝莱高原，平均海拔1000米。赞比西河沿着大断层造成的一个槽谷，形成津巴布韦同赞比亚之间的西北部边界。1959年，赞比西河上筑起一个大坝，形成卡里巴水库，为世界上最大的人工湖。

气候

津巴布韦属热带草原气候，平均气温22℃，10月份温度最高，达32℃，7月份温度最低，为13～17℃。年降水量由东向西递减，由900毫米减到400毫米。

自然资源

自然资源丰富，有煤、铬、铁、石棉、金、银、锂、铅、锌、锡、铀、铜等。煤蕴藏量约270亿吨，铁蕴藏量约2.5亿吨，铬和石棉的储量均很大。水力资源贫乏。森林覆盖面积占全国总面积的51%。野生珍稀动物品种多。

正式名称	津巴布韦共和国（The Republic of Zimbabwe）
面　积	39万平方千米
人　口	1310万（2008年）
民　族	黑人占人口的97.6%。主要有绍纳族和恩德贝莱族。此外还有少数欧洲人和亚洲人
语　言	官方语言为英语、绍纳语和恩德贝勒语
首　都	哈拉雷（Harare）
行政区划	全国分为10个省
地 理 区	马绍尔高原和马塔贝莱高原，伊尼扬加尼山

经济

由于自然资源丰富，津巴布韦工农业基础较好。工业制成品向周边国家出口，正常年粮食自给有余。津巴布韦为世界第三大烟草出口国。经济发展水平在南部非洲地区仅次于南非。2000年，津巴布韦宏观经济形势恶化。西方停援，政府年初出台的"千年经济复苏计划"受挫，农业、制造业、矿业和旅游业等支柱产业滑坡。"一负四高二缺"（负增长、高赤字、高利率、高通膨、高失业和外汇、燃油短缺）突出。

习俗

班图族人的传统社会实行一夫多妻制，并以牛作为彩礼，各妻室独居。绍纳人流行从妇居婚，母系社会痕迹明显。恩德贝莱人有不吃鱼的习俗，妇女不能接触牛。聪加人和通加人盛行服役婚姻，新郎常常要在岳父家服上几年劳役，方能结婚，还要以"罗波拉"（牛或锄）为聘礼。马拉维人按母系组织社会。

主要城市

哈拉雷

哈拉雷是津巴布韦的首都，是全国最大的城市，人口187万。为全国政治、经济、文化中心。哈拉雷兴建于1890年，原名为索尔兹伯里，海拔1483米，气候温和，是全国运输的中心，也是

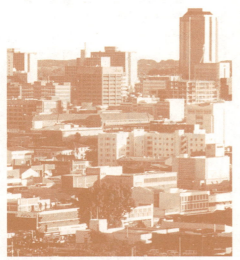

哈拉雷

哈拉雷是一座欧化现代城市，街道布局呈方格状，建筑物呈乳白色，整体干净整洁。

全国工商业中心和周围地区农产品集散中心。

旅游

旅游业获得快速发展，成为津巴布韦主要创汇部门。津巴布韦劳动力总数中有 4.5% 从事旅游业，另有 4% 从事与此相关的行业。最著名的景点为维多利亚瀑布，还有 26 个国家公园和野生动物保护区。

津巴布韦遗址为非洲著名古代文化遗址，位于维多利亚堡东南约 27 千米处。建于 6～8 世纪，占地 725 公顷。整个遗址是一片相互联系的建筑群，全部用长约 30 厘米、厚约 10 厘米的花岗岩板垒成（石块之间未用任何黏合剂）。遗址包括大围场、卫城和两者之间的谷地。

博茨瓦纳 /Botswana

地理位置

博茨瓦纳是非洲南部内陆国家，南北最长处和东西最宽处均为 965 千米，东接津巴布韦，西连纳米比亚，北邻赞比亚，南接南非。

地形特征

全境处于南非高原卡拉哈迪盆地上，地势东高西低，平均海拔 1 000 米左右，除东南地区为起伏不平的丘陵地外，其他地区大多平坦。全境可分为 3 个截然不同的地形区：中部和南部是卡拉哈迪沙漠；西北部是奥卡万戈三角洲沼泽地；东南部是丘陵地带，平均海拔 1220 米。卡拉哈里沙漠大部分为半荒漠，还有草地和旱生刺槐灌丛，只有西南部多沙丘，是真正的沙漠地区。

气候

博茨瓦纳整体上属干燥的热带草原气候，西部为荒漠、荒沙漠气候，但有时也有大陆性极端气候出现。年均气温为 21℃，10 月至次年 4 月为湿季，

正式名称	博茨瓦纳共和国（The Republic of Botswana）
面　积	581 730 平方千米
人　口	184 万（2011 年估）
民　族	绝大部分为班图语系的博茨瓦纳人（占人口的 90%）。全国有 8 个主要部族。此外还有欧洲人和亚洲人约 1 万人
语　言	官方语言为英语，通用语言为博茨瓦纳语和英语
首　都	哈博罗内（Gaborone）
行政区划	全国划分为 10 个行政区
地理区	中部和西南部卡拉哈迪沙漠，东部丘陵，西北部沼泽

5～10月为干季，夏季气温可达34℃，冬季则可降至0℃。年平均降水量为200～600毫米。博茨瓦纳的降雨量极其多变。

自然资源

矿产资源丰富。主要矿藏为金刚石，其次为铜、镍、煤、苏打灰、铂、金、锰等。石油勘探正在进行之中。钻石储量和产量均居世界前列。已探明的铜镍矿蕴藏量为4600万吨，煤蕴藏量为170亿吨。

经济

博茨瓦纳是非洲经济发展较快、经济状况较好的国家之一，以钻石业、养牛业和新兴的制造业为支柱产业。农业收入仅占国内生产总值的一小部分，养牛业为主要农业活动。矿业收入占国内生产总值的2/5以上，以金刚石、铜镍矿的生产与出口为主，金刚石由南非的德比尔斯联合矿业公司与博茨瓦纳政府共同开采，制成品和食品依赖进口。独立后，博茨瓦纳政府建立了自由市场经济体制，采取优惠措施吸引外资和国外先进技术，经济得到了快速、持续的发展。为了改变经济发展主要依赖钻石的状况，从20世纪80年代后期开始，博茨瓦纳政府开始推行经济多元化政策，并取得初步成效。2006年，以钻石开采为支柱产业的采矿业增长强劲，拉动博茨瓦纳经济继续以较快速度发展。

习俗

多数部族保持民族部落制度，以畜牧业为主，傍水而居，形成大的村落。有些部族保存母系时代痕迹，夫从妻居，亦有一夫多妻之俗。人们以牛的多寡为财富多少的标志。全国80%的人从事养牛业，高级官员也以购牛作为财富储存的方式。各种节日庆典都要杀牛庆祝。设"百牛宴"，是原始游牧部落庆祝新酋长就任的风俗。每年7月的评牛博览会是博茨瓦纳最热闹的节日。男女婚嫁、周末生活也都与牛息息相关。

在卡拉哈迪丛林中，布须曼小伙子，如爱上某个姑娘，就用兽骨制成的箭去射姑娘的后背。如果这箭钉在了姑娘的后背，就意味着两人有缘，姑娘就会嫁给小伙子；如果箭头未沾到衣服或已折断，小伙子就必须放弃求爱。

主要城市

哈博罗内

哈博罗内是博茨瓦纳的首都，人口约22.5万（2008年），是全国政治、经济、文化中心，位于东南边境的林波波河上游高地，于1965年兴建，是牲畜、羊毛、皮革的主要集散地。该市有政府机构和商业中心，还有一座著名的德比尔矿业公司的金刚石大楼，是全国金刚石的集散地。市内有国家图书馆、艺术馆、教堂和一座高43米的大水塔。住宅区则建有一幢幢白色花园式洋房，显得格外洁净雅致。

旅游

博茨瓦纳是非洲主要旅游国，数量众多的野生动物是主要旅游资源。政府重视发展旅游业，游客大部分来自南非。最佳旅游季节为5～9月，有3个国家公园、5个野生动物保护区。著名野生动物保护区有乔贝国家公园、恩米加湖区和马卡里卡里盐沼。措迪洛山是博茨瓦纳古迹所在地，位于西北部奥卡万戈三角洲以西 56 千米处，此处山壁上保留着布须曼族居民精心雕刻的岩壁画廊。

纳米比亚 ／Namibia

地理位置

纳米比亚原称西南非洲，北同安哥拉、赞比亚为邻，东、南毗博茨瓦纳和南非，西濒大西洋。海岸线长 1600 千米。

正式名称	纳米比亚共和国 (The Republic of Namibia)		
面　积	824 269 平方千米		
人　口	217 万（2009 年）		
民　族	主要有奥万博、卡万戈、达马拉、赫雷罗、卡普里维、纳马、布须曼、雷霍伯特和茨瓦纳等部族		
语　言	官方语言为英语，通用阿非利坎语、德语和广雅语、纳马语及赫雷罗语		
首　都	温得和克（Windhoek）		
行政区划	全国划分为 13 个行政区		
地理区	西部沿海和东部内陆地区是沙漠，中部高原，北部平原		

地形特征

大部分地区海拔 1000 ~ 1500 米。西部沿海和东部内陆地区为沙漠，中部为高原，北部地区有少许平原。西部沿海为纳米布沙漠，干旱荒芜，气温可达 49℃。中部高原位于纳米布沙漠东部，从北部的边界直延伸到南部边界。东部内陆地区为卡拉哈迪沙漠。

气候

纳米比亚属半沙漠气候，燥热少雨，年平均气温 18 ~ 22℃，分春（9 ~ 11 月）、夏（12 月~次年 2 月）、秋（3 ~ 5 月）、冬（6 ~ 8 月）四季。

自然资源

纳米比亚矿产资源十分丰富，居非洲第四位，素有"战略金属储备库"之称。主要矿藏有金刚石、铀、铜、铅、锌、金等。另外，纳米比亚是世界上沿海渔资源丰富的国家之一。

经济

种植业一直较落后。主要粮食作物有玉米、高粱和小米等。由于雨量稀少，土地贫瘠，农作物产出率低且不稳定，粮食不能自给。畜牧业较发达，收入占农牧业总收入的 88%，以养牛、羊为主。沿海鱼资源丰富，捕鱼量位居世界十大产鱼国之列，主产鳕鱼、沙丁鱼、莢鱼、龙虾和蟹，其中 90% 供出口。工矿业以采矿业为主，非燃料矿物在非洲居第四位，钻石储量居世界第三位，铀产量居世界第四位。制造业不发达，制造企业约 300 家，90% 以上为小规模私人企业，主要行业有食品饮料、纺织服装、皮革加工、木材加工和建材化工等。

习俗

纳米比亚人保留着一些奇异的习俗，如在霍屯督人的女孩成人仪式中，有的令女孩赤身裸体到大雷雨中"冲邪"；或过一段与世隔绝的生活后再用牛奶和湿牛粪擦遍全身。卡拉哈迪沙漠的婚俗中，有男方为女家婚前"服役"的惯例。

如某男孩看上了某家女孩子，便去女家求婚。如果女孩同意，小伙子便自动搬到姑娘家里，义务劳动5年；期满后，女方家长若认为这位准女婿不错，便把女儿嫁给他。

主要城市

温得和克

温得和克是纳米比亚的首都，是全国第一大城市，位于中部高原，人口23万，有3座中世纪德国式城堡，有织布、服装、食品等工业部门，是卡拉库尔羔羊皮集散地、畜产品贸易中心。

旅游

旅游业较发达，产值约占国内生产总值的7%，1999年被吸收为世界旅游组织成员。海滩、自然保护区等旅游景点集中在北部和南部地区，其中北部的埃托沙公园闻名世界。斯瓦科蒙德是沿海著名游览胜地，有路德大教堂、博物馆、高级旅馆和奥林匹克游泳池及设备完好的海滨浴场等。

埃托沙公园的鸵鸟

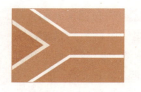

南非 / South Africa

地理位置

南非位于非洲大陆最南端，北邻纳米比亚、博茨瓦纳、津巴布韦、莫桑比克和斯威士兰，莱索托在其东部，被其领土包围，东、南、西三面濒印度洋和大西洋。海岸线长3000千米。

正式名称	南非共和国（The Republic of South Africa）
面　积	1 219 090 平方千米
人　口	4999万（2010年）
民　族	分黑人、白人、有色人和亚洲人四大种族
语　言	有11种官方语言，英语和阿非利卡语为通用语言
首　都	比勒陀利亚（Pretoria）为行政首都；开普敦（Cape Town）为立法首都；布隆方丹（Bloemfontein）为司法首都
行政区划	全国划分为9个省，共有284个地方政府
地 理 区	高原（内陆）、海岸地带、开普山脉、卡拉哈迪沙漠及纳米布沙漠

地形特征

南非除东南沿海为平原外，大部分为高原。全境大部分海拔为600～1600米，地势从东南向西北逐渐降低。高原的最低部分是卡拉哈迪盆地，海拔在600米左右。除著名的德拉肯斯山脉（又称喀什兰巴山）外，还有香巴尼城堡峰、巨人城堡峰、蒙特奥索斯峰等。西南部的开普山系，由一系列东西走向的平行山脉和断丘组成。各山脉间分布着许多山间高原和盆地，如大卡鲁盆地（高度为60～900米）和小卡鲁盆地（高度为300～350米）等。狭长的海岸平原位于西部、南部和东部，土地肥沃。

气候

南非属全年温暖的亚热带气候，气候差异大。12 月至次年 2 月为夏季，温度可高达 32～38℃；6～8 月为冬季，最低温度可低至 -10～12℃，比勒陀利亚年平均气温为 17℃。年平均降水量分布不均，东南沿海可达 1 500 毫米以上。西南部沿海属地中海式气候，降水量在 600～800 毫米以下。内陆高原降水量从东向西由 600 毫米减到 60 毫米以下，最少地区仅几十毫米。

自然资源

南非矿产资源丰富，但没有石油储藏。黄金、铂族金属、锰、钒、铬、钛、硅铝酸盐的储量居世界第一位，蛭石、锆居第二位，氟石、碳酸盐居第三位，锑、铀居第四位，煤、钻石、铅居第五位，锌居第六位，铁矿石居第九位，铜居第十三位。南非拥有丰富的野生动物资源，如大羚羊、犀牛、河马和长颈鹿等。

经济

南非基础设施良好，经济开放程度较高，是非洲经济最发达的国家。国民生产总值占整个非洲生产总值的 1/4 左右。

农业较发达。正常年份粮食除自给外还可出口。农业生产总值约占国内生产总值的 4.1%，并提供 13% 的正式就业机会。各类罐头食品、烟、酒、咖啡和饮料质量符合国际标准，畅销海外。其葡萄酒在国际上享有盛誉。全国 2/3 的土地为牧草地。森林约占土地总面积的 4%，原木的采伐可满足国内一部分的需求。近海捕鱼业发达，主要位于西部海域。

矿业、制造业、建筑业和能源业是南非工业的四大部门。矿业与相关行业的产值约占国内生产总值的 14%（其中矿业占 6.6%），制造业产值约占国内生产总值的 25%。采矿业以黄金生产为主。煤的开采十分广泛，并大量出口。不过，南非没有石油储藏，必须进口石油。制造业门类齐全，技术先进。主要产品有钢铁、金属制品、化工、运输设备、机器制造、食品加工、纺织、服装等。钢铁工业是南非制造业的支柱。

近年来，受种种因素的影响，南非国内生产总值连年下滑，1999 年后，又有所好转。

习俗

婚俗　南非黑人部族中流行裸浴相亲的习俗。当女孩子在父母带领下在河中裸浴时，男子从中发现了理想对象后，即登门求婚，一旦被女方看中，女方父亲便在次日送一头小牛给男方的父亲，就算是定亲。南非黑人中盛行一夫多妻制。

饰物　布须曼男人的饰物是将猎得的鸟类的头割下，直立地安放在自己的头上。可马洛洛部族妇女都戴唇饰，即在嘴唇上穿个孔，戴上叫"呸来来"的铁环或竹制的唇饰。没戴"呸来来"的妇女要被人看不起。祖鲁人的饰物精美华丽，颇具特色。

表情达意　波波族做妻子的要把头发留起来，直到丈夫回家后，才把头发剪短，这表达对丈夫的忠贞和思念。祖鲁人常用的项链是由五光十色的玻璃珠粒、谷粒、植物的叶子和茎串联而成的。这些"材料"是表情达意的"字母"，如白色的链珠表示纯洁朴实和忠诚可靠；红色表示思念；浅蓝色意味着幸福；黄色象征着美好；绿色表示患病；黑色表示忧愁和不幸，等等。

主要城市

比勒陀利亚

比勒陀利亚是南非的行政首都，人口 200 万（2001 年），是政治、经济和文化中心，德兰士瓦省的首府，有"花园城"之称。街道整齐，一栋栋富有特色的历史建筑物，掩映在闻名世界的紫楹花树丛中。横贯全市的东西向的教堂街，长 20 千米，被誉为全球最长的街。另外，威特沃斯兰德工矿区是矿产开采中心，工厂多分布在西郊和北郊。这里也是南非的交通枢纽，南半球空中交通必经之路。

开普敦

开普敦是南非的立法首都，人口约 290 万，是全国第二大城市，开普省首府，位于好望角北端的狭长地带，濒大西洋特布尔湾。城市背山面海，市内有许多殖民地时代的古老建筑。市西北是新兴的白人居住区和工商业中心，称作开普布拉茨的东部平原地区是黑人和混血种人的居住区。开普敦是南非金融和工商业中心。城市交通发达，海运方面是从欧洲沿非西海岸通往远东、太平洋的必经之路。开普敦也是著名旅游胜地。在岩石组成的海拔 1 067 米的山顶上，像被刀削了一样的平坦，被称为"桌山"，是开普敦的象征。从开普敦向南延伸是美丽的开普敦半岛，其最南端是著名的好望角。

旅游

南非美丽独特的景观令人神往。旅游业是南非第三大外汇收入和就业制造部门，资源丰富，设施完善。2009 年到南非旅游的外国旅客达 990 万人次，创造了 74 万个就业机会。旅游业及相关行业产值占国内生产总值的比重达 8%（其中旅游业占 6%）。旅游点主要集中在东北部和东南沿海地区。生态旅游与民俗旅游是南非旅游业两个最主要的增长点。南非是野生动植物的乐园，享有"地球上最大的野生动植物陈列馆"之美称。主要景区有罗本岛、克鲁格国家公园、奥赫拉比斯瀑布、卡拉哈迪大羚羊公园、图盖拉瀑布、旺德韦克山洞、大林波波河跨国公园、大圣卢西亚湿地公园等。

斯威士兰 / Swaziland

地理位置

斯威士兰系非洲东南部内陆小国，北、西、南三面为南非所环抱，东面与莫桑比克为邻。

地形特征

境内多山地和高原，西高东低。主要由面积大致相等的高、中、低三级阶梯状地带组成。西部草原区属德拉肯斯堡山脉上部，海拔 1050 ～ 1200 米，为斯威士兰山地；中部草原海拔 450 ～ 600 米，为丘陵地区；东部草原区海拔 150 ～ 300 米，为农耕区。东部

正式名称	斯威士兰王国（The Kingdom of Swaziland）
面　　积	17 363 平方千米
人　　口	119 万（2009 年估）
民　　族	斯威士族占 90%，祖鲁族和通加族占 6%，白人占 2%；其余为欧非混血人种
语　　言	官方语言为英语和斯瓦蒂语
首　　都	姆巴巴内（Mbabane）
行政区划	全国分为 4 个区
地　理　区	西部高原、中部丘陵、东部农耕区

边界的莱邦博山脉，海拔 700 米。大部分地区为花岗岩所切割，沙砾成堆，耕地较少。

气候

斯威士兰属于亚热带气候，年平均气温为 16 ~ 20℃。每年 10 月~次年 3 月为雨季，4 ~ 9 月为旱季。降水量东部为 500 ~ 750 毫米，西部为 1 150 ~ 1 900 毫米。

自然资源

自然资源丰富，主要矿藏有石棉、煤、铁、金、金刚石、高岭土等。森林面积约 7 万公顷，约占斯威士兰总面积的 4%。人造林规模在世界上名列前茅。

主要城市

姆巴巴内

姆巴巴内是斯威士兰的首都，是全国第一大城市。人口 6.2 万（2010 年），为全国政治、经济、文化中心。姆巴巴内地处西北部海弗众德高原，海拔 1163 米，有纺织、皮革等小型加工业，又是牲畜、皮革、玉米等产品集散地。附近山区有著名的曼腾加瀑布和埃祖尔维尼山谷风景区，山谷中的姆利瓦纳野生动物禁猎区是重要游览地。

姆巴巴内一角

莱索托 / Lesotho

地理位置

莱索托为非洲南部内陆国家，地处南非高原东缘德拉肯斯山西坡，是个多山的小国，距印度洋约 320 千米。四周为南非所环抱。国土南北最长约为 240 千米，东西最宽约 240 千米。

地形特征

境内 2/3 以上地区为海拔 1400 ~ 3600 米的高原和山地。东部为山地，海拔 1800 ~ 3000 米；西部为丘陵；北部为高原，海拔 3000 米左右。沿西部边界有一段狭长低地，为主要居住区。西北偏中的马洛蒂山为南非两条最大河流的发源地，包括向东流动的图盖拉河和向西流动的奥兰治河。

正式名称	莱索托王国（The Kingdom of Lesotho）
面　积	30344 平方千米
人　口	254.2 万（2010 年）
民　族	绝大多数为黑人，属班图语系的巴苏陀族和祖鲁族。此外还有欧洲裔及亚洲裔人
语　言	通用英语和塞苏陀语
首　都	马塞卢（Maseru）
行政区划	全国划分为 10 个行政区
地理区	境内多山，山脉呈南北走向。西部平原

气候

莱索托属亚热带大陆性气候。5 ~ 9 月为旱季，10 月至次年 4 月为雨季。夏季平均气温为 20℃，冬季为 10℃。年温差最高为 33℃，最低为 —7℃。年降水 650 ~ 750 毫米，由东向西递减。

自然资源

　　莱索托的主要天然矿物资源为钻石，矿区大多位于该国的东北部。另外，该国有几条水流迅猛的河流，蕴藏着巨大的水电资源。目前，莱索托已经实施高地水力计划和河套工程，这基本解决了该国的能源问题。

主要城市

马塞卢

　　马塞卢是莱索托的首都，是全国政治、经济、文化中心，位于西部高原边境卡利登河上游左岸，隔卡莱敦河与南非奥兰治自由邦省交界。马塞卢1869年由巴索托族酋长姆什韦什一世建立，为一东西长、南北窄的长方形城市。市内有国家博物馆、故宫、皇宫和议会大厅。市内有多种小型工业。东南24千米的罗马镇是莱索托大学所在地。马塞卢市有铁路通往南非，并通过铁路与南非进行贸易输出农产品和劳工，莱索托国民议会和最高法院均设在此。

厄立特里亚／Eritrea

地理位置

　　厄立特里亚位于东非及非洲之角的最北部，西与苏丹接壤，南邻埃塞俄比亚，东南与吉布提相邻，东北隔红海与也门和沙特阿拉伯相望，海岸线（包括达赫拉克群岛和其他100多个岛屿）长1200千米。

正式名称	厄立特里亚国（The State of Eritrea）
面　　积	12.4万平方千米（包括达赫拉克群岛近1000平方千米）
人　　口	507万（2009年估）
民　　族	由9个民族组成，分别为提格里尼亚、提格雷、阿法尔、萨霍、希达赖伯、比伦、库纳马、纳拉、拉沙伊达
语　　言	每个民族使用自己的语言，主要有提格里尼亚语、提格雷语，通用英语、阿拉伯语
首　　都	阿斯马拉（Asmara）
行政区划	全国共有6个省
地　理　区	海岸平原和山区

地形特征

　　境内中心地带为海拔1800～2500米的高原，占国土面积的1/3；西部靠苏丹边境为海拔487米的低地，东部为海岸平原。高原地区由于受西流河水的侵蚀作用，多形成坡陡顶平的安巴斯地貌。西部低地的北端可延伸到东南部。沿岸平原以高原陡崖的断层线为界，界线分明。

气候

　　厄立特里亚境内因海拔相差悬殊而造成各地气候迥异。高原地区气候宜人，年均气温为17℃，年均降水量900毫米。凉季（12月至次年2月）平均气温为15℃，热季（5～6月）平均气温为25℃。东部和西部低地气候炎热干燥，年平均气温分别为30℃（东）和28℃（西），年均降水量不到400毫米。红海沿岸地区呈沙漠状态。

自然资源

　　主要矿产有铜、铁、金、镍、锰、钾、

厄立特里亚为一个极度贫困的王国，马拉车仍然是当地主要的交通工具。

盐、煤、大理石。地热资源丰富，红海可能有石油和天然气资源。渔业资源丰富。水资源缺乏，境内河流不多。厄立特里亚森林覆盖率现只有 1%，另有 1.6% 为河谷乔木和灌木林。

主要城市

阿斯马拉

阿斯马拉是厄立特里亚的首都，是全国最大城市，人口 50 万，是著名的农产品集散地、工业中心，也是公路枢纽和航运中心，位于埃塞俄比亚高原北端海拔 2 325 米的高原地带，气候温暖。在阿斯马拉市区，一个区是由一种称作"特库尔"的房子组成的，为当地居民区；另一个区是现代化街区，由意大利人建造。市内建有天主教大教堂、意大利总督官邸——宫殿和圣玛丽亚教堂。

圣赫勒拿 /St. Helena

地理位置

圣赫勒拿位于南大西洋，距非洲大陆西南海岸 1 930 千米，为一火山岛。西南至东北最长处 17 千米，最宽处 10 千米。另外，位于南大西洋的电信中心阿森松岛和位于南大西洋中部的特里斯坦－达库尼亚群岛为其所属岛屿。特里斯坦－达库尼亚群岛由特里斯坦、伊纳克塞瑟布尔和夜莺岛 3 个小火山岛组成。

地形特征

圣赫勒拿岛原为一个火山岛，但火

正式名称	圣赫勒拿 (St.Helena)
面　积	122 平方千米
人　口	0.4 万（2010 年）
民　族	绝大多数是圣赫勒拿人，为欧洲移民与部分印度人和非洲黑人的混合人种
语　言	通用英语
首　府	詹姆斯敦（Jamestown）
行政区划	全国划分为 10 个行政区
地 理 区	火山岛，地势崎岖多山

山已成为死火山。岛的东西北三面都是垂直的峭壁，岛内地势崎岖多山，并在桑迪湾之北形成一个半圆形的边缘。山南是许多山上水流冲刷形成的峡谷。岛上还有不少的火山灰和怪石。

气候

圣赫勒拿地处热带，由于受凉爽的南大西洋季风影响，气候温和。詹姆斯敦年均气温为 21℃。年均降水量沿海 200 毫米，中部 760 毫米。

主要城市

詹姆斯敦

詹姆斯敦是圣赫勒拿的首府，人口 1 500 人，是岛上唯一的城镇和港口，有小型加工厂。孤悬于海中的阿森松岛是它的属岛，是南非和欧洲电缆的中继站，也为英国在南太平洋的重要空运供应站。另一岛是特里斯坦－达库尼亚群岛，设有英国的气象站和无线电站。

圣赫勒拿岛一角

留尼汪岛 /Reunion

地理位置

留尼汪为法国的一个海外省，是西南印度洋马斯克林群岛中的一个火山岛，西距马达加斯加 650 千米，东北距毛里求斯 160 千米。该岛呈椭圆形，长约 65 千米，宽约 50 千米，海岸线长 207 千米。

地形特征

留尼汪地形大半由火山作用形成，所以岛上大部分为高原山地，但在沿海地带有狭窄的平原。岛上的高原呈东北—西南走向，在中西部断层块有几座海拔较高的山峰，其中，位于全岛中心的内日峰，海拔 3 069 米，是岛内最高峰。在这些断层块的周边有几个宽阔的盆地和一系列小高原。留尼汪岛的东部为近代火山活动区，其东端的富尔奈斯山，海拔 2 631 米，自 1925 年以来，该火山口已经数次喷发。

气候

沿海为热带雨林气候，终年湿热；内地属山地气候，温和凉爽。最热月平均气温 26℃，最冷月 20℃。每年 5 ~ 10 月凉爽干燥。11 月至次年 4 月，由于受高湿度的东南信风控制，气候炎热多雨。另外，热带龙卷风经常光临本岛。

自然资源

矿藏丰富。海域蕴藏有钴、铜和锰等矿。森林覆盖面积 87 730 公顷，占全岛面积的 35%。可耕地占全岛面积的 17%，农作物种植面积占 3%，草场占 5%，其他 41%。

经济

经济以农业、渔业、旅游业为主，其中又以甘蔗种植和蔗糖生产以及香草、天葵等香料种植为主要支柱。食糖约占全岛出口额的 75%。工业化程度较低。经济发展主要依靠法国援助。留尼汪的主要问题是失业率居高不下，失业率是法国本土的 3 倍。1995 年，留尼汪制定了新的发展旅游业的战略和 5 年规划，在 5 年内投入 5 亿法郎发展旅游业，以缓解高失业率问题。为此先后修建了里洛机场、2710 千米公路等，使旅游业获得大发展。自 1996 年以来，通货膨胀率明显降低。1999 年 1 月 1 日欧元正式启动，但并未对留尼汪经济造成影响。

主要城市

圣坦尼

圣坦尼是留尼汪岛的首府，人口 13 万，是全岛行政、经济中心。市内有各类工厂，制糖业发达。西南 16 千米处有全岛唯一港口——勒波港。市内有自然历史博物馆，法律、经济、政治学院，还有殖民时代遗址和古建筑。

正式名称	留尼汪岛（Reunion）
面　积	2512 平方千米
人　口	80.55 万（2008 年）
民　族	主要为马达加斯加人、非洲人、欧洲人、印度人、华人和克里奥尔人
语　言	官方语言是法语
首　府	圣坦尼（Saint—Denis）
行政区划	分为 4 个专区（无实权）、24 个市镇
地理区	大部分高原，沿海有狭窄平原

亚 洲

陆地面积：4457.9万平方千米（占世界陆地总面积的29.4%）

人口：41.64亿（2007年）（占世界总人口的53.5%）

大陆最北端：切柳斯金角（东经104°18′、北纬77°43′，俄罗斯）

大陆最南端：皮艾角（东经103°30′、北纬1°17′，马来西亚）

大陆最东端：杰日尼奥夫角（西经169°40′、北纬60°05′，俄罗斯）

大陆最西端：巴巴角（东经26°03′、北纬39°27′，土耳其）

海岸线：69900千米

最高点：珠穆朗玛峰，海拔8844.43米

最低点：死海，湖面在海平面以下400多米

主要山脉：喜马拉雅山脉、兴都库什山脉、扎格罗斯山脉、托罗斯
山脉等

主要河流：幼发拉底河、印度河、长江、黄河、恒河等

主要湖泊：巴尔喀什湖、贝加尔湖、死海等

主要沙漠：内夫得沙漠、内盖夫沙漠、卡拉库姆沙漠、叙利亚沙
漠、塔克拉玛干沙漠、塔尔沙漠等

概况

地理位置及分布

亚洲全称亚细亚洲。位于东半球的东北部，亚欧大陆的东部，西部与欧洲相连。大致上为长方形。西起小亚细亚半岛的巴巴角（东经 26°03′），东达楚科奇半岛上的杰日尼奥夫角（西经 169°40′）；南至马来半岛的皮艾角（北纬 1°17′），北至太梅尔半岛的切柳斯金角（北纬 77°43′），是世界第一大洲。亚洲总面积 4400 万平方千米，在地理上习惯分为东亚、东南亚、南亚、西亚、中亚和北亚。

地形地貌

亚洲的地形以雄伟的东西向山系呈现，总汇于印度大陆西北的帕米尔高原。从大西洋向东横贯欧亚大陆到太平洋，有一系列南北平行的东西走向山脉分布，这些山弧在西侧合成山结。亚洲有山地心脏，可说是各大陆中最独特的地方。这些高地的北侧是世界上最广阔的平地，包括西侧平坦的平原和向东递升的坡地。此地区的内蒙古和中国西藏，被以帕米尔高原为中心的放射状巨大山脉所围绕。高地由中南部伸展到东北部，而后由西北向中部逐渐缓倾，直达北极海。位于阿拉伯、印度、西伯利亚和中国前寒武纪盾地从前是相邻的，后因漂移而散布开来。它们之间的陆地曾遭到挤压，导致周围的海水入侵，或造成瓦褶和褶皱。目前的形态只是暂时现象。最年轻的地层是高大山脉和高原，顶部为喜马拉雅山和中国西藏。这些高地是近代在第三纪时期地壳隆起形成的，有些部分是自稍早称为古地中海海底隆起的。虽然第三纪地壳变动消除了古地中海，但大部分的剩余部分，像里海、咸海、巴尔喀什湖和黑海就是以前大海的证明。其间，平行的构造运动产生了较小的山系，就像东北部的山脉一样，或引起巨大的熔岩，此可从安定的印度德干高原火山的覆盖物中窥知一二。

喜马拉雅山是世界上最高，也是最年轻的山脉。据地质学家考证，7000 万年前，这里还是一片汪洋大海。到了 3000 万年前，由于造山运动，南部的印度洋极块与北部的欧亚大陆极块相互碰撞，交叠相挤，使喜马拉雅山不断抬高。到了 300 万年前，已上升到 3500 米；而近 10 万年前以来，上升更快，平均高度已达到 6000 米以上，现在还在继续上升。此山系中有 50 多座海拔超过 7000 米的高峰，其中，珠穆朗玛峰为世界最高峰，海拔 8844.43 米。

喜马拉雅山山脉

亚洲很多地方都很平坦，但由于干旱和严寒，发展受到限制，尤其是内陆，由于地形的特征及盛行风和气压系统，部分地区很荒凉。

亚洲的高原和北美洲之不同在于它是由东向西延伸，内地因而接受不到来自东面和南面海洋暖湿气的调节作用，因此永久性聚落几乎分布在亚洲较平坦的新月形地区，即从伊拉克经印度大陆到中国和日本。在高大山脉阻隔的内陆，一般罕有人迹，通常只有游牧或半游牧民族。

流域	河流类型	主要河流
太平洋流域	降雨补给的季风型河流	长江、黄河、黑龙江和湄公河等
印度洋流域	热带季风型河流	印度河、恒河、布拉马普特拉河、萨尔温江和伊洛瓦底江等
	融雪水和雨水补给的河流	底格里斯河和幼发拉底河等
北冰洋流域	冰雪融水补给的河流	鄂毕河、叶尼塞河和勒拿河等
内陆流域	冰雪融水补给的河流	阿姆河、锡尔河、伊犁河和塔里木河等

河流与湖泊

亚洲是世界上江河聚集最多的大陆，长度在1000千米以上的河流就达58条，其中4000千米以上的有7条。从河流年径流总量来看，亚洲为13190立方千米，居各大洲之首，占世界的33.6%。虽然总体水量充足，但是受地形结构和气候条件的影响，亚洲的河网分布呈现疏密不均的特点，在东亚、东南亚和南亚地区，降水丰富，河网密度很大，水量自然丰富，如长江河口年平均流量为32200立方米／秒，湄公河为14200立方米／秒；可是在中亚和西南亚，降水稀少，河网相当稀疏，水量自然匮乏，如锡尔河为473立方米／秒，约旦河为37立方米／秒。

亚洲的河流一般发源于中部山地，从最终注入的海洋来看，习惯上分为太平洋流域、印度洋流域、北冰洋流域和内陆流域四部分。在大兴安岭、横断山脉以东为太平洋流域；喜马拉雅山脉、兴都库什山脉、托罗斯山脉以南为印度洋流域；在朱格朱尔山脉、外兴安岭、哈萨克丘陵等以西和以北属北冰洋流域；以内陆荒漠为中心，由帕米尔高原、阿尔金山脉、蒙古高原东缘、阿尔泰山脉、哈萨克丘陵、图尔盖高原以及伊朗高原南缘的山脉围成广大的内陆水系属内陆流域。另外，还有少数短河注入黑海和地中海。

习惯上，我们将亚洲的湖泊分为5个湖群，即北亚湖群、中亚湖群、青藏高原湖群、长江中下游湖群和西亚湖群。从湖泊的成因来看，北亚湖群多冰蚀湖和热融湖，如勒拿—维柳伊低地湖泊；中亚湖群多海迹湖和构造湖，如里海；青藏高原湖群多构造湖，如喀顺湖；长江中下游湖群多河迹湖，如洞庭湖；西亚湖群多构造湖，如死海。

气候

亚洲的气候为显著的大陆性气候，其特征是年温差和日温差较大，而且降雨量较少，这是由于幅员辽阔及独特的地形配置形态造成的。例如东北西伯利亚为世界寒极地区，1月的月均温为—50℃，而7月的月均温大约在15.6℃。大陆性气候的显著特点也意味着气压季节性的交替更换，亚洲大陆的极地气团在冬季伴随的高气压中心在东北部，除了少数的大陆边缘地区外，大都受其影响。冬季的风一般都吹向海面，干而冷；夏季正好相反，低压中心在南亚取代了冬季的高压，而大陆变热。盛行风吹向大陆，为南部和东部的外围地区带来湿气。这种随季节改变风向的盛行风就是季风，为亚洲气候的明显特征。南亚的季风循环可说是最典型的，也许因为此地区外围多山而增强了它的效果。东南亚和东亚则不如此明显，但也

南亚的土著居民正在庆祝雨季的来临。夏季风为南亚次大陆带来丰富的降水，促进他们的林业生产。

归入此系统之中。

年降雨量受季风的影响很大。在冬季，全亚洲的年降雨量不到25厘米。但西部地区例外，尤其是盛行西风的地方，西风从大西洋和地中海带来雨量，东部有些地区，由大陆外吹的气流越过海洋时，吸收水汽，变得暖湿，当再次遇到高地阻碍时便降雨。呈现这样特色的地区为堪察加半岛、日本，另外朝鲜东南和斯里兰卡也是亚洲的多雨区，大陆东北季风越过孟加拉湾带来水汽，使该地区气候变得暖而湿。

夏季除了中央高原及中部和南部的低地外，雨量都很充沛。东部和南部的雨量最为丰富。特别是沿着印度半岛的山脉以及孟加拉湾北侧的丘陵地，虽然冬季干旱，其年平均雨量仍居世界之冠。南亚、东南亚和东亚等著名产稻地区，非常依赖夏季的雨水，人民的生活节奏也和降雨量息息相关。

在这样的降雨形态下却也有许多的变异。有些地区全年有雨，极少或根本没有季节，例如印尼；但也有极端变化的地方，例如西伯利亚。印度冬季干爽，春季干热，夏季暖而湿。东亚大部分地方类似美国东部从缅因州至佛罗里达州的气候，而中国却以秦岭为界，分成暖湿的南部和干爽的北部。

气旋在性质上和北美洲东部和西欧相似，但势力较弱，只影响亚洲外缘地区，给亚洲最西侧和中国南部、朝鲜及日本的冬季带来雨水。另外，起自菲律宾、由西北到东北的广阔弧形地带，在秋冬两季常有台风侵袭，其规律性和强烈性均较北美洲东部的飓风有过之而无不及。

在亚洲，山脉对气候的效应特别显著。雨季时，高山的迎风面沐浴在湿润中的同时，广大背风面却因高山的屏障而保持干燥。此外，气候的局部变化，依高度不同可自副热带气候依次变化至极地气候。

自然资源

亚洲的资源极为丰富。

西亚波斯湾附近是石油的主要供给地区，为世界上生产量及已知储存量最多的地区。

南亚的主要自然资源集中在印度。

南亚尤其是斯里兰卡盛产茶叶

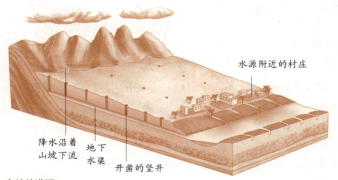

图中标注：
降水沿着山坡下流
地下水渠
水源附近的村庄
开凿的竖井

卡纳特灌溉

卡纳特是一条地下水渠，就是把流到山脚下的地下水引到地面上来进行灌溉，有的卡纳特长达40多千米。西亚特别缺水，人们便采用这种灌溉方式来发展农业，特别是在伊朗。

印度有丰富的铁矿，还生产可供输出的锰矿。巴基斯坦和斯里兰卡以农产品为主，特别是黄麻和茶。

东南亚矿产的生产和橡胶、干椰子肉、纤维、硬木、香料等热带栽培业的商品齐名。这些矿产包括马来西亚大规模生产的锡，中南半岛、马来西亚和印尼的煤和铁，及全区的铝土、钨、铜、铅、锌等。印尼的石油生产特别引人注目。

中国分布广泛的煤矿床是最丰富的资源，尤其是在黄河中游地带和东北的南部地区。蕴藏丰富的还有钨、锡、镍、盐、铝、油页岩等矿产，但并未充分开发。20世纪60年代初期开始开发偏远西部蕴藏的丰富的石油，而大规模的水力计划也正在进行中，其中以黄河及长江流域为中心。中国台湾省也生产煤和若干金属矿产。

朝鲜煤、铁矿和其他矿藏大部分位于北部，并开发已久。菲律宾的铁、铬矿和林产特别丰富。

日本资源贫乏，但开发十分深入，品质很差的煤是日本主要的矿产，其次是少量的铜、铁和其他金属以及盐和硫磺。不过日本对水力和森林资源的保护和利用却相当发达，是世界上主要工业强国之一。

中亚地区拥有丰富的重工业资源，例如煤、铁及合金物质。煤主要的开发在库斯内次盆地、鄂毕河、叶尼塞河流域的发源地，以及哈萨克斯坦的加拉干达和巴尔喀什湖的西北。铁矿分布很广，以乌拉尔山南部的大规模生产著名。这些资源在库斯内次盆地和乌拉山发展出了重要的工业。高加索的石油和天然气是其最主要的输出品。

植物与动物

亚洲的广大平坦地区的植物由北向南呈带状分布。最北为极地草原（苔原带）和沼泽地的混合带，土心终年结冻，称为永冻层。其南面的植物带，大致和灰壤的分布一致，是更辽阔的原始针叶林带，称为苔噶，虽然林中种类很少，却是重要的天然资源。本带向南逐渐变为混合林带，再往南变为黑土区的草原带，如今多已转变成农田区。本区动物种类繁多，包括熊、麋和驯鹿等大型哺乳动物，还有较小的野兔、旅鼠和水獭，鸟类和昆虫也很多，尤其是在夏季。再往南从阿拉伯向中国延伸越过广大而干燥的内陆。无垠、裸露沙地和绿洲地区的植物除了在许多高地有混合林之外，都是能适应干燥环境的干生植物。动物方面，马、羊和骆驼等牲畜对此地区的人民非常重要，因为它们能协助人类克服环境的障碍。雨量最少的地方，如印度西北和巴基斯坦的莽原上，有老虎和美洲豹等大型哺乳动物；雨量充沛的地方，如印度沿海、东巴基斯坦和东南亚的热带雨林，也可找到特有的动物，从印度到中国南部及日本可常见到猴子和稀有的孟加拉虎等哺乳动物。在较湿润的季风林区，有外来且分布很广的多种热带硬木林，包括柚木和黑檀树。虽然此地重用驯养的大象，不过环境条件更有利于小生物的增殖。在高地和较高纬度的日本、朝鲜和中国东北，动植物类似北美洲和欧洲的混合林。区域性的种属，如竹林，则在较西半球更北的地方有踪迹。

经济

亚洲是个相当大的洲，在主要地区，由于历史背景不同，分别发展出个别的经济体系及成就。依地理、社会、政治及军事上影响的差异，可客观地将亚洲分成 5 个经济区加以探讨。

西亚

西亚位于连贯欧、亚、非三大洲的陆路交通要冲，更是取道地中海、黑海、里海、阿拉伯海、红海及印度洋的最佳途径，因此数世纪以来，西亚一直是世界上最重要的贸易通道。约有70%～80%的人口从事农业，农田通常是由许多小块土地组成，彼此相隔遥远，因此散耕较密集式耕种更为普遍。全区内可耕地不多，家畜通常采用放牧式的，常需利用休耕的方式来补足土地肥沃度。缺水是限制农作物产量及牧草生长最重要的因素。

20 世纪以来，石油成为影响西亚经济的重要因素，受石油支配经济的国家有伊朗、伊拉克、沙特阿拉伯、科威特、巴林等原油生产国。原油经过约旦、叙利亚和黎巴嫩等国境内的油管，运送至港口，然后再分送至西欧及世界各地。

目前西亚各国大多已有现代化的工厂，但是家庭式的生产及手工业仍占优势，如同中世纪的欧洲仍以人工生产为主。该区大多仍沿用传统方法从事食品加工、毛毯、纺织品、皮革的制造及制陶、铸铁、林业等。这些手工艺品以观光客为销售对象。除了与石油相关的产品外，最主要的输出品是农产品，进口则以各种工业制品为主。

南亚

近代南亚各国表现出传统殖民地的经济色彩——提供廉价的劳工及低价的原料，成品再输入。这些国家独立后以基本的贸易形态为基础加以改革。目前，南亚各国致力于经济现代化，大量引进资本及新技术，改变以往过度依赖西方的弊端。

农作物的栽种成长大多靠人工，使用农业设备及工具的效率不高。一般现代化工厂多半从事农产品的加工，以及一些纺织品、陶器、金属器皿和低价位消费品的制造。只有在印度及巴基斯坦有现代化的钢铁工厂。而传统手工业仍兴盛，生产各式各样的纺织品、木器、金属及玻璃制品。

运输及通信设备不足，延缓了南亚的工业发展。铁路设施方面，印度、巴基斯坦和斯里兰卡等国十分发达。有些地区则利用牛车作为旅行及运输的交通工具，自行车、公共汽车及电车仅在某些大城市才见得到。南亚大部分的公路仅比普通的小道略大，有设备良好的港口及机场。

东南亚

东南亚地区长久以来一直是南亚、东亚及中东各国人民、货物及经济思潮制度往来汇集之处，也是欧洲、非洲、美国及亚洲其他地区船只运输的主要通道。自古以来便利的水运不仅控制着本区经济上的运输，也支配着一般经济活动。先前为欧洲强权殖民地的东南亚各国，经由各港口输出大量的农作物及工业原料，并进口各种制品。

飞速发展的中国上海浦东新区

经济作物包括橡胶、木棉、硬木、糖、茶、奎宁、马尼拉麻、琼麻、棕榈油、烟草、椰油等。锡、铁、矿石、铬、铝矿砂、铅、黄金、铜及锌等矿产的贮藏量丰富且易开采，19～20世纪曾吸引大量的外国人前来投资。在印尼，石油仍未开采利用。

稻米及糖加工后供应当地消费，丝及棉纺织品供国内使用。乡村的手工业生产玻璃、瓷砖、陶器、竹篮、烟草等。

非水路的交通工具则发展有限，大部分的道路十分破旧，铁路也不堪使用。在缅甸、越南和马来西亚，内陆水运一向相当重要，凡是水路运输便利的城市和地区，在东南亚经济史上都占有异常重要的地位。像新加坡、仰光、马尼拉、雅加达等城市，既是货物的集散中心，也是直接贸易的城市。这一地区的商业活动大多通过这类城市进行。

东亚

东亚各国的经济具有极端矛盾的特征。第一次世界大战结束后，日本已成为一个经济强国。1920～1930年，特别是夺取中国东北后，各项能源供应大增而使日本开始注重重工业的发展，并储藏一些稀有原料，如石油，以便供应军需。1945年第二次世界大战结束后，日本失去了原料的来源和广大的市场。美国及东南亚很快成为了日本的贸易伙伴，并将战后的日本带入了前所未有的繁荣。进入20世纪80年代，日本高技术产业得到飞速发展，但此后受亚洲金融危机的影响，经济持续萧条。

1949年，中华人民共和国成立，开始整顿经济部门，实施振兴国民经济的5年计划。特别是改革开放以来，经济飞速发展。连续数年经济增长在7%以上，是当今世界最具发展潜力的国家。

朝鲜的经济一直发展缓慢，输出稻米、铁矿、煤矿、石墨、钨矿、铜及其他原料，而进口各种制品。近年来，朝鲜由于遭受自然灾害等原因，经济困难。

韩国农业特别是稻米的生产，支配着经济。1945年后，一直依赖美国提供原料、机械及技术上的援助，经济发展很快，一度为"亚洲四小龙"之一，亚洲金融危机后经济受到很大冲击。

中亚

中亚的经济史可追溯到 16 世纪。从历史上看来，这个地区基本的经济功能是供应珍贵的毛皮和贵重金属、工业原料及食物。20 世纪中叶，非天然资源生产业的发展仍相当缓慢，大部分的工厂还是以提供农产品加工、林业制造及工业用原料为主。原料是借着目前正在成长中的交通网运送到各个工业发展区的，以轻工业中心为主。铁路系统的建设始于 19 世纪末，包括 2 条东西向的干线和许多重要的支线。最具意义且最著名的是横贯西伯利亚的铁路，西起西伯利亚东至太平洋岸重要港口海参崴；另一条重要铁路是土耳其—西伯利亚的铁路。航空交通是长距离运输的主要工具。公路交通系统则不论是短程还是长程运输皆十分不便。

人口

亚洲是五大洲中人口最多的一个洲。截至 2010 年，亚洲人口（不包括属苏联的中亚国家）已达 40 多亿，占世界人口的 60.5%，具体分布为：东亚地区 17 亿多，东南亚地区 4.5 亿，南亚地区 10 亿以上，西亚地区 2 亿多。人口 1 亿以上的国家主要有中国、印度、印度尼西亚、日本、孟加拉国和巴基斯坦等。亚洲人口密度较高，1995 年每平方千米 102 人，远远高于世界每平方千米 42 人的平均水平，特别是以中国东部、日本太平洋沿岸、爪哇岛、恒河流域、印度半岛南部等地最密集，每平方千米达 300 人以上。

从人口增长量上来看，亚洲呈现从东到西逐步上升的特点。但是从增长率来看，则呈现从东到西逐渐降低的特点。亚洲人口的总和生育率为 2.60，同样呈东低西高的特点，东亚、东南亚、南亚、西亚的人口总和生育率分别为 1.77、2.69、3.36 和 3.77。

亚洲人口之最	
亚洲人口增长率最缓慢的地区	东亚地区
亚洲人口增长率最快的地区	西亚地区
总和生育率最高的国家	也门
亚洲人口密度最大的国家	新加坡
人口密度最小的国家	蒙古
人口最多的国家	中国

种族与民族

亚洲的地理位置及复杂的地形、气候、动物和植物等因素，极利于人类种族的发展及延续，因此，亚洲的种族、民族构成非常复杂，尤以南亚为甚。

亚洲主要由三大人种组成，它们是蒙古人种（黄种人）、欧罗巴人种（白种人）和尼格罗人种（黑种人）。其中以蒙古人种数量最多，占全洲人口的 60% 以上，主要分布在东亚、东南亚以及南亚和西亚的一部分；欧罗巴人种次之，约占全洲人口的 30%，主要分布在南亚和西亚，包括孟加拉国、印度北半部、巴基斯坦、斯里兰卡等国，以及土耳其除外的西亚各国；尼格罗人种所占比例很小，主要分布在阿拉伯半岛沿岸、马来群岛和安达曼群岛等地。亚洲大小民族、种族约有 1000 个，约占世界民族总数的一半。其中有多达几亿人口的民族（如汉族），也有不到千人的民族或种族（如印度安达曼群岛的明科皮人和印度尼西亚的托亚拉人）。

语言

亚洲幅员辽阔，民族众多，语言也相当复杂，主要分属于：汉藏语系、南

印度教的象头神

象头神为湿婆神的儿子，他的坐骑为一只鼠，象征盗贼。象头神是"障碍之神"，是知识、智力、艺术和商务之神。

亚语系、阿尔泰语系、朝鲜语系、日本语系、印欧语系等。

宗教

亚洲是佛教、基督教等宗教的发源地。从地区分布来看，西亚是犹太教、基督教的发祥地；南亚的佛教和印度教气息十分浓厚。除此之外，尚有其他宗教，东南亚地区主要是佛教和印度教。

文化艺术

亚洲数千年的高度文明、国与国之间的交流，以及音乐、曲式、乐器及作品的交换，产生了精细融合而别具创意的音乐。不同于西方以文字流传，许多亚洲国家多以师徒口授相来保存古乐，这种现象维持了 1000 多年。19 世纪中叶西方文化大举渗入

之前，亚洲就已经逐渐改变和扬弃某些音乐风格。

然而，具有坚定保存传统意识的国家，如日本，几乎将每一时期的音乐形式原原本本地保留下来。具有强烈创造力的国家，如中国和印度，则很少将传统事物保存 100 年以上而不加以改变或抛弃。

太阳神沙马什
汉穆拉比
螺旋形冠冕
肩臂上冒出的火焰显示神的威严
象征帝王权力的权杖

汉穆拉比法典顶部的浮雕

汉穆拉比正在向坐在御座上的最高法官太阳神沙马什祷告，站着的汉穆拉比表现得很谦卑。

　　亚洲艺术传统不论在兴趣还是在表达方式上皆有不同的表现。这种多样性造就了亚洲大陆宏伟壮观、成就非凡的艺术传统，是任何传统所望尘莫及的。然而各个亚洲艺术重心，并非独立发展而成的。从新石器时代起，这几个重心便有密切的交流，特别是西亚、印度和中国。

　　西亚　新石器时代的原始艺术约在公元前 3000 年时，在美索不达米亚一带逐渐转型为高度文明的艺术形式。在苏美人和巴比伦人统治期间，建筑、石铜雕刻和次要艺术皆有极高水准，波斯的艺术主要表现在波斯波利斯、苏萨、泰西封、菲鲁札巴德和沙普尔宫殿的建造和装饰上。波斯人擅长宏伟建筑的装饰设计，其具有清晰和谐的架构形式，以及采用书法、花卉和几何图案的装饰手法。对这种早期拒用人或动物形体为世俗和神圣设计之蓝本的宗教而言，波斯建筑富装饰性，非宗教和非象征的艺术贡献弥足珍贵。

　　南亚　这块次大陆的各个艺术形态皆呈现出精神世界和人类感情的新领域。这种结合感官和精神力量的方式是印度艺术的共同特性，在桑吉和阿默拉沃蒂两地富丽堂皇的佛教浮屠中可得到最佳例证。

　　东南亚　在东南亚一带几个高度艺术发展的地区有印尼、柬埔寨、越南、泰国和缅甸。印度艺术在这些国家中已与当地艺术创作融合在一起。这种情形却产生出令人惊讶的结果，特别是在印尼和柬埔寨两地。爪哇人 8 世纪在婆罗浮屠和柬埔寨人 12 世纪在吴哥窟等地所建造的宗教建筑，规模更为宏伟，综合更多的教义精神，而且有着比印度艺术更动人的面貌。婆罗浮屠的灵感源于

泰国的佛塔

佛教，而吴哥窟的表现方式则属印度教。但这些都是例外的成就，其高超的艺术成就也随着当初建立这些伟大架构的王朝步入衰亡。最后它们也渐渐被湮没于丛林之中。自从 19 世纪这些旧迹被发现和重建之后，它们已成为人类所知最伟大的宗教艺术之一。

东亚—中国　虽然远在新石器时代中国便有颇出色的艺术传统，但中国的艺术史则是从商朝的青铜器时代开始（约公元前 1523 ～公元前 1027）的。不论是艺术理念还是制作技法，它们皆已臻完美。青铜器的主要图案为规则化的兽纹，触角、凶牙和利爪皆栩栩如生，呼之欲出。经周朝中期（公元前 771 ～公元前 474）一段没落之后，这种跃动、和谐又重现在晚周（公元前 473 ～公元前 256）和秦朝（公元前 221 ～公元前 207）。特别在北亚大草原动物艺术影响下，产生了一种崭新强烈的情绪。这种趋向在一只现藏于布鲁塞尔史脱克来特收藏馆中的晚周青铜器中可清楚体会到，虽然这尊龙像尊佛像静止不动，但它睁大的眼睛和紧抓器缘的爪凝聚了一种一触即发的力量。汉朝（公元前 206 ～ 220）的艺术，秩序和古典和谐取代了想象活力。汉朝的作品崇尚华丽唯美，当时的铜镜即是一例，但这种特质却无疑地扼杀了中国艺术在这一时期的创意和活力。后来，在北魏时代（386 ～ 556）的佛教艺术中，那股潜在的爆发力则从宇宙转换到精神的层面，佛教精神与中国人文主义融合之后，创造出一种天人合一的谐和艺术。之后，中国人便将此种强烈的精神经历保存在他们的作品当中。这种融合道家的直观和儒家的寂天寞地玄学的佛教新观念，创出了中国艺术的最高境界——8 ～ 14 世纪的山水画。这种传统辗转百年留传至今。

东亚—日本　日本在 4 ～ 5 世纪的古冢中出现了更进步的艺术形式，特别是在人类形体的表达上。一些称为填轮的小泥塑，形体朴素写实，无与伦比。日本人在建筑方面的才能可在位于奈良附近 7 世纪时受第一股中国佛教影响而建的法隆寺中可看出一二。另外 11 世纪的宇治平等院的凤凰馆和 14 世纪京都的金阁寺都有很好的例子。在雕塑方面，在 7 ～ 14 世纪间日本以木、铜和泥制作出许多优秀的作品。其中最重要的雕刻家是运庆（1148 ～ 1223）。但 12 ～ 14 世纪的画轴最能体现出日本民族的艺术天分，它与波斯和蒙古的叙事插画艺术或拉治普特画的直观艺术皆不相同。它可说是表现日本人广大生活层面的戏剧性艺术。后来，14 ～ 15 世纪的伟大禅画家、16 ～ 17 世纪的大型装饰画家，以及从菱川师宣（约 1618 ～ 1694）到安藤广重（1797 ～ 1858）的一些木刻画大师皆是令日本引以为自豪的。在各个时期的艺术家制作出杰出精品，他们因此形成一个可与任何民族传承分庭抗礼的艺术传统。

北亚和中亚　在北亚，西亚—西伯利亚传统的重要艺术之一是小型铜铸上的动物图案。这些作品在游牧民族的生活里皆有其实用性，显然它们并没有宗教意义或象征。实际上，它们是一种人道艺术，对于动物各个姿态做最透彻的剖析，不论它正安静休息或做死前的挣扎。西亚—西伯利亚艺术相当的规则化，它包含一种生命力和生动的技法，足以使亚洲其他艺术叹为观止。

中国 /China

地理位置

中国位于亚洲东部、太平洋西岸，陆地面积 960 万平方千米，大陆海岸线 1.8 万多千米，海域分布有大小岛屿 7600 个，其中台湾岛最大。

地形特征

地势西高东低，呈阶梯状分布。第一级阶梯是青藏高原，海拔多在 4000 米以上。第二级阶梯为盆地和高原，海拔 1000 ~ 2000 米。第三级阶梯分布着广阔的平原，间有丘陵和低山，海拔多在 500 米以下。

气候

气候复杂多样，东部属季风气候（又可分为亚热带季风气候、温带季风气候和热带季风气候），西北部属温带大陆性气候，青藏高原属高寒气候。从温度带划分看，有热带、亚热带、暖温带、中温带、寒温带和青藏高原区。中国降水的季节分配特征是：南方雨季开始早，结束晚，雨季长，集中在 5 ~ 10 月；北方雨季开始晚，结束早，雨季短，集中在 7 ~ 8 月。全国大部分地区夏秋多雨，冬春少雨。

自然资源

中国幅员辽阔，地质条件多样，矿产资源丰富。矿产约有 171 种，已探明储量的有 157 种。其中钨、锑、稀土、钼、钒和钛等的探明储量居世界首位。另外，中国也是世界上动物资源丰富的国家之一。

经济

农业　在经济中占重要地位。改革开放以来，中国的农业生产取得了突飞猛进的发展。现在，中国的粮食、棉花、糖料、油料、茶叶等农产品已位居世界前列，市场上的农产品丰富多样。广大农村除少数山区、边远地区外，已基本上摆脱了贫困境地，正在由温饱向小康迈进，经济发达的农村已达到富裕水平。

工业　已建成了独立的、门类比较齐全的工业体系。据全国工业普查资料统计，中国目前已拥有其所列的全部工业门类。中国的高新技术产业起步较晚，但发展迅猛。尤其是改革开放以来，中国先后创办了 5 万多个高新技术企业和 50 多个国家级的高新技术发展园区，推动了中国高新技术产业深入发展。电子和信息类、生物技术类、新材料、新能源等一批具有知识产权、有竞争优势的产业正在形成，国内市场所占份额逐步扩大，并向国际市场开拓。

习俗

中国除汉族外，还有 55 个少数民族，由于自然环境、社会条件等差异，

正式名称	中华人民共和国 (People's Republic of China)
面　积	陆地领土面积约 960 万平方千米，领海及内水面积约 37 万平方千米，管辖的海域面积约 300 万平方千米
人　口	13.746 亿（2015 年）
民　族	全国有 56 个民族，其中 91.59% 为汉族，其他为少数民族
语　言	通用汉语
首　都	北京 (Beijing)
行政区划	省级行政区划为 4 个直辖市，23 个省，5 个少数民族自治区，2 个特别行政区
地理区	第一阶梯为青藏高原，第二阶梯为高原和盆地，第三阶梯为平原、丘陵和低山

中国各民族在饮食、服饰、节日等方面也形成了各自独特的风俗习惯。

饮食 汉族以米、面为主，喜食蔬菜、豆类、肉、鱼及蛋类，尤其注重烹调技术；维吾尔族、哈萨克族和乌孜别克族喜吃烤羊肉串和抓饭；蒙古族以牛、羊肉及奶食为主，喜饮奶茶；朝鲜族爱吃打糕、冷面和泡菜；藏族爱吃糌粑和喝酥油茶。

服饰 满族妇女爱穿旗袍；蒙古族习惯穿蒙古袍和马靴；藏族爱穿藏袍，系腰带，穿长靴；彝族、苗族、瑶族妇女爱穿百褶裙，佩戴金银制的饰品；维吾尔族爱戴四棱绣花小帽；朝鲜族爱穿素白衣服，有"白衣民族"之称。

春节 农历正月初一，又叫阴历年，俗称"过年"。这是中国最隆重、最热闹的一个传统节日。除夕晚上（过年的前一夜），全家老小都一起熬年守岁，欢聚酣饮。北方地区在除夕有吃饺子的习俗，南方地区有过年吃年糕的习俗。待新年的钟声敲过，街上鞭炮齐鸣，新的一年开始了，男女老少都穿着节日盛装，给家族中的长者拜年祝寿。初二、初三就开始走亲戚看朋友，相互拜年，道贺，说些祝福的话。

主要城市

北京

北京是中国的首都，2015年常住人口2171万，其中外来人口约818万。位于华北平原的北部边缘，西面有属于太行山脉的西山，北面有燕山山脉。北京是中国政治、文化和国际交往的中心。北京的中南海是中国共产党中央和国务院领导机关所在地，人民大会堂是全国人民代表大会常务委员会所在地；北

中国各民族团结在一起

中国自古以来就是个多民族的国家，新中国成立后，经过识别并经中央政府确认的民族共有56个，由于汉族以外的55个民族人口较少，习惯上将这55个民族称为"少数民族"。

京的文化教育事业一向很发达，高等学校、科研机构、新闻出版单位以及图书馆、博物馆的数量都居全国第一位。各种各样的展览会、文艺演出、体育比赛经常在北京举行。北京的古建筑很多，故宫、颐和园、天坛等许多名胜古迹都是驰名中外的旅游胜地。现代建筑如地下铁道、首都国际机场、中央彩色电视中心、国家奥林匹克体育中心，还有一些高级旅游饭店和舒适的住宅小区，以及大片大片的城市绿地，使北京更加多姿多彩，成为现代化的国际重要城市之一。

上海

上海是中国最大的工业基地、商业中心和重要出口基地，至2015年人口达2415万，位于长江的入海处。京沪、京杭两条铁路在这里相接，上海在海陆交通、航空运输和长江航运方面具有枢纽的地位。上海位置优越，腹地宽广，特别是长江流域的广大地区，多以这里作为进出海洋的门户。

上海是综合性的工业城市，除纺织工业和其他轻工业外，还大力发展钢铁、石油化工、机械、电子等工业，能够生产许多高级、精密、尖端产品。其工业

产值占全国的 1/10。上海的文化、商业中心原来集中在黄浦江西岸，后使浦东地区发展成为外向型经济的新兴地区。上海的旅游业也很发达，其领导全国潮流的服装、美丽的黄浦江夜景及市内最高建筑物"东方明珠"塔吸引了成千上万的旅客。

旅游

改革开放以来，旅游业空前繁荣，成为中国迅速发展的新兴经济部门。旅游资源丰富，历史悠久，文化传统别具一格，无论是自然风光、文化古迹，还是民族风情和革命纪念地，都有丰富多彩、引人入胜的内容。其中名山秀水、涌泉飞瀑、雪山险峰吸引了无数海内外游客，如长江三峡、杭州西湖、台湾日月潭、海南的"天涯海角"、吉林长白山天池等。

此外，还有一些古建筑和艺术宝藏，如承德避暑山庄、南京明孝陵、洛阳龙门石窟、拉萨布达拉宫等。当然，一些极具地方特色的风土民俗也是吸引游客的重要原因，如傣族泼水节、蒙古族的那达慕大会、彝族的火把节，以及汉族端午节的赛龙舟、元宵节的舞龙灯等。

八达岭长城

蒙古 /Mongolia

地理位置

蒙古国是位于亚洲中部的内陆国，南、东、西与中国接壤，北与俄罗斯相邻。东西长 2368 千米，南北宽 1260 千米，边界线总长度达 8150 千米。在亚洲各国中居第六位，是世界上面积第二大的内陆国家。

正式名称	蒙古国 (Mongolia)
面　积	1 566 500 平方千米
人　口	296 万 (2015 年)
民　族	喀尔喀蒙古族 (80%)，还有哈萨克族等民族
语　言	主要语言为喀尔喀蒙古语
首　都	乌兰巴托 (Ulaanboatar)
行政区划	全国划分为首都 (乌兰巴托市) 和 21 个省
地理区	西部山地，中东部高原，南部戈壁沙漠

地形特征

地势高亢，平均海拔 1580 米以上，1000 米以上的地区约占全境的 4/5，自西北向东南倾斜，全境坐落在蒙古高原北部，可分为西部高山、中东部山地丘陵以及南部戈壁三个地区。西北和北部地势高峻，主要有阿尔泰山、唐努山、杭爱山、肯特山等。其中阿尔泰山为最高，平均海拔在 4000 米以上。蒙古国境内的东部地势较为平坦，多为丘陵和平原区，海拔高度一般为 1000 ~ 1800 米。南部是地势比较低平的、占全国面积 1/3 的戈壁区，其中沙漠面积占 3% 左右。这里海拔高度一般在 1000 米之内，在这起伏很小的地面上，有些低洼的浅盆地，蒙古人称"塔拉"。

气候

蒙古国属典型的大陆性气候，冬季长而且寒冷，夏季短暂而且炎热。冬季最低气温可到—50℃，夏季最高气温达40℃。全年降水稀少，是东亚寒潮的发源地。

自然资源

地下资源丰富。现已探明的有煤、铜、钨、萤石、金、银、钼、锡、铁、铅、锌、铀、锰、磷、盐、石油等80多种矿产，其中煤蕴藏量丰富。森林资源较丰富，木材蓄积量为12亿立方米。

经济

种植业开发较晚，目前粮食已基本自给。畜牧业是传统的经济部门，是国民经济的基础，全国有1/2的人口从事农牧业。工业以轻工、食品、采矿和燃料动力工业为主，特别是轻工业和食品工业，在工业部门中占优势地位，主要以加工畜产品为主。

蒙古国曾长期执行计划经济。1991年开始向市场经济过渡，实行国有资产私有化。

习俗

衣着 蒙古族的衣着式样自古即有与游牧经济生活相适应的特点。男女皆穿镶边长袍，下摆没有开衩，装饰有精美小刀。妇女们留发辫，用红、蓝头巾包缠于头上。男女都穿靴子。冬季二裘，一裘毛向内，一裘毛向外，头戴皮帽，脚穿毡靴。未婚的少女一般仅扎小辫，束以红绳，结婚后才能梳髻高盘。

那达慕大会 蒙古人一年一度的群众性的传统节日活动。"那达慕"在蒙语中意为娱乐或游戏，一般在每年夏、秋季举行。节日内容有摔跤、赛马、射箭3项技能比赛以及文艺、体育表演和庆丰收等多种仪式。

饮食 蒙古族牧民以肉乳为食品，如酸奶子、奶油、奶豆腐、奶酪等。在风和日暖的季节，食品几乎全是乳品，其中酸马乳是蒙古人最喜欢的饮料，常用来招待客人，也是欢庆节日的必备品。在严寒的冬季，大都食用肉类，其中以羊肉最受欢迎。

颜色的含义 蒙古人对某些颜色赋予特定的含义："乌兰"——红色，象征着幸福、胜利和亲热；"呼和"——蓝色，象征着永恒、坚贞和忠诚；"夏尔"——黄金，是蒙古人崇敬的颜色，当作金子的颜色加以敬重；"察尔"——白色，是高尚、纯洁、质朴的象征，是吉祥、美好的颜色，他们将首都乌兰巴托称为"银色的都城"；"哈尔"——黑色，是蒙古人最厌恶的颜色，被视为不祥之征，意味着不幸、贫穷、威胁、背叛、忌妒、暴虐等。

主要城市

乌兰巴托

乌兰巴托是蒙古国首都，是全国政治、经济、文化中心，位于蒙古高原中部，肯特山南端，鄂尔浑河支流图拉河北畔。这里四面环山，图拉河从市中心缓缓流过，像一条银色的哈达迎接着国内外来客。乌兰巴托东西长、南北窄，面积2000平方千米，共分5个区，即苏赫巴托区、友谊区、十月区、工人区和那莱赫区。以乌兰巴托为中心的现代化交通运输网已形成。公路、铁路、航空

那达慕大会的射箭比赛

运输线都以此为中心向外辐射，通往全国各城镇及世界各地。

旅游

蒙古国有广阔的草原、高山围绕的湖泊，有着独特的民俗、宗教风貌。塞北草原的风光、库苏古尔湖的景色吸引着许多国家的旅游者。游客可以欣赏到草原上的大自然风光，也可以到限定地区去打猎。政府规定每年只允许在阿尔泰山猎取 25 头盘羊。打猎费为 2.5 万图格里克（1 元 = 167.263 图格里克，2008 年 11 月 1 日汇率），猎物也可以携带出境。另外，蒙古有许多冷泉和温泉，肯特山和杭爱山的温泉可以治疗各种疾病。

对于长期生活在大城市里的人来说，在草原上能饮一次酸马奶，住一次蒙古包，或骑一次骆驼是最惬意的事，要是能赶上那达慕大会，还可亲自观赏或参加赛马、摔跤、射箭、叼羊、舞蹈等活动，享受异国他乡的情趣。

蒙古族主要信仰藏传佛教，境内寺庙较多，而且建筑也非常壮观，著名的有乌兰巴托的庆宁佛寺等。有的寺院已成为著名的博物馆。到蒙古参观大寺庙，是一项不可缺少的旅游内容。

蒙古国的古迹很多，其中有著名的楚鲁特岩画廊，位于杭爱省的楚鲁特

河流域地区，画中描绘的是栩栩如生的各种动物形象和猎人狩猎的场面。最有代表性、最典型、数量最多的还是具有匈奴—突厥民族"野兽风格"的大小动物群像。这些岩画是公元前 16 至 3 世纪古代北方游牧民族杰出艺术家的伟大创作，也是蒙古先民遗留下的艺术瑰宝。

朝鲜 /D.P.R.Korea

地理位置

朝鲜位于亚洲东部朝鲜半岛北半部。东北与俄罗斯接壤，北部与中国为邻。

地形特征

地势东高西低，北高南低，全境多山。平均海拔高度 440 米，山地约占国土面积的 3/4。平原较少，大部分是海拔 100 米以下的低地和海拔 100 米以上的平原，西部有平壤平原、载宁平原、十二三千里平原，东部有咸兴平原等。

气候

朝鲜属温带季风气候，年平均气温 8 ~ 12℃，年均降水量 1000 ~ 1200 毫米。朝鲜半岛北部是海洋性气候向大陆性气候的过渡地带，它比同纬度的其他地区气温低，而且温差也大，年平均气温在 10℃左右；盖马高原等山地，年平均气温在 8℃以下。慈江道的中江镇，曾有—43.6℃的纪录，是朝鲜半岛最寒

冷的地方。

自然资源

矿产、水力、森林资源丰富。已探明矿产 300 多种，其中有用矿 200 多种。石墨、菱镁矿储量居世界前列。铁矿及铝、锌、铜、金、银等有色金属和煤炭、石灰石、云母、石棉等非金属矿物储量丰富。在植物资源中，森林资源占重要地位。木槿花是朝鲜的国花，又名木棉。动物资源也十分丰富，北部兽类较多，南部则爬虫类、两栖类、鸟类居多。特产动物有克拉克鸟、八色鹟、牙獐、鹌鹑、凤头百灵、三趾啄木鸟等。

经济

农业以种植水稻和玉米为主，产量各占粮食总产量的一半左右。农业从业人口 338.2 万，占总劳动人口的 31%。工业以采矿、冶金、机械、电力、纺织、化工等为主。工业和建筑业产值占国内生产总值的 50%；从业人口 458.3 万，占总劳动人口的 42%。近年建筑业表现突出，攀升了 24%。近年来，由于遭受自然灾害等原因，朝鲜经济困难。2000 年，朝鲜增加对基础工业部门的投资，大规模调整各经济部门的生产流程，并对设备进行保养和维修。汇率（2005 年）：1 美元 =150 朝鲜元。

正式名称	朝鲜民主主义人民共和国 (Democratic People's Re—public of Korea)
面　积	12.3 万平方千米
人　口	2516 万（2015 年）
民　族	单一民族（朝鲜族）
语　言	通用朝鲜语
首　都	平壤（Pyongyang）
行政区划	全国划分为 1 个直辖市和 9 个道
地理区	西北平原，北部山地，东岸低地及西海岸岛屿

习俗

居住　传统的住房为平房，可分为单排房、双排房、直角房和四合房 4 类。特点为火炕，是取暖设施。城市人民采用热水暖炕措施，即将热水管道埋在炕下，用来取暖。

民族游戏　源远流长的秋千游戏至今在朝鲜民间仍广为流行。以前大多在农历四月初八前后拴秋千绳，一直用到端午节。现在只是在端午节或中秋节玩这种游戏，它已成为民族体育项目之一。跳板是正月、端午节、中秋节时，青年妇女和少女普遍爱玩的游戏。摔跤是男子很喜欢的民间游戏，也是民族体育项目之一。

主要城市

平壤

平壤是朝鲜的首都，是全国政治、经济、文化中心。平壤依山傍水，地势起伏，自古以来就以美丽富饶而著称，曾是京都，又名箕城、乐流、西京、柳京。城市形成已有 2000 多年，建都已有 1500 多年，古迹遍布。城市里有象征着朝鲜人民英雄气概的千里马铜像、朝鲜革命博物馆、凯旋门、祖国解放战争胜利纪念馆、解放塔、友谊塔、人民军烈士塔和大城山革命烈士陵园等革命纪念建筑物，还有博物馆、展览馆、美术馆、科学院、万景台游乐场、凯旋青年公园、大城山游园地、中央动植物园等。自古以来，平壤多柳树，故有"柳京"之称。

旅游

1985 年朝鲜设立了国家旅游总局。开发了平壤游、元山游、咸兴游、金刚山游、妙香山游等 100 多条旅游路线。主要旅游景点有"朝鲜第一山"金刚山、宛如一朵盛开的牡丹花的牡丹峰、综合性的游园地松涛园、高丽31代王恭愍王陵等。

韩国 /R.O.Korea

地理位置

韩国位于亚洲大陆东北，朝鲜半岛的南半部。三面环海，东濒日本海，西面与中国山东省隔海相望。半岛海岸线长而复杂，全长约17000千米（包括岛屿海岸线）。

地形特征

地形多为丘陵和平原，地势东高西低，北高南低。山地多集中在北部和东部，太白山脉，长约500千米，是韩国最长的山脉，为东部山地的主干。大多数为中山性、低山性和丘陵性山地，没有2000米以上的高山。除太白山脉外，大体上可分为两种类型，第一种类型是由西北向东南方向延伸的山脉，如庆尚山脉；第二种类型是由东北向西南方向伸展的山脉，如东岭山脉、小白山脉和卢岭山脉。平原多集中在西部和南部的河川流域、海岸地带。韩国有朝鲜半岛的三大平原之一——湖南平原，此外还有金浦平原、平泽平原、礼唐平原、内浦平原、全罗平原、晋州平原、金海平原、琴湖平原等。金海平原为洛东江河口的三角洲，是南部海岸面积最大、土地最肥沃的平原，东部地区则平原较

少，其中较大的有金野平原、迎日平原和蔚山平原。

韩国是三面环海的半岛之国，西、南、东分别为黄海、朝鲜海峡、日本海所环绕，与太平洋相连。在三面环海的海岸上形成了许多半岛、海湾的近海岛屿。但东海岸线平直，缺乏半岛、港湾和岛屿，岸边多沙滩和海迹湖。主要半岛有迎日半岛等，主要港湾有迎日湾等，主要岛屿有郁陵岛等。在西海岸中，自北向南，主要的半岛有泰安半岛、边山半岛、务安半岛等；海湾有江华湾、京畿湾、牙山湾、群山湾、木浦湾等；岛屿有江华岛、德积岛、安眠岛、珍岛、红岛等。南部海岸与西部海岸相似。主要半岛有固城半岛、丽水半岛、高兴半岛、海南半岛等；主要海湾有乐阳湾、顺天湾、得粮湾、镇海湾；重要港口有釜山、马山、丽水和三千浦。近海岛屿有2200多个，其中有人居住的就有500多个。较大的岛屿有济州岛、巨济岛、莞岛、南海岛、闲山岛等。

气候

韩国属温带季风气候，因三面环海，受海洋暖流北上的影响，所以又较明显地呈海洋性气候。年平均降水量南部地区1500毫米，中部地区1300毫米左右。

正式名称	大韩民国（Republic of Korea）
面 积	100210 平方千米
人 口	5062 万（2015 年）
民 族	单一民族（朝鲜族）
语 言	通用韩国语
首 都	首尔（Seoul）
行政区划	设 1 个特别市，6 个广域市，9 个道
地 理 区	中央山脉，南部平原，西南平原，南部及西部外海的众多岛屿

自然资源

矿产资源较少，主要有铁、无烟煤、铅、锌、钨、锰、金、银、铜等，但储量不大。由于自然资源匮乏，主要工业原料依赖进口。森林面积占总面积的66.6%。韩国三面临海，有丰富的水产资源。主要水产品有鱼类75种、贝类20种、藻类15种，其他海洋生物10种，共计120种。水产业已成为韩国蛋白食品的重要来源和赚取外汇的重要产业之一。

经济

韩国是朝鲜半岛的粮仓地带。耕地面积188.9万公顷，主要分布在西部和南部平原。韩国水产业产量已跃居世界第七位，出口额居世界第四位。远洋渔业的发展尤为迅速。现在其远洋船队遍布世界各大海域，总吨位约占韩国渔船总吨位的50%。钢铁工业是韩国支柱工业之一，造船仅次于日本，居世界第二位。主要生产部门有钢铁、汽车、造船、电子、化学、纺织等。韩国浦项钢铁公司是世界第二大钢铁联合企业。汽车产量2005年为369.9万辆，居世界第六位。电子工业以高技术密集型产品为主，为世界十大电子工业国之一，半导体集成电路发展尤为迅速。信息通信为中心的服务企业大幅增长，2000年信息技术出口额占总出口额的38.9%。

韩国经济可称为"财阀经济"，经济水平和经济增长速度居亚洲前列。1997年10月，韩国爆发严重的金融危机，经济受到很大冲击。2000年下半年，受美日经济不景气和金融改革迟滞等的影响，经济增速放慢，股市、汇市不稳。

习俗

农历正月初一是韩国最隆重的传统节日。这一天，全家人起早漱洗后，都穿上节日民族服装，名曰岁妆。然后在室内举行祭祖仪式，名曰茶礼或茶祀。接着晚辈给长辈行跨拜礼，受礼的长者向拜礼人说些吉祥、祝福的话，赠送礼钱，名曰岁拜。早饭后，晚辈人到近处亲戚家和邻居家进行岁拜，主人家以酒宴款待。岁拜后，进行家庭娱乐活动，这一活动延续几天，而农村则一直延续到正月十五。韩国传统服饰也很有特色。

岁拜

主要城市

首尔

首尔是韩国的首都，是朝鲜半岛最大的城市，是韩国政治、经济和文化中心。首尔位于朝鲜半岛中部汉江下游汉江平原的中心，距黄海30千米。首尔地势险要，为军事要塞和物资集散地、陆运交通枢纽、国际航空站。韩国政府的机关及金融、企业、文教事业、宣传机构均云集于此。体育设施比较先进，1986年主办了亚运会，1988年主办了奥运会。首尔历史悠久，有许多名胜古迹，加上多具有现代化

特色的体育设施和公园等，给人以异
常的魅力。

釜山

釜山是韩国的中央直辖市，是朝
鲜半岛最大的国际港口、第一贸易港和
第二工商城市，位于朝鲜半岛东南端的
洛东江口，扼朝鲜海峡之要冲，为朝鲜
的南部门户。朝鲜战争爆发后曾做韩国
"临时首都"。釜山是韩国的远洋渔业基
地。该市的工业品和水产品的出口在韩
国出口贸易中占有主要位置。该市又是
金融和商业中心，市内有 30 多家银行、
250 多个金融机构和 70 多个市场。釜山
也是韩国水陆空交通枢纽，为韩国的京
釜铁路和高速公路的终点。釜山港在韩
国对外贸易中发挥着重要作用。

旅游

韩国风景优美，有许多文化和历
史遗产，旅游业较发达。根据境内名
胜古迹的特点、观赏价值和分布状况，
开辟出 15 个国立公园、20 个道立公
园、17 个大众公园和 19 个游园地，并
在首尔兴建了规模宏大的巴黎公园和奥
林匹克公园。2008 年，旅游业创汇
90.2 亿美元。大致分为六大旅游区：
首尔圈、中部圈、东南部圈、西南
部圈、东部圈、济州圈。主要名胜有
首尔景福宫、德寿宫、昌庆宫、昌德
宫、国立博物馆、国立国乐院、世宗
文化会馆、水原华城等。

济州岛东海岸

日本 /Japan

地理位置

日本是太平洋西侧的岛国，由北海
道、本州、四国、九州 4 个大岛和 6800
多个小岛组成，西隔东海、黄海、朝鲜
海峡、日本海与中国、朝鲜、韩国、俄
罗斯相望。海岸线长 3 万多千米，多海
湾和良港。

地形特征

地貌特征奇特，多山地、多地震、
多温泉、多火山、多森林、多河流、多
湖泊，但平原狭小。山地约占全国总面
积的 75%。北湾山系和南湾山系纵横贯
穿 4 个大岛，相汇于本州中部。日本平
原较少，只占全国总面积的 25%。平原
狭小而零散，大都分布在河川下游和
沿海地区。耕地面积更少，仅占全国
总面积的 12.9%。

日本列岛有两大山系，纵横贯穿于
北海道、本州、四国、九州 4 个大岛。
南北走向的北湾山系，自北海道直贯本
州；东西走向的南湾山系，自本州横贯
四国、九州。两大山系相汇于本州中部，

正式名称	日本国（Japan）
面　　积	3779 平方千米
人　　口	12806 万（2015 年）
民　　族	主要民族为大和族，北海道地区约有 2.4 万阿伊努族人
语　　言	通用日语
首　　都	东京（Tokyo）
行政区划	全国划分为 1 都（东京），1 道（北海道），2 府（大阪、京都），43 个县
地 理 区	4 个主要岛屿（北海道、本州、四国、九州）以及数千个小岛

称"中央山脉区"。主要有本州的奥羽山脉、木曾山脉，北海道的日高山脉，以及四国山地、九州山地等。特别险峻的山脉有合称为"日本阿尔卑斯山"的飞䮾、木曾、赤石三山脉，以及四国山地、九州山地、石狩山地、日高山脉等。山地的特征是倾斜面急剧，山峰陡峭而挺拔，山谷多呈深 V 字形。日本山地中，也有一些山顶较为平坦的山地。一般称为"隆起的准平原"。

气候

由于岛国独特的位置，日本的气候为温带海洋性气候，四季分明，北冷南热，南部总体来说相当于我国江浙沿海地带的气候。但由于热带海流的黑潮自南向北沿日本太平洋沿岸，又加上日本列岛中间高山的阻隔，日本海沿岸地与日本太平洋沿岸的气候温差很大。日本海沿岸称"里日本"，气候凉爽，北海道、青森县、秋田县等冬天多雪，有的地方有时一冬天的积雪可达近 20 米厚；沿太平洋沿岸称"表日本"，炎热多雨，地处热带海流黑潮包围之中的静冈县伊豆半岛的前端，虽然纬度不属于热带，但还是生长有很多热带植物。

自然资源

矿产资源贫乏，除煤、锌有少量储藏外，绝大部分依赖进口。森林面积 2512 万公顷，占国土总面积的 2/3，但木材的 55.1% 依赖进口，是世界上进口木材最多的国家。水力资源丰富，水力发电量约占发电总量的 35%。近海渔业资源丰富。

经济

日本为仅次于美国、中国的世界第三大经济国。农林牧渔业实行机械化商品生产，渔业发达，捕鱼量居世界前列。耕地面积约 504 万公顷，占国土面积的 13.5% 左右，主要种植水稻、小麦、大豆等。森林面积约占全国国土面积的 2/3，但第二次世界大战后林业生产一直不景气，木材产量逐年减少，不得不依靠进口。畜牧业经营规模远远落后于欧美，牧场和牧草地只占国土面积的 2% 左右。由于牧草地少，畜牧业所用饲料绝大部分依靠进口。日本牛奶及奶制品的年产值已接近农业产值的 30%，其重要性几乎与米相等。日本工业高度发达，是国民经济的主要支柱，主要有基础产业钢铁工业，最大的输出产业汽车工业，最主要的支柱产业机械工业，出口主导型高技术产业电子工业，以石油化工为主并向高分子化学、无机化学、生物化学等新领域迈进的化学工业，以及传统产业造船工业等。

习俗

日本是个具有独特文化传统的国家，但有许多习俗受中国影响较大，表现出典型的东方民族特点。

住宅　日本式住宅一般是木结构，平房占多数。由于日本列岛的地理气候条件比较特殊，建造木结构住宅有利于抗震、防风、防潮。日本式住宅多为左右拉门，按照传统习惯，人们进屋必须脱鞋赤脚，以便保持室内清洁。屋内铺面只略高于房间地面，上面放有草席和坐垫，以供起居之用。日本式住宅一般来说房间都比较小，有的居室只有三四张"榻榻米"（每张约 2 平方米）那么大，甚至更小。传统式日本住宅里几乎都设有壁龛，供陈列艺术品之用。

衣着　日本人比较注重穿着打扮，服装也比较讲究。和服是日本民族的传统服装，是在仿照中国唐代服装的基础上经过1000多年的变化改造而形成的别具特色的民族服饰。日本和服种类繁多，而且男女差别明显。男式和服色彩比较单调，偏重黑色，款式较少，腰带较细，附属品不多，穿着方便；女式和服则比较复杂，不仅色彩缤纷艳丽，而且种类、款式多样，穿着起来也很麻烦。

相扑
相扑在日本被称为国技，有着1500多年的历史。最初是为了祈祷丰收和丰收后向神表示感谢而举行的一种表演，基本招数共有48个，每一回合的时间以2分钟为限。

主要城市

东京

东京是日本的首都，是全国政治、经济、文化中心，是日本全国最大的工业城市。全国11%的工厂聚集于此，工业产值占全国工业总产值的50%左右，居全国第一位，同横滨、千叶构成的京滨工业区，是日本著名四大工业区之一。东京又是日本经济、商业、金融中心。资本在50亿日元以上的公司，90%集中在东京。东京也是全国的文化教育中心。在东京的各类大专院校，包括短期大学在内共有190多所，占全国大学的49%。东京是全国最大的交通枢纽。它是日本铁路、公路、租客和海上交通的中心，并且有飞机和轮船通向世界各地，是全国高速铁路干线的会合点。东京有4个机场，其中成田机场和羽田机场规模最大，是东京的空中门户。

大阪

大阪是日本第二大城市，是日本陆、海、空交通的重要枢纽，西部文化教育中心。大阪位于本州西南部，面临大阪湾，面积212平方千米。大阪古称"浪速"，又名"难波"，是日本商业和贸易发展最早的一个地区，是历史悠久的商业中心，为全国的经济中心。大阪市的第三产业十分兴旺发达。现在，大阪已发展成为综合性的现代化工业城市，为日本四大工业区之一的阪神工业区的核心，工业产值仅次于东京，居全国第二位。另外，大阪也有许多名胜古迹。

旅游

日本的人文及自然风光极具特色，成为深受世界各国人民喜爱的旅游地点之一。日本主要的旅游胜地是京都、奈良、镰仓三大古都，特别是京都，有18个联合国自然文化遗产。九州岛有6个国立公园和8个国定公园，观光资源也相当丰富。北九州岛以福冈为重镇，南九州岛则以鹿儿岛市为中心。位于日本北部的北海道以其迷人的雪景闻名于世。

老挝 /Laos

地理位置

老挝是中南半岛北部的内陆国家，北邻中国，南接柬埔寨，东接越南，西北达缅甸，西南与泰国毗连。

地形特征

境内80%为山地和高原，且多被森林覆盖，有"印度支那屋脊"之称。地势北高南低，并顺势分为上寮、中寮和下寮。北部为上寮，地势最高，多为高山和高原。普比亚山、宋山、来山和峭山是老挝的四大山脉，这些山脉又构成四大高原，即川圹高原、会芬高原、甘蒙高原和波罗高原。位于上寮地区的川圹高原海拔2000~2800米，为全国最高的地区，号称老挝的"屋顶"。高原上有2个重要的小平原：班班平原和查尔平原。中部称中寮，面积最小。南部称下寮。著名的平原有万象平原、沙湾拿吉平原、占巴塞平原和甘蒙平原。

气候

老挝属热带、亚热带季风气候。

正式名称	老挝人民民主共和国（The Lao People's Democratic Republic）
面　积	236 800平方千米
人　口	689万（2014年）
民　族	有60多个部族，统划成三大民族，即老龙族、老听族、老松族
语　言	官方语言为老挝语，通用高棉语
首　都	万象（Vientiane）
行政区划	全国划分为16个省、1个行政特区和1个直辖市
地理区	北部、东部是森林覆盖的山地和高原，湄公河沿岸肥沃低地

5~10月为雨季，11月至次年4月为旱季。年均气温20~30℃，年平均降水量1250~3750毫米。中寮地区每年一般降水2000~3000毫米；上寮地区年平均降雨量较中南部少，有1000~2000毫米；下寮波罗芬高原一带，是老挝雨量最丰沛的地方，年降雨量一般达4000毫米以上。

自然资源

老挝有锡、铅、钾、铜、铁、金、石膏、煤、盐等矿藏，迄今得到少量开采的有锡、石膏、钾、盐、煤等。水力资源丰富。森林面积约900万公顷，全国森林覆盖率约42%，产柚木、紫檀等名贵木材。老挝素有"白象王国"之称，境内有很多野象，象皮和象牙都很有经济价值。

经济

农业人口约占全国人口的90%。2004年，农业生产总值约为6658亿基普。老挝的热带森林里有丰富的森林产品。老挝生产的树脂中主要有安息香、龙脑香、打玛树脂等，其中安息香是历史悠久的林产品，以"暹罗安息香"而驰名世界，其数量、质量均居世界第一，出口量约占世界市场供应量的70%。柚木、乌木、柴檀木等名贵木材是重要的输出品，而白虫胶、紫虫胶、金鸡纳霜和砂仁等名贵特产在出口产品中也占有一定地位。2004年，工业生产总值约为3868亿基普。主要工业企业有发电、锯木、采矿、炼铁、水泥、服装、食品、啤酒、制药等及小型修理厂和编织、竹木加工等作坊，从业人口约10万，约占总劳动力的4.2%。

习俗

衣着　男人上穿无领对襟短上衣，下着纱笼或长筒宽腿裤子。上衣以青、白、蓝三色为多；纱笼有两种，一种是将一块布围系腰间；另一种是把一大块布围在腰上，布端穿过两腿之间系在腰际，看上去好像无缝的长裤。女人通常穿及膝长裙和无领斜襟上衣，有时也以色彩绚丽的围巾取代上衣。山地民族的男人穿厚羊皮裁制的上衣和长裤，留长发；女人着黑色宽松长袍，在腰际系上红带。

居室　因雨量充沛，河水又经常泛滥，住房多搭在距地面约1米高的架子上，屋顶两侧高高翘起，既便于雨水倾泻，又可以通风纳凉，还能减少野兽的危害。这种房子叫"高脚屋"，在水边的就叫"浮脚楼"。

主要城市

万象

万象是老挝的首都，是全国政治、经济、文化中心，也被称为"檀木之城"。万象位于万象平原南端，湄公河左岸，隔河与泰国廊开相望，面积约3920平方千米，始建于公元前4世纪，古名"赛丰"。现在，万象是老挝的经济中心，市内工厂数占全国总数的3/4。万象为老挝的佛教中心，市内到处都可以看到庙宇和佛塔。据说在鼎盛时期，有149座佛寺，如今保存下来的只有34座，著名的有瓦细刹古寺和珍藏绿宝石的蒲拉开寺等。万象市内还有一处观光胜地，即独立塔，是模仿巴黎的凯旋门而建的。

旅游

老挝虽是内陆国家，但旅游资源丰富，有外国游客称老挝为"世外桃源"。旅游景点有著名佛教古刹瓦普庙，位于占巴塞省南部近柬埔寨边境处的孔恩瀑布，以及琅勃拉邦古城等。

越南 /Viet Nam

地理位置

越南位于中南半岛东部，北与中国接壤，西与老挝、柬埔寨交界，东面和南面临南海。海岸线长3260多千米。

地形特征

境内3/4为山地和高原。整个地形从西北向东南倾斜。北部、西北部为高原和山地，中部是山地，红河三角洲和湄公河三角洲为平原。

越南的山地大致可分为北部山区和长山山区两大部分。北部山区又被红河分割成红河以北山区和黄连山区两部分。红河以北山区海拔大都为500～1000米。中越边界一带山地较高，一般海拔1500～2000米以上，

正式名称	越南社会主义共和国 (The Socialist Republic of Viet Nam)
面　　积	329 556 平方千米
人　　口	9513 万 (2017 年)
民　　族	有 54 个民族，其中京族占总人口的 89%，岱依族、傣族、芒族、华族、侬族人口均超过 50 万
语　　言	通用越南语
首　　都	河内 (Ha Noi)
行政区划	全国划分为 58 个省和 5 个直辖市
地 理 区	北部高地、红河三角洲，东南山脉，沿海低地，湄公河三角洲

地势十分险要，山脉大多均呈南北走向。长山山脉蜿蜒在越南西部，地形狭长、纵贯南北，构成越南地形的骨架。

越南的高原分布在东北部和中部长山南段。东北部主要有北河高原、河江高原和高平高原等。长山南段西坡较缓，形成著名的西部高原，即"西原"。

越南的平原多为冲积平原。主要有北方的红河和太平江三角洲、南方的湄公河三角洲，此外还有清化——义静平原、平治天平原、顺化平原等，多为湄公河下游和沿海地带的狭窄平原。

气候

越南地处北回归线以南，属热带季风气候，高温多雨。

年平均气温 24℃ 左右。年平均降雨量为 1 500～2 000 毫米。北方分春、夏、秋、冬四季。南方雨旱两季分明，大部分地区 5～10 月为雨季，11 月至次年 4 月为旱季。

自然资源

越南矿产资源丰富，种类多样，主要有煤、铁、钛、锰、铬、铝、锡、磷等，其中煤、铁储量较大。越南有 6845 种海洋生物，其中鱼类 2000 种，蟹 300 种，贝类 300 种，虾类 75 种。森林资源约 1000 万公顷。贵重木材有铁杉、玉桂木、花梨木、柚木、樟木、榛木、丁香、格木、朴树、红木、麻栎、乳香树、椴树、绛香木、黄檀等。越南格木产量很多，木质坚硬耐用，花纹非常美丽，驰名国际市场。此外，越南还有 50 万公顷的沿海水上森林，明海省有居世界第二位的大面积的水上森林。

经济

越南是传统农业国。农业人口约占总人口的 75%。耕地及林地占总面积的 60%。越南政府近年重视和大力投资远海捕捞，渔船增加 1000 艘，捕捞能力由 1997 年的 185 万吨增至 251 万吨。水稻和玉米的产量约占粮食总产量的 84%，占耕地面积的 86%。湄公河三角洲耕地面积为 240 多万公顷，稻田占 91.7%，稻谷产量占全国稻谷总产量的一半，是越南商品粮的主要基地。第二次世界大战前，这里曾是世界三大"米仓"之一。越南畜牧业大体分为家畜饲养和家禽饲养两部分。其产值在农业总产值中所占比例很低，饲养的家畜主要是猪、水牛、黄牛，以及为数不多的骡马、山羊和兔子。2000 年，越南工业和建筑业完成产值 263 亿美元，比上年增长 17.2%，工业产值占 GDP 的比重为 41%。

1986 年越共"六大"确定实行革新开放路线，1996 年越共"八大"制定 2020 年基本实现国家工业化现代化的发展目标。近年来，经济以较快速度持续增长。2001 年，越南经济发展的主要指标为：GDP 增长 7.5%～8%，农业产值增长 4.5%～5%、粮食总产量达到 3 350 万～3 400 万吨，工业产值增长 14%～14.5%，第三产业增长 7%～7.5%，出口增长 15%～16%，进口增长 14%，物价指数 5%，财政赤字低于经济增长速度。

习俗

鱼露是越南人人都会制作并喜欢食用的独特的风味食品，也是越南京族日常生活中不可缺少的调味品。其中以京人用小鲜鱼制成的鱼露最具特色。它是由一种被人们称为"卡喀姆"的小鲜鱼加工而成，长期保存起来，供淡季食用。鱼露营养丰富，既可供人们日常直接食用，也可当作菜肴的调料，无论什么菜肴，只要放上适量的鱼露，整个菜的味道就会变得鲜美。

主要城市

河内

河内是越南的首都，是历史名城，全国政治中心，越南北部文化、经济和交通中心。河内位于红河三角洲西北部，红河右岸，红河与墩河汇流处，面积3340平方千米，历史悠久，曾为越南李、陈、后黎等封建王朝的京城，被誉为"千年文物之地"。河内分为内城（市区）和外城（郊区）。内城过去为禁城、皇城和京城所在地。禁城是皇帝、后妃及其子孙、侍从居住地。河内风光绮丽，具有亚热带城市特色，树木终年常青，鲜花四季盛开，湖泊众多，因而又有"百花春城"之称。河内名胜古迹很多，有著名的还剑湖、西湖、文庙、独柱寺、玉山祠、龟塔、巴亭广场、螺城等。

旅游

越南自20世纪90年代初才真正经营旅游业，1990～1995年，外国游客年均增长40%。近年来旅游业发展迅速，经济效益显著。主要旅游名胜有位于河内市的还剑湖、胡志明陵墓巴亭广场，位于胡志明市的统一宫、芽龙港口、莲潭公园、古芝地道和位于广宁省的下龙湾，以及著名避暑胜地大叻、天姥宝塔等。

柬埔寨 /Cambodia

地理位置

柬埔寨位于中南半岛南部。东部和东南部同越南接壤，北部与老挝相邻，西部和西北部与泰国毗邻，西南濒临泰国湾。海岸线长约460千米。

地形特征

境内以高原山地和平原为主（高原占国土面积的54%，平原占46%）。东、北、西部为山地，中部和东南部为湄公河及其支流的冲积平原，西南面海，为山水环绕的地貌特征。柬埔寨最主要的山脉有北部的唐勒山脉（扁担山），西部与西南部的加达莫美山脉。唐勒山脉横亘在柬埔寨的北部，东西走向，平均海拔500米左右。1/3的森林分布在这一带。加达莫美山脉，由于山上生长着一种叫"加达莫美"的姜科植物，又叫"豆蔻"，因而又名"豆蔻山"，这里有不少平均海拔1000米以上的山峰。豆蔻山沿海岸向东南和南延伸的一段叫象山，海拔1000米以下。

正式名称	柬埔寨王国（Kingdom of Cambodia）
面　　积	181 035平方千米
人　　口	1560万（2015年）
民　　族	有20多个民族，高棉族占80%，其余为占族、普农族、老族、泰族、斯丁族等少数民族
语　　言	高棉语为通用语言，与英语、法语同为官方语言
首　　都	金边（Phnom Penh）
行政区划	全国分为20个省和4个直辖市
地 理 区	边境沿线的低矮山地，湄公河岸的肥沃平原，其余地区多为森林覆盖

洞里萨湖上的高脚屋

洞里萨湖是东南亚最大的湖泊，但湖水很浅，最浅时只有1~3米，柬埔寨人在此湖上搭建高脚屋，并在此养殖鲤鱼等水产品。水产品已经成为柬埔寨人民的主要食品。

气候

柬埔寨属热带季风气候，年均气温为24℃，分雨、旱两季。降雨量为1400~5000毫米。

自然资源

资源丰富。矿藏主要有金、磷酸盐、宝石和石油，还有少量铁、煤。林业、渔业、果木资源丰富。木材种类多达200余种，盛产贵重的柚木、铁木、紫檀、黑檀、白卯等热带林木，并有多种竹类。但由于战乱和滥伐，森林资源破坏严重。水产资源也十分丰富。柬埔寨河湖渔业资源较多，既产淡水鱼又产海鱼。盛产黑斑鱼、黑鲤鱼、万鲇鱼、鳗鱼、蛙鱼、红目鱼等。

主要城市

金边

金边是柬埔寨的首都，是全国工商、金融、教育中心，位于湄公河的西岸，在洞里萨河、巴塞河和湄公河的汇合处。金边始建于1372年，作为国都是从1434年开始的。金边市内名胜繁多，寺院林立。市内最著名的胜迹是王城和塔山公园。金边是柬埔寨的交通枢纽，是柬埔寨仅有的2条铁路的联结点，并有7条公路由此呈辐射状联系全国各地。金边是柬埔寨最大的河港，同时也是一个老海港。通过湄公河、洞里萨河同各地联系。金边也是柬埔寨的经济中心，全国重要的工商企业几乎都集中在这里。金边还是柬埔寨的文化教育中心，不但有许多中小学校，而且几乎集中了柬埔寨全部的高等学校。

缅甸 /Myanmar

地理位置

缅甸位于中南半岛西部。东北与中国毗邻，西北与印度、孟加拉国相接，东南与老挝、泰国交界，西南濒临孟加拉湾和安达曼海。从南到北长2000千米以上。东西最宽为930多千米。

地形特征

地形以山地、高原为主，地势北高南低，喜马拉雅山脉从中国西藏东南延伸入缅境，在缅甸北部形成高山区，海拔大都在3000米以上。从高山区往南，山脉分为东、西两支，东支穿过掸邦高原，直抵南方的丹那沙

正式名称	缅甸联邦 (The Union of Myanmar)
面　　积	676 581 平方千米
人　　口	约5390万 （2015年）
民　　族	共有135个民族。主要有缅族、克伦族、掸族、克钦族、钦族、克耶族。缅族约占总人口的65%
语　　言	官方语言为缅甸语；各少数民族均有自己的语言，其中缅、克钦、克伦、掸和孟等族有文字
首　　都	内比都 (Naypyidaw)
行政区划	全国分为7个省和7个邦
地 理 区	东部山系，西部山区，中央地带

林；西支在缅甸的西部，自北而南直抵孟加拉湾沿岸。这样就把高山区以南的缅甸地形分为三部分，西部为阿拉干山地，又被称为印缅山脉，是一片连绵崇峻的山地；东部为广阔的掸邦高原，萨尔温江奔流其间；中部则是伊洛瓦底江冲积平原，这里是缅甸人口众多、经济发达的地区。

以弟悦—东吁一线稍北为界，划分为上缅甸和下缅甸。上缅甸以曼德勒为中心，是古时候缅甸文化发达的地区，自1044年后，缅甸许多朝代的王都都设在这里。下缅甸在大河下游的平原地带，是缅甸的主要农业区域，世界著名的缅甸大米有2/3产于这里。

自然资源

矿产资源主要有锡、钨、锌、铜、铅、银等，宝石和玉石在世界上享有盛誉。缅甸红宝石的价值超过金刚钻。英国女王加冕时的皇冠上镶着的那颗鸡蛋大小的"黑王子宝石"，就出自缅甸，是世界上罕有的珍宝，价值在200万美元以上。石油和天然气蕴藏量较大。森林资源丰富，覆盖率为75%左右。缅甸是世界上柚木产量最大的国家。水力资源极为丰富。

经济

农业为国民经济基础。农业劳动力为1796万，约占全国就业人数总数的64%。畜牧渔业以私人经营为主。缅甸政府允许外国公司在划定的海域内捕鱼，并向外国渔船征收费用。1999～2000年度柚木产量23万立方米，其他硬木产量143.9万立方米。全国53338个企业中，私人企业有51101个。全国工业从业人数约174万，占总劳动力的37%。工业主要有小型机械制造、纺织、印染、碾米、木材加工、石油、天然气开采，制糖，造纸，化肥和制药等。

习俗

有名无姓　缅甸人不论男女，都是有名无姓的。通常在名字前冠上一个称号，以表示性别、长幼、社会地位和官阶的区别。男人一般自称"貌"；对晚辈也称"貌"（意思是弟弟）；对长辈或有地位的人则称"吴"（意思是叔叔或伯伯）；对平辈或青年人称"郭"（意思是哥哥）。许多爱国者都在自己名字的前头冠上"德钦"称号，表示要当国家主人的雄心壮志。女人通常称呼"玛"（意思是姐妹），年龄较大或受人尊敬的妇女，不论已婚或未婚，都称"杜"（姑、姨、婶的意思），例如一位叫"丹意"的女士，人们可以称她"玛丹意"或"杜丹意"，但她本人一般则称"玛丹意"。

主要城市

仰光

仰光曾是缅甸的首都，2005年11月缅甸首都迁到内比都（原称彬马那）。仰光是一座有着东方民族色彩的现代化城市，世界著名的珠宝交易市场，位于勃固山脉末端、伊洛瓦底江下游的三角洲上。仰光兼有海港、河港，全国30%的稻米、矿石、木材、棉花的输出及进口贸易多在这里进行。仰光最著名的建筑是仰光大金塔，它作为朝圣之地已有数百年的历史。

旅游

风景优美，名胜古迹多。主要名胜有世界闻名的仰光大金塔、古都曼德勒、

"千塔之城"蒲甘以及山都威的额不里海滩、风动石等。仰光大金塔矗立于仰光市区北部茵雅湖畔的丁固达拉岗上，是驰名世界的佛塔。它与印度尼西亚的"汉卡罗浮屠塔"、柬埔寨的"吴哥寺"齐名，早已成为"佛教之国"缅甸的象征。

泰国 /Thailand

地理位置

泰国位于中南半岛中南部，与柬埔寨、老挝、马来西亚接壤，东南临泰国湾，西南濒安达曼海。海岸线长2600千米。东西最宽处780千米，南北延伸达1600千米左右。

地形特征

地势北部高，由西北向东南逐步倾斜，大体可分为西部、西北部内陆山地区域，南部半岛区域，东部呵叻高原和中部平原区域。西部、西北是以他念他翁山为主的内陆山地，登劳山、比劳克东山和琅勃拉邦山等均位于此区之内，平均海拔1500～1600米以上，为全国地势最高的地区。南部半岛部分的地

正式名称	泰王国 (The Kingdom of Thailand)
面 积	513120平方千米
人 口	6800万 (2015年)
民 族	有30多个民族，泰族(40%)、佬族(35%)、马来族(3.5%)、高棉族(2%)，还有苗、掸等山地民族
语 言	官方语言为泰语
首 都	曼谷 (Bangkok)
行政区划	全国有76个府和1个府级直辖市 (曼谷)
地 理 区	北部山区，东部呵叻高原，中部平原，南部半岛

形可分为东海岸、西海岸，差别很大。东部海岸线平直，少海湾；西部海岸线曲折破碎，多港湾。海岸平原狭窄，少海滩。东部呵叻高原是由西向东倾斜的高原地形区，主要由蝶形低谷地、呵叻盆地和沙功那空盆地构成。大部分地区海拔150～300米。中泰平原南北长约480千米，东西宽为150～250千米。从曼谷向北，地势逐渐升高。中泰平原的北、东、西三面，地势急剧升高为山地和高原。

自然资源

自然资源主要有钾盐、锡、褐煤、油页岩、天然气，还有锌、铅、钨、铁、锑、铬、重晶石、宝石和石油等，其中钾盐储量居世界第一位，锡储量占世界的12%。森林覆盖率为25%。桂树为国树。泰国是世界上产象最多的国家，白象为泰国的国兽。

经济

泰国是个以农业为主体的国家，农产品是外汇收入的主要来源之一。全国耕地面积为2070万公顷，占全国土地面积的41%。从事农业的人口约1530万人，占总劳动力的14%。泰国是世界上著名的大米生产国和出口国，系亚洲仅次于日本、中国的第三大海产国，世界第一产虾大国，橡胶产量居世界首位。最重要的工业是纺织、服装、宝石、首饰和仿造首饰、集成电路等。泰国为实现21世纪成为东南亚汽车装配中心的目标，自1991年起实行汽车业自由化，发展迅猛。

泰国自1961年起开始实施国家经济和社会发展5年计划。泰国主要实行自由经济政策，鼓励私人投资和竞

争,引导私营部门在国民经济发展中起主导作用,增加政府在基础设施上的投入,改善投资环境,大力引进外资和技术,努力扩大出口。近年来,泰国加快经济体制改革步伐,允许外国银行在曼谷经办"离岸"(BIBF),以使曼谷向地区性国际金融中心发展。随着制造业和服务业的发展,尤其是旅游业的崛起,泰国经济结构已发生重大变化,由过去以农产品出口为主的农业国逐步向新兴工业国转化。1995年,泰国人均收入已超过2500美元。被列入中等收入国家。1997年,泰国爆发严重的金融和经济危机,经济增长放慢。1999年开始复苏。

主要城市

曼谷

曼谷是泰国的首都,是全国政治、经济、文化和交通中心,东南亚第二大城市。曼谷本名"功贴玛哈那空",意即"天仙之都",位于湄南河下游东岸,中部大平原以南40千米。曼谷为全国最大的工商业城市,国内新建的工业企业差不多都集中在此。曼谷交通十分发达,是全国铁路、水运和空运中心。曼谷港是全国水运吞吐量最大的港口,全国95%的进口货物和75%的出口货物由此进出。曼谷还是泰国文化教育高度发达的城市,集中了泰国大约80%的高等学府,闻名遐迩的朱拉隆功大学、法政大学等均设于此。曼谷亦被誉为"东方威尼斯",10余条小河蜿蜒于市区。曼谷的名胜古迹数不胜数,以佛寺为最多,大小庙宇共有400多座,建筑之美也为全国之最。

清迈

清迈是泰国第二大城,历史古都,位于北部山地滨河上游西岸、曼谷以北750千米、海拔100多米的素贴山下。清迈青山环抱,风光秀丽,境内的因他暖峰高2595米,为泰国最高峰。这里的火山之多为全国之最,泰国的18座火山,在清迈境内的就有14座,这也是引人入胜的景观。清迈是泰国北部的政治、经济、文化中心,泰国柚木及北部货物的集散地,也是泰国的佛教圣地之一,城内寺庙林立,佛塔颇多,小城不大却有近百座寺庙。清迈的普平王宫——泰国国王的避暑胜地、泰北文化公园,都是游人的好去处。当然,清迈西北16千米的素贴山风景区,更是泰国的一处著名景观。

旅游

泰国是个历史悠久的佛教之国,到处是庙宇、佛塔,极具民族色彩。近年来旅游业发展很快,已成为泰国外汇收入的主要来源之一。2000年,泰国接待外国游客912万人,创汇72.94亿美元。

普拉辛寺
普拉辛寺是一个环境优雅的佛教寺庙,坐落于泰国的大城府。

主要名胜地有曼谷、普吉、清迈和帕塔亚、清莱、华欣、苏梅岛等一批新的旅游点也发展较快。苏梅岛位于泰国南部的海湾中，这里在 100 多年前就以盛产椰子而闻名。岛上人们的生活无不与椰树有关系：家庭燃料用的是椰壳、椰叶；食品调料中掺有椰肉、椰油；工艺品中有椰鬃、椰叶编织的各种精美小巧的物品，等等。岛上还有一引人注目的奇观——驯猴采椰。

马来西亚 /Malaysia

地理位置

马来西亚分东西两部分。西马来西亚位于马来半岛南部，北与泰国接壤，南与新加坡隔柔佛海峡相望，东临中国南海，西濒马六甲海峡。东马来西亚位于加里曼丹岛北部，与印尼、菲律宾、文莱相邻。马来西亚地处两洲、两洋相交的十字中心，南北连亚洲和大洋洲；东西通太平洋和印度洋。

地形特征

西马来西亚地势北高南低，沿海为

正式名称	马来西亚 (Malaysia)
面　　积	330 257 平方千米
人　　口	3033 万 (2015 年)
民　　族	其中马来人及其他土著占 68%，华人占 32%，印度人占 9%。沙捞越州土著居民中以伊班族为主；沙巴州以卡达山族为主
语　　言	马来语为国语；通用英语，华语使用也较广泛
首　　都	吉隆坡 (Kuala Lumpur)
行政区划	全国划分为 13 个州和 3 个联邦直辖市
地 理 区	马来半岛, 沙捞越, 沙巴

平原，中部为山地，有 8 条大体平行的山岭纵贯南北，吉保山脉是西马来西亚最大的山体，又叫主山脉，5 座 2000 米以上的山峰高耸其上。半岛西侧的马六甲海峡，是世界上航运量最大、通航历史最久的海峡。西海岸是深厚的冲积平原，海拔 50 米以上，土壤肥沃，是重要的水稻区。河流以吉保山脉为分水岭，分为南海水系和马六甲海峡水系。东马来西亚由沙捞越地区和沙巴地区组成，地势以西南—东北走向的伊班山脉和克罗克山脉为中心，从内地往沿海逐渐降低。沙捞越内地为森林覆盖的丘陵和山地，北部沿海为冲积平原。沙巴地区西部沿海为平原，内地多森林覆盖的山地。

气候

马来西亚属热带雨林气候。内地山区年均气温 22 ~ 28℃。沿海平原为 25 ~ 30℃。

自然资源

马来西亚锡矿丰富，曾为世界产锡大国，近年来产量减少，石油储藏量约 39 亿桶（1997 年探明），天然气储量 2.27 万亿立方米（1998 年探明），此外，还有铁、金、钨、煤、铝土、锰等矿产。马来西亚还盛产热带硬木，森林约占全国总面积的 75%，渔产丰富。

经济

20 世纪 70 年代以前，马来西亚的经济以农业为主，依赖初级产品出口。20 世纪 70 年代以后不断调整产业结构，大力推进出口导向型经济，电子业、制造业、建筑业和服务业发展迅速。耕地面积约 414 万公顷，占可耕地面积的 30.6%。农业以经济作物为主，主要有橡胶、油棕、胡椒、可可和热带水果等。渔业以近海捕捞为主，近年来深海捕捞和养殖业有所发展。政府鼓励以本国原料为主的加工工业，重点发展电子、汽车装配、钢铁、石油化工和纺织品等。2000 年制造业产值（按 1987 年不变价格）约为 675.51 亿林吉特，增长 17%；就业人数 245.5 万，占全国就业人数的 27.1%。矿业以锡、石油和天然气开采为主。

习俗

国服衣着　在马来西亚到处可以看到人们穿着一种自由蜡染花布做成的长袖上衣，色彩鲜艳，质地薄而凉爽，适宜当地的炎热气候。这种美观大方的衣服被称为"巴迪"服，不论在正式的场合，还是在比较随便的场合都可以穿，所以又称为"国服"。马来人有个习惯，就是在公共场合不论男女其衣着不得露出胳膊和腿部。

"倒插门"的婚姻　马来人的婚姻一般都是男子入赘女家，这在中国叫"倒插门"。结婚的第一天，新郎在亲友们的簇拥下，欢欢喜喜地来到新娘家，在新娘家举行婚礼仪式，礼毕后，新郎留在新娘家里，但和新娘分居而住，第三天才是洞房花烛夜。

主要城市

吉隆坡

吉隆坡是马来西亚的首都，是全国政治、经济、文化和交通中心，位于马来半岛西海岸中段，巴生河及支流鹅麦河汇合处，西、北、东三面为丘陵和山脉所环绕。吉隆坡在东南亚各国首都中是最年轻而且发展最快的城市。在

国油双子星塔
位于马来西亚首都吉隆坡，高 452 米，共 88 层，为马来西亚国家石油公司的总部。

它的开发和建设中，华人做出了不可磨灭的贡献。交通十分发达。马来西亚是个多宗教、多民族的国家，首都是这个多民族国家的缩影。国家博物馆院位于吉隆坡西郊湖滨公园南口东侧，为古典式马来建筑，珍藏着东南亚的奇珍异宝。

旅游

旅游业是马来西亚第三大经济支柱。这里美丽多姿的热带风光，千姿百态的山、河、海、岛、礁滩、洞穴，奇异美妙的多种动植物景观，遍布全国的名胜古迹，不同民族各具特色的文化习俗，吸引着世界各地的旅游者。2008 年外国旅游者 2 205 万人次。主

要名胜有吉隆坡、槟城、马六甲、浮罗交怡岛、刁曼岛、基纳巴卢山公园等。

新加坡 /Singapore

地理位置

新加坡位于马来半岛南端、马六甲海峡出口，北隔柔佛海峡与马来西亚相邻，南隔新加坡海峡与印度尼西亚相望。由新加坡岛及附近63个小岛组成，其中新加坡岛占全国面积的88.5%。境内东西最宽67千米，南北最长135千米。素有"远东十字路口"之称，是国际海运交通中心之一。

地形特征

地势低平，平均海拔15米，海岸线长193千米。新加坡岛呈菱形，岛上地势起伏不大。除西北地势较高外，其余呈平坦的小丘陵，有些地方为沼泽地，平均海拔17米。新加坡以外的50多个小岛，按地理位置大体可分为北部岛屿和南部岛屿。北部的10多个小岛，散布在柔佛海峡的东段。其中较大的有大德光、小德光、乌敏、康民和吉胆5岛。南部约有40多个小岛，散布在新加坡

正式名称	新加坡共和国（The Republic of Singapore）
面　积	719.1平方千米
人　口	公居和永久居民373.3万，常住人口553.5万（2015年）
民　族	华人占75.2%；马来人13.6%；印度人8.8%；其他种族2.4%
语　言	官方语言为英语、华语、马来语、泰米尔语；马来语为国语；英语为行政用语
首　都	新加坡（Singapore）
地理区	新加坡岛及附近60多个小岛

海峡的西部、新加坡岛的西南方，其中有圣淘沙岛、武公岛、实巴古岛、西拉耶岛、巴威岛、安乐岛、亚逸查湾岛等。

气候

新加坡属热带海洋性气候，常年潮湿多雨。年平均气温24.82℃，日平均气温26.8℃，年平均降水量2426毫米，年平均湿度84.3%。

自然资源

矿藏资源匮乏，只有些花岗石，植物资源丰富，已发现植物达2000多种，其中橡胶、椰子是经济价值较高的作物。旧绵万代兰（兰花的一种）是国花。

经济

新加坡为亚洲第三大金融中心，世界第三大炼油中心，人均收入居亚洲前列，是东南亚地区充满活力的工业、商业、服务业中心。农业在国民经济中所占比例不到1%，主要有家禽饲养和水产业。粮食全部靠进口，蔬菜仅有5%自产。工业主要包括制造业和建筑业。制造业产品主要包括电子产品、化学与化学产品、机械设备、交通设备等。

主要城市

新加坡

新加坡市是新加坡的首都，是全国政治、经济、文化中心。全市犹如一座瑰丽无比的大花园，无论是大街小巷，还是偏僻的角落，都找不到垃圾、纸屑、烟头。政府明文规定在建造新房时，建筑物只能占计划用地面积的35%，其余都用来绿化。尽管目前新加坡市摩天高楼林立、公路密如蛛网，但仍然处处树木成荫，花香草绿，市容优美雅致。

旅游

　　新加坡虽没有名山大川，也没有真正的历史古迹，但却充分利用作为东南航运中心的有利条件，在国内开辟旅游区，建设旅游设施，使新加坡成为一个旅游胜地。旅游业也是其外汇主要来源之一。

文莱 /Brunei

地理位置

　　文莱位于加里曼丹岛西北部，北濒南中国海，东、南、西三面与马来西亚的沙捞越州接壤。

地形特征

　　国土被沙捞越州的林莽分隔为不相连的东西两部分，沿海为平原，内地多山地。文莱国内有 33 个岛屿，占国土总面积的 1.4%，不过大多数岛屿上人烟稀少，成为一些濒危动物的主要栖息地。

气候

　　文莱是热带雨林气候，受季风影响，终年炎热多雨。全年分雨季和旱季。年

正式名称	文莱达鲁萨兰国 (Brunei Darussalam)
面　积	5765 平方千米
人　口	42.3 万（2015 年）
民　族	马来人占 66.4%；华人占 11%；其他种族占 22.14%
语　言	马来语为国语；通用英语；汉语使用较广泛
首　都	斯里巴加湾市 (Bandar Seri Begawan)
行政区划	分 4 个区
地理区	沿海为平原，内地为山地，东部地势较高

平均气温 28℃，年降雨量为 2500 毫米。

自然资源

　　文莱以"东方石油小王国"著称，估计石油蕴藏量为 16 亿桶，天然气约 3950 亿立方米。森林面积为 469 万公顷，全国 72% 的土地被森林覆盖。

主要城市

斯里巴加湾（原名文莱）

　　斯里巴加湾是文莱首都，是全国政治、文化、交通、经济中心，重要海港，坐落在文莱河口，面临文莱湾，意思是"幸福的城市"，有"东南亚威尼斯"的美称。它原本是沿河分布的几十个水上村落，现在已建为现代化的城市，主要工业部门有橡胶加工和锯木厂等。

菲律宾 /Philippines

地理位置

　　菲律宾位于亚洲东南部，北隔巴士海峡与中国台湾地区遥遥相对，南和西南隔苏拉威西海、巴拉巴克海峡与印度尼西亚、马来西亚相望，西濒南海，东临太平洋。共有大小岛屿 7107 个，其中吕宋岛、棉兰老岛等 11 个主要岛屿占全国总面积的 96%。海岸线长约 18533 千米。

地形特征

　　各岛地形起伏不平，山峦重叠，山地占全国耕地总面积的 3/4 以上，并有

正式名称	菲律宾共和国 (Republic of the Philippines)
面　积	299 700 平方千米
人　口	10070 万 (2015 年)
民　族	马来族占 85% 以上, 其中包括他加禄人, 伊洛克人等, 另有少数华人, 印尼人等, 还有为数不多的土著
语　言	有 70 多种语言, 国语是以他加禄语为基础的菲律宾语; 通用英语; 官方语言为英语和菲律宾语
首　都	马尼拉 (Metro Manila)
行政区划	全国划分为 17 个地区, 下设 81 个省和 136 个市
地理区	北部吕宋岛, 中部米沙鄢群岛, 南部棉兰老岛, 西南部巴拉望岛与苏禄群岛

火山 52 座, 其中有 11 座活火山, 马荣火山被誉为 "最完美的火山锥", 为菲律宾最大的火山; 塔尔火山是地球上最低和最小的火山。菲律宾各岛平原面积狭小, 但都是本岛经济活动的中心。吕宋岛的中央平原是著名的粮仓。

自然资源

自然资源主要有铜、金、银、铁、铬、镍等 20 余种矿藏, 有丰富的地热资源。1976 年以来在拉望岛西北部海域发现石油, 预计有 20.9 亿桶原油。森林面积 1588 万公顷。茉莉花为国花。水资源丰富。

主要城市

马尼拉

马尼拉是菲律宾的首都, 是全国最大的经济、政治、文化和交通中心, 位于马尼拉湾畔, 跨帕西格河两岸。马尼拉市区包括 5 个单独城市, 其中帕西格河的北岸和马尼拉市东南部的马卡蒂是全国商业和金融中心。马尼拉交通方便, 是国内重要的交通枢纽和贸易吞吐港。城市历史悠久, 从 1571 年西班牙总督雷加斯皮在此设立官署后, 此地便开始建设成要塞式的城市。

印度尼西亚 /Indonesia

地理位置

印度尼西亚位于亚洲东南部, 地跨赤道, 由太平洋和印度洋之间 17 508 个大小岛屿组成, 其中约 6044 个有人居住。海岸线长 54 716 万千米, 是横卧于两大洲 (亚洲、澳洲)、两大洋 (太平洋、印度洋) 之间的千岛之国。岛群分为 4 组: 大巽他群岛、小巽他群岛 (努沙登加拉群岛)、马鲁古群岛、伊里安岛西部的伊里安查亚, 岛屿之间构成许多海峡和内海, 马六甲海峡、龙目海峡是沟通太平洋和印度洋的重要通道。

地形特征

地形以山地和高原为主, 仅沿海有平原, 多火山, 地震频繁, 是世界上活火山最多的国家, 全国有 400 多座火山, 其中活火山 77 座。

气候

印度尼西亚的诸多岛屿都位于赤道附近, 属于热带雨林气候, 温差不大。气温主要随着海拔高度的变化

正式名称	印度尼西亚共和国 (The Republic of Indonesia)
面　积	陆地面积 1 904 443 平方千米, 海洋面积 3 166 163 平方千米 (不包括专属经济区)
人　口	25800 万 (2015 年)
民　族	有 100 多个民族, 爪哇族占 45%; 巽他族占 14%; 马都拉族占 7.5%; 其他占 26%
语　言	官方语言为印尼语; 各民族语言 200 多种
首　都	雅加达 (Jakarta)
行政区划	一级行政区 33 个, 二级行政区 410 个
地理区	由 17 508 个大小岛屿组成, 主要分为大巽他群岛、小巽他群岛 (努沙登加拉群岛)、马鲁古群岛、伊里安岛

乌科隆国家公园

位于印度尼西亚的乌科隆半岛，面积约为783平方千米。岛上有多种珍稀动物，比如爪哇犀牛、爪哇野牛、印度孔雀等。

而变化，只有伊里安岛海拔较高的地区才有降雪。降雨量也因地形而异，其中山地降雨最多，年降水量超过3 000毫米。大多数地区降水量为1 600 ~ 2 200毫米。

自然资源

资源丰富，有"热带宝岛"之称。矿产主要有石油、天然气、煤、锡、铝矾土、镍、铜和金、银等。石油和锡在世界上占重要地位。地热资源丰富，森林面积1.45亿公顷，约占整个国家面积的60%。

经济

农业是印尼国民经济的主要部门。粮食能自给，胡椒、木棉、金鸡纳霜、藤条、竹类、天然树脂、龙脑香脂的产量均居世界第一位，橡胶、棕榈油和椰子产量居世界第二位。印尼工业发展方向是加强外向型的制造业。2000年制造业增长率逾7%，占国内生产总值的26%，主要部门有采矿、纺织、轻工等。石油是国民经济重要支柱，世界第三大煤炭出口国，世界最大的胶合板生产和出口国。自1968年以来，特别是20世纪80年代调整经济结构和产品结构后，印尼经济发展取得了一定成就；1997年受东南亚金融危机重创，经济大衰退；1999年开始缓慢复苏，但整改阻力较大，私企外债、银行呆账等问题难以解决。2010年国内生产总值7070亿美元。

习俗

印度尼西亚经过几世纪的文化融合使得当地的文化富有多样性。例如，很多乡间的习俗是女人娶男人；伊里安岛上的多拉查族的婚姻中离不开水牛，可谓"牛牵姻缘"，男子向女子求婚时首先要向女方赠送一头水牛，在成婚的筵席上，水牛肉又是不可缺少的菜肴。

主要城市

雅加达

雅加达是印尼的首都，是全国政治、经济、文化中心，位于爪哇岛西北部沿岸，是一座充满热带风光的美丽城市，也是一座历史悠久的古城。雅加达是印尼的海陆空交通枢纽，亚洲南部与大洋洲的航运中心。这里集中了各种文化机构。近年来最引人注目的是公园与旅游景点日益增多。莫迪广场中央有一座高达137米的大理石塔，塔顶的火焰部分是用30千克的纯金打造而成的，象征着印尼的独立和自由。

旅游

旅游业发达，政府重视旅游业，注意开发旅游景点。主要名胜有巴厘岛、婆罗浮屠佛塔、印尼缩影公园、日惹皇宫、多巴湖、科莫多国家公园、乌科隆国家公园等。

东帝汶 /East Timor

地理位置

东帝汶位于东南亚努沙登加拉群岛最东端，包括帝汶岛东部和西部北海岸欧库西地区，以及附近的阿陶罗等岛，西部与印尼西帝汶相接。

正式名称	东帝汶民主共和国 (Democratic Republic of Timor—leste)
面　　积	14874 平方千米
人　　口	125 万 (2015 年)
民　　族	有十多个民族，其中 78% 为东帝汶土著人；20% 为印尼人；2% 为华人
语　　言	官方语言为德顿语和葡萄牙语；约 60% 的人口使用德顿语
首　　都	帝力 (Dili)
行政区划	全国划分为 13 个地区，区以下有 65 个县
地 理 区	山地，海岸平原，红树林沼泽

地形特征

境内多山，山地和丘陵占国土面积的 3/4，除山地外，还有沿海平原和红树林沼泽。丘陵地带森林茂密。北部山脉发端于海洋，南部是宽阔的沿海平原，但被河口三角洲和沼泽地分为两部分。

气候

热带季风气候，年平均气温 26℃。12 月至次年 3 月为雨季，4～11 月为旱季，年平均降水量达 2000 毫米。按地理位置来看，南部岛屿雨水更加充足，而北部山地则干旱贫瘠，特别是在 5 月和 10 月，北部甚至会出现旱灾。

自然资源

已发现的矿藏有金、锰、铬、锡、铜等，并有储量丰富的石油和天然气。森林茂密，主要有檀香木、桉树、椰树和橡胶林等。

主要城市

帝力

帝力是东帝汶首都，是全国经济、政治、文化中心，位于北海岸，三面临山，北濒翁拜海峡。帝力港为东帝汶深水港、交通枢纽和旅游胜地，也是全国的商业中心。

尼泊尔 /Nepal

地理位置

尼泊尔是内陆山国，位于喜马拉雅山南麓，北邻中国，其余三面都与印度接壤，国境全长 2400 千米，东西长约 885 千米，南北宽 144～256 千米。

地形特征

全国 1/2 的面积在海拔 1000 米以上，地势自北向南分为 3 个地形区。北部高山带，为喜马拉雅山中段最高部分，多冰峰雪山。世界 14 座 8000 米以上的高峰中有 8 座在尼泊尔境内或

正式名称	尼泊尔王国 (The Kingdom of Nepal)
面　　积	147181 平方千米
人　　口	2850 万 (2015 年)
民　　族	有拉伊、林布、苏努瓦尔、达芒、马嘉尔、古隆、谢尔巴、尼瓦尔、塔鲁等 30 多个民族
语　　言	官方语言为尼泊尔语；上层社会通用英语
首　　都	加德满都 (Kathmandu)
行政区划	全国共分 5 个发展区，14 个专区，36 个市，75 个县，3995 个村
地 理 区	喜马拉雅地区、丘陵和山谷地带、德赖平原

中尼、尼印边境。中部河谷带，喜马拉雅山主脉和马哈巴腊山脉之间，海拔 2000～5000 米。著名的加德满都谷地和博卡拉谷地就在这一地带。南部为德赖平原，是沿尼印边界东西伸展的一个狭长的东、中、西 3 个不相接地带，平均海拔高度约 120 米，北部多沼泽和丛林，南部是经过开垦的一带肥沃农田，为尼泊尔著名的"谷仓"。

气候

全国分北部高山、中部温带和南部亚热带 3 个气候区。北部冷季最低气温为 —41℃，南部夏季最高气温为 45℃。高山地带年降水量约为 500 毫米，温带地区年降水量为 1800～2000 毫米，南部亚热带区年降水量为 2000～2500 毫米。

自然资源

自然资源有铜、铁、铝、锌、磷、钴、石英、硫磺、褐煤、云母、大理石、石灰石、菱镁矿、木材等，但储量很小，均只得到少量开采。水力资源丰富，水电蕴藏量为 8300 万千瓦，约占世界水电蕴藏量的 2.3%，其中 2700 万千瓦可发展水力发电。

经济

尼泊尔为农业国，经济落后，是联合国公布的世界上最不发达国家之一。20 世纪 90 年代初起，尼泊尔开始实行"自由、开放和出口型"经济政策，以吸引外国投资。农业产值占国内生产总值的 40%。耕地面积为 325.1 万公顷。农业人口占全国总人口的 90% 左右。工业基础薄弱，规模小，机械化水平低，发展缓慢。主要有制糖、纺织、皮革制鞋、食品加工、香烟和火柴、黄麻加工、砖瓦生产和塑料制品等。

主要城市

加德满都

加德满都是尼泊尔的首都，是尼泊尔第一大城市，位于喜马拉雅山南麓肥沃的加德满都谷地，历史古老，建于 723 年。全城共有大小寺庙 2700 余座，最著名的有斯瓦相布佛塔、塔莱珠女神庙、帕苏帕蒂纳特寺和黑天神庙等。

旅游

尼泊尔地处喜马拉雅山南麓，自然

加德满都杜巴尔广场一角

加德满都的杜巴尔广场共包括三大块空地和 50 多个建筑古迹。

风光旖旎，气候宜人，徒步旅游和登山比较发达。主要旅游交通工具为牦牛。主要旅游胜地有佛教圣地蓝毗尼、博卡拉河谷、亚洲最古老的佛教圣迹之一——斯瓦相布佛院等。

不丹 /Bhutan

地理位置

不丹位于喜马拉雅山脉东段南坡，其东、北、西三面与中国接壤，南部与印度交界，为内陆国。

地形特征

不丹为喜马拉雅山系的群山所环绕的山国，全境约一半以上在海拔3000米以上，地势由北向南逐渐降低，分为许多平行山脉，纵贯全境。北部为喜马拉雅山地带，平均海拔在7000米以上。中部为山地河谷地带，海拔为1000～3500米，气候比较温和湿润，是不丹经济发展的核心。南部为低山平原地带，海拔1000米以下，气候潮湿而炎热，大部分地区无人居住。

气候

北部山区气候寒冷，以干旱为主要特征。中部河谷较温和，每年有1016～1270毫米的降水。南部丘陵平原属湿润的亚热带气候，每年有5080～7620毫米的降水。

正式名称	不丹王国 (The Kingdom of Bhutan)
面　　积	3.8万平方千米
人　　口	77.5万 (2015年)
民　　族	主要居民是不丹族50%；尼泊尔族占30%～35%
语　　言	官方语言为不丹语"宗卡"
首　　都	廷布 (Thimphu)
行政区划	4个行政区，20个宗（县）
地 理 区	北部喜马拉雅高山地带区，中部山地河谷地区，南部低山平原地区

自然资源

自然资源有白云石、石灰岩、石墨、石膏、煤、铅、铜、锌等矿藏。水力资源丰富。森林覆盖率约占国土面积的74%，有"森林之国"的称誉。

主要城市

廷布

廷布是不丹的首都，是不丹农作物的主要集散地及森林采伐地，地处喜马拉雅山南麓山坡边缘地带的旺河谷地，海拔2425米。廷布没有现代化工业。手工艺品制作精良，生产的竹制酒杯、箭筒、织布机的零件、纸张很有名。交通比较闭塞。

孟加拉国 /Bangladesh

地理位置

孟加拉国位于南亚次大陆东北部的恒河和布拉马普特拉河冲击而成的三角洲上，东、西、北三面与印度毗邻，东南与缅甸接壤，南濒临孟加拉湾。海岸线长550千米。

地形特征

全境90%的地区为平原，河网稠密，湖泊众多，恒河、贾木纳河和梅格纳河冲积成的三角洲大平原是世界上三角洲平原中面积最大的一个。孟加拉国耕地面积占总国土面积的62%，是世界上垦殖指数较高的国家之一。东南部和东北部为丘陵地带。东南角是阿拉干山

正式名称	孟加拉人民共和国（The People's Republic of Bangladesh）
面　积	147570 平方千米
人　口	16000 万（2015 年）
民　族	孟加拉族占 98%，另有 20 多个少数民族
语　言	官方语言为英语，孟加拉语为国语
首　都	达卡（Dhaka）
行政区划	全国划分为 6 个行政区，下设 64 个县、472 个分县、4490 个乡、59990 个村
地理区	冲积平原、东北、东南部山地

脉的一部分，叫吉大港丘陵。这里平均海拔只有 600 米。山地由 10 条南北走向的山脉组成，并列成行，是孟加拉国主要的林木产区。

气候

　　大部分地区属亚热带季风气候，湿热多雨。全年分为冬季（11 月至次年 2 月）、夏季（3～6 月）和雨季（7～10 月）。年平均气温为 26.5℃。冬季最低温度为 4℃，夏季最高温度达 45℃，雨季平均温度 30℃。

自然资源

　　天然气已公布的储量为 3113.9 亿立方米，煤储量 7.5 亿吨，森林面积约 249 万公顷，覆盖率约 15%。盛产柚木和麻栗等优质木材。

经济

　　孟加拉国是联合国公布的世界最不发达国家之一，国民经济主要依靠农业。1999～2000 年度农业产值 3792 亿塔卡，占国内生产总值的 31.5%，年增长率为 5%。主要经济作物为黄麻，是世界上最大的黄麻产地。耕地面积约 950 万公顷，约 84.8% 的人口生活在农村。1999～2000 年度工业产值 3022 亿塔卡，约占国内生产总值的 15.7%，年增长率为 2.2%，以麻、皮革、制衣、棉纺织和化工为主。

习俗

　　在孟加拉国乡下，用竹子搭起来的小屋旁边，一定会放着一个木桶，里面盛满水，一方面方便口渴的行人；一方面在祈祷前使用此水净身，以表虔诚之意。

　　孟加拉边境东南与东北的吉大港丘陵地带，现在仍定居着 10 余个原始部族。查克马族的男子围着手织的短腰带，女子则围着长腰带，这些布大都是蓝底红花。穆伦族 10～20 个家庭组成一个小团体，过着集体的生活。他们在丛林中的丘陵上用竹子搭建房屋，建立起理想的家园。

主要城市

达卡

　　达卡是孟加拉国的首都，恒河三角洲的历史古城，是全国政治、经济和文化中心。达卡位于三角洲腹部，傍靠三角洲岔流布里甘加河北岸，是恒河三角洲农产品集散地，也是世界最大的黄麻生产中心。市容整齐，景色秀丽。

旅游

　　孟加拉国最好的旅游季节是旱季，即 11 月至次年 3 月。主要名胜有首都达卡、巴哈尔布尔佛教遗址、吉大港，以及别具一格的竹桥和船夫小景。达卡有一座建于 1678 年的拉尔巴格古城堡。站在城墙上放眼眺望，达卡全城尽收眼底。达卡郊外河道纵横，市区的西南有帕德玛河，也称老恒河，景色如画，是达卡的主要旅游区。

印度 /India

地理位置

印度位于南亚次大陆，与巴基斯坦、中国、尼泊尔、不丹、缅甸和孟加拉国为邻，濒临孟加拉湾和阿拉伯海。南北长 3 119 千米，东西宽 2 977 千米，海岸线长 5 560 千米。

地形特征

印度三面临海，北背雪山，北广南狭。全国大致可以分为北部喜马拉雅高山区、南部德干高原区、中部恒河平原区、西部塔尔沙漠区和东西海域岛屿区 5 个部分。

印度北部山区地处喜马拉雅山南麓，成为隔绝亚洲内陆与次大陆的一道天然屏障。这里有一系列与喜马拉雅山平行的山脉，包括帕特开山、阿拉法利山、锡瓦开达山等。海拔平均约 4 000 米，少数在 7 000 米以上。

德干高原区位于印度半岛南部的内陆地区。为高原和丘陵，多深谷高山，地势西高东低，面积 160 万平方千米，约占全国总面积的 1/2，两侧有东、西高止山脉。西高止山海拔 1 500 米，山脊陡隆，形成狭窄的海岸平原；东高止山海拔 610 米，山脊缓倾，形成比西部更开阔的沿海平原。

恒河平原区介于喜马拉雅山与南部高原之间，由恒河、亚穆纳河和布拉马普特拉河及其支流冲积而成，通称印度斯坦平原，是南亚最大的冲积平原。地势平坦，最高的旁遮普地区海拔也只有 300 米，是古印度文明发祥地。

塔尔沙漠区位于印度斯坦平原西北部的干燥地带，与巴基斯坦东南部接壤。塔尔沙漠可分为南北两部分，南部为平坦的岩石沙漠，由高达 50 ~ 100 米的大沙漠组成，不易受风力影响而移动；北部受风化和侵蚀，岩层覆盖地表，形成沙砾沙漠，不宜居住。

印度海岸线狭长，海域辽阔，多岛屿，可分为东西两侧。东侧位于孟加拉湾的安达曼群岛与尼科巴群岛，最高处海拔可达 750 米，其中安达曼群岛由北、中、南、小 4 组岛屿组成，总共 224 个大小岛屿，总面积为 6 400 平方千米。首府布莱尔港（南安达曼岛），是一天然良港，是印度东门，战略地位重要。全岛地形复杂，原是一系列火山，多石礁。西部位于阿拉伯海的拉克代夫、阿明迪维和米尼科伊群岛，为印度西大门。26 个岛屿上仅 10 个岛上有居民。

气候

印度气候属热带季风气候，气温因海拔不同而异，喜马拉雅山区年均气温

正式名称	印度共和国（The Republic of India）
面 积	约 298 万平方千米（不包括中印边境印占区和克什米尔印度实际控制区等）
人 口	131100 万（2015 年）
民 族	10 个大民族和许多小民族，有印度斯坦族、泰卢固族、孟加拉族、马拉地族、泰米尔族等
语 言	官方语言为英语和印度语
首 都	新德里（New Delhi）
行政区划	全国划分为 25 个邦和 7 个中央直辖区
地 理 区	喜马拉雅山区，北部平原，德干高原等

12 ～ 14℃，东部地区 26 ～ 29℃。

自然资源

资源丰富，铝土储量和煤产量均占世界第五位，云母出口量占世界总出口量的 60%。有铁矿石、铬铁矿、锰矿石、锌、铜、石灰石、磷酸盐、黄金、石油、天然气，此外，还有石膏、钻石及钛、钍、铀等矿藏。森林覆盖率为 21.9%。

经济

印度独立后经济有较大发展。农业由严重缺粮达到基本自给。工业已形成较为完整的体系，自给能力较强。近年来印度信息技术产业发展迅速，2000 年软件出口额 40 亿美元。1990 ～ 1999 年经济年均增长率为 60%。1999 ～ 2000 年度，农业及相关产业增长率为 0.7%。粮食产量为 2.08 亿吨，比上年增长 2.7%。农村人口约占全国的 71%。印度是世界第一大产奶国，也是世界重要的产棉国家和产茶国。1999 ～ 2000 年度，工矿业比上年度增长约 8.2%。纺织、食品、精密仪器、汽车、软件制造、航空和空间等新兴工业发展迅速。

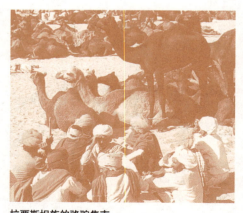

拉贾斯坦族的骆驼集市
一年一度的普虚卡骆驼集市是世界上最大的骆驼集市。

习俗

印度绝大多数妇女喜欢身穿传统民族服装，即穿着富有艺术性的、有遮有露（遮胸露腰）的纱丽，里面是一件紧身的短衫。印度妇女喜欢在前额中央点上一小朱圆点，表示吉祥。她们更喜欢佩戴各种金银宝石制作的首饰，如项链、胸饰、耳环、鼻圈、戒指等，名目繁多。

主要城市

新德里

新德里是印度的首都，位于亚穆纳河西岸。在古都德里南面，由英国著名建筑师勒琴斯总揽规划。全市以儿童公园广场为中心，城市街道成辐射状，密如蛛网地伸向四面八方。整个设计，布局精细，错落有致，林荫大道与街心花园相互辉映，犹如一座花园城。新德里交通发达，有公路、铁路和航空班机通向全国各地和世界各大城市。

加尔各答

加尔各答是印度最大的城市，孟加拉邦首府，工业发达，也是印度教教徒的活动中心。加尔各答位于恒河三角洲的胡格利河左岸，是印度的黄麻工业中心。加尔各答也是印度的文化、教育中心，著名诗人泰戈尔即诞生于此，加尔各答大学位于城北，还有原子研究所、博物馆、美术馆、国家图书馆、歌剧院，以及植物园和动物园等场馆。

旅游

政府已将旅游业作为社会效益良好的创汇产业列入发展重点，提供 2000 多万个岗位。入境旅游人数逐年递增，旅游收入不断增加。1998 年外国旅游人数 197.48 万人次，创汇 29 亿美元，该产业已成为全国第六大出口创汇部门。主要名胜有德里、斋浦尔、昌迪加尔、纳兰达、迈索尔、果阿、阿姆利则金庙等。

正式名称	斯里兰卡民主社会主义共和国 (The Democratic Socialist Republic of Sri Lanka)
面　　积	65610 平方千米
人　　口	2100 万（2015 年）
民　　族	僧伽罗族占 74.5%；其他还有泰米尔族、摩尔族等
语　　言	官方语言为僧伽罗语、泰米尔语；上层社会通用英语
首　　都	科伦坡（Colombo）
行政区划	全国分为 9 个省，25 个县
地 理 区	岛四周为沿海低平原，中南地区为山地

斯里兰卡 /Sri Lanka

地理位置

斯里兰卡是南亚次大陆南端印度洋上的岛国，西北隔保克海峡与印度半岛相望。南北最长 435 千米，东西最宽 224 千米。

地形特征

斯里兰卡平原面积占全国总面积的 80%，中南部为梯状高原山地、高地，北、东、西三面是平原低地，沿海为平原。

自然资源

主要矿藏有石墨、宝石、钛、铁、锆石、云母等，石墨、宝石、云母等已开采，其中宝石种类 30 多种，种类之多、重量之大为世界各国所罕见。

主要城市

科伦坡

科伦坡是斯里兰卡的首都，是全国政治、文化、经济、交通中心。科伦坡位于凯拉尼河口的南岸，面临印度洋，正好处于欧、非、西南亚地区与大洋洲航运的必经之路上，故有"亚洲门户"和"东方十字路口"之称。科伦坡是斯里兰卡古老的城市之一，也是古代印度、波斯、阿拉伯与东亚贸易的重要中心。在科伦坡到处可以看到佛寺、佛塔和佛亭。其中以距市区 5 千米，建于 400 多年前的克拉尼亚寺最为著名。国家博物馆是科伦坡的一大景观。科伦坡也是一座美丽的"花园城"。它临近赤道，四季如夏，但无酷暑，整个城市郁郁葱葱。

波隆纳鲁沃古城

坐落在斯里兰卡东北部地区，距科伦坡 210 千米。古城内林立的雄伟宗教建筑、鲜活生动的雕刻、形态各异的佛像等是不可多得的艺术珍品，1982 年作为文化遗产列入《世界遗产名录》。图为波隆纳鲁沃古城内伽尔寺内的卧佛，全长约 14 米。

马尔代夫 /Maldives

地理位置

马尔代夫是印度洋上的群岛国家，南北长约 820 千米，东西宽约 130 千米，位于印度南部约 600 千米、斯里兰卡西南部约 750 千米处，由 26 组自然环礁、1192 个珊瑚岛组成，分布在约 9 万平方千米的海域内，其中 200 个岛屿有人居住。

地形特征

马尔代夫是世界最大的珊瑚岛国，是印度洋中狭长的海底高原——查尔斯—拉克代夫高原中段露出水面的部分。马尔代夫群岛南北纵列，形成一条相当长的岛屿锁链。整个岛屿东西狭窄而南北漫长，最大的岛屿是冈岛，面积不到 13 平方千米。

气候

马尔代夫位于赤道附近，具有明显的热带气候特征，炎热潮湿，属热带季风气候。一年有两个季风期：夏季西南季风，为 5 ~ 10 月，气候较潮湿；冬季东北季风，为 1 ~ 4 月，气候较干燥。6 ~ 8 月为当地雨季。

自然资源

马尔代夫拥有丰富的海洋资源，有各种热带鱼及海龟、玳瑁和珊瑚、贝壳之类的海产品。

主要城市

马累

马累是马尔代夫的首都。这里是"开放港"，外国商品免征关税，由于所处的地理位置优越，早在古代和中世纪就成为重要的要塞。马累岛分为 4 个行政区，街道是由压碎了的珊瑚修建的。市中心建有总统的官邸，小巧而精美。城内还有雄伟的尖塔，使城市更显得别具一格。

正式名称	马尔代夫共和国 (The Republic of Maldives)
面　　积	总面积 9 万平方千米（含领海），其中陆地面积 298 平方千米
人　　口	40.9 万（2015 年）
民　　族	均为马尔代夫族
语　　言	官方语言为迪维希语，上层社会通用英语
首　　都	马累（MalR）
行政区划	全国分 21 个行政区，包括 19 个行政环礁和首都马累和阿杜两市
地 理 区	1192 个珊瑚岛和 26 组环礁

巴基斯坦 /Pakistan

地理位置

巴基斯坦位于南亚次大陆西北部，东接印度，东北与中国毗邻，西北与阿富汗交界，西邻伊朗，南濒阿拉伯海。东北与西南最大距离为 1570 千米，东南与西北最大距离为 1170 千米。

地形特征

地形以山地、丘陵为主，西北高，东南低，大体可分为 5 个主要地形区：北部山区为喜马拉雅山西部的延伸，由四大山脉组成，即亚喜马拉雅山、外喜马拉雅山、喀喇昆仑山、兴都库什山；

正式名称	巴基斯坦伊斯兰共和国（The Islamic Republic of Pakistan）
面　积	88.0254万平方千米
人　口	18900万（2015年）
民　族	有旁遮普族、信德族、帕坦族、俾路支族
语　言	官方语言为英语；乌尔都语为国语；主要民族语言有旁遮普语、信德语、普什图语和俾路支语等
首　都	伊斯兰堡（Islamabad）
行政区划	全国划分为4个省，及联邦首都伊斯兰堡、吉尔吉特—巴尔蒂斯坦、巴控克什米尔和7个联邦直辖部落专区
地理区	北部、西部山区，盐岭和波特瓦尔高原、俾路支高原、东南部印度河平原

西部山区包括萨费德科克、苏莱曼山、吉尔特尔山，有多处山口，其中开伯尔山口是重要通道；盐岭位于杰卢姆河和印度河之间，是波特瓦尔高原南部山脉，高原覆盖着一大片侵蚀地，有小丘、盆地、平原、溪流和小湖泊；俾路支高原是伊朗高原的一部分，平均海拔为610米，东起苏莱曼山脉西部和吉尔特尔山脉，北至古马勒河，南达阿拉伯海，境内有干旱的峡谷、盐湖、沙漠和不毛之地的小山丘；印度河平原位于巴基斯坦东南部，是世界上较大的冲积平原之一，可分为上印度河平原和下印度河平原（即信德平原和三角洲地区）。

气候

巴基斯坦除南部属热带气候外，其余属亚热带气候。南部湿热，受季风影响，雨季较长；北部地区干燥寒冷，有的地方终年积雪。年平均气温27℃。

自然资源

巴基斯坦是世界上较大的铬矿产地之一。主要矿藏有天然气、石油、铁、铜、铝土，还有大理石、宝石、石膏、铀矿、岩盐等。森林覆盖率4.8%，水力资源较丰富。

经济

经济以农业为主，依赖外援。近年来，由于巴基斯坦政局动荡，又遭自然灾害，经济全面受挫。1999～2000年，农业产值为7934.2亿卢比，占国内生产总值的25%，增长率5.5%。主要农产品有小麦、大米、棉花、甘蔗等。巴基斯坦是世界上灌溉面积比重较大的国家之一。1999～2000年工业产值为5395.2亿卢比，占国内生产总值的17%，增长率为1.6%。最大的工业部门是棉纺织业，其他还有制糖、造纸、烟草、机器制造、化肥、电力、石油等。

习俗

巴基斯坦妇女深居简出，不得不外出时，要戴上面罩。女孩子11～12岁以前不戴面罩，但13岁以后都要戴上面罩避人。

巴基斯坦人注重礼节。男性亲友久别重逢时，以两次紧紧拥抱和一次热烈的握手表示彼此的深情厚谊。

巴基斯坦东南部的信德省正在收割甘蔗。2000年的时候，巴基斯坦生产了大约4620万吨的甘蔗。

主要城市

伊斯兰堡

伊斯兰堡是巴基斯坦的首都，是世界上年轻的现代化都市之一。它地处内陆，背依高耸的喜马拉雅山，面向宽阔的印度河大平原，具有地理位置上的重要性。市南被称为"玫瑰和茉莉公园"的夏克巴利山顶公园是重要的旅游胜地。

旅游

旅游业发展较慢，旅游者多为定居在欧美的巴基斯坦人和海湾国家的游客。主要名胜有卡拉奇、拉合尔、白沙瓦、拉瓦尔品第、伊斯兰堡、奎塔、费萨拉巴德和北部地区等。白沙瓦是一座具有悠久历史的文化古城。居住着巴基斯坦的一个少数民族——帕坦人。城市布局和建筑很少受西方文化的影响，保持着浓郁的普什图文化的特色。白沙瓦有许多名胜古迹，如巴拉希散尔堡、吉沙·卡瓦尼商场、开伯尔山口、塔拉、白沙瓦博物馆等。

阿富汗 /Afghanistan

地理位置

阿富汗是亚洲中西部的内陆国家。北邻土库曼斯坦、乌兹别克斯坦、塔吉克斯坦，西接伊朗，南部和东部连巴基斯坦，东北部突出的狭长地带与中国接壤。

地形特征

国土的 4/5 是山地和高原，海拔大多在 600 ～ 3000 米，"阿富汗"一词古波斯语为"山上人"之意。世界上最大的山系兴都库什山脉自东北伸向西南，横穿阿富汗全境，占国土总面积的 2/3。兴都库什山脉把全国分为 3 个地带，即北部平原、中央山岳地带、西南部沙漠地带。北部平原区为主要的农业区，西南部沙漠地带主要由沙漠和半沙漠组成，包括雷吉斯坦沙漠。

气候

阿富汗属大陆性气候，干燥少雨，冬季严寒，夏季酷热。年平均降水量不足 300 毫米，即使是最湿润的地方也不超过 500 毫米。山地和平原之间的气候差异明显。冬季山地寒冷，经常有暴风雪。兴都库什山东段，7 月平均气温 10℃，无霜期为 100 天，海拔 4000 米以上无霜期只有 50 天。4500 ～ 5000 米为雪线，山顶常年积雪，并有冰川广泛分布。在北部的平原地区，夏季炎热干燥，冬季温暖无雪，气温变幻无常。西南部的广大地区，为干旱草原和沙漠所占据，这里夏季气温常达 48℃，年降水量只有 50 ～ 70 毫米。

正式名称	阿富汗伊斯兰共和国（The Islamic Republic of Afghanistan）
面　积	647 500 平方千米
人　口	3256.2 万（2015 年）
民　族	阿富汗有 30 多个民族。主要有阿富汗族（普什图族）、塔吉克族、乌兹别克族、哈扎拉族、土库曼族等
语　言	官方语言为普什图语、达里语
首　都	喀布尔（Kabul）
行政区划	全国划分为 34 个省，省下设县、区、乡、村
地理区	北部平原、中部高原、西南部沙漠地带

首都喀布尔

自然资源

已探明的矿产有天然气、煤、盐、铬、铁、铜、青金石、大理石等，其中铁矿石具有很高的品位。天然气储藏量约为1500亿立方米。煤储量约4亿吨。因运输困难和资金缺乏，仅天然气、煤、盐、铬得到开采。

经济

阿富汗是落后的农牧业国家，1971年被联合国列为世界最不发达国家之一。工业以轻工业为主，主要有地毯、纺织、皮革、水泥、电力、采煤、汽车修理和制糖等。手工业约占工业产值的42%。阿富汗现政府重视经济重建，倚重西方国家，积极争取外援，重建国家经济架构，培养自身"造血"功能。

习俗

叼羊　叼羊是阿富汗人著名的娱乐活动，反映出这个骑马民族的勇猛剽悍。一般是在阿富汗北部的居民中举行。这项活动使杰出的骑手和他的骏马有展露才华的机会。

主要城市

喀布尔

喀布尔是阿富汗的首都，是全国第一大城市，是政治、经济和文化中心，人口279万左右，位于该国东部的喀布尔河谷，海拔1800米。喀布尔是一座四周群山环绕的异常美丽的高原城市，早在2000多年以前，就已是东西方贸易往来的中心，如今在市区仍遗留着纪元初期的墓碑、宝塔、城堡的残垣等。市内古老的皇宫金碧辉煌，尖顶在阳光下闪闪发光，主要街道两旁都有小溪，从山上流下来的泉水，清澈见底。

伊朗 /Iran

地理位置

伊朗位于亚洲西南部，北邻亚美尼亚、阿塞拜疆、土库曼斯坦，西与伊拉克、土耳其接壤，东与巴基斯坦和阿富汗交界，南濒波斯湾和阿曼湾。海岸线长1833千米。

地形特征

境内多高原，国土大部分位于伊朗高原，平均海拔1220米。中央部分高原地表较为平缓，四周为山脉所环绕；北部为厄尔布尔士山脉；西北部为亚美尼亚高原的一部分，多山间盆地；西南为扎格罗斯山脉；东部是干燥的盆地，形成许多沙漠，沿海分布有狭窄的平原。

气候

伊朗属大陆性气候，冬冷夏热，大部分地区干燥少雨。东部和内地属大陆性的亚热带草原和沙漠气候，西部山区多属亚热带地中海气候。中央高原及其边缘山地和南部沿海一带，年降水

正式名称	伊朗伊斯兰共和国 (The Islamic Republic of Iran)
面 积	164.5万平方千米
人 口	7910万 (2015年)
民 族	主要为波斯人、阿塞拜疆人、库尔德人，其余为阿拉伯人、土库曼人等少数民族
语 言	官方语言为波斯语
首 都	德黑兰 (Tehran)
行政区划	全国共有30个省，分为324个地区、982个县、2378个乡
地 理 区	内陆高原、山脉、里海海岸、胡吉斯坦平原

量均在200毫米以下。卡维尔沙漠和卢特沙漠地区则不到100毫米。里海沿岸和厄尔布尔士山脉北坡一带降水量超过1000毫米，为全国降水量最多地区，是伊朗的亚热带湿润气候。西北部山地和扎格罗斯山西部，年降水量在500毫米以上，可称为亚热带半湿润山地气候。

自然资源

石油、天然气资源丰富。截至2005年年底，已探明石油储量约1332.5亿桶，居世界第二位。天然气居世界第二位。此外，伊朗还有丰富的铜、铬、锌、铁等矿产资源。森林资源也很丰富。

经济

石油的开采和提炼是伊朗经济中最重要的部门。1999年3月～2000年3月，工矿业产值占国内生产总值的52.1%。石油、天然气是其工业主要部门，其他工业部门有纺织、食品、建材、地毯、造纸、电力、化工、汽车、冶金、钢铁和机械制造。农业产值约为86.99万亿里亚尔（按当时价格计算），占国内生产总值的20.9%。农业人口约3500万。可耕地5200万公顷，占全国面积的30%。牧场和森林面积分别占国土面积的26.9%和11%。粮食不能自给，每年需进口约30%的食品。森林和渔业发展良好。

习俗

以羊聘婚 土库曼族的男子订婚时，必赠送60只羊给女方家，作为最好的聘礼。

手工绣织地毯

伊朗的地毯以其艺术和工艺之精而备受赞赏，已成为重要的出口物品。根据传统，他们会在地毯中编入一个瑕疵。

面纱与黑袍 健康妇女们一定要戴面纱、披黑袍，即使驾着私人小汽车外出，也不得例外。男子则不准穿短衣裤。

主要城市

德黑兰

德黑兰是伊朗的首都，是全国政治、经济、文化和交通中心。德黑兰一词意即"暖地"，它位于厄尔布尔士山南麓的大绿洲上。1943 年 11 月 28 日～12 月 1 日，罗斯福、丘吉尔、斯大林三巨头在此举行第二次世界大战期间第一次高级会议——德黑兰会议。第七届亚运会主赛场——阿里亚梅体育中心就建在市西北。德黑兰不仅有玉带般的独立林荫大道、宏伟的自由广场和高耸的纪念塔，还有令人眼花缭乱的巴扎尔大市场。汽车多是德黑兰的一大特色。全市现代化工业占全国的 1/3，其中加工工业产值占全国的 1/2。市内设有多所高等院校、科研中心以及出版社、文艺、体育团体，拥有著名的"孔雀玉座"的旧王宫。

库姆

库姆是伊朗的宗教圣城，位于伊朗首都德黑兰以南 145 千米，于 720 年所建。库姆被奉为圣城，这里有著名的神学院，是伊朗的宗教领袖们聚集的地方。库姆神学院由 10 多个学校构成。库姆神学院实行的是一种世上少见的教育制度，相沿已经有 1 000 多年的历史。神学院的每个学校都有它自己的名称，学校一般没有课堂，自习就在各自家里。神学院还招收女学员，但不和男学员在一起学习。

旅游

从 1991 年起，政府开始致力发展旅游业。主要名胜有巴什哈德、库姆、大不里士、阿里·卡普宫、伊斯法罕王侯广场（被列入世界文化遗产）、古波斯帝国遗址波斯波利斯、巴姆古城、伊玛姆广场等。

科威特 /Kuwait

地理位置

科威特位于亚洲西部波斯湾西北岸，与沙特、伊拉克相邻，东濒波斯湾，同伊朗隔海相望。海岸线长 290 千米，有布比延、费莱凯等 9 个岛屿。

地形特征

地势西高东低，大部分为沙漠平原，有些丘陵穿插其间，北部、西部

正式名称	科威特国 (The State of Kuwait)
面　　积	17818平方千米
人　　口	404万（2014年）
民　　族	科威特籍人约占总人口的31.9%；外籍侨民约占68.1%
语　　言	官方语言为阿拉伯语；通用英语
首　　都	科威特城 (Kuwait City)
行政区划	全国共分6个行政省
地理区	科威特湾沿海平原，内地沙丘、费莱凯岛、布比延岛

及中央地带遍布大大小小的沙漠盆地。科威特近海最大的岛屿是东北部沿岸的布比延岛，海拔较低，荒无人烟。最北方的沃尔拜岛，无人居住，连一棵树也没有。最著名的岛屿费莱凯岛历史悠久，史前时代就有人居住，曾是希腊的殖民地。还有一些小岛，如恩阿尔纳密尔、密斯干、奥阿哈、库布、查鲁以及恩阿尔马拉丹等。在北部浅海、布比延及费莱凯岛四周和科威特湾内部还有一些珊瑚礁。

俯瞰科威特城

气候

科威特属热带沙漠气候，夏长，炎热干燥；冬短，湿润多雨。1月和7月平均气温分别为12℃和34℃，最热时树荫下为51℃。1～5月降水较多，年均降水量为22～352毫米。

自然资源

石油和天然气储量丰富。现已探明的石油储量居世界第四位。

经济

石油、天然气为国民经济的主要支柱，其产值占国内生产总值的40%，占出口创汇的95%。非石油项目产值占国内生产总值的60%。工业以石油开采、冶炼和石油化工为主。1999～2000年财政年度，石油收入为158.2亿美元，占该年度总收入的91.8%。农业可耕地面积约14 182公顷，无壤培植面积约156公顷。农业产值在国内生产总值占的比例仍不足1%。农牧产品主要依靠进口。渔业资源丰富，除自给外略有出口。

习俗

科威特的经济比较发达，但他们仍很眷恋传统的生活方式。在穿着方面，仍有不少人戴长巾、穿大袍；女人则穿长裙，披黑纱。科威特人以茶或咖啡款待来客是一种传统习惯，拒饮是大不敬。养鹰已经成了许多科威特人生活中一项必不可少的内容，早在几百年前，这里的阿拉伯人就酷爱养鹰，他们用自己的名字给鹰命名。

主要城市

科威特城

科威特城是科威特的首都，是全国政治、经济、文化和交通中心，位于波斯湾西岸。7～8月份气温最热，经常达到50℃，由于濒临海湾，降雨量相对较多，可达100毫米以上。掌握国家经济命脉的科威特国家石油公司和科威特银行总部都设在这里。科威特城是整个阿拉伯半岛和波斯湾西岸的一颗璀璨的明星。科威特的周围有许多油田，石油的开采已使之成为中东最现代化的都市。科威特城是交通运输中心，郊区有一座现代化的国际民航机场。它位于地中海、印度、巴基斯坦之间的航空线上，是伊朗和阿拉伯半岛来往飞机的交通要冲，具有战略地位。

旅游

科威特是一个严重缺乏淡水的国家。政府拨出巨款，利用波斯湾取之不尽的海水，兴建了世界上最大的海水淡化厂。为了储淡水，科威特政府在市区和海滨相继建起了几十座水塔。这些水塔造型新颖别致。有锥形、长方形、球形等，常常是 3 个、6 个或 9 个一组，成为科威特现代化的标志，这也是科威特有名的旅游景点，最著名的是耸立于首都东部的一组大水塔。另外，科威特还有 5 座旧城门，作为历史古迹供人们参观。

净化海水的水塔

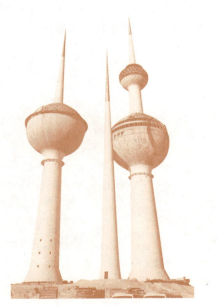

沙特阿拉伯 /Saudi Arabia

地理位置

沙特阿拉伯位于阿拉伯半岛，东濒波斯湾，西临红海，同约旦、伊拉克、科威特、阿联酋、阿曼、也门等国接壤。海岸线长 2 437 千米。

地形特征

地势西高东低。西部是希贾兹——阿西尔高原；东部为平原，红海沿岸地区为红海低地。沙漠占全国土地的 1/2，东南部的鲁卜哈利沙漠为全国最大的沙漠。

气候

西部高原地中海气候，其他地区属亚热带沙漠气候。夏季沿海地区气温 38 ~ 39℃，内地有时高达 54℃；冬季气候温和，气温 14 ~ 23℃。年均降雨量不超过 200 毫米。除了湿热的沿海地区以外，其他各地常年湿度均较低。

自然资源

沙特阿拉伯以"石油王国"著称，占世界总储量的 26%，居世界各国之首。

正式名称	沙特阿拉伯王国 (Kingdom of Saudi Arabia)
面 积	225 万平方千米
人 口	3150 万（2015 年）
民 族	绝大部分为阿拉伯人；外籍人口约占 20%
语 言	官方语言为阿拉伯语；通用英语
首 都	利雅得（Riyadh）
行政区划	全国分为 13 个地区。地区下设一级县和二级县，县下设一级乡和二级乡
地 理 区	西部高原，中央高原，北部沙漠，东部低地

天然气储量为 6.9 万亿立方米，居世界第四位。此外，还有金、铜、铁、锡、铝、锌等矿藏。水力资源以地下水为主。沙特阿拉伯是世界上最大的淡化海水生产国，全国的海水淡化总量占世界海水淡化量的 21% 左右。

经济

沙特阿拉伯特别重视农业，农业收入占国民生产总值的 13%。政府鼓励农民扩大种植面积，对农产品给予优惠补贴。农产品出口额占非石油出口总额的 20%。目前沙特已在小麦、椰枣、鸡蛋方面实现自给。沙特实行自由经济政策。石油工业是主要支柱，在国民经济中起主导作用，石油收入占国家财政收入的 70% 以上，出口收入约占出口总额的 90%。制造业主要由燃烧石油的电站来供电，生产石化产品、化肥和轧制钢。

习俗

奇特的衣着　沙特阿拉伯的男子通常穿一种长袖、高领、镶里子的外套。这种服装名叫"塔巴"。女子的传统服装是全身裹着长袍、头戴面纱，不仅头发和皮肤不能外露，就连她的声音也不能让陌生的男子听到。

主要城市

利雅得

利雅得是沙特阿拉伯的首都，是全国政治、经济、文化中心，位于沙特阿拉伯的中部，周围是一片绿洲。利雅得的著名建筑有美丽的王宫、庄严的大清真寺，还有利雅得大学和占地大约 7.5 万平方米的具有现代化设

利雅得的最高建筑——王国中心

备的沙特一世国王医院，造型各异的供水塔随处可见。利雅得很早以来就是红海—波斯湾之间的中转站，从伊朗、伊拉克到麦加、麦地那，陆路交通都要从利雅得经过，因而利雅得的交通占有一定的地位。

旅游

每年到沙特的外国游客为 300 万人次，其中 200 多万与朝觐有关。景点有米纳等。主要旅游城市有麦地那等。

石油收入是沙特拉阿拉伯的主要财政收入，此图是沙特的炼油厂。

巴林 /Bahrain

地理位置

巴林位于波斯湾西南部，介于卡塔尔和沙特阿拉伯之间，由 33 个大小不等的岛屿组成。

正式名称	巴林王国 (The Kingdom of Bahrain)
面 积	711.855 平方千米
人 口	138 万 (2015 年)
民 族	巴林籍人占 60%；其他为印度、巴基斯坦、孟加拉、伊朗、菲律宾和阿曼人等
语 言	官方语言为阿拉伯语，通用英语
首 都	麦纳麦 (Manama)
行政区划	全国分为 5 个省
地 理 区	巴林岛，穆哈拉格岛，锡特拉岛

地形特征

诸岛地势低平，主岛巴林岛地势由沿海向内地逐渐升高，沿海都是珊瑚礁，岛的东北角是首都麦纳麦，首都的东北部有穆哈拉格岛，麦纳麦以南是锡特拉岛。

气候

巴林属热带沙漠气候。夏季炎热、潮湿，7～9 月平均气温为 35℃；冬季温和宜人，11 月至次年 4 月气温为 15～24℃。年平均降水量 77 毫米。

自然资源

巴林已探明石油储量约 2200 万吨，天然气储量约 1182 亿立方米，还拥有优质的珍珠资源。

经济

巴林可耕地面积 5880 公顷，约占全国总面积的 9%，实际种植面积大概 3780 公顷，从事农业的人口不足 7000 人。粮食靠进口。工业主要有石油和天然气开采、炼油和炼铝工业等。1998 年工业产值 3 亿第纳尔，占国内生产总值的 13%。巴林是海湾地区最早开采石油的国家，1998 年石油收入占国内生产总值的 15.8%，同时还是海湾地区银行和金融中心，截至 1998 年第三季度，共有 182 家本国银行和外国银行分行或办事处，总资金 700 亿美元。

习俗

在巴林，法定彩礼是一个金里拉。女方家长不承担什么义务，至于嫁妆，则根据可能和自愿而定。新郎要在新娘家住满一周。这期间，要屠宰牲畜、大摆宴席。

主要城市

麦纳麦

麦纳麦是巴林的首都，有"阿拉伯世界的苏黎世"之称，是一座现代化海港城市。著名的温泉阿扎拉泉位于麦纳麦附近，已变成了公众的游泳池。麦纳麦城的"古达伊比叶"区位于该城东南，那里有巴林埃米尔的王宫。

旅游

1999 年，旅游收入占国民生产总值的 11%。主要名胜有巴尔巴尔庙、巴林墓丘等。

卡塔尔 /Qatar

地理位置

卡塔尔位于波斯湾西南岸的卡塔尔半岛上，濒临波斯湾，与阿联酋和沙特接壤，南北长 160 千米，东西宽 55 ~ 58 千米。海岸线长 550 千米。

地形特征

地形多为岩石和沙漠所覆盖的沙石平原，绿洲稀少，海岸大部分低平，小海湾较多，东部是平原与沙漠，西部地势略高。

气候

卡塔尔属热带沙漠气候。夏季炎热漫长，最高气温可达 46℃；冬季凉爽干燥，最低气温 7℃。年平均降水量仅 125 毫米。

自然资源

资源主要有石油和天然气。石油储量居世界第 24 位，天然气居世界第三位。地下水源贫乏。

经济

卡塔尔农业基础薄弱，发展较慢，

正式名称	卡塔尔国 (The State of Qatar)
面　　积	11437 平方千米
人　　口	224 万 (2015 年)
民　　族	当地阿拉伯人约占人口总数的 20%，其他为外籍人
语　　言	官方语言为阿拉伯语，通用英语
首　　都	多哈 (Doha)
行政区划	共划分 9 个市
地 理 区	半岛西海岸地带，东部石灰岩平原

从事农业生产的主要是外籍工人。全国可耕地面积为 2.8 万公顷。农牧产品不能自给，粮食、蔬菜、水果、肉蛋奶等主要依赖进口。经济以石油产业为主，石油收入占国民收入的 1/3 以上，所产石油 95% 供出口。2000 年，石油收入达 67 亿美元，占国内生产总值的 46%。

习俗

大部分地区的妇女外出戴面纱。妇女喜戴戒指、项链和鼻环等首饰，有的还在前额、脖颈、双颊、双唇、胸部、脚掌黥染蓝色花纹。政府规定，本国男人如娶本国女人为妻，可以得到政府一笔优惠贷款。政府做这样的规定，是因为外籍人口占卡塔尔总人口的 60%，娶外国女人为妻花费又较少。这样，卡塔尔一般家境的男人都乐意娶外籍女子为妻，于是本地女子的婚嫁就成为社会关注的问题。

主要城市

多哈

多哈是卡塔尔的首都，是全国政治、经济、文化中心和卡塔尔最大的港口。港内建有现代化冻虾厂和包装厂。公路连接全国，城东南有国际机场。

旅游

多哈是卡塔尔的旅游胜地。在多哈，市区宽阔的街道两旁遍植阿拉伯橡胶树和尤加利树，新建的楼房掩映在浓荫之中。多哈宫富丽堂皇，造型美观，外表饰以彩色玻璃。国家博物馆位于海湾大道。离多哈约 7 千米处有鸽子洞，位于岩石高地之中，因野鸽子在洞中营巢而得名。离多哈 26 千米处有露真洞，洞呈新月形，深达 40 余米，洞壁都是白色石块。

阿联酋
/United Arab Emirates

地理位置

阿拉伯联合酋长国是介于波斯湾和阿曼之间的国家，位于阿拉伯半岛东部，北濒波斯湾，海岸线长 734 千米。西北与卡塔尔为邻、西和南与沙特阿拉伯交界、东和东北与阿曼毗连。

正式名称	阿拉伯联合酋长国 (The United Arab Emirates)
面 积	83 600 平方千米
人 口	916 万 (2015 年)
民 族	阿拉伯及外籍人。阿拉伯人仅占 25%；其他为来自 35 个国家的外籍人，主要是巴基斯坦，印度等地的移民
语 言	官方语言为阿拉伯语；通用英语；沿海地区使用波斯语
首 都	阿布扎比 (Abu Dhabi)
行政区划	由 7 个酋长国 (阿布扎比、迪拜、沙迦、哈伊马角、阿治曼、富查伊拉、乌姆盖万) 组成，有 "海湾七珍" 之称
地理区	东部为山地，西半部地势低平，沿海为狭窄的平原，内地为地形单调的沙漠和平地

地形特征

境内除东北半岛部分有山地外，绝大部分地区为沙漠和洼地，其间也有砾石、沙丘和绿洲。东部山地为阿拉伯半岛上的哈杰尔山脉向北伸延部分。由于扼波斯湾进入印度洋的交通要道和靠近霍尔木兹海峡，战略地位十分重要。山脉东侧为濒临阿曼湾的巴廷纳平原；西侧是有粉红色沙丘覆盖的狭窄的波斯湾沿岸平原。在山麓和沙丘之间有绿洲镶嵌。国土西半部

地势低平。沿海岸地带为狭窄的平原，有沙地、"苏布哈"（咸沙）覆盖。阿布扎比市西和西南面有艾因绿洲和 30 多个小绿洲组成的绿洲群。

气候

阿联酋属热带沙漠气候，分夏冬两季，春秋不明显。夏季 (5 ~ 10 月) 炎热潮湿，气温 40 ~ 50℃，冬季 (11 月至次年 4 月) 气温 7 ~ 20℃。平均降水量约 100 毫米，多集中于 1 ~ 2 月。

自然资源

阿联酋已探明石油储量为 130 亿吨，天然气储量为 6.43 万亿立方米，居世界第五位。此外，海湾还盛产珍珠和鱼类。绿洲农产品有椰枣、蔬菜等。

经济

经济以石油生产和石油化工业为主，同时，政府注重发展经济多样化，注意利用天然气资源，发展水泥、塑料制品、建筑材料、服装、食品加工等工业，重视发展农、牧、渔业。政府充分利用各种财源，重点发展文教、卫生事业，继续完成和扩大在建的现有项目。

习俗

姓名排列次序　阿联酋人的名字是名在前，姓在后。姓名的构成习惯上把本人的姓名与历代先辈的名字连起来，因此有的长达 10 多段，简直像一份家族宗谱。由于长名使用不便，通常简化为 3 段或 2 段，即本人名—父名—祖父名，或本人名—父名；本人名—祖父名。普通的阿拉伯人一般只称呼本人名，有一定社会地位的人才能称呼姓。

咖啡敬客　用不带小把的杯子请客人喝咖啡是待客的传统形式，咖啡多是刚磨出来的，也有用小豆蔻调味的。传统上连喝 3 杯算是有礼貌，如果喝够了或想少喝一点，就摇杯子表示。

舞蹈　腹舞是妇女的舞蹈。中东地区这种舞蹈很普遍，女孩一般从 5 岁开始学练。一直练到能运用自如地控制肌肉的颤动和打转为止。她们随着肌肉的颤动翩翩起舞，表现出独特的魅力。腹舞女郎一般为世袭相传，由母亲传给女儿。

主要城市

阿布扎比

阿布扎比是阿联酋的首都，也是阿布扎比酋长国的首府。阿布扎比酋长国是 7 个酋长国中最大的一个，面积占阿联酋总面积的 3/4 以上，为世界人均收入较高的地区之一。阿布扎比位于离波斯湾海岸很近的三角形同名小岛上。是全国公路的空运中心，近郊建有大型机场。这个城市从世界各国聘请最好的设计师，选择最优秀的建设工程队进行施工，许多名贵花草树木都是从国外移来直接栽入城市的各个花坛的。整个城市既具有欧美式的现代化风格又

阿布扎比繁华的街道

具有自己的民族、宗教建筑的特点。

旅游

阿布扎比素有"波斯湾的花园"之称，是旅游好去处。有"沙漠明珠"之称的迪拜是阿联酋的另一旅游胜地。

阿曼 /Oman

地理位置

阿曼位于阿拉伯半岛东南部。与阿联酋、沙特、也门等国相邻，濒临阿曼湾和阿拉伯海。海岸线长 1 700 千米。

地形特征

地形大部分是海拔 200 ~ 500 米的高原。东北部为哈杰尔山脉；中部为平原，多为沙漠；西南部为佐法尔高原。

气候

阿曼除东北部山地外，均属热带沙漠气候。全年分两季，5 ~ 10 月为热季，气温高达 40℃以上；11 月至次年 4 月为凉季，平均温度约为 24℃。

自然资源

阿曼已探明石油储量近 8 亿吨，天然气储量 0.83 万立方米，煤储量约 3 600 万吨，金矿储量约 1 182 万吨，还有铜、铬、银、铁、锡及石灰石矿等。水产资源丰富。森林覆盖率 3.9%。

经济

渔业较发达，是阿曼传统产业，

正式名称	阿曼苏丹国 (The Sultanate of Oman)
面　积	309 500 平方千米
人　口	449 万 (2015 年)
民　族	以阿拉伯人为主；其他还有印度、巴基斯坦等外籍人
语　言	官方语言为阿拉伯语；通用英语
首　都	马斯喀特 (Muscat)
行政区划	分为 4 个省和 5 个地区，省区下设有 60 个州
地理区	东北部为哈贾尔山脉；中部多为沙漠；西南部佐法尔高原

也是除石油产品外出口收入的主要来源之一。近年来，鱼的出口额已占非石油产品出口额的 1/3。椰枣也是阿曼农业的主要财富。2000 年农业产值为 2.16 亿里亚尔（1 里亚尔约等于 20.7919 元——编者注），占国内生产总值的 3.1%。工业起步较晚，目前仍以石油开采为主，石油一般占出口商品总值的 95% 以上。政府积极支持和鼓励兴建中小型工业以安置本国劳动力，通过与外资合作发展加工业，建立依靠本国资源的外向型工业，主要为石油、炼铁、化肥等工业。

习俗

爱牛　阿曼人非常爱牛，每天给牛刷毛、梳妆，在牛角上扎上花朵，因阿曼盛产沙丁鱼和金枪鱼，每天还给牛喂鱼干，牛也成为食肉动物，这在世界上罕见。

主要城市

马斯喀特

马斯喀特是阿曼的首都，是著名的"世界热城"，被认为是世界上较小的首都之一，是全国政治、经济和文化中心。马斯喀特面向海洋，背靠崇山峻岭。在商业上有它特殊的习惯，各个店铺的商品价格都是相同的，一般采取赊销的方式，如果你买东西给现钱，卖主反而会不高兴。马斯喀特并无著名的观光胜

地，如果不是精心培养，几乎寸草不生，所以只有用昂贵的淡化海水浇灌的街心花园才有草皮和花木。

旅游

阿曼的主要旅游景点有位于马斯喀特以西约 130 千米的著名古城奈兹瓦、位于奈兹瓦附近的著名古堡杰布琳城堡，以及位于阿曼西南部的佐法尔地区的阿拉伯古城遗址和拜赫莱要塞等。

也门 /Yemen

地理位置

也门位于阿拉伯半岛西南端，与沙特、阿曼相邻，濒红海、亚丁湾和阿拉伯海，海岸线长 1906 千米。

地形特征

也门地形复杂，以高原山地为主，大致由 4 部分组成，即沿海平原、山岳地带、高原、沙漠半沙漠地带。西部和南部沿海是一片干旱炎热的平原，只有泉水或季节性河流经过的地方才有小型绿洲，适于人居住。南部山脉虽然不如西部险峻，却也别具一格，为火山地形。一部分火山受到侵蚀，海水侵入，形成今日的亚丁港。南部高原地形向海

正式名称	也门共和国 (The Republic of Yemen)
面　积	55.5 万平方千米
人　口	2680 万 (2015 年)
民　族	绝大多数是阿拉伯人
语　言	官方语言为阿拉伯语
首　都	萨那 (Sana'a)
行政区划	全国分为 19 个省和 1 个直辖市
地理区	沿海区，包括提哈马

岸急降，形成也门南部的特殊景观。也门中部基本是一片高原，海拔大都为500～2000米，地势平坦。高原西部海拔2000米以上，整个地势向东倾斜。东北部是鲁卜哈利大沙漠的一部分，占全国总面积的1/3左右。

气候

也门属受季风影响的热带气候。山地和高原地区气候较温和，沙漠地区炎热干燥，年平均最高气温39℃，最低气温—8℃。

自然资源

自然资源有铜、铁、铝、铬、镍、钴、金、银、煤、盐、大理石、石油、天然气、石膏等。

主要城市

萨那

萨那是也门的首都，是全国政治、经济、文化、交通和宗教中心，历史悠久的古城，位于努古木山麓。萨那又是一座以手工业而著名的城市。整个城市分为老城和新城两个部分，老城保留有许多古代王朝的遗迹，最引人注目的是号称"世界第一座摩天大楼"的加姆达

首都萨那外景

尼宫。新城是现代商业比较集中的地方，现代化高楼鳞次栉比。

伊拉克 /Iraq

地理位置

伊拉克位于亚洲西南部，阿拉伯半岛东北部。北接土耳其，东临伊朗，西毗叙利亚、约旦，南接沙特、科威特，东南濒波斯湾。幼发拉底河和底格里斯河自西北向东南流贯全境。海岸线长58千米。领海宽度为12海里。

地形特征

地形以平原为主，美索不达米亚平原占国土大半部，绝大部分海拔不到百米，西部为沙漠地带，西南部为阿拉伯高原一部分，向东部平原倾斜，东北部为库尔德山地。沿海多沼泽、湖泊。两河流域的冲积平原主要分布在中、南部地区，呈长条形，由西北向东南方向倾斜和延伸。地势低平坦荡。平原南部更为低平，春季河水经常泛滥，在排水不畅的沿河地带分布着许多沼泽和湖泊。美索不达米亚平原被高原和山地所包围，只是在东南面有长约58千米的海岸线，濒临波斯湾，成为伊拉克的出海口。平原的北面和东面是安纳托利亚高原、亚美尼亚高原和伊朗高原的边缘。呈西北—东南走向的扎格罗斯山脉逶迤延展在边境之上，成为平原的天然屏障。西面和西南面是向幼发拉底河倾斜的阿拉伯高原的北缘，海拔为

正式名称	伊拉克共和国（The Republic of Iraq）
面　积	441 839 平方千米
人　口	约 3640 万（2015 年）
民　族	阿拉伯人、库尔德人、土库曼人、亚美尼亚人、伊朗人等
语　言	官方语言为阿拉伯语，北部库尔德地区的官方语言是库尔德语，东部地区有些部落讲波斯语；通用英语
首　都	巴格达（Baghdad）
行政区划	全国划分为 18 个省
地理区	两河流域冲积平原、西部荒漠高原、东北部山地

450 ～ 900 米，属于叙利亚阿拉伯沙漠的一部分。两河中下游的沿河地带，靠河水的灌溉之利，开垦出大片的农田，成为全国最主要的农业区。荒漠高原位于伊拉克西部，占全国面积 1/3 左右。高原海拔多为 200 ～ 1000 米，由于高原的地势向东部的冲积平原倾斜，使高原上的河流皆自西而东流。东北部山地通称库尔德山地，仅占全国面积 1/10，属伊朗高原和亚美尼亚高原边缘地带。从南向北，山地地势逐渐升高。南部是一些地势起伏、面积较大的平地，在接近土耳其、伊朗边界的山地北端，则是一些终年白雪皑皑的高山，山下是茂密的森林和水草肥美的牧场，适于发展牧业和农业。

气候

伊拉克除东北部山区外，属热带沙漠气候。夏季最高气温 50℃以上，冬季最低在 0℃左右。年均降雨量 100 ～ 500 毫米，北部山区达 700 毫米。

自然资源

石油、天然气资源丰富。石油已探明储量 155 亿吨。天然气储量预计约达 3.17 万亿立方米。其他资源有磷酸盐、硫磺、铜和石膏。

经济

农业可耕地面积为 800 万公顷，主要集中在底格里斯河和幼发拉底河之间的美索不达米亚平原。农业人口占全国总人口的 30%。工业主要有石油开采、提炼和天然气开采。伊拉克石油生产和出口在国民经济中始终处于主导地位，为其支柱产业。伊拉克是世界较大的石油输出国之一。1996 年 12 月，伊拉克按照联合国第 986 号协议（即"石油换食品"计划），被允许每半年出口 20 亿美元石油，用以购买食品和药品等人道主义物资。1998 年 2 月，安理会决定伊出口石油份额每半年 52 亿美元。1999 年 12 月，安理会决议取消伊拉克石油出口上限。

习俗

伊拉克人的服饰因地域、宗教信仰、民族不同而有很大差别。库尔德人的衣着打扮比较独特，酷热的夏季，男子仍缠着黑红两色的头巾，腰围宽带，穿灯芯绒的大灯笼裤。

在几乎家家都有汽车的伊拉克首都巴格达，人们在繁华的大街上却时常看到骑着马的人。原来，阿拉伯在历史上就是一个崇尚马、敬慕骑士的民族，这种习俗一直相沿至今。伊拉克在全国各地都有养马俱乐部，按阿拉伯马的生活习惯进行精心饲养。在首都巴格达，养马爱好者还成立了养马协会，并加入了国际养马组织。

传统民族舞蹈在伊拉克相当普及，几乎各部落都有自己独特的舞蹈。在村庄举行庆典时，村民都会跳舞狂欢。

主要城市

巴格达

巴格达是伊拉克的首都，是全国最大城市，政治、经济、文化和商业中心，驰名世界的历史古城。"巴格达"一词含义"神明所赐的恩物"。在8世纪末，巴格达不但是显赫一时的阿巴斯王朝的首都，也是整个地区最大的城市及商业、文化、科学、艺术的中心。在巴格达市中心的解放广场上，竖立着一座用青铜制成的丰碑——自由纪念碑，它是伊拉克民族解放的象征，具有极高的艺术价值。自由碑的作者是伊拉克现代派造塑艺术的先驱——贾瓦德·萨里姆。伊拉克有将近2/3的工业集中在巴格达。巴格达交通非常发达。

旅游

伊拉克辉煌的古代文化以及现代都市的独特风姿，吸引着世界各地无数慕名而来的游人。主要旅游点有乌尔城（公元前2060年）遗址、亚述帝国（公元前910年）遗迹和哈特尔城（俗名"太阳城"）遗址。而位于巴格达西南90千米处的巴比伦是世界著名的古城遗址，盛传的"空中花园"被列为古代世界七大奇迹

之一。此外，底格里斯河沿岸的塞琉西亚、尼尼微、萨迈拉等，均是伊拉克著名古城。

叙利亚 /Syria

地理位置

叙利亚位于亚洲大陆西部，地中海东岸。北靠土耳其，东南邻伊拉克，南连约旦，西南与黎巴嫩、巴勒斯坦地区接壤，西与塞浦路斯隔海相望。海岸线长183千米。

地形特征

地貌鲜明，国土由西北向东南倾斜，分为山地、平原、沙漠三类地形，即地中海沿岸平原、西部山地和山间纵谷；中部平原、东北平原、南部高原；荒漠占全国面积一半以上。

气候

沿海和北部地区属亚热带地中海气

尼尼微城遗址

正式名称	阿拉伯叙利亚共和国 (The Syrian Arab Republic)
面　积	185180 平方千米
人　口	1843 万 (2016 年)
民　族	阿拉伯人占 80% 以上；还有库尔德人、土库曼人等
语　言	阿拉伯语为国语；通用英语和法语
首　都	大马士革 (Damascus)
行政区划	全国划分为 13 个省和 1 个直辖市（大马士革）
地理区	山地、平原、沙漠、海岸

候，南部地区属热带沙漠气候。沙漠地区冬季雨量较少，夏季干燥炎热。最低气温 0℃以下，最高气温达 40℃。年平均降水量沿海地区 1000 毫米以上，南部地区仅 100 毫米。

自然资源

自然资源主要有石油、天然气、磷酸盐、岩盐等。叙利亚已实现石油及其产品的自给，并开始出口部分原油和石油产品。森林面积为 4490 平方千米。

经济

农业在国民经济中占据重要位置，叙利亚是阿拉伯世界的五个粮食出口国之一。其工业基础薄弱，现代工业只有几十年历史。叙利亚现有采掘工业、加工工业和水电工业，采掘工业有石油、天然气、磷酸盐、大理石等，加工工业主要有纺织、食品、皮革、化工、水泥、烟草等。

习俗

浴室相亲是大马士革的一种相亲形式。小伙子的母亲为儿子物色对象时，如看中某一姑娘，就邀请这位姑娘及其母亲在公共浴室一起沐浴，然后共同进餐。

叙利亚人的名字体现了其社会意识及习俗。人名由 3 部分组成，第一部分是本名，第二部分是父名，第三部分为祖父名，反映了其父系即男子血统的原则。"敬蛇"是叙利亚的一种独特现象，人们忌讳靠近蛇，从不杀害蛇。

主要城市

大马士革

大马士革是叙利亚的首都，是世界古老城市之一，坐落在国土的西南部，地处叙利亚沙漠之边缘。这座已有 4500 多年文明史的古城一度是该地区的一个政治、文化及商业中心。素有"天国之城"的美誉。如今的大马士革更加雄伟壮丽，是一座人口密集的大都市，国家机构和政府部门均设置于此。大马士革名胜古迹遍布全城，古城堡、古城门星罗棋布。

旅游

近年来，叙利亚境外旅游人数为 600 余万人次，旅游收入超过 22 亿美元，旅游胜地多为古代都城。主要名胜有大马士革古城、阿勒颇、巴尔米拉古城。巴尔米拉曾为亚洲和非洲间商队往来之要地，控制着横贯沙漠的商队通路。著名的贝勒神庙是巴尔米拉遗迹中最显眼的一处，巴尔米拉国立博物馆是叙利亚三大国立博物馆之一。其他还有萨拉丁城堡、拉塔吉亚、塔尔图斯等。

黎巴嫩 /Lebanon

地理位置

黎巴嫩位于亚洲西南部，阿拉伯世界的心脏地区，东北部邻叙利亚，南接巴勒斯坦、以色列，西濒地中海。全境长约 193 千米，宽为 56 千米。海岸线长 220 千米。

地形特征

境内地形复杂，50% 以上是海拔 1000 米以上的山地，仅西部海岸有狭长的平原。山脉纵贯全境。河流众多，向西注入地中海。全境地形可分为沿海平原、黎巴嫩山地、贝卡谷地和东部的安提黎巴嫩山。

气候

黎巴嫩属热带地中海气候，但沿海地与内陆气候差异很大。年平均降水量 1000 毫米。

自然资源

矿产资源少，且开采不多。矿藏主要有铁、铅、铜、褐煤和沥青等。植物资源主要有栎、杨、栗子、胡桃、杏、

巴勒贝克的朱庇特神殿

桃和李子树等。雪松是黎巴嫩最珍贵的树木，也是国树。

主要城市

贝鲁特

贝鲁特是黎巴嫩的首都，是全国政治、经济、文化和宗教中心。贝鲁特位于黎巴嫩山脉突出地中海的岬上，它面向地中海，背靠黎巴嫩山脉，气候温和。在腓尼基时代，贝鲁特就十分繁荣。它成为商船停泊的重要港口。在希腊时代，亚历山大大帝的军队，曾于公元前 333 年进驻贝鲁特，从此，这个城市就具有了希腊文明的特点。贝鲁特还因拥有庞大的教育机构而闻名于中东。黎巴嫩大学、贝鲁特美国大学、贝鲁特圣·约瑟夫大学、贝鲁特阿拉伯大学 4 所综合性大学都坐落在贝鲁特，另外还有一所美术学校、一所国立音乐学府和其他院校。贝鲁特是中东最重要的海港，素来以转口贸易而驰名于世，每年有大量的东、西方国家的商品经此运到其他中东国家。尽管历经沧桑，贝鲁特还是保留了许多名胜古迹。

正式名称	黎巴嫩共和国 (The Republic of Lebanon)
面　　积	10452 平方千米
人　　口	585 万 (2015 年)
民　　族	绝大多数为阿拉伯人
语　　言	官方语言为阿拉伯语；通用法语、英语
首　　都	贝鲁特 (Beirut)
行政区划	全国分 6 个省
地 理 区	沿海平原、黎巴嫩山脉、贝卡谷地、安提黎巴嫩山脉

约旦 /Jordan

地理位置

约旦位于亚洲西部，阿拉伯半岛的西北，西与巴勒斯坦、以色列为邻，北与叙利亚接壤，东北与伊拉克交界，东南和南部与沙特阿拉伯相连。约旦基本上是个内陆国家，亚喀巴湾是唯一出海口。

地形特征

地势西高东低，西部多山地，最西部为东非大裂谷带北延的裂谷带，自北而南分为约旦河谷地、死海谷地和阿拉伯谷地。死海谷地是世界上最深的低地。东部和东南部为沙漠地带，沙漠面积占全国总面积的 80% 以上。

气候

安曼和西部山地属亚热带地中海型气候，气候温和，东部和南部属热带沙漠气候，平均降雨量仅为 50 毫米。平均气温 1 月为 7 ~ 14℃，7 月为 26 ~ 33℃。

自然资源

矿物资源甚少，非金属矿蕴藏量丰富，主要有磷酸盐、钾盐、铜、锰和油页岩，钾盐约 40 亿吨，主要从死海中提炼，为世界第四大生产国，磷酸盐储量居世界前列。

正式名称	约旦哈希姆王国 (The Hashemite Kingdom of Jordan)
面　积	8.9 万平方千米
人　口	759 万 (2015 年)
民　族	大部分为阿拉伯人，其中 60% 以上是巴勒斯坦人；还有少数土库曼人、亚美尼亚人和吉尔吉斯人
语　言	阿拉伯语为国语；通用英语
首　都	安曼 (Amman)
行政区划	全国共分 12 个省
地 理 区	西部山地，东部、东南部沙漠地带，约旦河谷

经济

约旦系发展中国家，农业不发达，农产品不能满足内需，粮食和肉类主要依靠进口。工业多属轻工业和小型加工业，产值占国内生产总值的 12% 左右，主要有炼油、玻璃、纺织、塑料制品、皮革、制鞋、造纸等。约旦有 5 个规模较大的工业企业（磷酸盐、钾盐、炼油、水泥、化肥），目前已成为世界第二大磷酸盐出口国。国民经济主要支柱为侨汇、外援和旅游。

习俗

约旦处于高原地带，多沙漠大风，温差又大，故而在农村，人们多穿色彩、图案、形状各不相同的长袍（衣服袖子很短）和斗篷，并缠以头巾。女性穿黑色、茶色或黑蓝相间的宽松斗篷，内穿下摆很长的衣服。

主要城市

安曼

安曼是约旦的首都，是全国政治、经济、文化和交通中心，位于约旦北部，阿吉仑山地东侧。安曼是一座古老而又现代化的山城，3000 多年前就是一个小王国的首都。安曼城依山而建，建在 7 座海拔约 700 米高的小山丘上，故而远远望去，这座山城的一切建筑都是叠叠层层的，极为壮观。在安曼，根据行业的特点，建起了城中之城，有青年城、大学城、医学城。这里有约旦的最高学府——约旦大学。安曼是约旦工业、商业和贸易中心。交通方便，公路可通开罗、巴格达和全国各大城市，铁路可通往南部的港口亚喀巴和叙利亚的大马士革，国际机场是西亚的重要航空站，与世界各主要国家通航。

旅游

旅游业是约旦的三大经济支柱之一，又是主要外汇来源之一。主要名胜有安曼、死海、杰拉什、佩特拉、杰隆古堡、亚喀巴等。

杰拉什古城是约旦著名的旅游胜地。

巴勒斯坦 /Palestine

地理位置

巴勒斯坦位于亚洲西部，地处亚、非、欧三洲交通要冲，战略地位重要。北接黎巴嫩，东邻叙利亚、约旦，西南与埃及的西奈半岛交界，西濒地中海。

地形特征

巴勒斯坦西部为地中海平原；东部为约旦河谷、死海洼地和阿拉伯谷地；中部为山区和高原；南部高原较平坦，属内盖夫沙漠；北部加利利高原有全国最高峰梅龙山，海拔1208米。

正式名称	巴勒斯坦国 (The State of Palestine)
面 积	疆界未定，实际控制区域面积不详
人 口	510万 (2016年)
民 族	主要为阿拉伯人，也有少数犹太人
语 言	通用阿拉伯语
首 都	1947年11月联大第181号决议规定耶路撒冷国际化，由联合国管理；1988年11月新成立的巴勒斯坦国宣布耶城为其首都。目前巴民族权力机构主要设在西岸城市拉姆安拉
行政区划	分为约旦河西岸和加沙地带两部分，约旦河西岸分为8个省，加沙地带分为5个省
地 理 区	地中海沿海平原，河地、洼地、山区和高原

气候

巴勒斯坦地区属亚热带地中海型气候。夏季炎热干燥，最热的月份为7～8月，气温高达38℃左右。冬季微冷湿润多雨，平均气温为4～11℃，最冷月份为1月。雨季为12月至次年3月。

自然资源

矿物以死海中的钾盐和溴素最为丰富。其他资源有磷酸盐、铜、玻璃沙、石膏和花岗岩、石油、锰、铬、铝土矿等。

主要城市

耶路撒冷

耶路撒冷是世界名城，至今已有5000年的历史，阿拉伯人习惯称它为"古德斯"，即"圣城"的意思。耶路撒冷是希伯来人对它的称呼，即"和平之城"之意。耶路撒冷划分为4个区，东部为穆斯林区；西部为基督教区；西南部为亚美尼亚区；南部为犹太教区。

以色列 /Israel

地理位置

以色列位于亚洲西部，东接约旦，东北部与叙利亚为邻，南连亚喀巴湾，西南部与埃及为邻，西濒地中海，北与黎巴嫩接壤，是亚、非、欧三大洲结合处，地理位置十分重要。海岸线长度为198千米。

正式名称	以色列国（The State of Israel）
人　口	850万（2016年）
民　族	犹太人（占80%），阿拉伯人、德鲁兹人及其他人（占20%）
语　言	官方语言为希伯来语和阿拉伯语；通用英语
首　都	建国时首都为特拉维夫，1950年迁往耶路撒冷，并于1980年7月通过法案宣布耶城为"永恒的与不可分割的首都"
行政区划	全国划分为6个区，30个分区，31个市，115个地方委员会，49个地区委员会
地理区	沿海平原，犹太—加利利高地，大地，内盖夫沙漠

地形特征

沿海地区为狭长平原，东部有山地和高原。死海及其以南的地区合称约旦河谷。北部加利利高原上的梅龙山海拔1208米。南半部为内盖夫沙漠，占以色列领土的一半以上。

气候

以色列属地中海型气候，夏季炎热干燥，最高气温39℃；冬季温和湿润，气温可低至4℃左右。沿海平原年降雨量为400～600毫米，山岭区因是迎风坡，年降雨量为500～1000毫米。丘陵区，雨季较长，为600～1000毫米，约旦河谷和死海沿岸，是背风坡，年降雨量200毫米以下。多雨季是12月至次年2月，5～9月干旱。

自然资源

矿产资源较贫乏，主要有钾盐、石灰石、铜、铁、磷酸盐、镁、锰、硫磺等。森林占总面积的5.7%。

经济

工业较为发达。军事工业高度发达，钻石工业突出，小块抛光宝石产量占世界首位。经济为混合型，以色列已跻身于发达国家之列。农业、工业、科技及军工等部门技术水平较高，私人企业比重较大，但政府对主要部门控制严格，许多大的企业都由国家控制或监管。

习俗

不论是成文法还是以色列传统的法律，犹太人都以遵守戒律为第一义务。在以色列，不论是个人还是集体的行动与思想，都具有浓厚的宗教意味。虔诚的犹太教信徒，至今仍依然遵守着《旧约圣经》中"不要将刀对着脸，不要剃鬓角和胡须"的戒律，让胡须、鬓毛留得长长的。现代犹太人愈来愈少地遵守戒律，剃胡须的习惯已相当普遍。

主要城市

特拉维夫—雅法

特拉维夫—雅法是以色列文化、交通和经济中心，以色列最大的城市人口聚集点，位于巴勒斯坦西岸中部，北起雅尔贡河下游，南到雅法湾，是一座具有3000年历史的港口城市，其盛产的蜜橘在阿拉伯半岛和欧洲市场上享有盛名，工业产值占全国产量的一半以上。

旅游

旅游业在经济中占重要地位，是赚取外汇的一个主要来源。以色列疆域虽小，但其独特的旅游胜地和众多的名胜古迹，吸引了数以百万计的人前往游览观光。尽管中东和平进程及国内安全形势等因素容易对游客量产生影响，但近年来基本呈逐年上升趋势。主要名胜有特拉维夫—雅法、海法、加利利湖、死海、耶路撒冷的西墙、橄榄山、太巴列等。

正式名称	塞浦路斯共和国 (The Republic of Cyprus)
面　积	9251 平方千米
人　口	117 万 (2015 年)
民　族	其中希腊族占 76.8%，土耳其族占 10.3%，另有少数亚美尼亚、拉丁和马龙族
语　言	主要语言为希腊语和土耳其语，通用英语
首　都	尼科西亚 (Nicosia)
行政区划	全国划分为 6 个行政区
地理区	北部为山脉，中部是中原，西南部是山地

塞浦路斯 /Cyprus

地理位置

塞浦路斯位于地中海东北部，为地中海第三大岛。北距土耳其 64 千米，东距叙利亚 96.55 千米，南距埃及的尼罗河三角洲 402.3 千米。海岸线长 782 千米。北部为狭长的凯里尼亚山脉，中部是迈萨奥里亚平原，西南部为特罗多斯山脉。

自然资源

"塞浦路斯"在希腊文中是铜的意思，故该国也被誉为"黄铜之国"。矿藏以铜为主，其他有黄铁、铬和石棉。森林面积 1 735 平方千米。橡树、松树、橄榄树很有名。水力资源贫乏。

经济

20 世纪 60 年代，国民经济的支柱产业是农业。20 世纪七八十年代中期，经济发展主要依靠制造业。之后，服务业尤其是旅游业和金融服务业取代制造业而成为拉动经济增长的动力。塞浦路斯已被世界银行列入发达国家行列。土耳其族区经济规模小，严重依靠土耳其援助。塞浦路斯的希腊族区工业和旅游业近年来一直持续增长。

习俗

塞浦路斯的许多风俗都与基督教的传统和宗教礼仪有关。在塞浦路斯关于维纳斯诞生的传说最为流行。

主要城市

尼科西亚

尼科西亚是塞浦路斯的首都，是全国农产品及家畜交易中心，位于岛的中北部，派迪亚斯河沿岸，周围是肥沃的平原。尼科西亚有威尼斯的古迹，特别是未被破坏的威尼斯军事工程，原来的城门——多米尼各门、基里亚那门、总督门至今仍保存完好。圣·索非亚拉丁大教堂现在是岛上宗教活动的主要场所。

旅游

注重发展以度假为特征的旅游业，近年来发展较快，成为国家外汇收入的主要来源和拉动经济增长的主要产业，主要旅游城市有帕福斯、利马索、拉纳卡等，主要名胜有特罗多斯山区等。

风景如画的特罗多斯地区

骆驼格斗

土耳其 /Turkey

地理位置

　　土耳其是亚洲最西部的国家，地跨亚、欧两洲，与格鲁吉亚、亚美尼亚、阿塞拜疆、伊朗、伊拉克、叙利亚、希腊和保加利亚相邻，濒地中海、爱琴海、马尔马拉海和黑海。海岸线长 7 200 千米。

地形特征

　　地形东高西低，高原和山地约占全国总面积的 80%，仅沿海有狭长平原。亚洲部分主体为安纳托利亚高原，北边为屈雷山脉、克尔奥卢山脉，西部山间多陷落盆地，南边是托罗斯山脉，东部

正式名称	土耳其共和国 (Republic of Turkey)
面　积	78.36 万平方千米
人　口	约 7866 万（2015 年）
民　族	土耳其族（80%）；库尔德族（15%）
语　言	土耳其语为国语
首　都	安卡拉（Ankara）
行政区划	行政区划等级为省、县、乡、村。全国共分为 81 个省
地理区	南北平原，南北山脉，西部山谷，东西高原，美索不达米亚低地

为亚美尼亚高原。根据地质构造和地形特征，全境可分为 4 个区。北部褶皱带地势起伏变化不大，高度也很少超过 1000 米，但在萨卡里亚河以东，高度陡然加大；中央地块自伊兹密尔以南的爱琴海岸向内陆延伸，自南面绕过安卡拉，通过图兹湖和科尼亚之间直达锡瓦斯附近，地面高度一般从 500 米向东升至 1000 米，在以锡瓦斯附近为顶端的中央地块东部三角形地区内，地形和构造又变得非常复杂，在安卡拉省东北角到图兹湖东侧，山峰多为 1700～2000 米；南部褶皱带主要位于安塔利亚、伊斯帕塔、布杜尔等省内，在安塔利亚湾以西，几乎是正南北的构造走向占主导，山地自安塔利亚湾西岸陡然上升，中托罗斯山自积格伊克山开始向东延伸到塞汉河上游地区，东托罗斯山由两条山系组成，地表较复杂；阿拉伯台地以贯穿塔基里、阿德亚曼、锡尔特 3 省和迪亚巴克以北约 75 千米处一线为界，本区的地形相当平缓，在叙利亚边界海拔仅 400 米。

自然资源

　　矿产资源丰富，主要有硼、铬、铜、铁、铝矾土及煤等。三氧化二硼和铬矿储量均居世界前列。煤炭储量约 65 亿

吨，多为褐煤。森林面积 2 000 万公顷。石油、天然气紧缺，需大量进口。

经济

土耳其已发展成西亚地区的农业大国，是世界排名第七的小麦生产国，也是世界最大的榛子、无核葡萄和无花果出口国。1999 年，农、林、渔业产值占国内生产总值的 15%。至 2000 年第三季度，农业人口占总劳动力人口的 35.5%，60% 的国土适于农业耕种。1999 年，工业产值占国内生产总值的 23.2%。煤炭工业和石油工业居显著地位。其他工业部门有钢铁、水泥、机电产品、食品工业、纺织工业和汽车等。纺织业生产的地毯和垫子等产品的出口，约占国家出口的 40%。

习俗

土耳其男人可以到教工那里登记同 4 个女人结婚，但是公民结婚登记局只准许男人同他的 4 个妻子中的一个进行正式结婚登记。

土耳其存在两家相互交换新娘的婚俗。如果男青年有已到结婚年龄的妹妹，他所看中的姑娘又有兄弟，在这种情况下可以实行换婚，两家都不必出聘金。

土耳其的骆驼不仅承担运输重任，而且还能格斗供人们娱乐观赏，深受人们喜爱。骆驼的格斗生涯最早在 5 岁开始，最晚在 20 岁结束，12 ~ 13 岁处于格斗的最佳时期。一般说来骆驼格斗每年进行 2 次，都是在雄性发情的季节。

主要城市

安卡拉

安卡拉是土耳其的首都，是全国第二大城市。安卡拉作为城市的发展至少已有 3 000 年的历史。安卡拉位

俯瞰伊斯坦布尔

于安纳托利亚高原的中央干燥地带，坐落在安卡拉河南岸，靠近北来的楚布克河，以及从南面埃耳马山坡上流来的哈特普河与恩杰河的汇合处，为土耳其主要政治中心，同时也是一个工商业城市。安卡拉市区有奥古斯丁神殿、卡拉卡拉大帝时代的大浴场等古罗马遗迹，以及拜占廷时代的城墙（7 ~ 9 世纪），还有很多壮观的凯末尔纪念寺庙。

伊斯坦布尔

伊斯坦布尔是土耳其最大、世界上唯一一座地跨欧亚两大洲的大城市，是欧亚交通枢纽，也是全国最大的港口和运输、贸易、文化中心。市区主要分为三大部分。一是欧化、现代化的贝约卢及相邻的希希利区；二是最古老的法特赫与埃米内尼旧城区，位于金角湾和马尔马海之间岬角上；三是于斯屈达尔和卡迪科伊区，位于博斯普鲁斯海峡的亚洲一侧。历代王朝数千年的经营也给旧城区留下了不同风格的文物古迹。伊斯坦布尔宫殿建筑的代表首推托普卡珀宫。宫殿始建于 1462 年，是一座富丽堂皇、恢宏雄伟的皇宫，前后共有 25 位苏丹（国家元首）居住过此宫。伊斯坦布尔还是全国进出口贸易的中

心。全国 50% 的进口、15% 的出口都是通过该市进行的。伊斯坦布尔至今仍是全国的文化中心，有 3 所大学和各种类型的博物馆。

旅游

土耳其享有得天独厚的旅游资源，境内历史古迹星罗棋布，有世界七大奇迹的阿耳忒弥斯女神庙、历史名城伊斯坦布尔、埃菲斯古城、卡帕多希亚石窟建筑等。旅游业已成为土耳其国民经济的重要支柱之一，2009 年接待旅游者 3 200 万人次，旅游收入 212.49 亿美元。

乌兹别克斯坦
/Uzbekistan

地理位置

乌兹别克斯坦是位于中亚腹地的"双内陆国"（邻国也是内陆国），南靠阿富汗，北部和东北与哈萨克斯坦接壤，东、东南与吉尔吉斯斯坦和塔吉克斯坦相连，西与土库曼斯坦毗邻。

正式名称	乌兹别克斯坦共和国（The Republic of Uzbekistan）
面　　积	44.74 万平方千米
人　　口	3130 万（2015 年）
民　　族	有 130 个民族，乌兹别克族占 80%，其他有俄罗斯、塔吉克、哈萨克、卡拉卡尔帕克、吉尔吉斯、土库曼、朝鲜、乌克兰、土耳其等族
语　　言	官方语言为乌兹别克语；俄罗斯语为通用语
首　　都	塔什干（Tashkent）
行政区划	分为 1 个自治共和国（卡拉卡尔帕克斯坦共和国），12 个州和 1 个直辖市（塔什干市）
地理区	东部和南部为山脉，内有盆地、谷地；中、西部为沙漠，其中有绿洲

地形特征

地势东高西低，平原低地占国土面积的 80%，但大部分为克孜勒库姆沙漠。东和南部属天山系和吉萨尔—阿赖山系的西缘，内有费尔干纳盆地；中西部为沙漠，但其中也有大的绿洲。

气候

乌兹别克斯坦属严重干旱的大陆性气候，降雨集中在东部，冬季短暂，夏季炎热漫长。7 月平均气温 25 ～ 32℃，1 月平均气温 —6 ～ —3℃。

自然资源

乌兹别克斯坦资源丰富，现探明有近 100 种矿产品，其中，黄金居世界第四位，天然气储量为 2 万亿立方米，煤储量为 20 亿吨，铀、铜、钨等矿藏也较为丰富。森林覆盖率为 12%。

经济

2002 年，农业总产值 32572 亿苏姆，增长 6.1%，支柱产业是棉花种植业，畜牧业、桑蚕业、蔬菜水果种植业等也占重要地位。耕地面积为 353.69 万公顷。农业人口 1550 万，占全国总人口的 62.7%。2002 年工业总产值 44326 亿苏姆，增长 8.5%，主要部门为能源、电力、冶金、化工、机械制造、汽车制造、轻纺、食品等。乌兹别克斯坦自然资源丰富，在中亚五国中经济实力较强，但经济结构单一，制造业和加工工业落后。

习俗

男子穿短袖衬衫、宽裆裤，外罩花条丝绸长袍，系彩色腰带，戴绣花小帽，穿硬皮靴。女子穿带褶的肥大丝绸

正在收获棉花的农民

连衣裙，外罩坎肩或短上衣，披彩色披肩。服饰体现着乌兹别克人民特有的民族风格。

主要城市

塔什干

塔什干是乌兹别克斯坦的首都，塔什干州首府，素称"中亚第一大城市"，位于天山西端的山前地带。塔什干在乌兹别克语中意为"石头城"，它是一座古老的城市，已有1000多年的历史，是乌兹别克斯坦的商业和贸易中心，也是中亚地区最重要的交通枢纽，还是中亚的科技文化中心。塔什干设有乌兹别克斯坦科学院以及下属的化学、经济、历史、植物、生物化学、地震等30多个研究所。塔什干1966年曾发生强烈地震，市内广场上有一座纪念碑，一面有裂缝，另一面刻一钟面，指针指在5点24分，即地震突发的时刻。

旅游

全国现有4000多处自然和人文景观，主要集中在塔什干、撒马尔罕、布哈拉、希瓦等城市。主要名胜有古尔—艾米尔陵墓、兀鲁伯天文台、伊斯迈尔·萨曼尼陵墓、沙赫静达陵墓等。

哈萨克斯坦 /Kazakhstan

地理位置

哈萨克斯坦位于亚洲中部，北邻俄罗斯，南与乌兹别克斯坦、土库曼斯坦、吉尔吉斯斯坦接壤，西濒里海，东接中国，东西长约3000千米，南北长为1700千米，为世界上最大的内陆国家。

地形特征

地形以平原和低地为主，一半为沙漠，地势由西向东逐渐升高。西部沿里海地区有一片开阔地带。北部接近西西伯利亚平原，中部地区为哈萨克丘陵。

气候

哈萨克斯坦属大陆性气候，温差大。冬季寒冷，1月平均气温—19℃～4℃，夏季炎热，7月平均气温19℃～26℃。降水量稀少。

自然资源

自然资源十分丰富，已探明的矿藏有90多种。钨储量居世界第一位，铬和磷矿石居世界第二位。铜、铅、锌、

正式名称	哈萨克斯坦共和国（The Republic of Kazakhstan）
面　积	2 724 900 平方千米
人　口	1749.8万（2015年）
民　族	131个民族，主要有哈萨克族(58.6%)、俄罗斯族(26.6%)、乌克兰族、乌兹别克族、日耳曼族和鞑靼族等
语　言	哈萨克语为国语，俄语在国家机关和地方自治机关与哈语同为正式使用的语言
首　都	阿斯塔纳（Astana）
行政区划	共有14个州和2个直辖市(阿斯塔纳市和阿拉木图市)
地理区	西部为里海沿岸低地和图兰平原，中部和东部为哈萨克丘陵，东部和南部为阿尔泰山和天山，北部为西西伯利亚平原南缘

钼和磷的储量居亚洲第一位。此外，铁、煤、石油、天然气的储量也较丰富。2000年，哈里海北部发现一个储量为70亿吨的超大型油田。森林和营造林2170万公顷。地表水资源530亿立方米。湖泊和水库7600多个。

经济

经济以石油、采矿、煤炭和农牧业为主，加工工业、机器制造业和轻工业相对落后。哈萨克斯坦经济实力在独联体中居第三位。独立后实施全面、稳妥的经济改革，分阶段推行市场经济和私有化，宏观经济形势趋向好转。近年来，农作物产量逐年有所提高，畜牧业十分发达，占农业总产值的63%。2000年工业总产值17615亿坚戈（100坚戈约合6元），比1999年增长14.6%，其中采矿业产值为8014亿坚戈，占45.5%；加工工业产值为7988亿坚戈，占45.3%。

习俗

赛歌　哈萨克人有赛歌的传统。参赛歌手自编自唱，比幽默，赛机智，然后由观众评出最佳歌手。比赛优胜者随即成为全地区家喻户晓、备受欢迎的人。

骑术　哈萨克人，无论男女老少，皆擅长骑术。日常生活中许多习俗和民间庆典都与骑马有密切关系。如民间牧羊人节、开春节等，都要举行骑术比赛和骑马叼羊比赛。在人际关系中，马鞭成为相互赠送表达特殊意义的礼物。

主要城市

阿斯塔纳

阿斯塔纳是哈萨克斯坦的首都，是北部贸易中心，濒临伊希姆河，位于横贯哈萨克铁路和西伯利亚铁路的交会点上，是20世纪50年代苏联垦荒运动中发展起来的城市。阿斯塔纳文化教育发达，建有各种研究所和师范、医学、建筑高等院校。

旅游

哈萨克斯坦的主要名胜有阿拉木图市的高山滑雪场、巴尔喀什湖、突厥斯坦古城、历史名城江布尔等。

吉尔吉斯斯坦
/**Kyrgyzstan**

地理位置

吉尔吉斯斯坦是内陆国，位于中亚东北部，境内多山，边界线全长约4170千米，北和东北接哈萨克斯坦，南邻塔吉克斯坦，西南毗连乌兹别克斯坦，东南与中国接壤（共同边界近1100千米）。

地形特征

吉尔吉斯斯坦是高山国家，山脉占国土的3/4，北部为天山山脉西段，南部有科克沙尔陶山，低地仅占国土的15%，西南部有费尔纳盆地，北部有楚

正式名称	吉尔吉斯共和国（Kyrghyz Republic）
面　积	19.99万平方千米
人　口	596万（2015年）
民　族	全国有80多个民族，其中吉尔吉斯族占69.2%，乌兹别克族占14.5%，俄罗斯族占8.7%，乌克兰族占1%，其余为乌克兰、东干、朝鲜、维吾尔、塔吉克等民族
语　言	官方语言为俄语，国语为吉尔吉斯语
首　都	比什凯克（Bishkek）
行政区划	全国设7个州，2个市（比什凯克市和奥什市）
地理区	东北部、北部为山脉及河谷，南部为山脉，西南部为盆地

河及塔拉斯河谷地。

自然资源

　　吉尔吉斯斯坦矿产资源主要有黄金、锑、钨、锡、汞、铀和稀有金属等。其中锑产量居独联体第一位、世界第三位，锡产量和汞产量居独联体第二位，羊毛产量和水电资源在独联体国家中居第三位。

经济

　　国民经济以多种所有制为基础，农、牧、林业在经济中占主要地位。农业人口占60%以上。农业产值占国内生产总值的40%多，畜牧业占农业产值的46%，粮食尚不能完全自给。工业产值占整个国内生产总值的56%，主要有采矿、电力、燃料、化工、机器制造、木材加工、建材、轻工、食品等。吉尔吉斯斯坦是中亚国家中唯一产糖的共和国，苏联时期为原材料产地，加工能力差，依赖进口严重。资源单一，居民贫困化现象普遍，国家预算失衡，外债负担沉重，经济振兴尚需时日。

习俗

　　吉尔吉斯人以马术闻名，用马匹来圈养和照看牲畜。他们的日常生活还保留着民族传统和风俗。同从前一样，现代房间装饰中，地毯、模压花纹图案、镂花木制家具仍占主要地位。吉尔吉斯人喜欢带着猎鹰去狩猎。在节日期间喜欢举行鹰猎、赛马及各种形式的比赛。

主要城市

比什凯克

　　比什凯克是吉尔吉斯斯坦的首都，历史上是"丝绸之路"上的一座古城，位于吉尔吉斯山麓下楚河谷地，市区横跨阿拉尔河和阿拉密琴河，大楚斯基运河横贯其北部。比什凯克是吉尔吉斯的文化中心，这里有国家科学院和吉尔吉斯国立大学、农学院、医学院、师范学院、体育学院等7所高等院校，有5座剧院、3个博物馆。

旅游

　　吉尔吉斯斯坦自然地理条件特殊，动植物品种繁多，旅游资源丰富。著名的景点有高山不冻湖伊塞克湖、李白出生地碎叶城和塔拉斯河上游谷地的马纳斯墓等。

塔吉克斯坦 ／Tajikistan

地理位置

　　塔吉克斯坦位于中亚东南部，东与中国接壤，南邻阿富汗，西部和北部与乌兹别克斯坦和吉尔吉斯斯坦相连。

地形特征

　　境内多山，约占国土面积的93%，有"高山国"之称。北部有库拉马山和莫戈托山，中部有泽拉夫尚山、吉萨尔—阿赖山；东南部是冰雪覆盖的帕米尔高原，盆地面积不到土地面积的1/10；北部为费尔干纳盆地的西缘；南部有萨尔河谷、瓦赫什河谷和喷赤河谷。

经济

　　塔吉克斯坦经济基础薄弱。由于独立后与苏联各加盟共和国传统经济联系

正式名称	塔吉克斯坦共和国 (The Republic of Tajikistan)
面 积	143 100 平方千米
人 口	848 万 (2015 年)
民 族	塔吉克族占 79.9%；乌兹别克族占 15.3%；俄罗斯族占 0.32%，还有鞑靼、吉尔吉斯、乌克兰、土库曼、哈萨克、白俄罗斯、亚美尼亚等民族
语 言	塔吉克语 (属印欧语系伊朗语族) 为国语；俄语为族际间交流语言
首 都	杜尚别 (Dushanbe)
行政区划	全国分为 3 个州、1 个区和 1 个直辖市 (杜尚别市)
地 理 区	山地、盆地、谷地、高原

中断，国民经济陷入危机。1996 年政府推行经济改革，逐步向市场经济过渡。农业、种植业占重要地位。以棉花种植为主，耕地面积 87.79 万公顷中的 40% 用于种植棉花，主要工业部门是电力、采矿业、轻工业和食品工业，人均电力资源蕴藏量居世界前列。

习俗

每年 3 月 21 日是塔吉克人的春节。节日的高潮是春耕仪式。届时，全村人来到田头，像旧时一样，犁上套着 2 头耕牛，由村里德高望重的老人开耕，犁出第一条垄沟。随后，现代农机开进田里。这一节日已有 2700 年历史。

塔吉克人还保持着山国的文化习俗和传统。男子喜穿宽松的白色上衣、灯笼裤，罩长袍一件。女子则多穿色彩鲜艳的裙子，配以头巾或绣花小帽。

主要城市

杜尚别

杜尚别是塔吉克斯坦的首都，是全国的文化、交通中心，位于塔吉克斯坦西南部的吉萨尔谷地，杜尚别河从城南 10 千米处流过。该市海拔较低，居于河谷地带，四周为高山包围，但交通比较畅通便利。杜尚别也是塔吉克斯坦的

工业中心，工业产值占全共和国的 30% 以上。杜尚别有 7 所高等院校、5 座剧院和多处图书馆与博物馆。

旅游

塔吉克斯坦历史悠久，可探访的地方很多。主要名胜有公元 10 ~ 12 世纪的哈兹拉提——巴巴陵墓、14 ~ 17 世纪的阿卜杜拉汗大礼堂、首都杜尚别、霍贾奥比加尔姆气候疗养区和老虎村自然保护区等。

亚美尼亚 /Armenia

地理位置

亚美尼亚为外高加索南部的内陆国。西部与土耳其接壤，南边与伊朗交界，北方与格鲁吉亚相邻，东面与阿塞拜疆为邻。

地形特征

亚美尼亚为亚欧大陆地势最为崎岖不平的国家，到处是山地和陡峭的峡谷，全境 90% 以上的地区在海拔 1000 米以上。从整体上看，它位于安纳托利亚和伊朗两山地构造之间，地处亚美尼亚高原，为小高加索山脉所环抱。

正式名称	亚美尼亚共和国 (The Republic of Armenia)
面 积	29 800 平方千米
人 口	300 万 (2016 年)
民 族	亚美尼亚族人占 96%；其他民族有俄罗斯人、库尔德人、乌克兰人、亚述人、希腊人等
语 言	官方语言为亚美尼亚语；居民通晓俄语
首 都	埃里温 (Yerevan)
行政区划	全国划分为 10 个州和 1 个州级市 (里温市)
地 理 区	北部、东部为小高加索山脉，其余为高原

自然资源

资源主要有铜矿、铜钼矿和多金属矿，此外，还有硫磺、大理石和彩色凝灰岩等。

主要城市

埃里温

埃里温是亚美尼亚的首都，外高加索著名的古城，亚美尼亚的政治、经济、文化中心。它位于阿拉特平原上的拉兹丹河畔，距土耳其边境仅 23 千米。埃里温同时也是外高加索地区重要的工业、交通中心，有 10 所高等院校，其中包括国立埃里温大学。埃里温的西北、东北和南面都是高山。阿拉拉特山和阿拉加兹山南北对峙，阿拉拉特山是亚美尼亚民族的象征。郊外有乌拉杜埃雷布尼古堡遗址。离埃里温不远处是著名旅游地艾奇米亚金。

土库曼斯坦 /Turkmenistan

地理位置

土库曼斯坦是位于中亚西南部的内陆国家。北部和东北部与哈萨克斯坦、乌兹别克斯坦接壤，西濒里海并与阿塞拜疆和俄罗斯相望，南邻伊朗，东南与阿富汗交界。

地形特征

土库曼斯坦全境约有 80% 的领土被以黑沙闻名的卡拉库姆大沙漠覆盖，故有"沙漠牧场"之称。全国地势广阔

正式名称	土库曼斯坦 (Turkmenistan)
面　积	491 200 平方千米
人　口	537 万 (2015 年)
民　族	土库曼族占 77%，其他还有乌兹别克族、俄罗斯族、哈萨克族、亚美尼亚族、鞑靼族等 100 多个民族
语　言	官方语言为土库曼语，俄语为通用语
首　都	阿什哈巴德 (Ashgabat)
行政区划	除阿什哈巴德外，全国分为 5 个州，16 个市、46 个区
地 理 区	西南部为山地，其余大部为沙漠平原

平坦，土地面积约 4/5 是平原，仅仅在南部和西部有一些山脉，如科佩特山脉和巴洛帕美斯山脉等，主要绿洲有科佩特、捷詹等。

气候

土库曼斯坦属干燥的大陆性气候，气温日差和年差较大，年平均气温 14～16℃，夏天气温很少低于 35℃。年降水量少。

自然资源

矿产资源丰富，主要有石油、天然气、芒硝、碘、有色及稀有金属等。石油储量为 120 亿吨。天然气储量为 22.8 万亿立方米，居世界前列。天然海盐储量居世界第一位。

经济

独立以来，土库曼斯坦经济发展速度在中亚地区已居前列。石油天然气工业为支柱产业，它在工业总产值中的比重从 1999 年的 24% 增加到 2000 年的 45%。农业主要为棉花和小麦种植。玉米、水稻、丝绸和水果也是很重要的产品。2000 年农业产值占国内生产总值的 26%，增长 17%。

习俗

居住　部分土库曼人居住的地方还保留了一些住房密集的古老村庄。这种

村庄的布局是村中广场（市场）周围的集散式建筑。

衣着打扮　传统的男式长袍仍然时兴。夏天戴绣花小帽，冬天戴羊羔皮帽。妇女流行本民族的短袖红色丝绸长袍、瘦腿裤、扎绸子或毛料头巾，戴胸饰、耳环和手镯。

土库曼人还精于手工地毯的编织。地毯是土库曼斯坦牧民不可缺少的生活用品。

主要城市

阿什哈巴德

阿什哈巴德是土库曼斯坦的首都，是全国工业、商业、交通文化中心，位于科佩特山脉北麓阿哈尔绿洲和卡拉库姆大沙漠边缘。其地处交通要冲，1924 年成立的土库曼苏维埃共和国，就已将首都定在这里。该市工业主要是纺织业，其次是机器制造、玻璃和食品加工业。

旅游

土库曼斯坦旅游资源丰富，1994 年成立"土库曼斯坦国家旅游公司"。主要名胜有古城遗址尼萨、巴哈尔琴地下湖、麦尔夫古城、库涅—乌尔根奇古迹区。

土库曼斯坦的甜瓜商贩

阿塞拜疆 /Azerbaijan

地理位置

阿塞拜疆位于外高加索的东南部。北靠俄罗斯，西部和西北部与亚美尼亚、格鲁吉亚相邻，南部与伊朗接壤，东濒里海。海岸线长 713 千米。

正式名称	阿塞拜疆共和国（The Republic of Azerbaijan）
面　积	86 600 平方千米
人　口	965 万（2015 年）
民　族	阿塞拜疆族占 90.6%，俄罗斯族占 1.8%，亚美尼亚族占 1.5%
语　言	官方语言为阿塞拜疆语，属突厥语族；居民多通晓俄语
首　都	巴库（Baku）
行政区划	全国划分为 1 个自治共和国（纳希切万自治共和国）、66 个区、70 个市、13 个市级区、251 个城镇、1 700 个乡级区、4 263 个村
地理区	东北方为高加索的东南部，南方为小高加索，东南为塔雷什山脉，西南为中阿拉克辛盆地，北部为群山所环抱

地形特征

山地占 5/10，盆地占 4/10，平原占 1/10。东北方为大高加索东南部，南方为小高加索，其间为库拉—阿拉斯低地，东南为塔雷什山脉，西南为阿拉克辛盆地，北部为群山环抱。

气候

阿塞拜疆气候多样，平原、低地为亚热带气候，山地为高原冻土带气候。平原、低地平均气温 7 月为 27～29℃，1 月为 1～3℃。沿海地区和低洼地区年降水量为 20～30 毫米，大高加索南坡的年降水量达 1 300 毫米。

主要城市

巴库

巴库是阿塞拜疆的首都，是著名的"石油城"，全国工业、经济、文化中心，里海西岸的大港口，位于里海西岸的阿普歇伦半岛南部。以巴库为中心的阿普歇伦半岛及其附近海底是世界著名的石油产区。巴库为重要的交通运输枢纽，高加索各铁路干线均由此经过，公路四通八达，文化发达。市内有阿塞拜疆科学院等 100 多所科研机构。

巴库处女塔

格鲁吉亚 /Georgia

地理位置

格鲁吉亚位于外高加索中西部。北接俄罗斯，东南和南部分别与阿塞拜疆和亚美尼亚相邻，西南与土耳其接壤，西邻黑海。海岸线长 308 千米。

地形特征

格鲁吉亚多山，2/3 的土地为山地和山前地带，平原只占领土的 1/10，北部为大高加索山脉，最高峰什哈拉峰海拔 5068 米，南部为格鲁吉亚高原，其间为山间低地、平原及少量高原。

自然资源

自然资源比较贫乏，主要矿产有煤、铜、多金属矿石、重晶石。锰矿石储量丰富，质地优良。水力资源丰富，蕴藏量 1550 万千瓦。近年在格鲁吉亚西部、东部和黑海地区发现石油和天然气资源。森林面积占整个国家面积的 40%。

主要城市

第比利斯

第比利斯是格鲁吉亚的首都，是南高加索第二大经济中心，也是座古城，位于格鲁吉亚东南部，坐落在南高加索山麓的海拔 500 米的盆地上，城中多温泉。"第比利斯"格鲁吉亚语意即"温泉"。该城建于 4 世纪，从 1122 年起便成为格鲁吉亚王国的首都。第比利斯的工业产值占格鲁吉亚共和国工业总产值的 33%。库拉河把第比利斯分为两大城区。河的右岸是新城区，政府机构和企业大都在这里；河的左岸为老城区，保留有许多历史遗址。第比利斯是全国闻名的疗养胜地。距第比利斯西北 76 千米处的哥里市是斯大林的故乡，有斯大林故居、斯大林纪念馆和斯大林全身塑像。

正式名称	格鲁吉亚（Georgia）
面　　积	69700 平方千米
人　　口	368 万（2015 年）
民　　族	格鲁吉亚族83.8%、亚美尼亚族8.1%、俄罗斯族6.3%
语　　言	格鲁吉亚语为官方语言；居民多通晓俄语
首　　都	第比利斯（Tbilisi）
行政区划	全国有首都第比利斯、9 个大区、2 个自治共和国（阿布哈兹、阿扎尔）
地 理 区	北部为高加索山脉，南部为格鲁吉亚高原（小高加索），大小高加索山脉之间为低地、平原和少量高原

大洋洲

O C E A N I A

陆地面积：897万平方千米（占世界陆地总面积的6%）

人口：2900万

海岸线：大陆海岸线1.9万千米

最高点：新几内亚岛的查亚峰，海拔5029米

最低点：北艾尔湖，湖面在海平面以下16米

主要山脉：南阿尔卑斯山、奥伦基山、新英格兰山等

主要河流：墨累河、达令河、塞皮克河等

主要湖泊：艾尔湖、特阿瑙湖等

主要岛屿：所罗门群岛、马里亚纳群岛、波利尼西亚群岛等

概况

地理位置及分布

大洋洲，位于太平洋西南部和南部、赤道南北的广大海域中，西北与亚洲为邻，东北及东部与美洲大陆相对，南部与南极洲相望，西临印度洋。其狭义的范围是指东部的波利尼西亚、中部的密克罗尼西亚和西部的美拉尼西亚三大岛群。广义的范围是指除上述三大岛群外，还包括澳大利亚、新西兰和新几内亚岛（伊里安岛）等。

大洋洲陆地总面积约 897 万平方千米，约占地球陆地总面积的 6%，是世界上最小的一个洲，共有 14 个独立国家，其余十几个地区为美、英、法等国的属地。在地理上划分为澳大利亚、新西兰、新几内亚、美拉尼西亚、密克罗尼西亚、波利尼西亚 6 区。

澳大利亚以动植物的珍异闻名，是蓝桉、大叶桉、柠檬桉、檀香、南洋杉、木麻黄、蜡菊等栽培植物的原产地。新西兰是新西兰麻及考力代绵羊的原产地。新几内亚面积 81 万多平方千米，居民多美拉尼西亚人和巴布亚人，东部居民讲美拉尼西亚语和皮钦语，西部居民通用马来语，约一半居民信基督教。

新西兰的鲁阿佩湖火山

美拉尼西亚意为"黑人群岛"，位于西太平洋，赤道同南回归线之间，陆地总面积约 15.5 万平方千米。居民主要是美拉尼西亚人，当地居民通用美拉尼西亚语，英语为官方语言。主要包括俾斯麦群岛、所罗门群岛、圣克鲁斯群岛、新赫布里底群岛、新喀里多尼亚岛、斐济群岛。

密克罗尼西亚意为"小岛群岛"，位于中太平洋，绝大部分位于赤道以北。陆地总面积 2584 平方千米。居民主要是密克罗尼西亚人，主要包括马里亚纳群岛、加罗林群岛、马绍尔群岛、瑙鲁岛、吉尔伯特群岛等。群岛分列为两弧，中隔马里亚纳海沟。

波利尼西亚意为"多岛群岛"，位于太平洋中部，陆地总面积约 2.6 万平方千米，居民主要为波利尼西亚人。主要包括夏威夷群岛、中途岛、贝岛、图瓦卢群岛、汤加群岛、社会群岛、土布艾群岛、土阿莫土群岛、马克萨斯群岛、纽埃岛、萨摩亚群岛、托克劳群岛、库克群岛、莱恩群岛、菲尼克斯群岛、约翰斯顿岛、瓦利斯群岛、富图纳群岛、皮特凯恩群岛等。

地形地貌

大洋洲大陆海岸线长约 1.9 万千米。地形分为大陆和岛屿两部分。澳大利亚大陆西部为高原，大部分为沙漠和半沙漠；中部为平原；东部为山地。新几内亚岛、新西兰的南、北岛均为大陆岛，岛上多高山，平原狭小。新几内亚岛的查亚峰海拔 5029 米，为大洋洲最高点。波利尼西亚群岛由火山岛和珊瑚礁组成。密克罗尼西亚群岛以珊瑚岛为主。美拉尼西亚群岛主要由大陆型岛屿构成。澳大利亚东部和北部的沿海岛屿系太平洋火山带的组成部分。大洋洲除海底火山外共有60多座活火山，仅美拉尼西亚就有30多座。夏威夷岛上的冒纳罗亚活火山海拔4170米，是大洋洲最高的活火山。

河流与湖泊

大洋洲河流较其他洲少且短小，水量少，大多不利航行，几乎所有河流终年不冻。外流河流域占总面积的48%，内流河均分布在澳大利亚中部及西部地区，主要的内流河都注入艾尔湖，主要河流有墨累河、达令河、马兰比季河、塞皮克河等。墨累河全长3490千米，流域面积91万平方千米，为大洋洲流程最长、流域最广的河流。大洋洲的湖泊较少，最大的是艾尔湖，面积约8200平方千米；最深的是新西兰西南端的特阿瑙湖，深达276米。澳大利亚大陆上的湖泊多为构造湖。新西兰的湖泊有构造湖和因熔岩阻塞河流而形成的堰塞湖。夏威夷岛上有火山口湖。太平洋岛屿上有不少由珊瑚礁环绕而成的礁湖，新乔治亚岛上的礁湖是世界上著名的大礁湖之一。

气候

大洋洲大部分在南、北回归线之间，绝大部分地区属热带和亚热带气候，除澳大利亚内陆地区为大陆性气候外，其余地区均属热带海洋性气候。大部分地区虽处在太阳垂直照射之下，但因濒临大海并不太热。年平均气温绝大部分为25～28℃。大洋洲最热的地方是澳大利亚昆士兰州的克隆卡里，最高气温达53℃。降水量各地差别较大。澳大利亚中、西部沙漠地区气候干旱，年平均降水量在250毫米以下，夏威夷的考爱岛东北部年平均降水量高达1.2万毫米以上。大洋洲经常发生台风，波利尼西亚中部和密克罗尼西亚的加罗林群岛附近是台风的发源地。

自然资源

大洋洲的矿藏丰富，主要有镍、铝土矿、金、铬、磷酸盐、铁、银、铅、锌、煤、石油、天然气、铀、钛。镍储量和铝土矿储量均居各洲第二位。森林面积约占总面积的9%，约占世界森林总面积的2%，盛产松树、山毛榉、棕榈树、桉树、杉树、白檀木和红木等多种珍贵木材。草原占大洋洲总面积的50%以上，约占世界草原总面积的16%。大洋洲可开发水力资源较丰富，约占世界可开发的水力资源的1.8%。美拉尼西亚附近海域、澳大利亚东南沿海及新西兰附近海域为主要渔场，产沙丁鱼、鳕鱼、鳗鱼、鲭鱼和鲸等。

经济

各国经济发展水平不等，澳大利亚和新西兰两国经济发达，其他岛国多为农业国，经济较落后。近些年旅游业得到较大发展。

澳大利亚、新西兰两国农业现代化程度很高，羊毛产量占世界羊毛总产量的40%左右。农作物有小麦、椰子、甘蔗、菠萝、天然橡胶、薯类、玉米、稻米等，小麦产量占世界总产量的3%。畜牧业以养羊为主，绵羊头数占世界的20%左右。

工业主要集中在澳大利亚和新西兰，主要有采矿、钢铁、有色金属冶炼、机械制造、化学、建筑材料、纺织等部门。其他岛国工业仅以采矿及农、林、畜产品加工为主，多为外资所控制，产品多供出口。

人口

据统计，大洋洲共有人口约 2900万，约占世界人口的 0.5%，是除南极洲外，世界上人口最少的一个洲。全洲 65% 的人口分布在澳大利亚大陆，各岛国人口密度差异显著。巴布亚人、澳大利亚人、塔斯马尼亚人、毛利人、美拉尼西亚人、密克罗尼西亚人和波利尼西亚人等当地居民约占总人口的 20%，欧洲人后裔约占 70% 以上，此外还有混血种人、印度人、华人和日本人等。绝大部分居民使用英语，三大群岛上的当地居民分别使用美拉尼西亚语、密克罗尼西亚语和波利尼西亚语。绝大部分居民信奉基督教，少数信奉天主教，印度人多信印度教。

文化艺术

大洋洲艺术包括澳大利亚、波利尼西亚、美拉尼西亚和密克罗尼西亚在内的太平洋诸岛的文学、表演和视觉艺术。由于资料缺乏，所以人们对大洋洲艺术的研究收获不大。

大洋洲艺术常被称为"原始艺术"，因为就整个地区来说，迄今只有一些原始文字，不过，那些隐藏在艺术品背后的神话体系和宇宙观往往相当复杂。

大洋洲音乐风格多种多样。各地强调利用乐器制作优于嗓音的声乐作品。大多数乐器在技术上都制作得很粗糙，不过外观却往往装饰得十分华丽，以便完成作为礼品或祭品等非音乐性的功能。所罗门岛民的排箫合奏通常带有歌舞。波利尼西亚的歌舞来源于社会结构，当用歌曲赞颂酋长或贵宾时，舞蹈者以动作叙述（而非表演出）颂歌的意义。澳大利亚和美拉尼西亚的舞蹈都具有描述神明和祖先活动的历史性功能，在表演祖先的活动时，舞蹈者穿戴精致的服装和面具。

大洋洲的景观建筑是该地区的少数共同趋势之一。将自然物赋以象征性的共同偏好并未造成风格上的雷同，人工制品的制造与装饰的情况也是一样。精巧惊人的浮雕和巨大的石雕、木雕并存。从新西兰的哈奈柳条编器可以看到地方工匠的超凡技艺，柳编面具和斗篷都很精致。同样，马克萨斯群岛岛民装饰艺术上的精巧程度也显示出其悠久的手工艺传统。

所罗门群岛乌莱塔岛上的美拉尼西亚人在表演传统舞蹈

新西兰 /New Zealand

地理位置

新西兰位于太平洋西南部，首都惠灵顿是地球上最靠南的都城。新西兰面积居大洋洲第三位，西隔塔斯曼海与澳大利亚相望，相距 1600 千米，由南岛、北岛及一些小岛组成，南、北二岛隔库克海峡相望。海岸线长 6900 千米。

正式名称	新西兰（New Zealand）
面　积	270 534 平方千米
人　口	464 万（2015 年）
民　族	欧洲移民后裔占 67%；毛利人占 14.5%；其他占 13.5%
语　言	通用英语；毛利人讲英语和毛利语
首　都	惠灵顿（Wellington）
行政区划	全国分为 12 个大区，设有 74 个地区行政机构
地 理 区	北岛火山地带，西部丘陵地带，东部山地。南岛南阿尔卑斯山脉，坎特伯雷平原，奥塔戈高原与盆地

地形特征

全境多山，山地和丘陵占全国面积的 89% 以上，而平原低地面积狭小，大约只占总面积的 8%。

北岛多起伏的丘陵，约占全岛面积的 71%。北岛的山脉不连续但火山很多，主要位于东半部。东南部有 2 条平行的东北—西南向山脉，海拔 1500 米左右；西边为塔腊鲁阿、鲁阿希尼山，东边为奥伦基、普基托伊山，中间为怀腊腊帕山谷。西北部也有 2 条平行的山脉，一为科尔维尔，一为塔拉纳基，海拔 500 米左右，构成了奥克兰、科罗曼德尔 2 个半岛。西海岸的南端耸立着海拔 2518 米的埃格蒙特火山，具有对称的火山锥。北岛四周是一些狭窄的沿海平原，中央的火山高原，面积 2.5 万平方千米，是世界上大且年轻的火山高原之一。其中海拔 2797 米的鲁阿佩胡火山是北岛的最高点，它与相邻的恩戈鲁霍火山和汤加里罗火山共同构成了新西兰著名的汤加里罗国家公园。

南岛的山地多，面积广，约占全岛面积的 70%。在南岛的西部，平行海岸绵延着雄伟的南阿尔卑斯山，峰峦重叠，其中海拔高度在 2000～3000 米的高峰就有 223 座，构成了南岛的地形骨架。南阿尔卑斯山的雪线大约在海拔 2000 米，高于雪线的山峰在 40 个以上，所以山上终年白雪皑皑，山间形成很多冰川，最大的塔斯曼冰川长 28.9 千米，宽 9 千米，是大洋洲最长的冰川。南阿尔卑斯山西坡陡峻，悬崖直逼海岸，海岸大都平直，唯有西南端因受第四纪冰川的侵蚀，多峡湾海岸。峡湾又深又长，使整个南岛的西南海岸呈锯齿形。南阿尔卑斯山东坡平缓，有宽阔的山麓丘陵地及许多湖泊。南岛东南部有新西兰最大的平原——坎特伯雷平原，面积 1.24 万平方千米，是著名的"粮仓"和出产享有盛誉的坎特伯雷羔羊肉的地方。南岛南部是奥塔戈高原，东部最突出的地方是班克斯半岛。

气候

新西兰气候属温带海洋性气候。平均气温夏季 20℃ 左右，冬季 10℃ 左右。夏无酷暑，冬无严寒。尽管新西兰的任何地方距海都不超过 130 千米，但由于南岛西岸山脊阻碍了海洋气团的东移，在南岛东部的雨影区形成了准大陆性气候。山脊的东侧，西风变为燥热的焚风型的风。这种燥热风出现时，给局部地区带来酷热的干燥天气，湿度非常低。

新西兰的大部分地区处于南半球的环球西风带，盛行的西北风给敞开的山区、沿岸区，特别是岛间气流通畅的库克海峡和福沃海峡区带来大风。全境几乎没有一个地区一年中会有很长时期不刮大风的。

强大而湿润的海洋西风带来充裕的水汽，这是新西兰降水量丰富的先决条件。但新西兰降水量的空间分布则主要受地体形势的控制。多数居民区的年降水量为700～1500毫米；山区更加湿润，不少高地达2540毫米以上，南阿尔卑斯山脉相当广大的地区则超过5000毫米；山地背风坡的坎特伯雷和奥塔戈等雨影区却不足600毫米。从降水类型来看，以锋面降水为主；山地丘陵区的降水还明显地受到山岳的影响。有些地区，特别是在南岛的内地，夏季有较多的对流雨。

自然资源

新西兰的一些动植物是由于和外界隔绝、经过漫长的演化后形成的畸形变种，同"世界大陆"的动植物是有区别的。这里无哺乳动物，飞禽却很多，并占绝对优势。新西兰鸟类中最明显的一种特征就是不能飞的鸟占相当大的比例。恐鸟就属于翼小不能高飞的鸟类，体形像鸵鸟，现在已经绝种。最值得注意的是母鸡般大小的棕色几维鸟，是当地的特产，新西兰人常常称自己为几维。

新西兰约有四分之一的土地丛林密布。高大的新西兰松，可以剖成宽达2米多的木板，这种松除了在一些受到特殊保护的地带以外，几乎全部绝迹。其他仍在山中巍然屹立的高大的常青树，有罗汉松以及各种针叶树，包括红松、褐松和黑松。高纬度地带，特别是南岛所产的树，有南方山毛榉。天然林中，考里树是世界闻名的。这种树的木材质地好，树干粗壮挺直，不分杈，树高可达137米。考里木是新西兰传统的建筑材料，欧洲人曾经用它制作船的桅杆和帆桁。新西兰还种一种圣诞树，叫波胡图卡瓦，是新西兰沿海地区树种中最出名的树，它只有考里树的一半高，这种树大致在圣诞节期间开花。新西兰还有种奇怪的树，叫卷心菜树，树身细长，

新西兰牧场
新西兰有广阔的天然草地和人工牧场，主要用于饲养牛和羊，大约有4200万只绵羊、约950万头牛。

树叶做尖钉形，嫩枝可以煮了吃，味道像韭菜。

经济

新西兰是经济发达国家。农业高度机械化。主要农作物有小麦、大麦、燕麦、水果等。粮食不能自给，需要从澳大利亚进口。森林覆盖率30%，日本和澳大利亚是新西兰木材的最大出口市场。畜牧业发达，这也是新西兰经济的基础。从事畜牧业的人口占农牧业人口总数的80%左右，畜牧业产值占农牧业总产值的80%以上，乳制品与肉类是新西兰最重要的出口产品。粗羊毛出口量居世界第一位，占世界总产量的25%。羊肉、羔羊肉及黄油、酪素的出口量，一直占世界首位，其中羊肉出口占世界出口的3/4。牛肉、小牛肉的出口量居

世界第三位，干酪出口居世界第五位。

工业以农林牧产品加工为主，主要有奶制品、毛毯、食品、酿酒、皮革、烟草、造纸和木材加工等轻工业，产品主要供出口。近20年来，新西兰陆续建立了一些重工业，如炼钢、炼油、炼铝和制造农用飞机、汽车等企业。食品工业以专供出口的肉类加工业为主，其次是生产黄油、干酪和奶粉的乳制品业。肉类加工业中的冻肉厂主要分布在畜牧业中心和沿海港口。汽车工业主要分布在惠灵顿、奥克兰。纺织工业主要是毛纺厂，产值占纺织业的二分之一，是新西兰古老的工业部门之一。采掘业已有100年的历史，以煤、铁、石油、天然气为主。天然气田是世界上较大的一个。电力工业是新西兰发展较快的工业部门，全国已形成统一的输电网，在北岛，主要是利用地心热力发电，北岛中部的威奥拉谷地的怀拉基地热发电所，是世界上第二大地热发电厂。

习俗

碰鼻礼　毛利人的待客礼仪十分奇特。每当客人到来，他们首先选出一名部落里跑得最快的人，在宾客前面做各种各样的鬼脸，挥舞手中的剑或长矛，表示欢迎。然后，妇女们边高声欢喊，边跳起迎宾，行毛利人最高的

毛利人的碰鼻礼

敬礼——和客人们碰鼻子，碰鼻子的时间越长，说明宾客受到的礼遇就越高。

"海蒂基"　毛利人常在胸前挂着的一种玉雕人像。"海蒂基"的样子都一样：四方形的头，与肩同宽；大圆圈的眼睛，里面嵌着贝壳；鼻子在两眼中间，与额连在一起；嘴非常大，牙齿从两个嘴角伸出，舌头从牙齿中间伸出；两手在胸前交叉，各伸出3个手指；脚盘曲着。"海蒂基"，既是一种饰物，又是他们所信仰和崇拜的神的形象。

讲究享受的生活方式　新西兰人一直保存着早期的纯英国式生活形态，讲究享受。除正餐外，新西兰人每天还要喝6次茶；一到喝茶时间，正在进行中的工作，也会停下来。

惊人的啤酒消耗量　新西兰人非常嗜酒，啤酒消耗量惊人。在嗜饮啤酒排名中，新西兰名列世界第五位。

主要城市

惠灵顿

新西兰首都惠灵顿是全球地理位置最南的首都（南纬41°17′），位于北岛的最南端，濒临库克海峡，是新西兰的政治、文化、交通运输中心。这里的国立美术馆展出新西兰的绘画和雕刻品，道明尼安博物馆展有毛利族及太平洋土著人的文物。亚历山大·特恩布尔图书馆是惠灵顿最古老的建筑物，全部是木制而成，馆内收藏有太平洋历史和地理的研究资料，藏书100万册以上。惠灵顿是一个现代化程度较高的城市。建筑是一些式样美观而又相当质朴的木造房屋。政府办公大楼是世界上最大的木制建筑物。圣保罗大教堂也是最好的木制结构教堂，其规模宏伟，闻名世界。

奥克兰

奥克兰是新西兰最大的城市，世界上最大的波利尼西亚人聚居中心。奥克兰街市具有浓厚的现代化气息。奥克兰是国内最大的商港、军港和航空站，是一个没有污染的洁净城市。城市建筑也大都是木制平房。

旅游

新西兰气候宜人，风景优美，旅游胜地多。其中，北岛的鲁阿佩胡火山和周围14座火山的独特地貌形成了世界罕见的火山地热异常带。在这一区域内，分布着1000多处高温地热喷泉。这些千姿百态的沸泉、喷气孔、沸泥塘和间歇泉形成一大奇景，吸引了世界各地的游客前来观光。目前，旅游业每年为新西兰带来巨额的外汇收入，成为新西兰主要的经济支柱之一。

澳大利亚 /Australia

地理位置

"澳大利亚"源自拉丁语，意为未知的南方大陆，位于南太平洋和印度洋之间，由澳大利亚大陆和塔斯马尼亚等岛屿组成。东邻珊瑚海和塔斯曼海，北、西、南三面临印度洋及其边缘海。海岸线长36735千米。澳大利亚是世界上最大的岛屿和最小的陆地，是世界上唯一一块由一国独占的大陆，绝对地理位置可用4个点来说明，最北的

正式名称	澳大利亚联邦（The Commonwealth of Australia）
面　　积	7 692 000 平方千米
人　　口	2380万（2015年）
民　　族	74%是欧洲人后裔；亚裔占5%；土著居民占2.7%
语　　言	通用英语
首　　都	堪培拉（Canberra）
行政区划	全国划分6个州和2个地区。6个州分别是新南威尔士、维多利亚、昆士兰、南澳大利亚、西澳大利亚、塔斯马尼亚；2个地区分别是北部地区和首都直辖区
地 理 区	东部山地，中部平原，西部台地

约克角（南纬10°41′），最南的威尔逊角（南纬39°08′），最西的斯提普角（东经113°09′），最东的拜伦角（东经153°39′），东西最大距离4007千米，南北最大距离3680千米，其面积相当于南亚次大陆的两倍，居世界第六位。

地形特征

澳大利亚地形可分3个部分，即东部山地、中部平原、西部台地。

东部山地沿东部边境，北起约克角，经南边的维多利亚州，渡过巴斯海峡，至塔斯马尼亚岛，南北长3860千米，东西宽80～320千米，占澳大利亚总面积的15%。此范围内所有的山地统称为澳大利亚科迪勒拉山系。其西侧坡度较缓，逐渐没入中部平原；东侧坡度峻峭，紧逼海岸。沿海平原十分狭窄，形成悉尼、纽卡斯尔和墨尔本等重要海湾。山地北段为略高出于附近平面的丘陵地带，往南麦克弗森山脉与拉明顿高原高达1500米以上。南段有新英格兰山脉、澳大利亚阿尔卑斯山脉等。澳大利亚阿尔卑斯山是南北走向的山脉，地势较高，有些山峰冬季积雪。东部山地大致与海岸平行，构成了东部沿海与内地的天然屏障。另外，澳大利亚的重要河流都从这里发源，因而山地又成为内地与东部沿海水系的重要分山岭。

中部平原北起卡奔塔利亚湾，南至墨累河口，自北而南可分为卡奔塔利亚湾低地、艾尔湖盆地和墨累河——达令河盆地3部分。卡奔塔利亚湾低地属沿海地带，高度在200米以下，南高北低，南部高度一般不及450米。北艾尔湖是一片盐滩，低于海平面16米，是全国的最低点。

西部台地大致从东经136°～140°与中部平原为界，面积约500万平方千米。其北部高原区海拔较高，中部是广大的沙漠区，约占西部土地面积的1/2。南部是纳拉伯平原，表面十分平坦，但地面缺乏河流与树木。

气候

北部属热带，大部分属温带。其他年平均气温北部27℃，南部14℃。澳大利亚位于南半球，季节更替同北半球完全相反。它存在热带、亚热带2种气候，炎热干燥，雨量较少，呈带状分布，基本位于南纬10°41′～39°11′之间，属低纬度、中纬度地带，南回归线横穿大陆中部稍北的位置，致使澳大利亚大部分地区太阳高度角大，日照时间延长，常常出现高温。降水量极不均衡，年降水量在250毫米以下的地区约占大陆面积的35%，375毫米以下的地区占57%，500毫米以下的地区占60%以上。主要气候区域：北部为热带草原气候；东南沿海一带为热带雨林气候和亚热带季风性湿润气候；西北、西南为地中海气候；东南部的塔斯马亚岛为温带海洋性气候，内陆沙漠为热带沙漠气候。

自然资源

澳大利亚资源中，以动物资源最为突出，动物特有种类多，原始性明显，其中包括许多有袋类动物，如袋鼠等。澳大利亚的鸟类有650种以上，其中鸸鹋、琴鸟、食密鹦鹉、鸭嘴兽等百余种是特种鸟。渔业资源丰富，捕鱼区面积比国土面积还多16%，是世界上第三大捕鱼区，有3000多种海水和淡水鱼以及3000多种甲壳及软体类水产品，其中已进行商业捕捞的约600种。最主要的水产品有对虾、龙虾、鲍鱼、金枪鱼、扇贝、蚝、牡蛎等。

澳大利亚的植物约有1500个属，12049种。特有属约500个，特有种约9086个。森林覆盖率20%，天然森林面积约1.55亿公顷（2/3为桉树），用材林面积122万公顷。这些典型的植物都集中在澳大利亚的西南部。

矿产资源丰富，有"矿车上的国家"之称。矿产至少有70余种。其中，铅、镍、银、钽、铀、锌的已探明经济储量居世界首位。澳大利亚是世界上最大的铝木、氧化铝、钻石、铅、钽生产国，黄金、铁矿石、煤、锂、锰矿石等的产量也居世界前列。同时，澳大利亚还是世界上最大的烟煤、铝土、铅、钻石、锌及精矿出口国，第二大氧化铝、铁矿石、铀矿出口国，第三大铝和黄金出口国。

经济

澳大利亚是一个后起的发达资本主义国家。1999年国内生产总值全球排名第14位，在经济合作与发展组织国家排名中列第11位。

农牧业发达，主要农作物有小麦、大麦、油籽、棉花、蔗糖和水果，农牧产品有羊毛和牛肉。农牧业产品的生产和出口在国民经济中占有十分重要的地位。特别是畜牧业，总产值约占农业生产总值的 1/2，畜产品出口占全部出口总额的 1/3 以上，年产值 5 万澳元以上的农牧场就大约有 8.25 万家，所以澳大利亚是世界上最大的羊毛和牛肉出口国，一度被称为"骑在羊背上的国家"。

工业以矿业、制造业和建筑业为主。1999～2000 年度矿业产值占国内生产总值的 4.2%，制造业占 12.2%，建筑业占 5.5%。矿产品和制造业产品出口额分别占商品出口总额的 24.2% 和 59.6%。黄金业发达，已成为世界上屈指可数的产金大国。邮电业是世界上唯一赚钱而不需要政府补贴的邮电系统，已建成世界上第二大公众传真网（仅次于美国）。近几年，高科技产业发展较快，在国际市场上竞争力有所提高。

习俗

澳大利亚的土著人仍然保留着自己的习惯。如文身，平时仅在颊、肩和胸部涂几点白黄色，参战时在身上涂红色，死后涂白色，节庆仪式歌舞时彩绘全身。对经过成年礼的土著人来说文身不仅是装饰，而且还是吸引异性爱慕的重要组成部分。土著居民多以狩猎为生，独特的狩猎武器是一种称作"飞去来器"的物件。另外，土著人还盛行图腾崇拜。

主要城市

堪培拉

堪培拉是澳大利亚首都，是全国政治、文化中心，面积约 2357 平方千米，始建于 1913 年 3 月，1927 年基本建成，被誉为"大洋洲的花园"。

整个城市以国会大厦至国家战争纪念馆间的大道作为中轴线，若干条主要街道组成四通八达的街道网。城市两面临山，莫伦格鲁河流经全城，并在城中形成长约 8 千米的格里芬湖。湖区辽阔，景色迷人。格里芬湖把该市一分为四，即湖南行政区、湖北商业区、湖西文化区、湖东开发建设新区。但横跨湖上的联邦桥和国王桥又把整个城市紧紧地联在一起。湖中有著名的"库克船长的纪念喷泉"，水柱高达 137 米，喷速每小时 200 千米，湖心岛建有一座存放 53 只大钟的钟楼，定时发出悦耳的钟声。

墨尔本

墨尔本是维多利亚的首府，澳大利亚第二大城，位于澳大利亚的东南角波特菲利普湾北岸的雅拉河口，1904～1927 年曾做过澳大利亚联邦的首都。雅拉河从城中穿过。墨尔本市区四分之一是植物园或公园，坐落在市区南边的皇家植物园有 112 万种植物，占地约 4000 平方米。

旅游

旅游业是澳大利亚发展迅速的行业之一。近十年来，海外游客大幅上升，但国内游客仍是主导。著名的海滨城市悉尼、墨尔本、布里斯班、阿得雷德、帕斯以及昆士兰州的黄金海岸和北部地

悉尼歌剧院

悉尼歌剧院又称"海中歌剧院"，是当代建筑史上的一件稀世之作，它被公认为是 20 世纪世界七大奇迹之一，是悉尼最容易被认出的建筑。它白色的外表、建筑在海港上的贝壳般的雕塑体，像鼓满了风的白色帆船，多年来一直令人叹为观止。

区的达尔文市都是重要的旅游城市。著名的景点有号称"世界第八大奇迹"的大堡礁和世界上最大的巨岩独石——艾尔斯巨石等。

图瓦卢 /Tuvalu

图瓦卢的水上房子

图瓦卢地势极低，在全球变暖而导致海平面上升的情况下，居民的居住面临着极大的威胁。于是政府出资寻找设计师设计了这种专门的水上房子。

地理位置

图瓦卢位于中太平洋南部，在国际日期变更线西侧，由9个环形小珊瑚岛群组成，其中8个有人居住，垂直高度不超过海平面5米，富纳富提为主岛。海岸线长24千米。岛上无河流。

地形特征

图瓦卢由9个大体上按西北—东南方向排列的环形小珊瑚群岛组成。它们如同链条一般绵延560千米，其中有8个岛有人居住，即纳诺梅阿、纽陶、纳努芒阿、努伊、瓦伊图普、努库费陶、努库莱莱和富纳富提。图瓦卢在波利尼西亚语中就是"八岛之群"的意思。图瓦卢岛屿分散，周围暗礁广布，不利于航行，只有富纳富提、努库费陶有较大的良好的停泊港。

气候

图瓦卢属热带海洋性气候。年平均气温29℃。3～10月为旱季，11月至次年2月为雨季。年平均降水量3000毫米。

经济

图瓦卢资源匮乏，土地贫瘠，只有少数植物可以生长。农业落后，几乎无工业。家族是生产和生活的基本单位。居民集体劳动，主要从事捕鱼和种植椰子、香蕉、芋头，所获物品在家族内平分。外汇收入主要靠外援、邮票和椰子出口，以及收取外国在其海域的捕鱼费和在瑙鲁磷矿工作的侨民汇款。

习俗

图瓦卢人不定居，当一个小岛上的椰子、面包果等快用完了，他们往往举家远航去寻找新的岛屿"落户"。图瓦卢人有许多独特的嗜好，比如咀嚼槟榔。由于长期咀嚼，许多图瓦卢人的牙都变得漆黑。

主要城市

富纳富提

富纳富提是图瓦卢的首都，面积只有2.4平方千米，由35个小珊瑚岛组成，这里却集中了全国1/3的人口，过

正式名称	图瓦卢（Tuvalu）
面　　积	陆地面积26平方千米，水域面积130万平方千米
人　　口	10640万（2015年）
民　　族	属波利尼西亚人种
语　　言	英语为官方语言；图瓦卢语为通用语言
首　　都	富纳富提（Funafuti）
行政区划	富纳富提设市镇委员会，7个主要群岛设岛屿委员会
地 理 区	9个小珊瑚群岛，8个岛有人居住

去富纳富提是殖民中心，现在是图瓦卢的政治、交通中心。

旅游

图瓦卢由散在热带海洋上的一个个小珊瑚岛组成，在热带海洋性气候中，到处都是宜人的热带风光和海与岛交错的自然景色，这些都成了旅游者的向往之地。另外，由于图瓦卢人仍固守传统的风俗习惯，因而来这里还可以让人感受图瓦卢人淳朴的情怀，领略其社会的风采。

萨摩亚 /Samoa

地理位置

萨摩亚位于太平洋南部、萨摩亚群岛西部，由萨瓦伊和乌波卢2个主岛及7个小岛组成。其中萨瓦伊岛最大，面积占全国面积的62%，是波利尼西亚群岛中仅次于夏威夷的第二大岛；其次是乌波卢岛，占全国面积的35%。其他岛屿还有马诺岛和阿波利马岛等。萨摩亚地处大洋洲通往美洲的海空航线上，战略地位极其重要，素有"航海者群岛"

正式名称	萨摩亚独立国（The Independent State of Samoa）
面　　积	陆地面积 2934 平方千米，水域面积 12 万平方千米
人　　口	19.3 万（2015 年）
民　　族	绝大多数为萨摩亚人，属波利尼西亚人种，还有少数南太平洋其他岛国人、欧洲人和华裔人等
语　　言	官方语言为萨摩亚语，通用英语
首　　都	阿皮亚（Apia）
行政区划	整个萨摩亚分为 11 个行政区，其中乌波卢岛有 5 个，萨瓦伊岛有 6 个，其余小岛都划归乌波卢岛
地理区	南太平洋波利尼西亚群岛中心地带有萨瓦伊岛，乌波卢 2 个主岛及 7 个小岛

之称。由于地理位置紧靠国际日期变更线东侧，所以时间比变更线以西的国家晚一天，因此，萨摩亚是最后一个从 20 世纪进入 21 世纪的国家。

地形特征

萨摩亚各组岛屿以死火山为多，地貌特征为中央高，地势向四周倾斜。地表崎岖，峰峦起伏，萨瓦伊岛上多火山锥和熔岩，中部的西利西利火山高达海拔 1858 米，为其最高峰。境内大部分地区为丛林覆盖，仅主岛沿海岸有小片平原和山谷地。河流终年有水，有浅沟谷和深峡谷。萨瓦伊岛南部的伐努峡谷深达 305 米，乌波卢岛的法勒阿利利大峡谷深达 183 米。在萨摩亚海岸地貌中，有珊瑚砂海岸，一般高出海面 1.5 ~ 3 米，宽约数百米。多沉降海岸、断层海岸。

气候

萨摩亚属热带雨林气候，温暖潮湿，5 ~ 10 月为旱季，11 月至次年 4 月为雨季。年平均气温 28℃，年平均降水量 2000 ~ 3500 毫米。

自然资源

森林资源也很少。森林面积占全国面积的 46.3%，其中占全国面积为 39.4% 的 11 万多公顷森林是非生产性森林，而可采林只有 1.36 万公顷，占全国面积的 4.8%。国家保留地和村庄传统所有的森林约 0.6 万公顷，占全国面积的 2.1%。乌波卢的商业性伐木早已于 1988 年停止。

经济

萨摩亚以农业为主，资源少，市场

萨摩亚的教堂

小，经济发展缓慢，被联合国列为最不发达国家之一。全国77%为农业人口，主要种植椰子、可可、咖啡、芋头、香蕉、木瓜和面包果。全国现有耕地10万英亩。椰子是第一位的经济作物，可可为第二位的经济作物，卡瓦（胡椒的一种）种植增长较快，出口量也逐渐增长。工业基础十分薄弱。萨摩亚独立后，初步建立了一批消费工业和农产品加工业，主要是食品、饮料加工与其他制造业，占国内生产总值的13.8%，建筑业产值占国内生产总值的7.2%，商业产值占国内生产总值的15.7%。政府经济战略目标为"提高所有萨摩亚人的生活质量"，强调与私营企业为"伙伴关系"，促进私营经济发展，提高国企效率，优先发展教育、卫生事业，大力发展农渔业和旅游业。

主要城市

阿皮亚

阿皮亚是萨摩亚的首都，位于乌波卢岛北海岸的中部，正从消费城市逐步转变为生产城市。阿皮亚沿海建造，全市很少有高楼大厦，基本上是铁皮顶的矮平房和2层木结构的小楼。城市北部是阿皮亚的商业区，海滨大街的西头是国立尼尔森纪念图书馆。萨摩亚手工艺品商店紧挨着图书馆，这里出售萨摩亚特有的工艺品，如"卡瓦盘"麻织品"唐格"和用树皮做原料的编织品等。市区西边矗立着一座天文馆样的圆穹形建筑，这便是议会大厦。南部是文化区，有阿皮亚市医院和大部分高级中学、大学等学校。东部则为住宅区，多是平房和"凉亭"，有少数2层楼的水泥住房。阿皮亚港可停泊万吨级货轮。现在它仍然是南太平洋上一个具有一定战略地位的重要港口。

旅游

旅游业是萨摩亚主要经济支柱之一和第一大外汇来源。阿皮亚附近的观光胜地有姆利努与威利玛两处。姆利努观光点有昔日王室的墓园与举行传统仪式的马拉艾广场。威利玛有《宝岛》一书作者史蒂芬生前住过的房子及其墓园。岛的东海岸有法拉发瀑布、马法山顶及落差达50米的菲比西亚瀑布等观光胜地。萨瓦伊岛比乌波卢岛更具古老萨摩亚传统气氛。岛上是真正的南太平洋风光。村庄仍保留波利尼西亚传统的酋长制度，可以看到那里的人们仍守着老萨摩亚式的生活方式。

汤加 /Tonga

地理位置

汤加位于南太平洋西部、国际日期变更线西侧，西邻斐济，由汤加塔布、哈派、瓦瓦乌等群岛组成，共

正式名称	汤加王国（The Kingdom of Tonga）
面　　积	陆地面积 747 平方千米，水域面积 25.9 万平方千米
人　　口	10.6 万（2015 年）
民　　族	其中 98% 是汤加人（属波利尼西亚人种）；其余为欧洲人及其后裔和其他太平洋岛屿人，还有少数华人和印度人
语　　言	通用汤加语和英语
首　　都	努库阿洛法（Nuku'alofa）
行政区划	划分为 5 个区域
地 理 区	南太平洋岛上 3 个群岛共 173 个岛屿

173 个岛屿（其中 36 个有人居住），有"世界上日出最早的国家"之称。

地形特征

汤加主要由平行伸展的东、西两列群岛组成，其中东列诸岛从南部汤加塔布岛延伸到东北方的瓦瓦乌岛，多为珊瑚岛，地势较低。而西列诸岛数目少，并且面积也小，但地势较高，多为活火山。托富阿岛北方的死火山卡奥火山高 1046 米，为全国最高点。

气候

汤加属热带气候，南部为热带草原气候，北部为热带雨林气候。5～11 月为旱季，12 月至次年 4 月为雨季。年平均气温南部 23℃，北部 27℃。年平均降水量 1600～2200 毫米。11 月至次年 3 月常有飓风和暴雨。

自然资源

渔业和森林资源丰富。矿产资源贫乏，附近海底发现有锰结核矿石，代表性植物为椰子、香蕉，代表性动物为大蝙蝠。

经济

农业为经济支柱，产值占国民生产总值的 50% 以上。全国 30% 的人口务农。种植业以山药、芋头和薯类等根茎作物为主，大米、面粉和部分蔬菜依靠进口。主要农产品有南瓜、山药、椰果、西瓜、香草、香蕉、芋头和卡瓦胡椒等。其中南瓜、椰果和香草是主要出口商品。

近年来，为刺激经济发展，政府出台了鼓励工业和旅游业的投资政策，并鼓励发展私营企业和通信技术，以创造就业机会，但效果不明显。

主要城市

努库阿洛法

努库阿洛法是汤加的首都，位于汤加主岛——汤加塔布岛的北部，地势平坦，是全国政治、经济和文化中心。市内高层建筑不多，但房屋整齐，多呈乳白色。

每年有 6～7 万人来努库阿洛法观光。该城还是世界上少有的没有工业污染的城市。市内的维多利亚王宫建于 1867 年，红顶白墙，掩映在苍翠的松林中，显得端庄恬静。另外还有 2 处引人注目的古迹，一处是巨石拱门，建于 1200 年，是当时王朝皇宫的入口处。另一处是用一块重 40 吨的巨石制成的"日晷"，上面刻有一年中最长的一天和最短的一天，以及太阳初升时的标记。

旅游

汤加塔布岛

汤加塔布岛为汤加最大的岛，约三分之二的汤加居民居住在此。其白色的沙滩每年吸引不少游客前往。

旅游业是国民收入的重要来源之一。政府积极鼓励和发展旅游业，以推动其他经济部门的发展。汤加属热带气候，但比其他南太平洋群岛凉爽，4～11月气温最低，雨量较少，是最适宜旅游的季节，主要旅游胜地有汤加塔布岛和哈派群岛等。

巴布亚新几内亚
/Papua New Guinea

地理位置

巴布亚新几内亚位于太平洋西南部，包括新几内亚岛东半部及其他岛屿，西与印度尼西亚的伊里安查亚省接壤，南隔托雷斯海峡与澳大利亚相望，属美拉尼西亚群岛。全境共有 600 多个岛屿，主要包括新英格兰、新爱尔兰、布干维尔和新汉诺威等。海岸线全长 8300 千米。

地形特征

巴布亚新几内亚具有复杂多样的地貌特征。南部为巴布亚平原和低地，从巴布亚南部海滨直达中央山系的坡麓地

正式名称	巴布亚新几内亚独立国（The Independent State of Papua New Guinea）
面　　积	462840 平方千米
人　　口	762 万（2015 年）
民　　族	98% 属美拉尼西亚人；其余为波利尼西亚人、华人、白人等
语　　言	官方语言为英语；皮金语在全国较为流行；地方语言 700 余种，巴布亚多讲莫土语，新几内亚多讲皮金语
首　　都	莫尔兹比港（Port Moresby）
行政区划	全国划分为 18 个省、首都行政区和布干维尔自治区
地 理 区	新几内亚岛东半部，俾斯麦群岛，布干维尔岛，布卡岛，其他还有约 600 座小岛

巴布亚新几内亚的农田

巴布亚新几内亚国土 80% 以上，被浓密的热带雨林所覆盖，只有不到 2% 的土地可以耕种，多以农场的形式出现，种植含糖分较高的植物，如马铃薯等。

带海拔 100 米左右，是世界上较大的沼泽区之一。中部是中央山系，面积占全国总面积的 1/2。山脉走向一般为东西或西北走向。山间谷地包括塞皮克河、腊姆海、马克姆河等谷地。北部山岭走向与山系平行，由几个单独的山岭组成，有海拔 480 多米的山峰。北部沿海平原是北部山岭没入海洋的过渡带，包括冲积平原、沼泽与海滨沙背、珊瑚阶地等。海岸与岛弧、山岭直逼海洋的地域形成悬崖陡岸。巴布亚新几内亚北部和东部的近海洋面为岛屿的主要分面区，包括新不列颠岛、新爱尔兰岛和布干维尔岛等。这些岛山岭重叠，平原少，火山多。

气候

海拔 1000 米以上的地区属山地气候，其余属热带雨林气候。每年 4～11月为旱季，12 月至次年 3 月为雨季，沿海地区平均温度 21.1～32.2℃，山地比沿海低 5～6℃。年平均降水量 2500 毫米。向风坡的年平均降水量 6000～7000 毫米，干旱地区的降水量 990 毫米。

自然资源

巴布亚新几内亚矿藏丰富，铜矿储

量很大，是世界上铜矿储量丰富的国家之一。此外还有富金矿、铬、镍、铝矾土、海底天然气和石油等资源。森林资源丰富，但多为天然热带雨林，覆盖面积达 40 万平方千米，可采林区 15 万平方千米。林木总蓄积量约 29 亿立方米，可采蓄积量为 5 亿立方米。

土著居民的面具

经济

巴布亚新几内亚是发展中国家，经济落后，相当一部分人迄今仍过着原始部落自给自足的生活。矿产、石油和经济作物种植是巴布亚新几内亚经济的支柱产业。林业、渔业资源丰富。主要农产品为椰干、可可豆、咖啡和天然橡胶、棕榈油。工业基础薄弱，矿产主要有黄金、铜和石油。巴布亚新几内亚的经济包括商品经济和自给经济 2 种。从经营方式上看，铜矿开采和一部分种植园已采用了世界先进技术，而高地峡谷中的农业仍采用原始的耕作方式进行生产，且多由妇女承担。在从业人口中 60%～70% 的人从事自给经济生产，20% 的人从事商品经济生产，10% 的人 2 种生产兼营。1999 年巴布亚新几内亚经济陷入最严重的困难，货币一度大幅贬值达 50%，通货膨胀率高达 21.3%，外汇储备几近枯竭，仅为 1.80 亿美元。2000 年经济稍有好转。

习俗

文身　土著人青年男子仅在面部刺文，老年男人刺脸、臂、腿和胸部，妇女则周身刺花。各族有各自的文身图样。

婚礼　土著人结婚时，若男女同在一族，就在一位妇女家中通宵达旦地大唱祝愿歌和赞歌，男人还跳太阳舞和月亮舞。

装饰　土著人喜欢用树叶、树皮、鸟羽和布条来装饰，穿草裙，佩戴用极乐鸟羽毛等做成的项链或帽子。有些部落的男子在鼻孔间穿挂鼻环，或在鼻子上挂鸟爪等装饰品。

主要城市

莫尔兹比港

莫尔兹比港是巴布亚新几内亚的首都，是全国政治、经济、文化中心，濒临巴布亚湾。港口的对岸有设备完善的海水浴场和海上运动设施。市内的国立博物馆展出塞皮克河流的"塞皮克艺术"。

旅游

旅游资源丰富，开发潜力大，在国民经济中有一定地位。在这里既可以看到"赤道雪"的美景，又可以观赏到兼有亚洲、大洋洲特色的植物群落。巴布亚新几内亚有"鳄鱼之都"的称誉，鳄鱼养殖极为发达。在饱览热闹风光的同时，还可观察珍贵的动物，极乐鸟作为国鸟，在其境内有 32 种之多，而全世界只有 42 种。

所罗门群岛 /Solomon Is.

地理位置

所罗门群岛位于太平洋西南部，属美拉尼西亚群岛，由10个主岛等900多个岛屿组成，共分为5个区域，即东、西、中央、马莱塔和其他外围岛屿。最大的瓜达尔卡纳尔岛面积6475平方千米。

地形特征

所罗门群岛的主要岛屿为2条平行的岛弧。群岛经过长期外力作用，山体破碎，地势险峻。这里高大山峰分布在主岛及较大岛屿上。超过1000米高度的就有百余座。如瓜达尔卡纳尔岛有海拔2447米的马卡拉科姆布鲁山和海拔2331米的波波马尼亚萨山。岛上缺乏平地，只是在沿海地带有狭窄平原。在主岛外围分布着由珊瑚虫钙质骨骼形成的珊瑚环礁。在新乔治亚群岛的火山区，火山、地震活动不强烈，但较频繁；而东部马基拉岛常有强烈的火山和地震发生。

气候

所罗门群岛属热带雨林气候，终年炎热，分雨、旱两季。11月至次年4月为雨季；5～10月为旱季。首都霍尼亚拉年均温度28℃。年平均降水量3000～3500毫米。

自然资源

矿产资源有铝土、镍、铜、金、磷酸盐等。水力资源丰富。森林覆盖面积占陆地面积的90%。林木总储量1.27亿立方米，商品材蓄积量4810万立方米。近年来，林业发展迅速，已成为所罗门群岛的主要经济支柱。但因过度开采，面临着林业资源枯竭的危险。植物物种丰富，多达4500种，广泛用于医药行业，如槟榔果等。

经济

独立以来，所罗门群岛经济有较大发展。牛肉、粮食、蔬菜基本自给，渔业是所罗门群岛主要出口创汇产业，主要出口到日本，盛产金枪鱼，是世界上渔业资源丰富的国家之一。金枪鱼捕量约为8万吨。工业有渔业产品、家具、塑料、服装、木船、香料、食品和饮料等小工厂和采矿业。工业仅占国内生产总值的5%。渔业产品为第三大出口商品，1990年，渔业产品年产值约3120万所元。受亚洲金融危机影响，所罗门经济在1997年下半年开始陷入困境，出口明显减少，货币贬值20%，财政严重亏空，至今仍无好转迹象。

习俗

家庭　社会组织最重要的单位是家庭，但各岛结构都不相同，存在着母系制度、父系制度及两者的混合体等形式。一个岛的土著把他的叔、伯、舅、姑父、姨父和母亲的堂兄弟、表兄弟都同父亲一样看待。

正式名称	所罗门群岛（The Solomon Islands）
面　积	28369平方千米
人　口	58.4万（2015年）
民　族	其中93%属美拉尼西亚人种；波利尼西亚人占4%；密克罗尼西亚人1.5%；白人0.8%；其他0.7%
语　言	官方语言为英语；全国有87种方言，通用皮金语
首　都	霍尼亚拉（Honiara）
行政区划	全国分为9个省和1个市（首都霍尼亚拉市）
地理区	900多个岛屿，多火山

衣着　过去土著人不穿衣服，小孩全部光着身体，一般成年人也仅在腰间围一块布或一串树叶，或在胸前挂一块树皮。妇女们喜欢用贝壳或花瓣串起来挂在颈上，垂在胸前。男子通常穿着短裤或下身遮布，妇女通常穿着裙子。许多岛上的男女都刺花于皮肤上。

饮食　土著人对饮食不很讲究，用手抓东西吃，也不定时定量。唯一的熟食是把猪放在火上烧烤，烤熟后用手撕开来吃，所用的饮料多半是生水和椰子汁。

武器　美拉尼西亚人非常重视善战者，对武器的制造和使用十分熟练，在装饰、设计及功能上无一不精通。男孩子一般从 3 岁起就开始佩刀。

跳舞　跳舞是当地人们生活中的乐趣。跳舞时一般男人喜欢用树叶做裙子。在跳战士舞时，除了手持长矛外，还喜欢在身上插着奇花异草。

婚俗　美拉尼西亚人在婚俗上仍然遵行最古老的方式。新娘由父亲和家里一些年轻成员陪伴到新郎住的岛上，同她未来的姻亲度过 6 个月，但不同她未来的丈夫共寝。6 个月后女孩再回到她本家的岛上，等待举行实际的婚礼。

主要城市

霍尼亚拉

霍尼亚拉是所罗门群岛的首都，是全国政治、文化、经济和交通中心及主要港口。它位于瓜达尔卡纳尔岛北岸，克鲁斯岬角西南，为南太平洋地区一个妩媚多娇的海滨城市。霍尼亚拉也是商业和行政中心，港口有深水码头，往东有 16 处国际机场。市内有植物园、植物标本馆和一座陈列着各种传统工艺美术品、战争纪念品的博物馆，紧靠市中心有一条繁华的唐人街，许多华人的商店分布于市街两旁。

旅游

所罗门沿海地势较平坦，海水清澈透明，被视为世界上很好的潜水区之一，开发旅游潜力大。最佳的旅游季节为雨量较少的 4 ~ 11 月。特别值得注意的是前往的旅行者要先做好疟疾的预防接种。

瓦努阿图 /Vanuatu

地理位置

瓦努阿图位于太平洋南部，由约 80 个岛屿（其中 68 个有人居住）组成，最大的桑托岛（又称圣埃斯皮里图岛）面积 3947 平方千米，南北绵延 800 千米，属美拉尼西亚群岛一部分。东邻斐济、西南遥对新喀里多尼亚，北部接近所罗门群岛的圣克鲁普斯群岛。

地形特征

全国由 80 个岛屿组成 2 条岛链，呈不规则"Y"字形排列。部分岛屿为火山岛，其中有一些是活火山，经常出现地震，但大都程度较轻。为环太平洋火山地震带的一部分。除火山岛外，还广布着珊瑚岛，因此整个群岛是由火山岩、熔岩流、珊瑚石灰岩及其风化物组成。诸岛地势崎岖不平，有山地、高原、台

正式名称	瓦努阿图共和国（The Republic of Vanuatu）
面　　积	陆地面积1.219万平方千米，水域面积84.8万平方千米
人　　口	26.5万（2015年）
民　　族	其中98%为瓦努阿图人，属美拉尼西亚人种，其余为法、英、华后裔和越南、波利尼西亚移民以及其他一些附近岛国人
语　　言	官方语言为英语、法语和比斯拉马语；通用比斯拉马语
首　　都	维拉港（Port Vila）
行政区划	全国分为6省2市
地 理 区	太平洋西南部80个岛屿组成（有火山岛和珊瑚岛）

地、丘陵、珊瑚礁阶地和冲积平原。

气候

瓦努阿图属热带海洋性气候。年平均降水量南部为2300毫米，北部3900毫米，可分干、湿两季。各主要岛屿迎风坡降水丰沛，背风坡则降水较少，多气旋雨和对流雨，一般雨过天晴，日照充足，但易受飓风影响。岛上泉水遍布，溪流众多，水力蕴藏丰富。

自然资源

原有锰矿开采已尽，新探明尚有少量锰矿、铁矿、镍、铜和铝矾土等，还有大量的白硫火山灰，目前没有采矿作业。森林覆盖率36%，其中只有20%具有商业性开采价值，1997年木材出口13490吨。渔业资源丰富，盛产金枪鱼。

经济

瓦努阿图经济落后，被联合国列为最不发达国家之一。农业对瓦努阿图的重要性超过其他太平洋岛国。其41%的国土为肥沃的可耕地，气候和地形适宜农业和牧草开发，但开发的耕地只有18%。农渔林业占国民生产总值的22.8%。农村人口占全国人口的80%。农业产品出口占出口比重70%。主要农产品是椰干、卡瓦、可可、咖啡、芋头、

木薯、红薯、香蕉等。由于瓦努阿图物价和人工成本高，工业产品缺乏出口竞争力，因此外商投资的工业产品主要是替代进口，在瓦努阿图本国销售。瓦努阿图只有椰子加工，食品、木材加工，屠宰、肥皂等小型工厂。

主要城市

维拉港

维拉港是瓦努阿图的首都，位于埃法特岛的西南端的美莱湾，是个气候温和、椰荫夹道、绿意盎然的港都。维拉港市中心4层楼高的政府大厦是瓦努阿图的神经中枢，政府总理办公室、大部分政府部门和议长办公室都设在楼内。该市金融业、商业、服务业也比较发达。维拉港也是瓦努阿图的交通中心。维拉港设有一个"文化中心"，它是搜集和研究本国人民历史、文化和风俗习惯的一个重要机构。

旅游

旅游业为瓦努阿图支柱产业和最大的外汇收入来源。瓦努阿图群岛上有若干座周期性喷发的活火山，如本伯火山、耶稣尔火山、卡拉特火山、罗贝比火山

风光绮丽的滨海一角
瓦努阿图有深深的峡谷、为浓密的热带雨林所覆盖的山峦、清澈的大海、整洁的沙滩和神秘的洞穴，这一切都为这里吸引了越来越多的游客。

等，主要分布在塔纳、安布里姆、奥巴、洛佩维诸岛屿与群岛地区。火山喷发时光彩夺目，颇为壮观，特别是坦纳岛上的活火山夜景更是壮观无比，是观光客必游之处。

斐济群岛 /Fiji Is.

地理位置

斐济位于西南太平洋中心，南纬15°～22°、西经177°至东经174°间，把地球分为东、西两个半球的180°经线恰从群岛纵穿而过，使斐济地跨东西两个半球，成为地球上最东，也是最西的国家。在第三大岛塔韦乌尼岛上180°经线穿过处，专建了划分东、西半球的界碑，但为避免因分属两半球而造成时间混乱，国际日期变更线在此稍有变动，将斐济全境圈入东半球时区。维提岛与瓦努阿岛最大，共占全国陆地面积的80%多，其他均为珊瑚礁环绕的小火山岛。

气候

斐济群岛属热带海洋性气候，常受

正式名称	斐济群岛共和国（The Republic of the Fiji Islands）
面积	陆地面积18333平方千米，水域面积129万平方千米
人口	89.2万（2015年）
民族	其中约56.8%为斐济族人，37.5%为印度族人
语言	官方语言为英语，斐济语和印度语，通用英语
首都	苏瓦（Suva）
行政区划	全国共有2个直辖市、4大行政区和14个省。苏瓦和劳托卡为直辖市。4大行政区为中央区、西区、北区、东区。另有附属斐济的罗图马岛
地理区	南太平洋中322座岛屿（最大岛是维提岛和瓦努阿岛）

飓风袭击。年平均气温22～30℃。降水量主要受起伏的地形影响，东及东南斜面湿气较大，西及西北的斜面较为干燥，苏瓦和楠迪的降水量分别为2820毫米和1980毫米，一般降水量集中于11月至次年4月。

自然资源

热带雨林覆盖面积93.5万公顷，约占全国土地面积的一半，有开采价值的约25万公顷，出产优质硬木和松木。矿藏主要有有2个金矿，还有少量铜、银资源，铝矾土、石油资源在勘探中。渔业资源丰富，盛产金枪鱼。

经济

斐济自然资源较丰富，是南太平洋岛国中经济实力较强、经济情况较好的国家。经济长期以来保持着缓慢增长。制糖业和旅游业是国民经济二大支柱。近年来服装加工业也有较快发展。政府重视发展民族经济，特别是发展私营企业，建立宽松的政策环境，促进投资和出口，逐步把斐济经济发展成"高增长、低税收、富有活力"的外向型经济。

习俗

"国饮"——卡瓦酒 斐济有一种被誉为"国饮"的卡瓦酒，是世界上绝无仅有的。初到斐济的外国游客，如果能受到当地为他举行的饮卡瓦酒的仪式，则被认为是受到最隆重的接待，感到无上光荣。卡瓦酒其实并不是酒，而是用一种叫作"卡瓦"的胡椒制成的。每逢有盛大节日或仪式，人们把胡椒粉末放入大缸里，调入适量的清水，便成了卡瓦酒。此外，也有人用新鲜的胡椒树根榨出汁来，作为日常饮料。

　　长发与"萨拉"　斐济的土著居民有留长发的习惯，有时头发长1.5米。他们十分注意梳理头发，一般青年男子每天要在梳理头发上花很多时间。为了保护头发，不使梳理好的头发碰乱，睡觉时他们必须使用一种特别制作的木枕头。斐济女子在年轻时也留长发，但结婚以后就开始剪短。酋长的标志就是长头披物——"萨拉"。"萨拉"实际上是一块头巾，只有酋长才有在头发上戴此披物的权利，因此，这种"萨拉"的真正意义是权力的象征。

　　文身与权力　斐济人有全文身、半文身和没有文身之分。文身与否或全文身、半文身都是习俗规范中是否具有某种权力的标志。斐济人下河摸珍珠时，只有全文身者才能下河亲手去摸，半文身者只能站在河边看，而没有文身的人连站在旁边看的权利也没有。

主要城市

苏瓦

　　苏瓦是斐济的首都，是全国政治、文化、经济和交通运输中心，南太平洋第一大城。苏瓦城坐落在三面环水、一面靠山的山坡上，市中心靠海，是一个景物协调的美丽城市。市里很少的高楼和摩天大厦恰到好处地点缀在其他不太高的热带建筑群中，显得很匀称。整个苏瓦宛如一座整洁、美丽并富有热带特色的天然大公园。苏瓦是南太平洋地区最大的天然良港，已有70多年的历史。苏瓦最好的旅馆叫斐济旅馆，曾被推荐为世界各地最佳旅馆。

旅游

　　旅游业发达，是斐济最大的外汇收入来源。全国约有4万人在旅游部门工作，占就业人数的15%。苏瓦的意大利式建筑林立，马科斯大道及哥登大道之间十分繁华。值得一看的有总督府的卫兵换岗仪式、斐济博物馆等。另外，斐济古代文化中心、瓦努阿岛等因其处于独特的地理位置，许多旅游者也喜欢到此一游。

帕劳 /Palau

地理位置

　　帕劳也称贝劳，位于西太平洋，在关岛以南1125千米处，属加罗林群岛，是太平洋进入东南亚的门户之一，由340多个火山岛和珊瑚岛组成，分布在南北长640千米的海面上，其中8个岛上有常住居民。海岸线长1519千米。

地形特征

　　帕劳有人居住的主要岛屿包括巴伯尔道布、科罗尔、马拉卡尔、阿拉卡贝桑和佩莱利乌。所有这些岛屿都位于一个堤礁之内，在西部围起一个1267平方千米的潟湖。邻近的昂奥尔岛和卡扬埃尔环礁坐落在堤礁之外。巴伯尔道布岛为最大岛屿，海拔214米，面积352平方千米，在本地区仅次于关岛。位于巴伯尔道布岛正南的科罗尔岛是临时政府所在地和人口最多的岛。巴伯尔道布

正式名称	帕劳共和国 (The Republic of Palau)
面　　积	458 平方千米，水域的面积 629 万平方米
人　　口	2.13 万（2015 年）
民　　族	多属密克罗尼西亚人种
语　　言	官方语言为帕劳语；通用英语
首　　都	科罗尔 (koror)
行政区划	全国有 18 个州
地 理 区	西太平洋中有 340 多个岛屿，岛屿分火山型和珊瑚型

和科罗尔两岛上部分是隆起的石灰岩，部分是火山岩。阿拉卡贝桑岛和马拉卡尔岛均为火山运动形成。奥卢普塔格尔、雅戈尔、乌鲁克塔佩尔、佩莱利乌和昂奥尔都是隆起的珊瑚石灰岩。在帕劳全岛中，只有佩莱利乌岛比较平坦。

气候

帕劳属热带气候，气候潮湿炎热，年均温度 27℃，年降水量 3 000 毫米以上，常有飓风袭击。科罗尔岛的年平均气温为 27℃，年降水量在 3 800 毫米左右，昂奥尔岛年降水量则为 3 302 毫米左右。帕劳群岛的岛屿土地均比较肥沃，沿海有红树林沼泽，其后是稀树草原和棕榈树，山上则为热带雨林。外围的一些珊瑚岛上有树木，适合椰树生长。

主要城市

科罗尔

科罗尔是帕劳的首都、港口和国内外旅客集散地。捕渔业发达。市内有医院、博物馆、大学、饭店、商场、邮局、政府机关等，也是海滨游览之地。

密克罗尼西亚联邦
/F.S.of Micronesia

地理位置

密克罗尼西亚位于北太平洋，属加罗林群岛，东西延伸 2 500 千米，南北约 900 千米，海岸线长 6 112 千米。

地形特征

岛屿为火山型和珊瑚礁型，多山地。全境由 607 个大小岛屿组成，其中 4 个主要大岛为波恩佩（波纳佩）、库赛埃、雅浦和丘克。波恩佩岛的最高处达 791 米，也是群岛中最高的地方。

气候

密克罗尼西亚属热带海洋性气候。年均气温 27℃，年降水量约 2 000 毫米。许多台风在该地区形成，洪水、风暴时有发生。该国最潮湿的地区位于波恩佩岛，其年降水量可达 5 500 毫米。

自然资源

密克罗尼西亚海域是世界著名的金枪鱼产地。蟹、贝类、龙虾以及淡水鳗鱼、虾等资源待开发。除了一定的磷酸盐外，该国没有其他矿产资源。

正式名称	密克罗尼西亚联邦 (The Federated States of Micronesia)
面　　积	陆地面积 705 平方千米，水域面积 298 万平方千米
人　　口	10.4 万（2015 年）
民　　族	密克罗尼西亚人占 97%，亚洲人占 2.5%，其他人占 0.5%
语　　言	官方语言为英语
首　　都	帕利基尔 (Palikir)
行政区划	全国共分 4 个州：雅浦、丘克、波恩佩和库赛埃
地 理 区	西太平洋，有 4 大岛和 600 多个小岛，均为火山岩

经济

经济落后，以农业为主。岛上无粮食种植，食物靠自然生长。椰子、香蕉、面包果、木瓜、菠萝等热带果木到处可见。优质胡椒出口国外。椰干出口占出口总额的 54%。渔业发达，海产品丰富，鱼类出口量占出口总额的 32%。绝大多数人的经济生活以村落为单位。全国基本上没有工业，粮食及生活用品均靠进口。经济依赖美国的援助，占该国经济总收入的一半以上。

主要城市

帕利基尔

帕利基尔是密克罗尼西亚的首都，位于波恩佩岛上，为全国最大城市。岛上降水丰沛，热带植物生长繁茂，风光秀丽。市内有 50 多条渠道分布隔成许多人工岛，岛上有许多古迹，其中包括古代国王的陵墓和一个用圆柱形玄武岩做围墙的大围场，是旅游观光地。岛上还出产面包果、马蹄螺等，建有港口、国际机场和密克罗尼西亚社区学校。

旅游

旅游业是其经济发展的一个重要项目，但处于开发阶段。旅游资源较为丰富，不仅热带风光秀丽，且保存着独特

密克罗尼西亚的土著居民

的民族传统文化和风俗。主要名胜有特鲁克群岛，包含 90 多个岛屿，可称"环礁世界之冠"，其中莫恩岛南边则有遍布白沙的海岸。

马绍尔群岛 /Marshall Is.

地理位置

马绍尔群岛位于中太平洋，由 31 座环礁岛及 1152 多座小岛屿组成。全国共分两部分，分布在东南面的为日出群岛，分布在西北面的为日落群岛，中间相隔约 208 千米。绝大多数人口集中在首都和夸贾林岛上。海岸线长 370.4 千米。

正式名称	马绍尔群岛共和国 (The Republic of the Marshall Islands)
面 积	陆地面积 181 平方千米（包括比基尼环礁、埃尼威托克环礁和夸贾林环礁）
人 口	6.46 万（2009 年）
民 族	多属密克罗尼西亚人种
语 言	马绍尔语为官方语言；通用英语
首 都	马朱罗（Majuro）
行政区划	全国分为 33 个市
地 理 区	两列岛屿，包括 29 座环礁及 1152 座小岛

地形特征

岛礁基本上都是火山，基底的珊瑚礁高出海面不到 2 米，各岛的内部几乎都有潟湖。这些岛礁分布在 200 平方千米的海域，形成南北纵向排列的两列链状岛群。其中最大的夸贾林环礁也是世界上最大的环礁。

气候

马绍尔群岛属热带气候，年均气温

27℃，年均降雨量为2000～4000毫米，5～11月为雨季，12月至次年4月为旱季。

自然资源

海域面积广大，海底有钴壳和锰结核等矿产资源，有些岛屿上蕴藏磷酸盐矿。渔业资源丰富。植物分布由北而南逐渐增多，北部各岛仅有稀少的耐盐性的植物，南部则林木繁多，有椰子、面包树等。

经济

经济发展建立在外援的基础上，其财政收入主要靠美、日等国和国际组织的贷款或援助。1996年以来，政府迫于形势压力，为发展经济采取了一些改革措施，包括引进市场机制、开发旅游和渔业资源、吸引外资等。渔业和种植业占主导经济地位。椰干为最大的收入来源，其他作物还有可可、芋头、面包果、甘蔗、木薯、香蕉、棉花等。畜牧业以饲养家禽为主。

主要城市

马朱罗

马朱罗是马绍尔的首都，是国内主要商品的集散地。该市有港口设施和国际机场。市内风光绮丽，街道整齐，是较吸引人的海滨旅游胜地。

优美的马绍尔群岛海岸

基里巴斯 /Kiribati

地理位置

基里巴斯是位于太平洋中部的岛国，由300多个岛屿组成，分属吉尔伯特群岛、菲尼克斯(凤凰)群岛和莱恩(线岛)群岛，是世界上唯一纵跨赤道、横越国际日期变更线的国家。岛群东西长3870千米，南北宽2050千米。散布在约500万平方千米的海面上，是世界上国土分布最分散的国家。在众多岛屿中，仅有33个岛有人居住。

正式名称	基里巴斯共和国 (The Republic of Kiribati)
面　积	812平方千米
人　口	11.2万 (2015年)
民　族	90%以上属密克罗尼西亚人种，其余为波利尼西亚人和欧洲移民
语　言	官方语言为英语，通用语言为基里巴斯语和英语
首　都	塔拉瓦 (Bairiki)
行政区划	共有17个行政区，每个行政区设有委员会
地 理 区	3大岛屿（几乎都是环礁），1座火山岛

地形特征

基里巴斯各岛均为珊瑚岛，面积较大的岛屿周围有环礁，环礁内有潟湖。岛屿高度不大，除大洋岛为海拔81米的火山外，其余都属低平环礁，平均海拔3～4米。西部的吉尔伯特群岛，由17个岛屿组成，除巴纳巴岛（又称大洋岛）外，其余岛屿呈西北东南向排列；菲尼克斯群岛位于共和国中部，赤道以南地区，由8个岛屿组成，基本上呈东西向排列；莱恩群岛位于共和国最东部，由8个岛屿组成，呈西北东南方向排列。

基里巴斯岛上的椰子树和居民常住的茅屋

气候

基里巴斯属于热带海洋性气候。年均气温 27℃，年平均降水量 1 600 毫米。受厄尔尼诺现象影响，近年来每年有 10 个月以上时间连续干旱少雨。

自然资源

基里巴斯有丰富的渔业资源，1979 年以前产磷酸盐，由英国、澳大利亚、新西兰合股开采，现已枯竭。近海海底有锰、镍等矿藏。

经济

基里巴斯经济落后，被联合国列为世界最不发达国家之一。大部分地区经济为自给自足的原始经济。磷酸盐开采殆尽后，渔业资源成为主要经济来源。近几年来，政府积极发展海洋渔业、椰子和蔬菜种植。为争取经济独立，政府计划更多的投资用于开发国内资源生产部门，努力发展多样化经济，鼓励开发海洋资源，发展渔业和小规模加工制造业，鼓励发展小型私人企业。

主要城市

塔拉瓦

塔拉瓦是基里巴斯的首都，是全国政治、交通、文化中心，位于塔拉瓦岛上，地邻赤道，气候炎热。塔拉瓦是全国货物的集散地，小码头可停泊船只，机场可降中型飞机。国内的几所主要学校大都设在这里。

旅游

旅游收入约占国内生产总值的 20%。政府利用其跨国际日期变更线、第一个进入 21 世纪的地理优势，在岛上举行隆重的庆祝活动，发展旅游业。

瑙鲁 ∕Nauru

地理位置

瑙鲁位于中太平洋、赤道以南约 60 千米处，为一珊瑚礁岛，全岛长 6 千米，宽 4 千米，为世界上最小的岛国。亚伦区为行政管理中心，人口几乎集中在海岸地带。

地形特征

瑙鲁境内没有高山，全岛被珊瑚礁围绕，退潮时珊瑚礁才露出海面。珊瑚礁环内部是狭窄的沙滩地，地表向内逐渐增高，从而形成宽 130 ~ 300 米的狭长地带。中央高地海拔 30 ~ 60 米。岛

正式名称	瑙鲁共和国（The Republic of Nauru）
面　积	21.1 平方千米（陆地面积）
人　口	10222 万人（2015 年）
民　族	其中瑙鲁人占 58%，其他为南太平洋岛国人、华人、菲律宾人和欧洲人后裔
语　言	英语为官方语言；通用瑙鲁语
首　都	不设首都。行政管理中心在亚伦区（Yaren District）
行政区划	分 14 个区
地　理　区	太平洋中部珊瑚岛，中央台地附近环绕礁湖

上的布阿达湖是一个凹地，里面断断续续地充满着渗出的地下水。高地下面是一片平坦的肥沃地带，环绕着全岛。瑙鲁岛上的土壤多孔，极易渗水，所以草木主要限于椰子树、露兜树以及各种灌木丛和矮树硬木丛，大多数植物只生长在狭窄的海岸地带。

气候

瑙鲁属于热带雨林气候，气温为27～32℃，年平均降水量1500毫米，全岛降雨以11月至次年2月最为集中；而降水少的年份年均仅104毫米，偶尔也有严重的旱灾。

经济

瑙鲁的人均国民生产总值是太平洋地区最高的，在世界范围内也属高者之列。经济为单一经济，主要收入来源是向澳大利亚、新西兰出口磷酸盐。矿石在高地开采出来后，先装运到铁路起点站进行初步压碎，然后由狭轨铁路运送到处理厂加以精炼，最后由国家经营的瑙鲁磷酸盐公司出口到国外。瑙鲁的劳动力大多受雇于政府或从事与政府有关的工作。农业仅限于狭窄但却肥沃的海岸线周围，耕地面积占全国土地面积的15%。农产品主要有椰子、香蕉、菠萝、蔬菜以及鸡，不能满足国民的需求，几乎所有食品和饮用水都依赖进口。渔业资源较丰富，待开发。由于磷酸盐矿即将枯竭，瑙鲁近年来利用出口磷酸盐的收入在国外进行了大量房地产投资，但多数项目经营不善，效益不佳。

瑙鲁已将旅游业作为经济发展的重要领域，而许多年轻的瑙鲁人则移民到澳大利亚或新西兰，去寻找工作或接受教育。

旅游

瑙鲁气候宜人，景色如画，为著名的海上乐园。

美属萨摩亚
/American Samoa

地理位置

美属萨摩亚位于中太平洋南部国际日期变更线东侧，属波利尼西亚群岛，包括萨摩亚群岛的图图伊拉、奥努乌、罗斯岛，马努阿群岛的塔乌、奥洛塞加、

正式名称	美属萨摩亚（American Samoa），又称东萨摩亚
面 积	199平方千米（陆地面积）
人 口	55538万（2015年）
民 族	多属波利尼西亚人种，还有少数韩国人和华人
语 言	讲萨摩亚语，通用英语
首 府	帕果帕果（Pago Pago）
行政区划	分3区2岛，美属殖民地
地 理 区	属波利尼西亚群岛。有萨摩亚群岛的图图伊拉、奥努乌、罗斯岛，马努阿群岛的塔乌、奥洛塞加等

奥富岛及斯温斯岛，为中南太平洋上的海空交通枢纽、战略要地。

地形特征

大多数岛屿为火山岛，内陆地势崎岖，沿岸多珊瑚礁，有悬崖峭壁和呈勺子状伸出的海湾，70%的土地为丛林覆盖，主岛图图伊拉岛最高峰马塔法奥峰，海拔966米。

气候

美属萨摩亚属热带雨林气候。5～10月为旱季，11月至次年4月为雨季。12

月至次年 3 月之间容易受到巨大的暴风雨袭击。年平均气温 21～32℃，年平均降水量 3 000 毫米。帕果帕果可达 5 000 毫米。

经济

土地贫瘠，90% 为山地，仅产少量香蕉、芋头和蔬菜。粮食、水果、肉类、蔬菜等不能自给。主要工业是美国投资的 2 家金枪鱼罐头厂、1 家制衣厂等。2 家罐头厂年加工量约 20 多万吨，产品绝大部分销往美国。

旅游

政府致力于发展旅游业，由于资金缺乏及交通不便，东萨摩亚的旅游业目前发展缓慢。

主要城市

帕果帕果

帕果帕果是美属萨摩亚的首府，位于图图伊拉岛中段南岸的帕果帕果湾内，是一个 "L" 形的陆抱天然深水港，东西长达 27 千米，是萨摩亚群岛能停泊万吨轮的良港，也是美国南太平洋舰队的驻地。港口输出椰干和金枪鱼等。帕果帕果设有国际机场，近年开始发展旅游业。

帕果帕果港
太平洋上最好的深海港口，据研究证实，它是由一个几百万年以前塌陷并沉入水中的火山口形成的。

库克群岛 /Cook Is.

地理位置

库克群岛位于南太平洋，南纬

正式名称	库克群岛 (The Cook Islands)
面 积	240 平方千米
人 口	18900 万 (2013 年)。另有约 4.7 万人侨居新西兰，约 1 万人侨居澳大利亚
民 族	库克毛利人（属波利尼西亚人种）占 92%；欧洲人占 3%
语 言	通用库克群岛毛利语和英语
首 府	阿瓦鲁阿 (Avarua)
行政区划	南北两组共 15 个岛屿
地 理 区	南太平洋中由 15 个小岛组成

8°～23°、西经 156°～167°，属波利尼西亚群岛，由南、北两部分的 15 个小岛组成。南北相距 1 300 千米左右。

地形特征

库克群岛分南、北两部分。南库克群岛在南纬 20° 附近，为高地型火山岛，由 8 个小岛组成，岛上多山，地势较高，主要岛屿有拉罗汤加岛、芒艾亚岛等。拉罗汤加岛是椭圆形火山岛，有珊瑚礁环绕。最高点蒂曼加峰海拔 652 米，蒂阿土库拉山高 639 米。岛上土质肥沃。北库克群岛在南纬 10° 附近，由 7 个珊瑚岛组成，属低地型岛屿，地势低矮，包括帕默斯顿岛、艾图塔基岛、米蒂亚罗岛等。岛上土壤贫瘠。

气候

库克群岛属热带雨林气候。年均降雨量 2 000 毫米。北库克群岛 12 月至次年 3 月为湿热季，4～11 月为凉爽季，年平均气温 24℃，多强风。南库克群岛 4～11 月气候温和，年均温度 23℃，多对流风，常有飓风。

经济

库克群岛基本属农村自然经济，以旅游业、农业（热带水果）、捕鱼和黑珍珠养殖业及离岸金融业为主。群岛南部微型环礁主要种植热带水果，北部环礁主要种植椰子。自然资源、劳动力和资金的匮乏以及过于庞大的政府限制了其经济持续发展。财政收入严重依赖外援，库克群岛是世界上人均受援较多的地区之一。

主要城市

阿瓦鲁阿

阿瓦鲁阿是库克群岛的首府，位于拉罗汤加岛南部，人口约 1 万人。该市椰子树、香蕉树、柑橘树和木麻黄连成一片，有"南太平洋果园"之称。市内终年百花盛开，香气四溢。

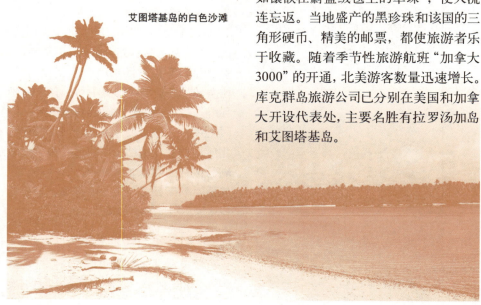
艾图塔基岛的白色沙滩

海边沙滩洁白，海水清澈，珊瑚礁内水平如镜，是垂钓和游泳的理想地方。市内一些现代化的旅馆设备齐全，有的掩映在椰林丛中，有的散落在幽静的海滨，别有一番情趣。库克群岛政府位于镇中心，是一座白色木质结构的大楼。岛上有果品加工厂，年可生产万吨菠萝罐头和橘子汁，运往南太平洋各国，还有织布厂和服装厂。附近地区盛产并出口柑橘、椰干、番茄及珍珠贝。阿瓦鲁阿国际机场于 1973 年启用，可供波音 747 飞机起降。

旅游

旅游系其经济支柱产业，也是解决就业的主要渠道。旅游业收入约占国内生产总值的 40%。近年来，政府重视利用私人资本开发旅游业。1998～1999 年，旅游业年增长率达 8%。库克群岛具有典型的南太平洋热带风光，是大洋洲著名旅游胜地。这里四季绿草如茵，奇花异卉竞相开放，星罗棋布的岛屿"宛如镶嵌在蔚蓝绒毯上的翠珠"，使人流连忘返。当地盛产的黑珍珠和该国的三角形硬币、精美的邮票，都使旅游者乐于收藏。随着季节性旅游航班"加拿大 3000"的开通，北美游客数量迅速增长。库克群岛旅游公司已分别在美国和加拿大开设代表处，主要名胜有拉罗汤加岛和艾图塔基岛。

法属波利尼西亚
/French Polynesia

地理位置

　　法属波利尼西亚位于太平洋的东南部，西与库克群岛隔海相望，西北临莱恩群岛，由社会群岛、土阿莫土群岛、甘比尔群岛、土布艾群岛、马克萨斯群岛等组成，共有130个岛屿。这些岛屿分布于太平洋南纬7°～27°、西经134°～155°之间，只有5个岛屿有人居住，社会群岛中的塔希提岛面积最大。

正式名称	法属波利尼西亚 (French Polynesia)
面　　积	4167平方千米，其中陆地面积3521平方千米
人　　口	28.3万（2015年）
民　　族	以波利尼西亚人为主，其余为波－欧混血种人、欧裔、华裔等
语　　言	官方语言为法语和塔希提语；通用波利尼西亚语
首　　府	帕皮提 (Papeete)
行政区划	设5个地方政府，负责5个群岛的社会经济事务
地理区	太平洋中南部，由社会群岛、土阿莫土群岛、甘比尔群岛、土布艾群岛、马克萨斯群岛等组成

地形特征

　　法属波利尼西亚群岛的岛屿可分为各个不同的地形区，即占地广但数目少的高火山岛（包括社会、土布艾、马克萨斯和甘比尔群岛）和数目较多的低珊瑚岛（包括土阿莫土群岛等）。火山岛多山区，其间山峰崎岖，谷地深，河流湍急，海岸狭窄。珊瑚群岛则缺乏土壤覆盖。

气候

　　法属波利尼西亚属热带雨林气候。年均降水量1600～2100毫米，年均气温27℃，每年12月至次年2月间，台风时常在沿海登陆。一年分为两个季节，即凉爽干燥季节（5～10月）和温暖多雨季节（11月至次年4月）。总体来看，法属波利尼西亚雨量充沛，相对湿度总是偏高（80%～90%）。

自然资源

　　法属波利尼西亚的动植物资源不太丰富，大部分是岛上的波利尼西亚人在登陆该岛后带来的，主要有椰子、木薯、菠萝、西瓜等。渔业资源丰富，盛产金枪鱼和珍珠贝。矿藏主要是发现于土阿莫土岛上的磷酸盐和钴。

经济

　　传统经济以农业为主，工业基础薄弱，旅游业已成为主要的经济支柱。农业占国民生产总值的5%，主要种植供出口的椰干和香草及供当地消费的蔬菜及热带水果。畜牧业包括养猪牛和山羊。从新西兰和澳大利亚引进的乳牛和肉牛对畜牧业的发展有很大帮助。大量食品需要进口。淡水和海洋捕鱼及虾的养殖成为许多岛民谋生的手段，其中土阿莫土岛和甘比尔岛还有人工养殖珍珠以供出口。制造业占国民生产总值的5%以上，主要包括生产椰油、加工食品、便鞋、出版物等的小型企业。矿业在经济上无足轻重，燃料、矿产原料及各种金属均需进口。岛外贸易以法国为主，占其进口总量的一半及出口总量的半数以上。自1996年以来，由于法国在南太平洋进行核试验，促使建筑业急剧发展，外来劳务人员大量涌入，使自给自足的传统农业遭到破坏。政府每年靠法国政府提供援助补贴财政亏损。

主要城市

帕皮提

帕皮提是太平洋岛屿上的大城市之一，是法属波利尼西亚首府。它位于塔希提西北岸，为领地的行政、经济、文化中心。市内街道整齐，各式建筑林立。它是横渡太平洋海空运输线上的重要中途站。

旅游

旅游业发达，为主要经济部门。塔希提旅游设施齐备，四季如春，景色宜人，向有"太平洋的明珠"之称。主要名胜有塔希提岛、奥雷黑纳山的飞瀑、海滨浴场等。

关岛 /Guam

地理位置

关岛位于北纬 13.48°，东经 144.45°，为西太平洋密克罗西亚群岛中马里亚纳群岛内最大最南的岛屿。它东距夏威夷 5300 千米，北距日本 2500 千米，西距我国台湾地区 2500 千米，处于西太平洋的心脏位置，是美国最西边的领土。

地形特征

关岛为珊瑚岛，地形狭长，中间窄，两头宽，地势南高北低。南部多山；北部地势较低，是石灰岩高原；东侧是峭壁；西侧有许多被石岸分割的小沙湾。较明显的助航标志有：位于岛北端高 265.2 米的圣罗萨山及其西北方

正式名称	关岛（Guam），为美国海外属地
面　积	541.3 平方千米
人　口	17 万（2015 年）
民　族	查莫罗人约占 37.1%，其余主要为来自美国大陆的移民，还有密克罗尼西亚人、关岛土著人及华裔、日裔等
语　言	英语为官方语言，通用查莫罗语及日语
首　府	阿加尼亚（Agana）
行政区划	全岛划分为 19 个地区
地理区	南部多山、北部为石灰岩高原

相距 3.7 千米、高 192 米的马塔古阿克山，位于里提迪安角南方高 175.6 米的马查诺山，位于岛南端西侧高 406.6 米的兰兰山和高 388.4 米的米木隆芝洛山，及其附近高 310.9 米的腾卓山、高 329 米的阿卢托姆山、高 318.8 米的基郡山。关岛是通向密克罗尼西亚（西太平洋诸岛总称）的门户。

气候

关岛属热带雨林气候，年均气温 26℃。年降水量 2000 毫米，常有地震、台风。7～12 月为雨季，1～6 月为旱季。气候温暖潮湿，变化不大。

经济

关岛货币使用美元。岛内收入主要依靠旅游业和美军在该岛海空基地的开支。每年仅旅游一项就创收约 1590 万美元，主要农作物有烟草、水果等，主要贸易对象为亚太地区国家。畜牧业主要有牛、鸡。肉类和蛋类可自给，从事渔业的人很少，因此渔业不

关岛首府——阿加尼亚

发达，主要工业有建筑、轻工、食品加工、炼油等。

旅游

旅游业在关岛占有重要地位。关岛风景秀丽，风光宜人，还是冲浪者一展身手的地方。泛美航空公司和日本航空公司在此设立，推动了旅游事业的发展。

新喀里多尼亚
/New Caledonia

地理位置

新喀里多尼亚位于南太平洋，距澳大利亚昆士兰东岸 1500 千米处，属美拉尼西亚群岛，由新喀里多尼亚岛、洛亚蒂群岛、无人居住的切斯特菲尔德群岛组成。

正式名称	新喀里多尼亚（New Caledonia）
面　　积	19060 平方千米
人　　口	26.2 万（2015 年）
民　　族	卡纳克人（美拉尼西亚人）86 788 人；欧洲人后裔 67 151 人；其余为南太岛国人和亚洲人
语　　言	官方语言为法语；通用美拉尼西亚语和波利尼西亚语
首　　府	努美阿（Noumea）
行政区划	分为 3 个省

气候

新喀里多尼亚属热带草原气候，气候温和，12 月至次年 3 月为雨季，年均气温 23℃。年均降水量东部沿岸 2000 毫米，西部沿岸 1000 毫米。

自然资源

镍矿储量居世界第一位，约占世界储量的 25%。1997 年开发一处新镍矿，年产镍矿砂 80 万吨，可开采 15 年。同

主岛新喀里多尼亚为一狭长岛屿，崎岖的山脉将该岛分为东、西两部分，少平地。

年底，澳大利亚一家公司在新喀里多尼亚岛北部勘探金、银、铜、铅、锌等矿藏。森林面积约 25 万公顷。渔业资源有金枪鱼和虾。

经济

主要农作物有玉米、山药、马铃薯、甘薯、椰子、南瓜等。畜牧业发达，每年都有相当数量的牛肉、羊肉和皮革出口。畜产品加工也比较发达，其产品占国民经济总产值的 5%。工业主要有采矿、制造、食品加工等，以采矿和林业为主，占国内生产总值的 1/3。采矿业包括镍矿、铬矿、铁矿。木材加工业中以檀香木最为名贵。镍矿生产和旅游是经济的两大支柱。

主要城市

努美阿

努美阿是新喀里多尼亚的首府，它位于南部海湾，人口达 7 万人，以商业兼港湾都市而兴起，是新喀里多尼亚政治、经济、交通和旅游中心。努美阿有闻名于世界的水族馆，还有各种展览馆，可以看到各种雕刻、土著卡纳克人原有的物品、居室等。

旅游

近些年来旅游事业急速发展。旅游胜地除努美阿外，还有洛亚蒂、松岛等。洛亚蒂由更小的几个珊瑚岛组成，岛上

到处是漂亮的珊瑚堡礁，以及各种无骨的美味鱼类。松岛是一个美丽岛屿，岛上布满了南洋杉，在此可以进行滑水和乘坐游艇等活动。

纽埃 /Niue

地理位置

纽埃位于南太平洋国际日期变更线东侧，属波利尼西亚群岛，是一座正在上升的世界第二大环形珊瑚礁，被称为"波利尼西亚之礁"，位于新西兰东北方向 2400 千米处。北距萨摩亚约 550 千米，西距汤加约 480 千米，东距库克群岛的拉罗汤加岛 900 千米。

正式名称	纽埃（Niue）
面　　积	陆地面积 260 平方千米;专属经济区近 30 万平方千米
人　　口	1311 万（2014 年）
民　　族	属波利尼西亚人种
语　　言	通用纽埃语和英语
首　　府	阿洛菲（Alofi）
行政区划	岛上共有 14 个村落
地 理 区	太平洋中部、南部岛屿分主地、低地两部分

地形特征

纽埃岛屿呈椭圆形，从南向北伸长，长 19 千米。岛屿分为高地和低地两部分。岛的中部为浅盆地高地，海拔 65 米左右，边缘为低地，海拔 27 米左右。岛的四周有珊瑚礁环绕，中部地面由隆起的石灰岩构成，不易蓄水，地势起伏较大，适宜耕作土地不多。

气候

纽埃属热带海洋性气候，年均气温 24.7℃，年降水量 2177 毫米。东南信

纽埃岛海湾

风盛行，常有飓风袭击。

经济

纽埃土地贫瘠，农业落后，主要饲养家禽、猪和牛，1996 年从秘鲁引进羊驼。森林 5400 公顷。种植业主要产芋头、椰子、薯类和水果等，出口芋头和少量酸橙、椰子、蜂蜜、石灰。工业仅有小型水果加工厂。全国年产原木几百立方米，用于当地建设。经济上依靠新西兰援助和侨民汇款，财政赤字依靠新西兰援助平衡。人口外流严重。近年来，政府致力于国家的经济独立，采取发展私营部门、旅游业和出口业，削减政府工作人员等措施，取得一定成效。纽埃使用新西兰货币。

主要城市

阿洛菲

阿洛菲是纽埃的首府，位于岛屿的西岸中部，靠近阿洛菲湾，为纽埃岛的主要港口和人口最多的地区。

旅游

纽埃政府重视发展旅游业，将其作为促进经济发展的龙头。1996 年设立旅游局，并投资增设旅游点及旅店。纽埃未受工业污染的环境和潜水条件对游客具有吸引力。1997 年游客总数 1820

人次，其中一半来自新西兰。近年来，来自澳大利亚和欧洲的游客人数上升。2008年来访游客总数4 748人，同比增长37%。

北马里亚纳群岛
/Northern Mariana Is.

地理位置

北马里亚纳群岛位于西太平洋马里亚纳群岛北部，西距檀香山5 300千米，由关岛以北的14个火山岛及附近的珊瑚礁组成，其中6个岛有人居住，主要聚居在塞班、罗塔和提尼安三大岛上，其中塞班岛最大。群岛南北呈弧形，跨度为720千米。除关岛外，最近的岛屿有北边的小笠原群岛和东南面的密克罗尼西亚联邦。

地形特征

北马里亚纳群岛属于海底火山爆发而隆起于海面的部分，有些岛仍有大规模火山爆发。南端的4个岛屿（梅迪尼利亚、塞班、提尼安和阿吉关）均为石灰岩构成，地表起伏不大，无高山。北

旅游胜地——塞班岛
塞班岛是近几年开发的世界著名的旅游休养胜地。它邻近赤道，四季如夏，风景秀美。

边的岛屿则以火山岛为主。北马里亚纳群岛最北边的岛屿帕哈罗斯和亚松森岛就是活火山，最近一次的喷发时间为1969年。北马里亚纳最高点阿格里汉岛和帕干岛都有温泉。各岛屿均被珊瑚礁所环绕。

气候

北马里亚纳属热带海洋气候，温度较高且变化不大，年均气温27℃，年均降水量2 000毫米以上。塞班岛的年平均气温为26～28℃，降水量为1 800毫米。从区域分布来看，最北端的岛屿雨量少；而南边的石灰岩岛屿雨量丰富，属热带雨林和灌木林地带。梅迪尼利亚岛为不毛之地，古关岛以北的陡峭火山岛均为荒芜地区。

经济

服务业，尤其旅游业是最重要的产业，产值占国内生产总值约一半。成衣制造由于享受美国的免税待遇和无配额优惠，自20世纪80年代中期以来已成为最大的制造业和出口部门，1995年出口总额约为4.15亿美元。经济发展的优势是同美国的特殊关系和地理上同日本的邻近，主要制约因素是基础设施不

正式名称	北马里亚纳群岛自由联邦（The Northern Mariana Islands），拥有美国联邦领土地位
面　　积	477平方千米
人　　口	69221万（2015年）
民　　族	多数属密克罗尼西亚人种；另有少数西班牙人、德国人和日本人
语　　言	官方语言为英语、查莫罗语、加罗林语
首　　府	塞班（Saipan）
行政区划	岛上共有14个村落
地理区	由塞班岛、提尼安岛等14个火山岛和附近的珊瑚礁组成

足和对外籍劳工的依赖。同时，该自由联邦还可享受美国政府向各州提供的联邦资助。

主要城市

塞班

塞班是北马里亚纳群岛的首府，面积不大，只有 185 平方千米。岛上热带雨林、珍奇花卉遍布，特别是每年 5～6 月凤凰木开花的季节，更是鲜艳夺目。东面是辽阔的太平洋，蔚蓝的海水中有一道近乎黑色的水道，那便是举世闻名的马里亚纳海沟，也是世界上最深的海沟；南面是塞班国际机场，可以接受波音 747 等大型客机起降，给来来往往的游客带来极大的方便；西面临菲律宾；北面则是万岁崖。

诺福克岛 /Norfolk Island

地理位置

诺福克岛位于太平洋西南部，西南距澳大利亚的悉尼 1676 千米，南距新西兰 640 千米。为火山岛，主岛诺福克岛长 8 千米，宽 4.8 千米。海岸线长 32 千米。

地形特征

诺福克岛地势崎岖，平均海拔为 110 米。该岛是海底山脊陡然突起的部分，由水平方向的玄武岩熔岩流构成，砖红壤覆盖全岛的大部分。金斯敦和该岛北部的卡斯克德登陆点是少数沿岸未与断崖连接的地方。南方海面上有 2 座较小的岛屿，分别为菲利普岛和倪培恩岛。

正式名称	诺福克岛 (Norfolk Island)
面　积	34.6 平方千米
人　口	2169 人（2011 年）
民　族	主要为皮特凯恩岛的英国人后裔，其余为澳大利亚、新西兰、波利尼西亚移民。80.8% 为澳公民，16% 为新西兰公民
语　言	官方语言为英语；当地居民也讲诺福克语（18 世纪时英语和古代塔希提语相混合的语言）
首　府	金斯敦 (Kingston)
行政区划	澳大利亚属地
地理区	太平洋西南部火山岛

自然资源

森林资源及渔业资源较丰富。树种以诺福克松著称，其他还有白橡树、棕榈树、凤尾松等。动物资源包括壁虎、蝙蝠、龟、各种鱼类及大量海鸟。

经济

自从 20 世纪 60 年代以来，诺福克岛的经济活动就以旅游业为主，每年接待 2.8 万～3 万游客。岛上的居民大多都从事与旅游业相关的工作，即受雇于旅馆、免税商店等。诺福克岛的农业以生产肯特氏棕榈种子、谷物、水果和蔬菜等自给性物品为主，出口商品则是诺福克松种树。牲畜饲养和渔业对当地居民来说也比较重要，但该岛粮食不能自给，食品主要从澳大利亚和新西兰进口，燃料和消费品也需进口。关税和发行邮票为该岛主要的财政收入来源。

主要城市

金斯敦

金斯敦是诺福克岛的行政中心、经济中心。金斯敦邮票业发达，是南太平洋地区著名的旅游胜地。旅游业是该岛经济的主要支柱，年均收入约 1000 万澳元，游客主要来自澳大利亚、新西兰。

旅游

诺福克岛景色优美，气候宜人。每年有 2 万多游客来此地观光，旅游收入是该岛的主要收入，主要名胜有金斯敦、诺福克岛国家公园等。20 世纪 80 年代中期由澳大利亚联邦政府和诺福克岛联合设立了面积 465 公顷的诺福克岛国家公园，以保护岛上的原始森林及独有的动植物物种，如诺福克岛绿鹦鹉和世界最大的蕨类等，其他环保措施还包括将菲利浦岛辟为自然保护区等。

托克劳 /Tokelau

地理位置

托克劳距西萨摩亚北面 480 千米、夏威夷西南 3900 千米，又称联合群岛，位于中太平洋东南部，由努库诺努、法考福、阿塔富 3 个珊瑚礁组成，这 3 个岛屿自东南向西北排成一线。

地形特征

托克劳群岛均为低地形珊瑚环礁，每一个环礁又有许多小岛组成，每个小岛又环绕一个潟湖，但由于有珊瑚礁点缀其间，因此不能通航。小岛地势低平，平均海拔为 2.4～4.5 米。

气候

托克劳岛年平均降雨量 2500 毫米，大多集中在信风季（4～11 月），其间时常会伴有台风，其他月份偶尔则会有旱灾发生。年平均气温在 28℃ 左右，但在

正式名称	托克劳（Tokelau）
面　积	12.2 平方千米
人　口	1416 万（2009 年）
民　族	主要是波利尼西亚人；有少数欧洲人
语　言	讲托克劳语和英语
首　府	法考福
行政区划	新西兰属地。3 个珊瑚岛：阿塔富、努库诺努、法考福
地理区	中太平洋东南部，有 3 个珊瑚岛

雨季还是显得比较凉爽。

自然资源

托克劳岛上植被甚密，约有 40 种树木，包括露兜树、大麻黄、海滩矮树林、管茅和海草等。野生动物有大鼠、蜥蜴、海鸟及一些候鸟等。椰子是其唯一的经济作物。

经济

托克劳土地贫瘠，种植业以生存农业为主。主要的粮食作物为芋头、面包果、巴婆和香蕉。饲养少量家禽等。渔业在托克劳的经济发展中也占有重要的地位，渔民捕捞环礁潟湖中的鱼以及海鱼和介壳类的动物，供本国人民和游客消费。专为制造独木舟、房子的塔乌纳维树主要种植在一些经过特别选择的岛上。经济收入主要来源是出口椰子、邮票、纪念币、手工艺品以及在托克劳专属经济区捕鱼的美国渔船所付费用。财政收入中多半为新西兰援助。据新西兰官方统计，2000～2001 年度，新西兰对托克劳的援助额为 850 万新元。托克劳还接受联合国开发计划署、南太平洋地区环境计划署、南太平洋委员会、联合国教科文组织、联合国人口基金、世界卫生组织、联合国独立基金会、英联邦青年发展计划等机构的援助。对外贸易伙伴主要为新西兰，出口品为椰干，进口货物为食品、建筑材料和燃料。新

西兰和托克劳纪念币同时流通。

主要城市

法考福

法考福是托克劳首府，位于法考福岛西部，居民约 3000 人。法考福岛为低地珊瑚礁。

瓦利斯和富图纳
/Wallis and Futuna

地理位置

瓦利斯和富图纳位于太平洋西南部国际日期变更线西侧，距西萨摩亚西面约 400 千米，距斐济瓦努阿莱武岛东北约 240 千米。2 个群岛相距约 225 千米，均属波利尼西亚群岛。

地形特征

瓦利斯群岛面积 159 平方千米，包括主岛瓦利斯及附近的 22 个小岛。主岛有火山和潟湖，最高点海拔 150米。瓦利斯岛还包括陡峭的海边悬崖和许多有水注入的火山口。富图纳群岛亦称霍恩群岛，由富图纳和阿洛菲2 个小岛组成，两岛间有塞恩海峡，宽约 3 千米。富图纳岛最高点海拔 760 米，为辛加维山，亦称普克山。富图纳岛有一片狭长的沿海平原，其地势陡然抬升到海拔 500 米的高度。阿洛菲岛森林茂密，蕴藏大量贵重木材资源，但岛上并无人居住。

正式名称	瓦利斯和富图纳（Wallis and Futuna Islands）
面 积	陆地面积 274 平方千米
人 口	1.53 万（2011 年）
民 族	其中瓦利斯 9500 人；富图纳 5000 人。多为波利尼西亚人，余为欧洲人
语 言	官方语言为法语 通用瓦利斯语（富图纳用富图纳语）
首 府	马塔乌图（Mata Utu）
行政区划	法国海外领地
地 理 区	由乌韦阿、富图纳、阿洛菲岛及周围小岛组成

气候

瓦利斯和富图纳属热带海洋性气候，终年炎热。11 月至次年 4 月为雨季，5～10 月为旱季。地处热带，气温通常为 23～30℃，平均气温 27℃。年均降雨量 3000～4000 毫米。10 月至次年 3月常有旋风。

经济

经济以传统的自给自足农业及渔业为主，农业人口占总人口的 80%，主要农作物有面包果、香蕉、椰子、木薯、芋头等。土著居民还饲养猪和鸡，同时驾着小木船出海捕鱼，捕到的鱼大部分供当地消费。传统的手工业是唯一的制造业，主要收入来自法国政府援助和在新喀里多尼亚镍矿工作的侨民的汇款以及捕鱼执照费。椰干和手工艺品为其主要出口产品，法国和新喀里多尼亚为其主要贸易伙伴。进口包括食物、机器、运输设备、燃料、纺织品及衣服。

主要城市

马塔乌图

马塔乌图是瓦利斯和富图纳的首府，位于瓦利斯岛上，为全岛的政治、经济中心和交通枢纽。

美 洲 （北美洲和南美洲）

AMERICA

陆地面积：4219.8万平方千米（约占世界陆地总面积的30%）（其中北美洲2422.8万平方千米，南美洲1797万平方千米）

人口：约9.5亿（2015年）

最高点：阿空加瓜山，海拔6959米

主要山脉：落基山脉、安第斯山脉、科迪勒拉山脉等

主要河流：马更些河、密西西比河、亚马孙河、巴拉圭河等

主要湖泊：苏必利尔湖、密歇根湖、休伦湖、的的喀喀湖等

概况

地理位置及分布

美洲的全称叫"亚美利加洲"，得名于意大利人亚美利加·维斯普奇。他于 1502 年继哥伦布之后到达南美，并肯定他所到之处为"新大陆"。美洲东临大西洋，西濒太平洋，西北面和东北面隔白令海峡、丹麦海峡与欧洲相望，南隔德雷克海峡与南极洲相望。面积总和为 4219.8 万平方千米，占世界陆地面积的 30%。

在政治区划上，美洲分为北美洲和拉丁美洲。从自然地理上说，北美洲的范围在历史上曾经包括墨西哥以及其以南直到巴拿马的中美洲各国和加勒比海地区的岛屿等。后来，由于形成了拉丁美洲的概念，因此墨西哥、中美洲和西印度群岛就被列入了拉丁美洲，这样北美洲实际上只包括加拿大和美国 2 个国家及格陵兰岛、百慕大群岛、法属圣皮埃尔和密克隆群岛。

拉丁美洲在地理上通常分为墨西哥、中美洲、西印度群岛和南美洲 4 个地区，在中美洲、西印度群岛和南美洲之间的陆间海叫加勒比海，习惯上称这个地区为加勒比海地区。到 1994 年年底，拉丁美洲共有 33 个独立国家：墨西哥（地处北美洲）；危地马拉、伯利兹、洪都拉斯、萨尔瓦多、尼加拉瓜、哥斯达黎加、巴拿马（属中美洲）；巴哈马、古巴、海地、多米尼加共和国、多米尼克、牙买加、巴巴多斯、格林纳达、特立尼达和多巴哥、安提瓜和巴布达、圣卢西亚、圣文森特和格林纳丁斯、圣克里斯托和尼维斯联邦（属西印度群岛）；

落基山脉

哥伦比亚、委内瑞拉、圭亚那、苏里南、巴西、厄瓜多尔、秘鲁、玻利维亚、巴拉圭、智利、阿根廷、乌拉圭（属南美洲）。此外，散布在加勒比海和南美洲东北部的十几个地区为美、英、法、荷等国所占有。

地形地貌

美洲地形的大势比较简单。北美洲是个海岸比较弯曲的大陆。大陆的北面，有一大群常年天寒地冻的岛屿密布在北冰洋上，合称北极群岛。大陆上有 5 个大半岛突出海洋，5 个大海湾深入陆地。他们是东南部大西洋与墨西哥湾之间的佛罗里达半岛、墨西哥湾南岸的尤卡坦半岛、西南部加利福尼亚湾和太平洋之间的下加利福尼亚半岛、东北部圣劳伦斯湾和哈得孙湾之间的拉布拉多半岛、西北部阿拉斯加湾和白令海之间的阿拉斯加半岛。

北美洲大陆的西部盘踞着科迪勒拉山系，由北美洲最大最高的落基山脉、喀斯特山脉、内华达山脉及海岸山脉沿着太平洋海岸线的走向从东向西地顺序排列着。大陆东部的阿巴拉契亚山地绝大部分在美国境内，北端伸入加拿大东南部。在这两大山系之间，是面积广阔的平原，即北美洲大平原。这个大平原从北冰洋岸起向南直达墨西哥沿岸。大平原上发育着巨大的河湖水系。苏必利尔湖、密歇根湖、休伦湖、伊利湖和安大略湖五大湖水道相通，是世界上面积最大的淡水湖群，也是北美洲货运量最大的航运水道。

墨西哥处于这大平原的南部尽头，基本上是一个海拔1000～2000米的高原；中美洲地峡则是个多山的地区，平地只限于沿海及面积不大的山间盆地。西印度群岛中，只有古巴岛、特立尼达岛和巴哈马群岛有面积较大的低地，其他各岛大都以山地为主。

南美大陆的地形更加简单，它的西部是纵贯全美洲的科迪勒拉山系的中段和南段，安第斯山沿太平洋东岸由北向南蜿蜒直下，海拔大都在3000米以上，并有不少山峰超过6000米。安第斯山地以东，平原和高原相间分布，自北而南依次为奥里诺科平原、圭亚那高原、亚马孙平原、巴西高原、拉普拉塔平原和巴塔哥尼亚高原。南美洲的3个大平原，是分别由3条同名的大河及其支流冲积而成的。流域面积、水量和长度都居世界首位的亚马孙河，形成了世界上面积最大的亚马孙平原，达560万平方千米。这个大平原和奥里诺科平原至今未得到充分的开发和利用。主要位于阿根廷境内的拉普拉塔平原的东南部，是世界上著名的农业区之一。巴西高原面积500多万平方千米，它和圭亚那高原一样，都是由古老的结晶岩所组成的，埋藏有丰富的金属矿藏。这2个高原的地面并不平坦，除丘陵以外，还有一些山地。巴塔哥尼亚高原由水平的沉积岩组成，地面比较平坦。

河流与湖泊

北美洲主要有三大流域系统，以密西西比河水系最大。其流域面积逾美国一半面积，甚至包括加拿大西部。主流源于明尼苏达北部沼泽地和布满湖泊之冰碛平原，由源头向南曲折流过6020千米，注入墨西哥湾。密西西比河水系如树枝般伸展，有百条支流流经西部与东部地区的大片土地和中部平原区的南半部。该水系宽阔的河床为早期开发美国中部地区移民提供了道路，但也产生了洪水的威胁。中部平原以北的地表水由马更些河及其支流向北流入北极海洋。若包括最远的源头，马更些河长度与密西西比河相当，但缺乏密西西比河巨大的支流。马更些河支流大多源于埃德蒙顿纬线以北的落基山或成串湖泊以东的平原地带。第三大流域系统为五大湖——圣劳伦斯河水系。圣劳伦斯河负责整个大湖区的排水，故该河最西边的起源应为明尼苏达州圣路易河源头。北美大陆其他大水系包括由落基山中部和南部流入加利福尼亚湾的科罗拉多河及由加拿大境内落基山北部流经阿拉斯加中部注入白令海的育空河。北美北部冰河侵蚀地带多湖泊，以五大湖为最重要，即苏必利尔湖、密歇根湖、休伦湖、伊利湖和安大略湖。五大湖彼此相通并通往圣劳伦斯河。

亚马孙河
世界上流量最大、流域面积最广的河流。已知的支流有1000多条。亚马孙河全年通航。

南美也有 3 条不同的河系。河系中最大的亚马孙河，长 6480 千米，按排水量测定，它是世界上最大的河流，其排水流域也居世界之最。亚马孙河的源头在秘鲁中部的安第斯山，距太平洋不到 160 千米，离大西洋约 6400 千米，各支流分别源于安第斯山、圭亚那和巴西高地。第二个重要的河系是源于安第斯山和巴西高地之间而向南流出的巴拉那—巴拉圭河系。以布宜诺斯艾利斯北部与乌拉圭河的交汇处看，该河向北到达它在巴西高地西部的源头约有 3900 千米。普拉塔港湾顶部到巴拉圭边界这一段的河流，习称巴拉那，再往北则称巴拉圭。第三个重要的河系是奥里诺科河，约 2700 千米长，河系主要在哥伦比亚和委内瑞拉境内。奥里诺科河系水源附近是小溪卡西基亚雷，它将奥里诺科河部分水量排到亚马孙河系的内格罗河主流中，在其他河系中很少有此种现象。南美其他河流有圣弗朗西斯科河，源头在里约热内卢北部的巴西高地上。其东北流向与海岸平行，而在南纬 10° 左右则急速转向大西洋。在哥伦比亚境内的是马格达莱纳河，长期以来，它和考卡河是该国的商业动脉。两条河流在安第斯山脉间向北流淌。从哥伦比亚的加勒比海海岸上溯，长 320 千米。从安第斯山到太平洋的河流都比较短且呈间歇性，多数位于秘鲁和智利北部。只有几条稍长的河流从安第斯山南部向东流入大西洋。

气候

美洲的气候多种多样，北美洲以温带大陆性气候为主，北美洲大陆北部和往北的岛屿是寒冷的北极气候。墨西哥湾沿岸属亚热带气候，中美洲和西印度

群岛为热带气候。赤道横穿南美大陆，南美洲热带雨林气候面积广大，雨水充沛，是世界最湿润的地区。美洲总的气候特点是冬季寒冷，平均气温在 0℃ 以下，格陵兰岛中部低于 −44℃。中美和西部群岛气温较高，达 24℃，等温线分布较密，南北温差大，近 70℃。夏季炎热，北美洲大部分地区较为暖热，一般为 10 ~ 30℃。格陵兰岛中部仍很寒冷，为 −12℃。极端高温区出现在西南部沙漠地区，约 32℃。等温线分布显著稀疏，南北温差较小，约为 40℃。太平洋沿岸地区南北温差很小，而山间高原盆地比同纬度太平洋沿岸气温高。

美洲降水分布特点以落基山为界，东、西部降水分布差异很大。落基山以东，年降水量自西北向东南渐增，从 500 毫米增至 1500 毫米以上；落基山以西，年降水量多在 500 毫米以下，西南部大盆地和科罗拉多高原降水量少，不足 100 毫米；北纬在 50° ~ 60° 之间的太平洋沿岸，以及中美和西印度群岛迎风坡地区，是北美多雨地带，年降水量可达 2000 毫米。降水的季节分配规律为：落基山以西多冬雨，以东多夏雨。

自然资源

美洲的森林面积约为 16.3 亿公顷，其中，北美洲的森林面积为 7.22 亿公顷左右，占北美洲总面积的 33.6%，占世界森林总面积的 19%，主要分布在西部山地，从寒带到亚热带，盛产达格斯黄杉、巨型金针柏、奴特卡花帕、糖槭、松、红杉、巨杉、铁杉等林木。拉美的森林面积约 9.1 亿公顷，占全洲面积的 44%，约占世界森林总面积的 24%，盛产红木、檀香木、铁树、木棉树、巴西木、香膏木、花梨木等贵重木材。

北美洲的野生动物资源丰富，包括生活在最北部的大群驯鹿，马更些山脉和落基山脉的麋鹿、羚羊，以及生活在中美洲热带雨林地区的猴子等。另外，北美洲辽阔的淡水水域还拥有丰富的渔业资源。南美洲的雨林、高原、河流和沼泽地中生活的动物几乎占世界全部已知种类的四分之一，包括美洲驼、羊驼、水豚等。

美洲驼

美洲驼对于玻利维亚、秘鲁和厄瓜多尔的印第安土著居民来说不可或缺。它们不但可用来驮物，还是食物、毛绒、皮革或制腊用油的重要来源。

美洲的矿产种类齐全，现代工业所需的 25 种最重要的矿产原料基本都有，而且储量丰富。其中铁、锰、镍、钴、铬、铝、银、铅、锌、锡、铌、铋、石油、硝石等在世界上占有重要地位。铁矿资源总量约为 3 300 亿吨，美国、巴西的铁矿储量居世界前列。在巴西、委内瑞拉、智利、秘鲁、古巴、墨西哥等国都发现了大量铁矿。拉美地区每年出口的大量铁矿石，主要来自巴西、委内瑞拉、智利和秘鲁 4 国。石油探明储量约为 110 亿吨，其中，北美洲为 65 亿吨，主要分布在美国。拉丁美洲约为 45 亿吨，但这个数字很保守。拉美地区有许多有储油可能的沉积岩盆地。近年来，在亚马孙平原、安第斯山东麓和墨西哥沿岸不断发现了新油田。美国、墨西哥、委内瑞拉都是世界上的储油大国。数十年来，委内瑞拉一直都是世界上庞大的石油生产国和出口国之一。美洲的铜矿金属储量为 1.9 亿吨，其中拉丁美洲有 1 亿吨以上，居世界之首。智利、秘鲁、墨西哥、玻利维亚等国都是拉丁美洲的主要产铜国。拉美的铜产量约占世界总产量的 20%。半个多世纪以来，智利就是世界上最大的粗铜出口国。

据联合国第五届动力会议估计，美洲可利用的水利资源约 9 100 亿千瓦时（北美洲 4 200 亿千瓦时，拉丁美洲 4 900 亿千瓦时），约占世界可利用水力资源的 19%，而且大部分没有被开发利用。

经济

北美洲是世界工业发达的地区之一。农业生产的专门化、商品化和机械化程度很高。采矿业规模较大，主要开采煤、原油、天然气、铁、铜、铅、锌、硫磺等，而锡、锰、钴、铝、金刚石、钽、铌等重要战略原料几乎全部或大部靠进口。北美洲中部平原是世界著名的农业区之一，农作物以玉米、小麦、稻子、棉花、大豆、烟草为主，大豆、玉米、小麦产量在世界农业中占重要地位。中美和西印度群岛诸国主要产甘蔗、香蕉、咖啡、可可等热带作物。

第二次世界大战后，南美洲经济发展很快，经济结构发生显著变化。但各国经济水平和经济实力相距甚远。巴西、阿根廷已建立了比较完备的国民经济体系，两国国内生产总值约占全洲的 2/3。委内瑞拉、哥伦比亚、智利、秘鲁经济也比较发达。南美洲土地辽阔，水热条件优裕，农业生产的潜力很大，盛产甘蔗、香蕉、咖啡、可可、橡胶、金鸡纳霜、剑麻、木薯等热带、亚热带农林特产，产量均居世界前列。其中，巴西的咖啡、香蕉和木薯产量均居世界第一位，可可产量居世界第三位，巴西剑麻的产量也占重要地位。秘鲁的捕鱼量、鱼粉、鱼油稻产量，阿根廷的肉类产量均居世界前列。采矿业是南美洲的传统工业部门，金、银、铜、锡等贵重金属和有色金属开采历史悠久，不少矿物开采量在世界上占有重要地位。智利的铜和硝石、玻利维亚的锡和锑、巴西的铁和锰、委内瑞拉的原油产量，大多居世界前列或占重要地位。制造业是南美经济中发展最快的部门，钢铁、汽车、化工、橡胶、电器、金属制品、机械设备等部门已具相当实力。巴西的钢产量和汽车生产量已进入世界产量大国的行列。轻工业是南美多数国家制造业的主体，以肉类加工、制糖、饮料、皮革、纺织、服装、制鞋较为发达。

人口

美洲人口总数约为 9 亿（2015 年），占世界人口总数的 13.5%。其中，北美洲 5.07 亿人，南美洲 3.62 亿人，分别占世界总人口的 8.0% 和 5.8%。美洲人口的分布极不均衡。北美洲东南部、南美洲西北部和东部沿海地区人口稠密，北美洲北部地区和美国西部地区、南美洲的亚马孙平原人烟稀少。在加拿大，无人定居的地带占全国土地面积的 89%。总的来说，越往南走，气候愈温暖，人口也就愈多。

种族与民族

北美洲各个民族中，条顿族的盎格鲁—撒克逊人为最多，此外，还有斯拉夫人和犹太人等。就国家而言，有英国人、爱尔兰人、法国人、德国人、

瑞典人、瑞士人、波多黎各人、墨西哥人、华人和日本人以及非洲人和印第安人。1754 年，几代生息于北美大陆的各国移民，在阿尔巴尼亚召开了殖民地代表大会，它标志着一个被称为"美利坚"的民族悄悄地诞生了，他们讲美式英语，并且互相通婚，他们称自己为美国人。与他们不同，居住在加拿大的英裔与法裔却长期保持着界限，他们彼此不混血，也不同印第安人通婚。加拿大现有人口中英裔占 40.2%，法裔占 26.7%。居住在北极圈内的 1.5 万因纽特人（爱斯基摩人）几百年很少变化，自给自足，与世无争，而大多数印第安人则在很早以前就被赶到了贫瘠的保留地。

就人种而言，南美有印第安人、白人、黑人及各种不同的混血型，白人最多，其次是印欧混血型和印第安人，黑人最少。从哥伦比亚南部到智利北部的安第斯山，绝大多数为安第斯印第安人。在圭亚那高地、亚马孙流域以及巴西北部和西北部高地则有其他印第安族。安第斯印第安人主要是印加帝国的后裔，以务农为生。在南美洲其他地方，印第安人主要以狩猎为生，有些则以游牧为生。他们喜欢生活在小团体环境中，而不习惯过多聚居在一起。目前，仍以纯

玛雅人

欧洲人为主的地区包括智利的中南部、阿根廷以北的大厦谷、乌拉圭以及巴西最南端。这些地区未与其他民族杂居的原因之一是欧洲人移民较晚。另一个原因则是欧洲人在定居下来以前封镇、驱赶以及消灭原始印第安土著。黑人或混血人种聚居地主要在哥伦比亚的低地，即被称为巴西"鼻子"以南的大西洋沿岸，以及巴西东南部，主要是艾皮里托、明那斯州以及里约。在南美大陆的其他地区，除了几个孤立的小地区外，印第安人和欧洲人的混血儿成为主要人口，哥伦比亚的麦德林则是一个纯欧洲人血统的地区，居民均未与早期的印第安人及后来输入的黑色人种通婚。在玻利维亚只有50%的居民或多或少是纯印第安人。种族的区别已愈来愈模糊。委内瑞拉、哥伦比亚、厄瓜多尔、秘鲁和巴拉圭都是混血人种的国家。阿根廷、智利和乌拉圭居民则主要为欧洲人。

语言

美洲南部为拉丁语系，拉丁美洲由此得名，巴西用葡萄牙语，法属圭亚那用法语，牙买加等新独立的西印度群岛国家和圭亚那用英语，苏里南用荷兰语，其余各国都用西班牙语，在有印第安人居住的国家内，绝大部分印第安人仍使用自己各族的语言。在仍被英、法、荷统治的殖民地，分别采用统治国家的语言，唯独被美国统治着的波多黎各广泛使用西班牙语。

北美洲通用英语、西班牙语，还有法语、荷兰语和印第安语等。在加拿大，英语和法语均为官方语言，讲法语的大部分集中在魁北克省，约占加拿大总人口的 25.7%。

加拿大 /Canada

地理位置

加拿大位于北美洲北部，东临大西洋，西濒太平洋，西北部邻美国阿拉斯加州，南接美国本土，北靠北冰洋达北极圈。东西宽约 5 000 千米，南北宽 4 000 多千米。海岸线约长 2 万千米。国土面积居世界第二位。

正式名称	加拿大（Canada）
面　积	9 984 670 平方千米
人　口	3534 万（2015 年）
民　族	英裔居民占 42%，法裔居民占 27%，其他欧裔占 15%，土著居民约占 2%
语　言	官方语言为英语和法语
首　都	渥太华（Ottawa）
行政区划	全国分 10 省 3 地区
地理区	东南部山地，西中部平原，西部科迪勒拉山区，圣劳伦斯谷地，加拿大高地，北部群岛区

地形特征

地貌大体为西高东低，大致分为六大地貌。

东南部山地位于圣劳伦斯河的东南部，为低山和丘陵，海拔 500 ~ 600 米；圣劳伦斯河谷地即圣劳伦斯河岸地区及安大略湖沿岸地区，地势平坦，土壤肥沃；加拿大高地包括哈得孙湾东、西、南三面广大地区，约占国土面积的一半，东部是拉布拉多高原，平均海拔 500 ~ 600 米；中部为哈得孙湾和哈得孙沿岸平原；西部是湖泊成群的高平原；南部与美国五大湖交界；西中部大平原位于大熊湖、大奴湖、阿萨巴斯卡湖、温尼伯湖一线以西至科迪勒拉山麓，为一片山麓高原，地势由西向东倾斜，在马更些河口有大三角洲；西部科迪勒拉山区包括东侧的落基山脉、西侧喀斯喀特山脉、海岸山脉及山脉之间的高原，这是加拿大地势最高的区域，其中洛根峰高达 5951 米；北极群岛区多丘陵、低山，有些山峰高达 2500～3000 米。

气候

加拿大气候酷寒，冬季漫长。东部气温稍低，南部气候适中，西部气候温和湿润，北部为寒带苔原气候。中西部气温可高达 40℃以上，北部最低气温低至—60℃。除温哥华岛附近的太平洋沿岸因海洋性气候 1 月平均温度为 3℃以外，其余各地 1～2 月平均温度相差悬殊，西北地区的尤里卡为—36℃以下，新斯科舍的塞布尔岛为 0℃。夏季平均温度由中南部向东西海岸递减，而平均年降雨量则递增。温尼伯和马尼托巴 7 月平均温度为 20℃，温尼伯的年降水量约 510 毫米。北部群岛（北极冰漠）降水量最少，该地夏季温度常在冰点以下。

自然资源

加拿大地域辽阔，森林、矿藏、能源等资源丰富。矿产有 60 余种，镍、锌、铂、石棉的产量居世界首位。铀、金、镉、铋、石膏居世界第二位。铜、铁、铅、钾、硫磺、钴、钼等产量丰富。已探明的油砂原油储量为 1747 亿桶。森林资源丰富，居世界第三位，森林面积占全国领土面积的 44%，加拿大领土面积中有 89 万平方千米由淡水覆盖。枫叶为国花，枫树为国树。

经济

加拿大是经济高度发达的国家，是西方七大工业国之一。农业高度发达。是世界上重要的粮食生产国之一，粮食产量居世界第三位，按人均产量则居第一位。约 4/5 农田位于五大湖区与落基山脉之间的大草原各省。小麦为主要出口作物，其他还有饲料谷物、油籽、苹果、马铃薯和槭树汁。牛、猪为最重要的牲畜。木材工业发达，森林资源非常丰富。加拿大是木材及木制品的主要输出国，此项输出通常占该国出口总额的 10% 以上。渔业发达，75% 的渔业产品出口，是世界上最大的渔业产品出口国。制造业和高科技产业较发达。加拿大以贸易立国，对外资、外贸依赖很大，经济上受美国经济影响较深。2000 年，经济增长再次增速，全年增长率达 4.7%。"新经济"是近些年经济强劲增长的动力。"北美硅谷"渥太华已有 1000 多家高新技术公司。在 2000 年信息技术 100 强公司排名中居世界首位。

习俗

具有欧洲色彩的习俗　加拿大是一个多民族的国家，有着各种不同的民族风俗和生活习惯。但因多数加拿大人系欧洲移民后裔。所以其生活习俗多与欧洲及美国人大致相同。

北极雪屋　在加拿大有一种房屋，因终年被冰雪覆盖而得名为雪屋。这里是 6 万多加拿大因纽特人的住宅。特殊的气候条件使他们形成了特殊的生活方式。他们不仅以海豹油灯照明、取暖、煮野兽吃，而且就地取材，创造出了独特的居室——雪屋。这种雪屋用各种规格的雪砖垒成。建造时，用一把锐利的刀把坚硬的积雪切成大雪砖，在选择好的平地上，用雪砖垒成半球形的圆顶，再在屋顶罩住的土地上挖个深坑，坑前开一小窗，使光线能够射入室内。雪屋里藏有许多食物，如面粉、茶叶、兽肉等，屋内深处用雪筑成的高台，就是他们的卧床。

主要城市

渥太华

渥太华是加拿大的首都，全国政治、经济、文化、交通中心，是世界上寒冷的首都之一，位于安大略省东南部与魁北克省交界处，横跨渥太华河，河的南岸属于安大略省的渥太华市，北岸属于魁北克省的赫尔市，但两岸市区连成一片，构成首都。渥太华市区河岸丘陵起伏，树木茂盛。春季市内一片葱绿，到处可见大块草地上开放着色彩艳丽的郁金香花，因此渥太华又称"郁金香城"。20世纪以来，渥太华工商业飞速发展，现今它已成为加拿大有名的大都市之一。渥太华地处横贯大陆铁路线的交叉点上，是重要的铁路枢纽。渥太华还是全国文化、科学研究的重要城市。除渥太华大学、卡皮顿大学等最高学府外，还有名目繁多的科学院和研究中心。市内有一条世界最长的溜冰场，

首都渥太华市区溜冰场

是条运河溜冰场，全长7.8千米，这条运河夏天是游人泛舟的理想游地，冬天是冰上健儿纵横驰骋大显身手的广阔天地。

加拿大第一大城市——多伦多夜景

多伦多

多伦多是加拿大最大的城市，重要港口和全国金融、商业、工业中心，市北100多千米处的格雷文赫斯特是伟大的国际主义战士白求恩的故乡。多伦多是安大略省首府，位于安大略湖西北岸。多伦多工业仅次于蒙特利尔，有机械制造、肉类加工、服装、电器、化工、食品、家具、橡胶制品等工厂企业6000多家。市内摩天大楼巍峨矗立，草坪花木盖地，绿树成荫，是一座名副其实的花园城。这里有全国最大的伊顿百货商场和辛普逊等大百货公司。这里也是全国文化、教育的中心城，有全国最大的多伦多大学和11所学院。

旅游

旅游业是加拿大经济的重要组成部分，也是加拿大主要外汇来源之一。国际旅游收入居世界第九位。主要名胜有锡格纳尔山哈利法克斯城堡、多伦多电视塔（该塔被称为世界建筑史上的奇迹，高达553米）、卡博行之路（加拿大著名旅游路线）、芬迪国家公园（观赏世界大

潮汐的最理想处)、尼亚加拉大瀑布(驰名世界的大瀑布)、白求恩故居、不列颠哥伦比亚省博物馆等。

美国 /United States

地理位置

美国位于北美洲中部,领土还包括北美洲西北部的阿拉斯加和太平洋中部的夏威夷群岛。北与加拿大接壤,南靠墨西哥湾,西临太平洋,东濒大西洋。东西长4500千米,南北长2700千米。海岸线22680千米。

地形特征

全境由东向西可分为5个地理区:东南部沿岸平原分为大西洋沿岸平原和墨西哥沿岸平原两部分。这一地带海拔在200米以下,多数由河川冲积而成。特别是密西西比河三角洲,是世界上最大的三角洲。位于这一地理区的佛罗里达半岛是美国最大的半岛。

阿巴拉契亚山脉位于大西洋沿岸平原西侧,一般海拔1000~1500米,由几条平行山脉组成。

正式名称	美利坚合众国 (The United States of America)
面　　积	9629091平方千米
人　　口	32140万 (2015年估)
民　　族	白人约占70.4%;黑人约占12.3%;亚裔3.6%;华人占0.9%;多已入美国籍
语　　言	通用英语
首　　都	华盛顿哥伦比亚特区 (Washington D.C.)
行政区划	共分50个州和1个特区,3042个县。海外领地和托管地有关岛、太平洋岛屿托管地等
地 理 区	东南部沿岸平原,阿拉契亚山脉区,内地平原、西部山系及西部山间高原

内地平原呈倒三角形,北起漫长的美国与加拿大边界,南达大西洋沿岸平原的格兰德河一带。

西部山系由西部2条山脉所组成,东部为落基山脉,西部为内华达山脉和喀斯喀特山脉,内华达山脉的惠特尼峰海拔4418米,为美国大陆最高点;喀斯喀特山脉的雷尼尔山海拔4392米,仅次于惠特尼峰。内华达山脉东侧低于海平面86米的死亡谷是北美洲陆地的最低点。

西部山间高原由科罗拉多高原、怀俄明高原、哥伦比亚高原与大峡谷组成,世界著名的科罗拉多大峡谷位于亚利桑那州西北部,为世界上罕见的自然景观。

河流湖泊

美国河流湖泊众多,水系复杂,从总体上可分为三大水系:

凡位于落基山以东的注入大西洋的河流都称为大西洋水系,主要有密西西比河、康涅狄格河和赫得森河。其中密西西比河全长6262千米。

凡注入太平洋的河流称太平洋水系,主要有科罗拉多河、哥伦比亚河、育空河等。

北部与加拿大交界的五大湖群,包括苏必利尔湖、密歇根湖、休伦湖、伊利湖和安大略湖,总面积24.42万平方千米,为世界最大的淡水湖群,素有"北美地中海"之称,其中密歇根湖属美国,其余四湖为美国和加拿大共有。苏必利尔湖为世界最大的淡水湖,面积在世界湖泊中仅次于里海而居世界第二位。

气候

美国大部分地区属于温带、亚热带

气候。佛罗里达半岛南端、夏威夷属于热带、阿拉斯加州属北极圈内寒冷气候。中北部平原温差很大，芝加哥1月平均气温—3℃，7月为24℃；墨西哥沿岸1月平均气温1℃，7月为28℃。无霜期向北逐渐缩短，墨西哥湾沿岸为240多天，与加拿大接壤的多数地区则不到120天。一般而言，两大洋沿岸地区的气候比内陆气候更温和。总之，美国由于幅员辽阔，各地气候差别很大，但从降雨量多少可以大致分成东西两个比较潮湿的海岸地区，中间隔着一个由西向东越来越潮湿的内陆区。降雨量一般从潮湿的东部（大致沿阿巴拉契亚山脉和它的东南方）向西逐渐减少，东部降雨量通常多于1000毫米，中央低地绝大部分地区为760～1000毫米，到西部的大平原则为250～760毫米。大平原同太平洋沿岸之间为极度干旱的山间盆地，其中多数地区年降雨量不足100毫米。最西北的沿岸区（太平洋西北区）是美国最潮湿的地区，年降雨量常达1780毫米以上。阿拉斯加和夏威夷都很潮湿，阿拉斯加降雨量为1500～5100毫米，夏威夷少则2500毫米，多则超过12200毫米。

自然资源

美国为资源大国，自然资源丰富。煤、石油、天然气、铁矿石、钾盐、磷酸盐、硫磺等矿物储量均居世界前列。其他矿物有铜、铅、钼、铀、铝矾土、金、汞、镍、碳酸钾、银、钨、锌、铝、铋等。战略矿物质资源钛、锰、钴、铬等主要靠进口。探明煤储量35966亿吨。探明原油储量270亿桶。探明天然气储量56034亿立方米。

森林面积约44亿亩，覆盖率达33%左右。

经济

农业 农业高度发达，为典型的现代化资本主义农业，机械化程度高，75%的土地集中在少数大农场主和特大农场主手中。1999年农业产值为1254亿美元，占国内生产总值的1.3%。农、林、渔业就业人数330万。共有农场220万个，耕地面积380万平方千米。粮食总产量约占世界产量的1/5，其中大豆约占48.1%，玉米约占41.5%，小麦约占11.8%。2004年农产品出口总额为613亿美元，主要出口地区依次为日本、欧盟、加拿大、墨西哥、韩国、中国台湾和中国香港，以及中国大陆。进口额540亿美元。畜牧业主要以养牛为主，并居世界前列。渔业在经济中比例小，捕鱼量占世界第四位，阿拉斯加是世界著名渔场。

工业 美国工业以技术先进、门类齐全、资源丰富、生产实力雄厚、劳动生产率高而著称于世。主要的工业产品有汽车、航空设备、计算机、电子和通信设备、钢铁、石油产品、化肥、水泥、塑料及新闻纸、机械等。钢铁、汽车、建筑工业是美国经济的三大支柱。世界前20名大型钢铁企业中，美国占7家。

芝加哥期货交易中心

三大汽车公司产量均居世界前列，其为通用、福特、克莱斯勒汽车公司。能源工业部门是美国工业中最大的部门，它包括煤炭、石油、天然气、水力、电力、核能等。美国的核能发电量占全国发电总量的25%，居第二位。美国的高技术工业生机勃勃，呈现出高速发展的潜力。据经济合作与发展组织估计，美国在计算机技术、电子通信、生物工程、化学及航空航天等高技术部门居世界首位，只有在工业机器人、计算机芯片和金属合金方面落后于日本。在2001年公布的全球信息技术100强的前20名中，美国就有一半。美国现拥有各类信息数据库1.5万个，美国数据资源公司(DRI)是世界上最大的经济数据库，美国信息技术占世界信息技术市场的30%。此外，电脑软件的研制与开发也是美国的一大优势。美国的网络经济也有很大发展。在现代通信技术方面，美国也具有绝对的优势。航空与航天技术工业也是美国在高科技领域内短期不会遭到外国有力挑战的少数几个部门之一。美国波音飞机公司仍在飞机产量、销售额、出口额、利润和技术方面位居世界榜首。在卫星、运载火箭、空间试验站、航天飞机及太空科学试验装置方面，美国尚未遇到他国的有力挑战。

科学技术　美国是科学技术高度发达的国家，拥有世界一流的科技队伍。自1901～2001年的100年间，有来自美国的195人获得自然科学研究的诺贝尔奖，占全世界得奖人数的1/3以上。每年全世界重要学术刊物上所发表的学术论文中，有35%是美国科学家和学者撰写的。美国科研人员中每年获得的技术专利权约等于世界其他各国获得专利的总和。

美国科研体系大体由4部分组成，科研经费来源也是多方面的，其中政府提供占50%左右，其余为企业、高等院校的投入。美国建立起了11个以大学为基地的科技中心，分别从事粒子天体物理学、量子化电子结构、蛋白质结合与核酸生物技术、高温超导体、微生物生态学、先进水泥材料、暴风雨分析与预报、并行处理计算机、光电转换、离散数学与理论计算科学、高性能聚合胶黏剂与复合剂等方面的基础与应用研究。美国各地已有高技术区79处，著名的有以斯坦福工业园区为中心的"硅谷"地带，在128号公路沿线建立的以哈佛大学和麻省理工学院为中心的"科技公司"高技术区，以通用电气公司、杜邦公司和IBM公司为中心在北卡罗来纳州建立的"科研三角园区"等。全世界40%以上研究工作是在美国进行的，超过了日本、德国、法国和英国的总和。

美国是经济高度发达的资本主义超级大国，其劳动生产率、国内生产总值和对外贸易额均居世界首位，有较为完善的宏观经济调控体系。1994年，经济受新经济因素推动，开始出现快速增长，经济增长率达到4%。1995年和1996年，经济增速有所放慢，但仍分别达到2%和2.8%。1997年后经济恢复高速增长势头。1997～2000年经济增长率连续4年超过4%。截至2000年年底，经济增长已达118个月，经历了历史上最长的增长期。美国经济在2000年出现大幅调整。2000年上半年，延续了近年来的强劲增长势头，2000财年(1999年10月1日～2000年9月30日)，美国联邦政府财政盈余为 2370 亿美元，较 1999 年的 1244 亿美元增加了 90.5%，是自 1998 年以来美国联邦政府连续 3 年实现财政盈余。

习俗

在美国社会中，人们的一切行为都以个人为中心，个人利益是神圣不可侵犯的。这种准则渗透在社会生活的各方面。人们日常交谈，不喜欢涉及个人私事。有些问题甚至是他们所忌谈的，如询问年龄、婚姻状况、收入多少、宗教信仰、竞选中投谁的票等。在社交场合，男子处处都要谦让妇女、爱护妇女。

美国人最盛行在圣诞节互赠礼品。大人们之间常送些书籍、文具、巧克力或盆景等。礼物多用花纸包好，再系上丝带。按照美国传统，探病大多是赠鲜花，有时也赠盆景。送朋友远行时，也常赠礼品。礼物通常是鲜花、点心、水果或书籍等，礼品上也附有名片，祝他一路平安。

此外，美国人认为单数是吉利的，有时只送 3 个梨也不感到不好意思。美国人收到礼物，一定要马上打开，当着送礼人的面欣赏或品尝礼物，并立即向送礼者道谢。礼物包装讲究，外表富丽堂皇，里面却不一定是太贵重的东西。有时打开里三层外三层的精美包装，露出来的只是几颗巧克力糖而已。

要拜访一个美国家庭，事先预约是必不可少的，否则就会被当成不速之客，甚至吃闭门羹。约好之后不得失约，失约是非常失礼的行为，一旦临时有事不能赴约，就要尽早通知对方，并表示自己的歉意。前往赴约时，最好准时到达。在美国人家中做客，不必过分拘礼，不要抚弄室内的古董珍玩，更不要询问日用品的价格。

主要城市

华盛顿

华盛顿是美国的首都，全称为华盛顿哥伦比亚特区，位于美国东北部的波托马克河与阿考娜蒂河汇合处北端，为全国政治中心，是世界上少数几个在一块选定的土地上兴建的首都之一。市区建设规范工整，全市以国会大厦为中心，按南北、东西 2 条线划分为大小不等的 4 个地域，街道呈网状，南北向、东西向各有 22 条街道。全市最高的建筑物是坐落在詹金斯山上的国会大厦。而它与白宫、最高法院的位置成三角形，以显示美国的立法、司法和行政的三权鼎立。

纽约

纽约是美国最大的工商业城市，位于美国东北部的大西洋沿岸，为全国巨大的交通枢纽和工业、金融业中心。服装、印刷、化妆品等工业部门均居全国首位。对外贸易总值占全国的 30% 左右。整个城市呈棋盘状布局，共分 5 个区，它们是布隆克斯、布鲁克林、曼哈顿、昆士和里士满。曼哈顿为市中心区，著名的金融中心华尔街、娱乐区百老汇和世贸中心大厦（1 号、2 号楼，高 417 米，

旧金山的金门大桥
美国西部标志之一，建成于 1937 年，总长 1280 米，由悬挂在 2 座高 227 米的塔上的缆绳吊起。

是纽约标志性建筑，世界第四高楼，现已被毁）均位于此区，联合国总部大厦也位于该区东河的西岸。纽约还是美国的文化中心，著名的哥伦比亚大学、纽约州立大学等许多高等院校坐落于此。

旅游

美国旅游业就其规模、设施及收入而言，居世界前列。在 2000 年的 15 个旅游大国中，美国位居法国之后，列世界第二位。到 2008 年，到美国旅游的外国游客约 5795 万人次，旅游业带来的直接收入为 1421 亿美元。外国游客主要来自加拿大、墨西哥、英国、德国、法国、澳大利亚等。

格陵兰 /Greenland

地理位置

格陵兰是世界第一大岛。位于北美洲东北部。全岛约 4/5 的面积在北极圈以内。南北长 2700 千米，东西宽 1100 千米。海岸线长 4.4 万千米。

地形特征

85% 的土地被巨厚的冰层所覆盖，平均冰厚 1500 米，最厚处约 3200 米。冰层总体积 260 万立方千米，是仅次于南极洲的现代大陆冰川。无冰地分布在沿海地区，大部分是高原。山脉与岛的东西两岸平行，东南的贡比约恩山高 3700 米，为该岛最高点。尽管有高原存在，但格陵兰岛的大部分地区实际上相当或略低于海平面。格

正式名称	格陵兰（Greenland）
面 积	2 415 100 平方千米，主岛面积 2 175 600 平方千米
人 口	5.6114 万（2015 年）
民 族	大多数为格陵兰人；12% 来自其他北欧国家（主要是丹麦）
语 言	官方语言为格陵兰语和丹麦语
首 府	努克（Nuuk），前称戈特霍布
行政区划	划分为 18 个市区
地 理 区	全岛分为东格陵兰、西格陵兰和北格陵兰岛，85% 面积为永冻层，西南沿海为少数无永冻层

陵兰岛的东西两岸腹地有许多长而深的峡湾伸入。在沿海岸的许多地方，冰体会径直向海面移动，有时还会断裂，滑入海中形成冰山。

气候

年平均气温在 0℃ 以下，最低可达 —70℃。南部受大西洋暖流影响，年降水量在 1000 毫米左右，寒冷的北部降水只有 200 毫米左右，有的地方少于 50 毫米。

自然资源

资源较为丰富，地下蕴藏有铅、冰晶石、锌、煤、钨、钼、铁、镍、铀和石油等。动物种类也很多，有海豹、海象、北极熊、北极狐狸、猫头鹰、狗等。

经济

捕渔业和渔产品加工业是主要经济部门。1977 年政府建立 370 千米的渔区。主要海产品为虾、格陵兰大比目鱼、鳕鱼和鲑鱼。农业分布在南部的无冰地区，可耕地面积约占全境的 1%。农作物只有干草和菜圃蔬菜。大部分无冰地区也可以饲养绵羊和驯鹿，北部地区则以狩猎为主。

主要城市

努克

努克是格陵兰的首府，是该岛最大的城市，位于西南岸。现为地方议会和

首府——努克市一角

最高法院所在地。交通以舟船为主，有直升飞机通往岛上其他城镇。

旅游

格陵兰曲折漫长的海岸线上分布着无数个大大小小的峡湾，东南部海岸散落着富于自然情趣的美丽山村。一般来讲，6～10月是格陵兰的旅游季节。

百慕大 /Bermuda

地理位置

百慕大群岛为北大西洋西部群岛，距美国的南卡罗来纳州917千米，由7个主岛及150个小岛和礁群组成。位于北纬32°，西经65°附近。群岛东西长35千米，南北宽22.5千米。

地形特征

百慕大三角是一片神秘的海域，它

正式名称	百慕大群岛（The Bermuda Islands）
面 积	53.3平方千米
人 口	6.5235万（2015年）
民 族	非洲人后裔约占58%，欧洲和北美人后裔占36%
语 言	英语为官方语言和通用语
首 府	哈密尔顿（Hamilton）
地 理 区	由7个主岛及150个小岛和礁群组成

以变幻莫测、海事频发而闻名。人们常常用"致命的菱形""死亡三角""魔鬼海"来形容。百慕大群岛既是在火山喷发中诞生的，又是"大自然的建筑师"珊瑚虫精雕细琢而成的珊瑚岛。群岛的地形极为单一，没有挺拔的高山，只有起伏不平的丘陵，最高海拔只有76米，岛上土层极薄，只有一层浅浅的沃土和到处可见的珊瑚沙。

气候

百慕大属温和湿润的亚热带森林气候，年平均气温21℃。年平均降水量约1500毫米。雨水是群岛居民唯一的淡水资源。

自然资源

群岛上到处可见杜松类植物，其中尤以百慕大雪松最为著名，这种本地特有的常绿乔木木质坚硬，有一股香味，适用于造船、建筑和雕刻工艺品。岛上的动物仅有一种蜥蜴和几种鸟类，此外还有从外地移来的青蛙等。在百慕大群岛周围的水域中，有着丰富的鱼类和龙虾。这里的鱼个头很大，剑鱼、蓝色马林鱼、梭鱼都有数米之长，重达10千克以上，此外，还有飞鱼、金枪鱼等。

经济

农业占国内生产总值2.5%。主要种植蔬菜、柑橘、香蕉等。80%食品靠进口。农业劳动力缺乏，仅占就业人口总数的1.1%。主要依赖旅游、国际金融业和保险业。保险和再保险业资产超过350亿美元，其规模仅次于英国伦敦和美国纽约。人均岛内生产总值居世界前列。百慕大因无所得税，故为著名的国际避税地之一。

主要城市

哈密尔顿

哈密尔顿是世界上最小的首府，百慕大最大的城市，为百慕大经济、文化和政治中心。

旅游

旅游为最主要的经济部门，收入占国内生产总值的 32%、外汇总收入的 40%，从业人口占全国劳动力的 60%，主要接待高收入游客。旅游名胜有哈密尔顿大教堂、帕尔拉维公园、火药洞等。

墨西哥 ／Mexico

地理位置

墨西哥位于北美洲南部。北邻美国，南接危地马拉和伯利兹，东临墨西哥湾和加勒比海，西南濒太平洋。海岸线长 11 122 千米。墨西哥有 300 万平方千米经济专属区和 35.8 万平方千米大陆架。沿海有大港口 70 余个。

正式名称	墨西哥合众国（The United Mexican States）
面　　积	1 964 375 平方千米
人　　口	12700 万（2015 年）
民　　族	印欧混血种人占 90%；印第安人占 10%
语　　言	官方语言为西班牙语
首　　都	墨西哥城（Ciudad de Mexico）
行政区划	全国划分为 31 个州和 1 个联邦区（墨西哥城），州下设市（镇）和村
地理区	墨西哥高原，西马德雷山脉和太平洋沿岸平原，东马德雷山脉和墨西哥湾沿岸平原，地峡地区，石灰岩台地，下加利福尼亚半岛

地形特征

全国 5/6 左右为高原及山地。墨西哥高原居中，其东、西、南部为马德雷山脉，东南为地势平坦的尤卡坦半岛，这里气候干热，为石灰岩低台地，地表几乎无径流。沿海多狭长平原。东南部有条宽 2000 千米的地峡，这就是著名的特万特佩克地峡，一般它被视为中美洲和北美洲的自然分界线。西北部为下加利福尼亚半岛。

气候

干旱半干旱地区占国土面积的 43%。墨西哥沿海和东南部平原属热带气候，年平均气温 25 ~ 27.2℃；山间盆地年平均气温为 24℃；西北内陆为大陆性气候。年平均降水量西北部不足 250 毫米，内地 750 ~ 1000 毫米，墨西哥湾沿岸中部与太平洋沿岸南部为 1000 ~ 2000 毫米。

自然资源

矿业资源丰富，主要有石油、天然气、金、银、铜、铅、锌、砷、铋、汞、镉、锑、磷灰石、石墨、天青石、硫磺、萤石、重晶石等。2004 年天然气储藏量居世界第 21 位，石墨储量居世界第一位，萤石、铋储量居世界第一位。2001 年白银产量 303 万吨，居世界第一位；天青石、铋、萤石产量居世界第二位。森林覆盖面积为 3285 万公顷，约占领土总面积的 1/4。水力资源约 1000 万千瓦。海产主要有对虾、金枪鱼、沙丁鱼、鲍鱼等，其中对虾和鲍鱼是传统的出口产品。

经济

全国有可耕地 3500 万公顷，农村

收获剑麻
剑麻叶纤维可以制造在盐水里不易腐烂的粗绳子，所以墨西哥的很多农民都种植剑麻。

人口2 500万，占全国人口的27%。主要种植玉米、高粱、小麦、大豆、水稻、棉花等。剑麻产量居世界前列。蜂蜜出口是重要的外汇来源，为世界第三大蜂蜜生产国。工矿业门类比较齐全，制造业占重要地位。

墨西哥是第三世界中经济比较发达的国家。国内生产总值居拉丁美洲第二位、世界第13位。1917年宪法规定建立以市场经济为主的经济体制。20世纪40年代起推行"进口替代"工业化战略，建立了门类较齐全的工业体系。1976年，墨西哥发现新的大油田，靠举借外债实现"石油"繁荣，但国际利率提高及石油价格猛跌导致了1982年的债务危机。1986年，墨西哥加入关税及贸易总协定，开始向外向型发展模式转变。经济连续多年保持中低速增长。1994年墨西哥加入北美自由贸易区。1998年，面对国际金融市场动荡等不利因素的冲击，墨西哥政府及时采取有效措施，实现经济增长4.8%，成为拉丁美洲最大的贸易国，进出口分别占拉丁美洲进出口总额的38%和43%。

2000年，墨西哥政府继续实行适度从紧的货币政策，由于内需旺盛、全球经济好转、美国经济持续增长以及石油价格大幅上涨等因素，墨西哥经济增长高达6.9%，实现了20个季度的连续增长。

习俗

墨西哥农村居民中男子平时上着白色衬衣，下穿白色或米色长裤，头戴草帽，脖间系红绸印花领巾（有时亦系于腰间），脚穿牛皮凉鞋。下雨或天冷时，他们穿粗皮单毛斗篷。妇女们则常穿色调鲜艳的绣花长裙和衬衣，图案和款式变化多样。妇女的头发一般梳得较高，并插以花朵装饰，或用五颜六色的羊毛线辫头发。

古代印第安人的文化至今还浓重地保留在现代墨西哥人的生活中。墨西哥人结婚的年龄比较早，女孩12岁、男孩16岁。在墨西哥，人们至今仍用羽毛制作高顶的印第安帽，每逢节日跳舞时，印第安人就戴起这种高帽，佩戴用钱币做的装饰物，以及戴奇形怪状的假面具。

主要城市

墨西哥城

墨西哥城是墨西哥的首都。墨西哥城位于墨西哥高原南部特斯科科湖的冲积平原上，海拔2230米。市区呈长方形，共分为11个行政区，老城区位于东北部和东部，新城区在西部和南部，北部的瓜达卢佩·伊达尔戈为宗教圣地。

"墨西哥"一词出自阿兹特克民族战神的别名"墨西卡利"。阿兹特克人于1325年建成了特诺奇提特兰城，这

蒙地阿班

萨波特克文明的中心，建于山谷底部一个高300米的小山顶上，这一让人印象深刻的文化遗址是对高度发达的墨西哥本土文明和精湛技术永恒的见证。

就是墨西哥城的前身，因此墨西哥城是西半球最古老的城市。1521年，墨西哥城被西班牙人占领，整个城区遭到严重破坏。此后，西班牙殖民者在废墟上大肆修建欧洲式宫殿、教堂、修道院等建筑，并给该城取名为墨西哥城。1821年，墨西哥独立时将墨西哥城定为首都。20世纪30年代以后，现代化的高楼大厦相继拔地而起。现今，墨西哥城已经成为墨西哥的政治、经济和文化中心，集中了全国近一半的工业、商业和超过一半的服务业以及2/3的金融业，其他的生产总值占全国的48%。墨西哥城保留着大量西班牙殖民统治时期修建的古老宫殿、教堂及阿兹特克人的古建筑遗迹，因此它是世界著名旅游城市之一，主要的名胜古迹有宪法广场、马德罗大街、假日公园、圣多明各广场和教堂、查普尔特佩克森林公园以及特奥蒂瓦坎古城遗址等。

旅游

旅游业较发达，是世界第九大旅游国，目前已成为继美国、加拿大之后美洲第三个重要旅游地。旅游业已成为仅次于石油和制成品出口的第三大外汇收入来源。

主要的名胜有帕伦克古城、特奥蒂瓦坎古城、瓜纳华托古城、莫雷利亚历史名城、埃尔塔欣古城、萨卡特卡斯历史名城等。

危地马拉 /Guatemala

地理位置

危地马拉位于中美洲西北部，西部和北部与墨西哥，东北与伯利兹，东南与洪都拉斯和萨尔瓦多接壤，东临加勒比海的洪都拉斯湾，南濒太平洋。海岸线长约500千米。

地形特征

全境2/3是山地和高原，中南部由多山的高地构成，其中有中美洲最高峰塔胡穆尔科火山，海拔4220米。而靠太平洋一侧是滨海山麓平原地带。北部占全国面积的1/3的地区是佩腾低地，也是本国重要林业区。

自然资源

矿产有铅、锌、铬、锑、金、银、水银、镍等。石油储量14.3亿桶。森林面积占全国面积40%。

正式名称	危地马拉共和国（The Republic of Guatemala）
面　积	108 889 平方千米
人　口	1630 万（2015 年）
民　族	土著印第安人占41%；其余为印欧混血种人和欧洲移民后裔
语　言	官方语言为西班牙语；另外有玛雅语等23种土语
首　都	危地马拉城（Guatemala）
行政区划	全国分22个省，下设331个市镇
地 理 区	滨海山麓平原地带，中南部高地，佩腾低地

火山口湖——阿蒂特兰湖

湖泊边缘坐落着3座火山，是危地马拉最美丽的自然风景之一。在当地集市开集的日子里，周边数千米的居民都用色彩鲜艳的包裹带着他们的商品来到湖岸边的山谷进行交易。

经济

农业在国民经济中占重要地位，全国一半以上劳动力从事农业生产。经济作物出口是外汇收入的主要来源，咖啡生产量居中美洲第二位，豆蔻出口量居世界首位，橡胶产量居世界前列。

工业基础薄弱，但在中美洲各国中相对发达。传统工业有采矿业、制造业、纺织、食品加工、制药和造纸等。

近年来，建筑业、石油开采、化工和电子工业有所发展。1998年10～11月初的"米奇"飓风给危地马拉造成严重经济损失。

2000年，新政府继续执行货币紧缩和金融监管政策，经济持续增长，总体经济环境有所改善，进出口有较大增长，成为拉动国民经济发展的亮点。

习俗

每年11月1日举办风筝节，这是玛雅人对死者悼念的一种形式，也是青年男女择偶的好时机。

民族服装色彩艳丽，格调多样，100多个部落的服装各有不同的做法、图案和色调，只要看服装就知道其所属部落或居住的区域。男女服装上的绣花除了装饰外，还有象征意义，如头戴羽毛的蛇和太阳象征玛雅人。

以玉米、小麦和大米为主食，现在饮食基本上以西餐为主，喜欢食面包、三明治等。当地盛产咖啡，大多数人的午餐都要喝一杯咖啡。

危地马拉人喜爱格查尔鸟，它们是爱情的象征。奇奇卡斯特南戈人在每年12月18日都要过天主教节。居住在山区的玛雅人每年4月10日要在广场上举行化装舞会，以祭祀祖先。13和14都被认为是不吉利的数字。

主要城市

危地马拉城

危地马拉城是危地马拉的首都，是全国政治、经济、文化和交通中心，中美洲最大的城市。危地马拉城坐落在南部火山区高原上，海拔1500米，这里虽处热带区，气候却异常温和，年平均温度为16～20℃，终年鲜花盛开，绿草遍地，故有"常青之城"的美名。市内整齐而宽阔的大道互相成直角，纵横交错。

市中心的主要建筑有总统府、国家宫、市政机关的中央公园、大教堂等。危地马拉城内有许多古迹和风景区，是旅游观光的好地方。著名的有以圣海梅大教堂为首的众多西班牙时代的古老教堂城堡等。西部有卡明纳尔胡尤遗址，为古代玛雅人所建的建筑物。西南部的阿蒂特兰湖是著名的风景区和疗养区。在城区内周围，集中了全国绝大多数的工厂企业，主要有食品加工、烟草、纺织等传统工业。橡胶轮胎、钢铁和电子等现代化工业也不断地兴建起来。

旅游

旅游业是危地马拉第二大外汇来源。危地马拉多姿多彩的生态环境、丰富的考古和人文资源是其重要的旅游资源。

伯利兹 /Belize

地理位置

伯利兹位于中美洲东北部。北和西北与墨西哥接壤，西和南与危地马拉毗邻，东濒加勒比海。海岸线长322千米。

正式名称	伯利兹（Belize）
面　　积	22 966 平方千米
人　　口	35.9 万（2015 年）
民　　族	混血种人和克里奥尔人分别占总人口的 44.15% 和 31%，其次还有印第安人、玛雅人、印度人等
语　　言	官方语言为英语，通用西班牙语或克里奥尔语
首　　都	贝尔莫潘（Belmopan）
行政区划	共设 6 个区
地 理 区	南部为玛雅山脉，北部为地势低平区，海岸地区多沼泽地

地形特征

伯利兹是山地沼泽之国。南部以高地、山脉为主，最高点维多利亚峰高1122米；北部主要为一片地势低洼的平原所占据，多沼泽；海岸及岛屿上多珊瑚和石灰岩礁，这形成了一条漫长的暗礁线，为世界第二长暗礁线。

气候

伯利兹属亚热带雨林气候，有明显的季节性降水。其雨季一般是在每年的 6 ~ 11 月。南方雨量高达 4 550 毫米，年平均气温 25 ~ 27℃。

自然资源

西北地区有石油、重晶石、锡石、黄金等矿藏，但未发现有可供商业性开采的储量。森林面积 16 568 平方千米，占全国总面积的 70% 以上。伯利兹产红木、苏木和染料木等贵重木材，红木被称为国木。沿海渔业资源丰富，盛产龙虾、旗鱼、海牛及珊瑚等。

经济

经济以农业为主，农业产值约占国内生产总值的 40%，从业人数占总劳动力的 26%。主要农作物有甘蔗、水果、水稻、玉米、可可等，粮食基本能自给。工业不发达，主要生产进口替代产品和出口农产品的加工品。制造业从业人数占总劳动力的 9%，产值约占国内生产总值的 20%。主要有制糖、卷烟、啤酒、电池、面粉、成衣、化肥等。近年来服装业发展较快，成为仅次于制糖业的第二大创收行业和提供就业机会的主要部门。人民生活用品绝大部分靠进口。

主要城市

贝尔莫潘

贝尔莫潘是伯利兹的首都，是世界上小且人口少的首都之一，由于原首都伯利兹城在 1961 年遭飓风及洪水严重破坏，故于 1970 年迁都于此。贝尔莫潘依山傍水，风景秀丽，具有古代的玛雅风格，城的东南是高耸的玛雅山脉，离城不远，是全国最大的伯利兹河，全国主要的交通公路洪明比德干线和西部公路在这里交会，构成四通八达的交通网。

旅游

旅游业起步较晚，但有发展潜力。旅游业从业人数占总劳动力的 21%。主要名胜有世界第二大暗礁以及玛雅遗迹。另外，还有八大野生动物保护区、贝尔莫潘的兰洞和天然水潭、奥兰日涅克小镇、文化中心丹格里加、世界最美的大陆海滩普拉森西亚等。

萨尔瓦多 /El Salvador

地理位置

萨尔瓦多位于中美洲北部。东北部与洪都拉斯、西北部与危地马拉接壤，南濒太平洋，海岸线长 256 千米，是中美洲面积最小的国家。

地形特征

南部为沿岸狭长平原，中部为山地高原。境内多火山，有四大火山群，即

正式名称	萨尔瓦多共和国（The Republic of El Salvador）
面　　积	20720 平方千米
人　　口	613 万（2015 年）
民　　族	印欧混血种人占 90%；印第安人 5%；白人 5%
语　　言	官方语言为西班牙语；土著语言为纳华语
首　　都	圣萨尔瓦多（San Salvador）
行政区划	全国划分为 14 个省，省下设 262 个市镇
地理区	南部太平洋沿岸狭长平原，北部伦帕河谷地，中部山地

伊萨尔科火山
有"太平洋上的灯塔"之称，著名的旅游胜地。

以伊萨尔科为中心的火山群、圣萨尔瓦多火山群、圣维森特火山群和圣米格尔火山群。北部为伦帕河谷地。

气候

沿海和低地气候湿热，山地气候凉爽。气温 17～25℃。

自然资源

萨尔瓦多矿藏有金、银、铜、石油、煤、锌等，还有较丰富的地热和水力资源。森林面积约占全国总面积的 13.4%。是世界主要树胶生产国之一。

经济

农业是国民经济的支柱，43.2% 的人口从事农业生产，80% 的农产品供出口。工业基础薄弱，主要有食品加工、纺织、成衣制作、制糖、炼油和汽车装配等。从事工业的人口占总劳力的 19.3%。由于执行货币紧缩和金融监管政策，宏观经济继续保持稳定。国民经济温和增长，通货膨胀率较低。近年来由于咖啡、糖等主要农作物国际市场价格回升，进出口有较大提高。

习俗

在萨尔瓦多占居民绝大多数的是印

第安人和白种人的混血人种。他们既具有源于殖民地历史的独特个性，也保持了土著印第安人的风俗习惯。生活在都市里的年轻男女几乎全部遵循西班牙的风俗。例如他们必须严格地履行婚约，不得擅自违约；年轻女孩子不得独自在街上行走；在萨尔瓦多农村的婚礼上可看到土著宗教信仰及仪式；有趣的是结婚典礼必须要请祭司做主持人，因为当地人认为孩子为神赐夫妻之物，所以要请祭司祈福，让孩子受到神灵的保护，凡此种种都会令人想起哥伦布时代以前印第安人的习俗风貌。

主要城市

圣萨尔瓦多

圣萨尔瓦多是萨尔瓦多的首都，为全国政治、经济、文化中心。全国重要的工业基地，位于风景秀丽的拉斯阿马卡斯峡谷中，人口 157 万。由于地处大火山的山麓，从建都以来，圣萨尔瓦多城几经地震的破坏，尽管这样，它仍不失为一座美丽的城市。精心修复的城区、宽阔笔直的林荫大道纵横交错，五彩缤纷的花园将城市装点得分外迷人。市中心是巴里奥斯广场。广场四周分布着众多著名的建筑物，有中央大教堂、国家宫、财政部大楼和梅尔塞教堂。主要工业有卷烟、木材加工、纺织、咖啡加工、制鞋及制作饮料等。

旅游

萨尔瓦多是中美洲工业化程度高的国家之一，国内交通十分便利。全国各大城市、港口及旅游地点都有铁路或公路相通，各种旅游设施很完备。主要名胜如坐落在群山之中的伊洛潘戈湖，沿着湖区可观赏到印第安人的村落。在西部与危地马拉的交界处，还有一些古代玛雅文明的遗迹。在西部的中心城市圣阿纳附近，有一座可亚德贝克湖，这里有著名的海水浴场，是极好的避暑胜地，另外还有"太平洋上的灯塔"之称的伊萨尔科火山。

洪都拉斯 /Honduras

地理位置

洪都拉斯位于中美洲北部。北临加勒比海，南濒太平洋的丰塞卡湾，东与南同尼加拉瓜和萨尔瓦多交界，西与危地马拉接壤。海岸线长 1033 千米，为中美洲第三大国。

正式名称	洪都拉斯共和国（The Republic of Honduras）
面　积	112 492 平方千米
人　口	808 万（2015 年）
民　族	印欧混血种人占 83%，印第安人占 10%，其余为黑人、白人
语　言	官方语言为西班牙语
首　都	特古西加尔巴（Tegucigalpa）
行政区划	全国划分为 18 个省和 281 个市
地理区	境内 3/4 以上为山地和高原，沿海地区为平原

地形特征

洪都拉斯是多山之国，3/4 以上为山地和高原。山脉呈西北走向，西部最高海拔为 2849 米，南部为 2400 米，平原面积小，多集中于东部中央的沿海地带。

气候

沿海属热带雨林气候，年平均气温 31℃，降水量高达 3000 毫米。内陆山区属热带森林气候，气候较为凉爽，降水量不及沿海地带，年平均气温为23℃。全年分2个季，6～10月为雨季，其余为旱季。

自然资源

主要矿藏有金、银、铜、铅、锌、煤、锑、铁等，其中银产量曾居中美洲首位。森林资源丰富，占全国面积的一半，盛产松木、杉木及红木等优质木材。水力资源也较丰富。

经济

洪都拉斯为拉丁美洲贫穷的国家之一。农业是国民经济的主导产业，占国内生产总值的16.2%。洪都拉斯盛产香蕉，是世界重要香蕉出口国之一，素有"香蕉共和国"之称。其他农产品有咖啡、甘蔗、玉米和棉花等。粮食不能自给。工业不发达，经济严重依赖香蕉和咖啡出口。

主要城市

特古西加尔巴

特古西加尔巴是洪都拉斯的首都，为洪都拉斯最大的城市，位于乔卢特卡河谷，始建于1578年，1880年正式被定为首都。特古西加尔巴为洪都拉斯的工业城市之一，主要的工业产品有纺织品、制糖、卷烟、化工品、电器、农业机械等，城郊有银、铅、锌等矿产资源。乔卢特卡河流经市区，将新旧城分开。老城区位于右岸，为行政中心，同时也是商业中心；新城区位于左岸，多为现代化建筑，是主要的工业区。乔卢特卡河上的大桥，将新旧城紧密连接在一起。

旅游

近年来旅游收入逐年增加。洪都拉斯的自然风光别具特色，以科潘为中心的古代玛雅文明遗址及殖民时代城市的文化景观等，对旅游者都极具吸引力。主要名胜有科潘古城遗址、拉巴西群岛、约华湖等。

尼加拉瓜 /Nicaragua

地理位置

尼加拉瓜位于中美洲地区中部。北接洪都拉斯，南连哥斯达黎加，东临加勒比海，西濒太平洋，是中美洲面积最大的国家。海岸线长约820千米。

正式名称	尼加拉瓜共和国（The Republic of Nicaragua）
面　积	13.04万平方千米
人　口	608万（2015年）
民　族	印欧混血种人占69%；白人17%；黑人9%；印第安人5%
语　言	官方语言为西班牙语，在大西洋海岸也通用苏莫语、米斯基托语和英语
首　都	马那瓜（Managua）
行政区划	全国划分为16个省和两个自治区，下设153个市镇
地理区	太平洋沿岸低地，加勒比海沿岸低地，中部高地

地形特征

尼加拉瓜地貌复杂，东部加勒比沿岸的米斯基斯托海岸平原地势低平，多沼泽和森林。西南部是太平洋沿岸平原区，主要是稀树草原和森林。中部为高原，多活火山。

气候

尼加拉瓜属热带雨林气候。1～5月为旱季，6～12月为雨季。年均气温25.5℃。平均降水量由西至东为100～4000毫米。

莫莫通博火山

自然资源

　　尼加拉瓜是拉美主要产金国之一，年产量曾达 7 万盎司。其他矿藏有银、锑、锌、铜、铅等，还有两处石油矿藏。地热资源丰富。森林占全国面积的 43%，出口松木和桃花心木。

经济

　　咖啡、糖和旅游业是经济的三大支柱。农牧业是主要经济部门，生产棉花、咖啡、甘蔗、香蕉等。工业基础薄弱。主要有食品加工、饮料、烟草、纺织、木材、化工、石油产品、非有色金属、金属产品工业等。2000 年以来，建筑业蓬勃发展和农业生产复苏，特别是出口增加使经济保持了高增长势头，但高额外债和贸易赤字仍然是经济发展的主要障碍。

主要城市

马那瓜

　　马那瓜是尼加拉瓜的首都，为尼加拉瓜第一大城市，位于该国西南部马那瓜湖南岸。由于地处地震带上，历史上，该城曾多次因地震而被毁坏。现今，马那瓜已经成为全国的经济中心，1/3 左右的工业都集中在这里，主要有肉类加工、咖啡加工、卷烟、皮革、化学、炼油等工业部门。马那瓜城区风景秀丽，其建筑多半具有西班牙风格，市内有国家宫、大教堂、达里奥公园等多处名胜。在马那瓜湖上还可看到冒烟的莫莫通博火山景色。马那瓜设有尼加拉瓜国立大学、中美洲大学和工业大学等院校。

旅游

　　旅游资源丰富。旅游业发展较快，游客逐年增多，收入可观，已和咖啡、糖一起成为经济的三大支柱。主要名胜有尼加拉瓜湖、圣地亚哥火山、格拉纳达等。格拉纳达市内有西班牙殖民地时代所遗留下来的中世纪建筑。格拉纳达还是尼加拉瓜湖的观光入口，湖中有许多优美的火山岛，其中最大的是欧梅特佩岛，自然景色明媚秀丽。

哥斯达黎加 /Costa Rica

地理位置

　　哥斯达黎加位于中美洲南部。东临加勒比海，西濒太平洋，北接尼加拉瓜，东南与巴拿马毗连。海岸线长 1 200 千米。

正式名称	哥斯达黎加共和国 (The Republic of Costa Rica)
面　　积	51 100 平方千米
人　　口	481 万 (2015 年)
民　　族	白人和印欧混血种人占 95%；黑人占 3%；印第安人 2.4 万；华侨、华人约 5 万
语　　言	官方语言为西班牙语
首　　都	圣何塞 (San Jose)
行政区划	全国共分 7 个省，下设 81 个县，421 个区
地理区	中部高原，太平洋沿岸平原地区，加勒比低地

地形特征

全境可分为 3 个地形区。中部高原区由 3 条西北、东南走向的山脉组成，大部分是火山山脉，其间夹杂着一些盆地；太平洋沿岸平原地区，约占全国面积的 40%，海岸曲折，有许多半岛和海湾；加勒比低地多沼泽和热带森林，占全国面积的 20%。

气候

国内气候总体炎热多雨。高原地区气候温和，气温为 23 ~ 26℃，沿海地区气候较热，气温为 29 ~ 36℃。年降水量 2500 多毫米。

自然资源

矿藏丰富。铝矾土蕴藏量约 1.5 亿吨，铁蕴藏量估计为 4 亿吨，煤蕴藏量约为 5000 万吨。森林资源丰富，森林面积 60 万公顷。

经济

哥斯达黎加是中美洲经济发达国家。农业以生产咖啡、香蕉、甘蔗等经济作物为主，是出口创汇的传统产品。近年来，鱼虾、花卉、菠萝、香瓜也开始出口。粮食主要依赖进口。哥斯达黎加是国际咖啡组织成员国，咖啡是其第二大出口农产品。哥斯达黎加是世界第二大香蕉生产国。工业主要是轻工业，如食品加工、化工、纺织、木材加工、玻璃制品、印刷业、金属加工等。原材料大都依赖进口，产品大多出口。

1999 年哥斯达黎加经济持续增长，增长速度超过 20 世纪 90 年代以来 4% 的平均水平，成为拉美经济增长最快的国家。哥斯达黎加稳定的政局和政府对外投资所采取的优惠政策吸引外资不断

波阿斯火山口湖

波阿斯火山，位于中央谷地的西北部，于 1910 年首次爆发，1952 ~ 1954 年，又间歇地喷发数次。由于火山的活动，火山顶端的火山口湖掀起 100 多米高的巨大水柱，形成世界上最大的间歇泉。

流入，第二、第三产业发展迅速，其经济状况处于近年来的最好时期。2000 年，经济增长放慢，国际石油价格飙升，同时传统农产品（如香蕉、咖啡）价格下跌，其出口额减少。

习俗

哥斯达黎加有句俗语"今天永远属于自己，只有明天才是大家的"。人们尽情地享受着今天，性格多是慢悠悠的，是名副其实的乐天派。在这里，随处可见民歌手自弹自唱。主食是玉米制品，如玉米团子、玉米饼、粽子等。当地人还爱吃一种叫"卡萨多"的米饭，配上炸香蕉、马铃薯、青菜和咸乌豆，不仅非常好吃且营养价值很高。

主要城市

圣何塞

圣何塞是哥斯达黎加的首都，是中美洲著名的花园城市，为全国工业中心，交通要冲，位于海拔 1200 多米的中部地区。在圣何塞街头，教堂随处可见。在街心公园的草坪上，民族英雄、政治家、艺术家等杰出人物的雕像比比皆是。

旅游

旅游业发达，是哥斯达黎加外汇收

入主要来源。游客主要来自北美洲、中美洲、欧洲等地。

波阿斯火山海拔 2900 多米，火山口直径 1500 多米，火山顶上有一个喷泉，是世界上最大最高的喷泉。在深达 300 米的蓝色的火山湖周围是茂密的热带植物，对地理学研究有很大价值。

伊拉苏火山海拔 3432 米，1963 年喷发时，火山灰扬落到全国 10% 的土地上。

库纳人的纺织品——莫拉图案布
莫拉图案可能是西班牙殖民前土族人文身的残迹，库纳人用带有这种图案的布缝制特有的莫拉绣花衫。

巴拿马 /Panama

地理位置

巴拿马位于中美洲南端巴拿马地峡，南濒太平洋，北临加勒比海，东连哥伦比亚，西接哥斯达黎加。其国土似一个 S 形的颈部。

地形特征

地形以高原山地为主，700 ~ 1500 米以上地区占 10%，1500 米以上地区占 3%。

气候

巴拿马属热带雨林气候。除高山地区外，年平均气温为 27℃。山地北坡及加勒比海沿岸地带多雨，年降水量 1500 ~ 3500 毫米。山地南坡及太平洋沿岸地带 1 ~ 3 月为旱季，4 ~ 12 月为雨季，年降水量 1500 ~ 2000 毫米。海拔 600 ~ 700 米的地区，气温在 18℃ 以上；海拔 700 ~ 1500 米地区，平均气温为 15 ~ 18℃；海拔 1500 米以上的高山地带，平均气温在 15℃ 以下。

自然资源

林业资源丰富，全国土地的 70% 以上为热带森林所覆盖。矿物资源主要有金、银、铜、铁、铝土和石油等，其中铜的蕴藏量居世界第四位。

主要城市

巴拿马城

巴拿马城是巴拿马的首都，是全国政治、经济、文化中心和交通枢纽，位于两大洲和两大洋的交接点，人口 171 万（2010 年）。该城建于 16 世纪，分为古城、老城和新城 3 部分。古城处的残留遗址为旅游者云集、考古学者考证之重要目标。在古城和老城的接合部为新城，这里商业不断扩展，金融中心迅速形成。巴拿马城还是一座工业城，它

正式名称	巴拿马共和国（The Republic of Panama）		
面　积	75517 平方千米		
人　口	393 万（2015 年）		
民　族	印欧混血种人；黑人；白人；印第安人		
语　言	官方语言为西班牙语		
首　都	巴拿马城（panama）		
行政区划	全国划分为 9 个省和 5 个原著居民区，省以下划分为县（市）。县（市）下辖区		
地理区	境内绝大部分是高原山地，南北沿海有狭窄平原		

汇集了巴拿马的制革、制鞋、缝纫、烟草、水泥等工业。距城 27 千米处的托库门为美洲重要的国际航空港。巴拿马运河、国际金融中心、美洲大桥等吸引了成千上万的游客从世界各地飞往巴拿马。

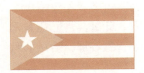

古巴 /Cuba

地理位置

　　古巴位于加勒比海西北部。东与海地相望，南距牙买加 140 千米，北离佛罗里达半岛南端 217 千米，由古巴岛、青年岛等 1600 多个岛屿组成，是西印度群岛中最大的岛国。海岸线长约 5 746 千米。因处在大西洋到太平洋和北美洲到南美洲两条航线的交叉点上，古巴的位置十分重要。

正式名称	古巴共和国（The Republic of Cuba）
面　　积	10.98 万平方千米
人　　口	1140 万（2015 年）
民　　族	白人占，黑人占，混血种人占，华裔
语　　言	官方语言为西班牙语
首　　都	哈瓦那（Havana）
行政区划	全国划分为 15 个省（包括省级市哈瓦那市），1 个特区（青年岛特区）。省下设 168 个市
地 理 区	由古巴岛、青年岛（原松树岛）和沿海 1600 多个岛屿组成。中部、东部是山地；西部多丘陵；其余大部分地区地势低平

地形特征

　　古巴大部分地区地势低平。东部、中部是山地，西部多丘陵，海拔 300 米以下的平坦地占全岛的 2/3。山地只占面积的 1/4，全国有 3 个山区，其中以马埃斯特腊山面积最大、地势最高，平均海拔 1 300 ～ 1 500 米。

气候

　　全境大部分地区属热带雨林气候，仅西南部沿岸背风坡为热带草原气候，年平均气温为 25℃。1 月为最冷月，平均气温 21℃。5 ～ 10 月为雨季，常遭飓风侵袭，其他月份为旱季。除少数地区外，年降水量在 1 000 毫米以上。

自然资源

　　矿物资源相当丰富。主要有铁、钴，此外还有锰、铜等。森林覆盖面积占全国总面积的 23.6%，盛产红木、檀香木、古巴松等贵重木材。

经济

　　农村人口占全国人口的 27%。55% 的耕地用于种植甘蔗，其他种植水稻、烟草、柑橘等。2000 年，农业增长 14.5%，其中块茎植物和蔬菜增幅较大。工业以制糖业为主，是世界主要产糖国之一，占世界糖产量的 7% 以上。1999 年，工业生产增长 6%，其中制糖业增长 21.2%。石油产量达到 210 万吨，可满足国内需求的 25%。采镍、发电、炼油、炼钢、食品加工、机械、轻纺、电子、水泥生产有一定基础。

　　古巴经济长期维持以蔗糖生产为主的单一经济发展模式。20 世纪 80 年代末，随着东欧剧变和苏联解体，这些国家停止对古巴援助，改变与古巴贸易方式，古巴经济形势严峻，成为世界上外债较多的国家之一。随着开放政策的实行，旅游业已取代制糖业，到 1999 年经济全面好转。

习俗

　　古巴是世界上唯一以法律明文规定禁止失业的国家，其失业率为零。

古巴人对好的啤酒、上等朗姆酒很感兴趣。古巴人最喜爱的饮料是台克利酒。

主要城市

哈瓦那

哈瓦那是古巴的首都，同时也是西印度群岛最大的城市，位于古巴岛西北的哈瓦那湾的阿尔门达雷斯河畔，与美国佛罗里达半岛隔海相望，是古巴的政治、经济、文化和旅游中心，有"加勒比海明珠"之称。哈瓦那始建于1519年，1550年成为古巴主要城市，1898年起成为首都。如今，哈瓦那市区分为新城与旧城两部分。新城依傍在加勒比海海畔，城区高楼鳞次栉比，现代化气息浓厚，拥有无数豪华的宾馆、剧院等，如享有"星座下的天堂"之称的特洛皮卡纳露天剧场。旧城位于哈瓦那湾西侧的一个半岛上，迄今保留着许多欧洲式古老建筑，主要集中在兵器广场、大教堂广场、圣弗朗西斯科广场以及老广场附近。这些古建筑布局整齐和谐，外观古香古色，保存完好，1982年被联合国教科文组织列入《世界遗产名录》。

哈瓦那有铁路和公路通向全国，市郊有何塞·马蒂国际机场，交通十分便利。

哈瓦那的狂欢节

每年7月份，古巴人都要纵情歌舞，以庆祝蔗糖丰收。特别是在哈瓦那，狂欢节实际上已经成为一个假日。

旅游

旅游资源丰富。近年来旅游业成为国家重点发展项目和第一大创汇产业。到古巴，不观古巴岩洞，将是一大憾事。古巴的岩洞遍布各地，景色奇妙，变幻莫测，宛若仙境，是驰名于世的地下奇观，比如曲折幽深、栖集着无数蝙蝠的圣卡利纳大岩洞等。此外，古巴还有无数的名胜古迹，如智慧谷地、哈瓦那旧城及防御工事等。

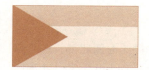

巴哈马 /Bahamas

地理位置

巴哈马位于美国佛罗里达州东南海岸对面，古巴北侧。群岛由西北向东南延伸，长1223千米，宽96千米，由700多个岛屿及2000多个珊瑚礁组成，其中29个岛屿有人居住。

地形特征

巴哈马是一个不规则散开的珊瑚岛，基本由第三纪石灰岩构成。岛屿、礁岩和珊瑚礁大部分浅露在海滩上，

正式名称	巴哈马国（The Commonwealth of the Bahamas）
面　　积	陆地面积13878平方千米
人　　口	38.8万（2015年）
民　　族	其中非洲黑人后裔占85%，余为英国、加拿大和美国白人后裔，此外还有少数海地人、牙买加人和华人
语　　言	官方语言为英语
首　　都	拿骚（Nassau）
行政区划	31个区，19个岛组，在主要岛屿上设地方专员。主要岛屿有新普罗维登斯岛、大巴哈马岛、安德罗斯岛、大阿巴科岛、伊柳塞拉岛等
地 理 区	由700多个大小岛屿和2000多个岩礁、珊瑚礁组成

巴哈马旅游资源丰富。婆娑的棕榈、美丽的海滩、湛蓝的海水、四季如春的气候共同构建一个游客的天堂。

以海拔不过数米的低地为主。由于岸礁、堡礁、环礁和珊瑚等分布极为普遍，因此，群岛的水道难以捉摸，航行十分困难。

气候

巴哈马属亚热带气候，年平均气温约为23.5℃，不见霜雪，故有"六月之岛"之称。年均降水量为1000毫米。夏秋两季易受飓风袭击。

自然资源

矿产资源有少量的石油、天然气等。其他矿藏有盐、磷酸盐等。水产资源丰富。还有些热带林木可供采伐。

主要城市

拿骚

拿骚是巴哈马的首都，是西印度群岛客运量最大的航空港，是巴哈马唯一的都市，坐落在新普罗维登斯岛的东北海岸。市中心为罗森广场，广场周围建有联邦议会、政府和立法机关大楼。城南的菲茨威廉山上矗立着宏伟壮观的总督宫。拿骚是重要的国际金融中心之一，

许多著名的金融机构在此设有分支机构，在巴哈马营业的40多家外国银行和信托公司，有2/3以上在拿骚。美国移民局和海关在此设有办事处，外国游客去美国或途经美国的入境手续，可以在这里直接办理。

牙买加 /Jamaica

地理位置

牙买加位于加勒比海西北部，东隔牙买加海峡与海地相望，北距古巴约140千米，为加勒比海第三大岛。海岸线长1220千米。

地形特征

沿海地区为冲积平原；中、西部为丘陵和石灰岩高原，丘陵占全国总面积的60%；东部为山地，呈东西走向，最高的蓝山峰高2256米。蓝山为加勒比海地区最长的山脉。近海有珊瑚礁，北侧海岸平直，洋面上有开曼海沟，南侧海岸平坦。

气候

牙买加属热带雨林气候，年平均

正式名称	牙买加（Jamaica）
面　　积	10991平方千米（陆地面积）
人　　口	273万（2015年）
民　　族	黑人和黑白混血种人占90%以上，其余为印度人、白人和华人
语　　言	官方语言为英语
首　　都	金斯敦（Kingston）
行政区划	全国划分为3个郡，下设14个区，其中有1个联合区，故只有13个区政府
地理区	东部山地，沿海平原，中、西部丘陵及高原

气温27℃。年均降水量2000毫米左右。常有飓风侵袭。

自然资源

矿藏主要有铝土，储量约25亿吨，为世界第三大铝土生产国。其他矿藏有钴、铜、铁、铅、锌等。森林面积占全国面积的1/4，多为杂木。盛产提取染料的安纳托树，产量居世界第一位。

经济

耕地面积约27万公顷，森林面积约占全国总面积的24%。主要种植甘蔗和香蕉，其他还有可可、咖啡和红胡椒等。粮食需大量进口。矿业、农业、制造业和旅游业是国民经济中最重要部门和外汇收入主要来源。2000年，牙买加政府着手大力发展信息技术产业，把上述4个行业列为带动经济增长的4大技术产业。

习俗

在牙买加人的家庭生活、语言、口传文学、音乐、舞蹈、宗教之中处处都可强烈感受到非洲的影响。牙买加的家族制，亦受非洲影响很深。家族情况有3种类型：女子携子同住母亲家的母系家族；结婚时须有正式仪式的结婚合同；不被承认的例行婚礼。举行结婚典礼，一般是家庭比较富裕的人才采用的。

主要城市

金斯敦

金斯敦是牙买加的首都，位于牙买加岛东南部的利格平原上，背靠蓝山，紧依帕利塞多斯半岛，名字的含义为"国王之域"。金斯敦市始建于

首都金斯敦的沃尔德剧院
这座剧院建于1911年，主要用于国家舞蹈剧团和各种业余话剧团演出。

1693～1703年，1872年正式被确认为首都。人口中大部分是非洲人的后裔，也有少数中国人、印度人、阿拉伯人和欧洲人的后裔。北部为住宅区，中部是商业区，东部是文化区，南部是港口工业区。政府机关集中在中部地区。金斯敦是世界上重要的海上交通枢纽之一，同时也是全国行政、商业和文化中心。它集中了全国的主要工业，有食品、服装、烟草、水泥、制革、石油提炼等，近年来又兴建了化工工厂。金斯敦港湾是世界上第七大天然良港，在取得外汇和就业方面对牙买加经济的发展起到了重要的促进作用。西印度大学（建于1946年）坐落在英纳和金斯敦市附近，而金斯敦图书馆收藏着5万多种有关西印度群岛文化的图书资料。铁路通往全国主要城市，帕利塞多斯的机场有国内、国际航班。

旅游

旅游业是牙买加的重要经济部门、主要外汇来源。直接从业人数4万人，从事相关职业人数为17万人。牙买加是世界上旅游业人均收入很高的国家之一。主要名胜有金斯敦、蒙特哥湾、安

东尼奥港、皇家港、南海岸、曼德维尔等。

正式名称	海地共和国（The Republic of Haiti）
面　　积	27 797 平方千米
人　　口	1071.1 万（2015 年）
民　　族	黑人占 95%
语　　言	官方语言为法语；90% 居民使用克里奥尔语
首　　都	太子港（Port—au—Prince）
行政区划	全国分为 10 个省，省下设区，区下设市镇
地 理 区	沿海及沿河的狭窄平原，北部半岛的北部山脉，南部半岛山脉，南北山脉之间为河谷，也称中央高原

海地 /Haiti

地理位置

海地位于加勒比海北部，伊斯帕尼奥拉岛（即海地岛）西部。东接多米尼加共和国，南临加勒比海，北濒大西洋，西与古巴和牙买加隔海相望。

地形特征

国土面积的 3/4 为山地，其余为平原和高原。北部半岛上的北部山脉是多米尼加中科迪勒拉山脉的延续部分。南部半岛有奥特山脉和塞勒山脉，塞勒峰 2674 米，为全国最高峰。南北山脉间是阿蒂博尼特河谷，称中央高原，是重要农业区。沿海及沿河有狭窄平原。

气候

北部属热带雨林气候，南部为热带草原气候。年平均气温 25℃ 左右。年平均降水量 1 000 毫米。夏季常遭飓风袭击。

自然资源

主要矿藏有铝矾土、金、银、铁等，其中铝矾土储量较大，约 1200 万吨。高岭土、大理石、碳酸盐、褐煤等非金属也有部分储量。其他还有一些林业、渔业资源。

经济

农业为主要经济部门，但基础设施薄弱，耕作技术落后。全国近 2/3 的人口从事农业生产。粮食不能自给。种植园约占可耕地面积的 10%，多由美国公司经营咖啡和波罗麻。主要农产品有咖啡、可可、香蕉、玉米、高粱、甘蔗和芒果等。工业基础十分薄弱。近几年来，尽管政府在大力鼓励外国和私人投资，但国内治安混乱，水、电、通信等基础设施严重滞后，使投资者望而却步。工业总产值占国内生产总值的比例逐年下降。工业以食品、烟草、服装和纺织品加工、金属冶炼、化工为主，其产值占总产值的

农民正在收获香蕉

香蕉是海地的主要农产品之一，海地人均生活水平较低，农业落后，很多农民以种植香蕉、可可等经济作物为主。

85%。另有矿业、建材、机械制造及手工业等。工业主要集中在太子港，约有270家企业，大多为资金不足3万美元的小企业，以原料加工、食品、纺织、制鞋、制糖、建筑材料等为主。海地是拉丁美洲最贫穷的国家，也是世界最不发达国家之一。2009年国内生产总值67.25亿美元，较2008年增长约2%。

主要城市

太子港

太子港是海地的首都，为西印度群岛著名良港，全国的政治、经济、交通、文化中心。太子港濒临戈纳伊夫湾，地处海地南北两个半岛的环抱之中，是一座风光明媚的海滨城市，历史上曾遭飓风和地震的破坏，多次重建。较为引人注目的是殖民统治时期留下的建筑物——哥特式的圣母院和国家宫。太子港是全国工业中心，有制糖、水泥、制药、服装等工业。太子港也是国内外航空、海运的交通总枢纽，是海地最大的文化中心，有大学、博物馆和图书馆。

旅游

旅游业为外汇主要来源之一。海地仍保留着非洲和欧洲的许多风俗习惯，这些与海地当地的民情风俗融合，形成一种奇风异俗，吸引着许多国际旅游者。主要名胜有太子港、海地角等。

多米尼加 /Dominican Rep.

地理位置

多米尼加位于加勒比海大安的列斯群岛中的伊斯帕尼奥拉岛东部。东隔莫纳海峡与波多黎各相望，西接海地，南临加勒比海，北濒大西洋。

地形特征

境内多山，山系呈西北至东南走向，科迪勒拉山脉分中央、北部和东部，横贯全国，主峰杜阿尔特峰，高3175米，为西印度群岛的最高峰。中央山脉，东南隔海相望的是地势平坦的海岸地带，中北部有锡瓦奥谷地，西部有大片干旱沙漠。

气候

多米尼加属热带海洋性气候，全年温差不大，平均温度25℃左右。年均降水量1500～2500毫米。夏秋季节常遭风暴袭击。

自然资源

矿产资源较丰富，主要有金、银、

正式名称	多米尼加共和国 (The Dominican Republic)
面 积	48734平方千米
人 口	1050万 (2015年)
民 族	黑白混血种人和印欧混血种人占73%；白人占16%；黑人占11%
语 言	官方语言为西班牙语
首 都	圣多明各 (Santo Domingo)
行政区划	全国划分为31个省和1个国家区 (首都)。省下设市和乡
地 理 区	安的列斯群岛山系的集结点。海岸地带平坦，中北部有锡瓦奥谷地，西部有大片干旱沙漠

铁、镍和铝矾土等。近年矿产业锐减，水力资源缺乏，燃料主要依靠进口石油。

经济

农业是国民经济的重要部门，从业人口占总劳动力的18%，以种植甘蔗、烟草、咖啡、可可为主，另有水稻、香蕉、水果等。甘蔗种植面积占全国耕地面积的1/3。烟草加工、制糖、化肥和水泥生产为主要产业，生产的蔗糖30%左右供出口，其次有纺织和食品加工等，从业者占全部劳动力的24.7%。旅游业、出口加工业和侨汇构成本国经济的三大支柱。2009年受全球金融危机和美国经济衰退影响，国内生产总值为467.11亿美元，较2008年增长1.8%，增长率明显下降。

习俗

在农村，有一种"圣母信仰"的特殊宗教，每到5月份，人们就举行以大花束供奉圣母的仪式。他们以圣母玛利亚的像作为前导游行，随后有老妇人，一边手捧玫瑰念珠，一边唱着圣歌随队行走。多米尼加有许多迷信及禁忌。例如在家中打开雨伞或早上卖东西被人赊账，那就表示这一整天运气会不好；女孩子在街上遇见僧侣没用手遮住脸，就难找到结婚对象。多米尼加还在长期的发展中产生了一种别具一格的民族舞蹈——"默朗格舞"，其音乐由慢拍旋律与稍快的快拍旋律组合而成。

主要城市

圣多明各

圣多明各是多米尼加的首都，是欧

圣玛丽亚·拉梅诺尔大教堂
建于1540年，是拉美最古老的教堂之一，具有哥特式风格和文艺复兴风格。

洲人在拉美修建的第一座城镇，全国政治、经济、文化中心，位于多米尼加国南部，奥萨马河流向加勒比海的入海口，是一个天然良港。市内有圣玛丽亚·拉梅诺尔大教堂——第一座欧洲式的大院和圣托马斯·德阿基诺大学——拉丁美洲的第一所学校。街上有孔德城门遗址，是多米尼加人凭吊、缅怀该国独立的奠基人胡安·巴勒罗·杜亚尔特的地方。圣多明各分旧市区和新市区，新市区有豪华舒适的旅馆、高等院校、国会大厦等建筑，城北还兴建着工业区。圣多明各也是一座具有热带风光的海滨城市。跨过奥萨马河向东行，可以到达最著名的游览胜地——"三只眼"，是由地下火山岩洞穴构成的3个水潭，尤其是第一水潭，景色秀丽，水清岸平，是旅游者游泳的理想场地。

旅游

多米尼加政府一向重视旅游业发展。这里的历史遗迹、自然风光、乡土风情，吸引着大量的外国游客。主要名胜有圣多明各、加勒比湾、拉罗马纳、卡纳港、普拉塔港和金色海滩等。

波多黎各 /Puerto Rico

地理位置

波多黎各位于加勒比海大安的列斯群岛东部,北临大西洋,南濒加勒比海,东与美属、英属维尔京群岛隔水相望,西隔莫纳海峡同多米尼加共和国为邻。

正式名称	波多黎各自由邦 (The Commonwealth of Puerto Rico)
面 积	13790 平方千米
人 口	347 万 (2015 年)
民 族	99% 为西班牙人
语 言	官方语言为西班牙语
首 府	圣胡安 (San Juan)
行政区划	全岛分为阿瓜迪利亚、圣胡安等 7 个区,有许多美国军事基地
地 理 区	东北部为丘陵,沿海为平原

地形特征

波多黎各岛面积虽小,但地形和地质很复杂,山地和丘陵占全岛面积的 3/4。地势由高到低从中央向四周延伸。大部分是侵入岩,部分地区则由变质岩构成。很多山脉高度超过 1000 米。东北部是石灰岩地形产生的丘陵状小山,沿海地带为平原。

气候

波多黎各属热带雨林气候,雨量充足。1 月平均气温 24℃,7 月平均气温 27℃。

经济

波多黎各人民的生活水平在拉美居首位。工业、制造业、旅游业、服装业和电子业为主要生产部门。制造业产值占国民生产总值的 41%。

习俗

在都市中有散步、斗鸡、赌博、彩票等带有西班牙习俗的娱乐活动。最为普遍的娱乐是为孩子出生、洗礼、结婚时举行的宴会。生活中仍然残存一些带有迷信色彩的习俗。在葬礼时,人们披着床单或者布,一边点着蜡烛一边挨家拜访邻居。深夜,还要为死者举行宴会,并持续通宵。

主要城市

圣胡安

圣胡安是波多黎各的首府,全国最大的城市,政治、经济、文化中心,西印度群岛的主要港口和旅游地。圣胡安的机场和港口都是加勒比海最繁忙的地方。许多美国银行和企业在此设有办事处或集散中心,因此其成为全国的金融中心。拉丁美洲最大和最豪华的旅游宾馆在这里也可见到。

旅游

波多黎各风景秀美,气候宜人,被称为"迷人岛"。主要名胜有蓬塞艺术博物馆、圣胡安老城、圣胡安大教堂、云

俄莫洛要塞
俄莫洛要塞是 16 世纪在波多黎各圣胡安的峭壁上修建的两座要塞之一。

盖雨林和波多黎各16～17世纪家庭博物馆等。

圣基茨和尼维斯
/St. Kitts and Nevis

地理位置

　　圣基茨和尼维斯位于东加勒比海背风群岛北部，由圣基茨、尼维斯及桑布雷罗等岛屿组成。

正式名称	圣基茨和尼维斯（The of Saint Kitts and Nevis）
面　积	267平方千米
人　口	5.56万（2015年）
民　族	黑人占94%；另有白人和混血种人
语　言	官方语言为英语
首　都	巴斯特尔（Basseterre）
地理区	主岛圣克里斯托弗的中央为山脉，东南为半岛；尼维斯岛由圆形火山堆构成。两岛均有窄小的平原

地形特征

　　圣基茨岛（又名圣克里斯托弗岛）是狭长的火山岛，岛上多为海拔350米以下的矮火山，主要有3列山脉。西北部为米瑟里火山，海拔1156米，为全国最高点。东南部和东南半岛为平原和缓丘。

　　尼维斯岛为一座圆锥形的火山，其与圣克里斯托弗岛之间为纳罗斯海峡。桑布雷罗岛为无人居住的石灰岩荒礁。

气候

　　圣基茨和尼维斯属热带海洋性气候，平均气温为26℃。年平均降雨量圣基茨为1400毫米，尼维斯为1220毫米。

火山、地震、飓风常对该岛造成威胁。

自然资源

　　森林资源丰富，主要是集中在主岛上。其他资源比较匮乏。

经济

　　农业以种植甘蔗和棉花为主，其他农产品有椰子、香蕉等，从事农业人口占所有劳动力的13.4%。制糖业是国民经济主要支柱和外汇收入的主要来源，此外还有农产品加工、轧棉、电子元件和酿酒等。近年来，政府力促经济多样化，重视发展轻工业和旅游业。

习俗

　　圣基茨岛自古糖业发达，在甘蔗园中工作的非洲黑人，至今保留着庆祝甘蔗丰收的节日，即"甘蔗节"。届时，黑人们载歌载舞，一片欢乐气氛。

火山岛
圣基茨是一座火山岛，以其葱郁的植被吸引了早期的甘蔗种植者。如今，旅游业则夯实了当地的经济。

主要城市

巴斯特尔

巴斯特尔是圣基茨和尼维斯的首都，全国最大的城市和港口。城内有圣乔治教堂、总督官邸和植物园等名胜古迹。巴斯特尔城是联邦政治、经济和文化中心，也是重要的旅游城市，由首都通往各地的交通十分便利。

旅游

旅游业是圣基茨和尼维斯经济发展最迅速的部门，每年以 18% 的速度增长。现已成为最具希望的发展领域，也是外汇收入的重要来源。游客大都来自美国、欧洲和加拿大。主要名胜有威尔士王子城堡、海国风光等。

安提瓜和巴布达
/Antigua and Barbuda

地理位置

安提瓜和巴布达位于加勒比海小安的列斯群岛的北部，东加勒比海背风群岛的南端。

地形特征

安提瓜岛是背风群岛中最大的岛屿，地势较低，有多座活火山。西南部是火山丘陵；东北部为石灰岩丘陵；中部为平原地带，环岛分布着珊瑚礁。其海岸线参差不齐，构成了数以百计的大大小小的扇形海湾。巴布达岛地势平坦，

正式名称	安提瓜和巴布达（Antigua and Barbuda）
面 积	442.6 平方千米
人 口	9 万（2015 年）
民 族	大多数为非洲黑人后裔
语 言	英语为官方语言和通用语
首 都	圣约翰（St. John's）
行政区划	全国共分为安提瓜、巴布达和雷东达 3 岛。安提瓜岛设 6 个行政区
地 理 区	主岛安提瓜西南部是火山丘陵，东北部为石灰岩丘陵，中部为平原。雷东达岛为无人的贫瘠岛

最高点海拔只有 44 米，西部有一座环礁湖，东北部为丛林地带。

气候

安提瓜和巴布达属热带气候，年平均气温 27℃。年均降水量约 1020 毫米，易受季节性飓风的袭击。

自然资源

矿藏稀少，仅有少量石灰石、黏土、建筑用石料及重晶石。旅游资源丰富。

经济

农业包括家畜业、林业和渔业。在过去 30 年内，农业在国民经济中的地位持续下降。农、林和渔业占国内生产总值的 5%，粮食不能自给。安提瓜岛生产少量活鱼和龙虾。工业基础薄弱，以制造业、建筑业为主。建筑业的发展目前增长势头较强。工业总产值占国内生产总值的 17%。

主要城市

圣约翰

圣约翰是安提瓜和巴布达的首都，全国最大的城市，政治、经济、文化中心，建立于 1702 年，是一座漂亮的西印度群岛式城市。滨海区为全城的中心。圣约翰拥有一些保存良好的 18 世纪建筑，如宏伟的哥特大教堂。

旅游

　　旅游业在国民经济中占主导地位。全国有 35% 的劳动力从事旅游业，旅游收入占国内生产总值的 60%，占国家外汇收入的 85%。安提瓜南部的英吉利港作为 18 世纪英国的海军基地，今天已成为著名的快艇游航中心。昔日英国设在该港的海军船坞——纳尔逊船坞，现已成为引人入胜的历史遗迹，许多游人慕名而来，饱览这里的美景。

多米尼克 /Dominica

地理位置

　　多米尼克位于东加勒比海向风群岛东北部。东临大西洋，西濒加勒比海，南与马提尼克岛隔马提尼克海峡相望，北同瓜德罗普隔多米尼克海峡相望。

地形特征

　　整个岛屿地势较高，从北至南由几行错综复杂的火山山脉贯穿全岛，山脉之间为峡谷，仅有的平地是一些分散孤立的小块冲积平原。

自然资源

　　多米尼克蕴藏有大量的浮石，地热和水力资源也较丰富。森林面积约 360 平方千米，占全岛面积的 50% 左右。

经济

　　经济为农业型经济体系。多米尼克丰富的火山土非常肥沃。农业收入占国内生产总值的 20.5%，占出口收入的 50%，约 40% 的劳动力从事农业。主要农产品有香蕉、椰子、柑橘、芒果等。因经常受到热带风暴和飓风侵袭，经济脆弱，主要依靠《洛美协定》以优惠价向欧共体出口香蕉，收入占全国外汇收入的 50%。

　　工业基础薄弱，仅有小型水果加工、服装、卷烟、酿酒、肥皂、榨油等轻工业。建筑业和制造业有所发展。

主要城市

罗索

　　罗索是多米尼克的首都，全国最大的城市和最重要的港口中心。城市整体布局合理，以市中心现代化高大建筑群为中心，构成了多米尼克岛国的政治和文化中心。同时，各类商店也林立其中。在罗索城郊，有一座著名的植物园，生长有国内外珍贵的花草树木，被称为西半球最好的植物园。罗索还是一座英雄的城市，1930 年，罗索城爆发了抗击英国殖民统治的武装起义，曾一度控制了罗索城。

旅游

　　旅游资源丰富，旅游业发展潜力大。

正式名称	多米尼克国 (The Commonwealth of Dominica)
面　积	751 平方千米
人　口	7.268 万（2015 年）
民　族	主要为黑人和黑白混血种人
语　言	官方语言为英语
首　都	罗索 (Roseau)
行政区划	分为 21 个选区
地 理 区	火山地形，沿海地带平坦

近年来，政府吸引外资，利用雨林、火山等自然条件大力发展生态旅游。主要名胜有沸腾湖，海拔 700 米，湖水由火山地下蒸汽冷却形成，还有景色如画的海滨。

圣卢西亚 /St. Lucia

地理位置

圣卢西亚位于东加勒比海向风群岛中部。全岛长 43 千米，东西宽 22 千米。它是一个火山岛，岛上多山，山上多火山灰。岛上有一个活火山——苏弗里耶尔火山，目前仍在活动。该岛国属热带气候，年平均气温 27℃。

正式名称	圣卢西亚（Saint Lucia）
面　积	616 平方千米
人　口	17.1 万人（2015 年）
民　族	90% 以上是黑人；5.5% 为黑白混血种人；另有少数白人和印度人
语　言	英语为官方语言和通用语
首　都	卡斯特里（Castries）
行政区划	全国分 8 个区
地 理 区	加勒比海上的火山小岛国，岛中央为山脉

经济

以前农业在国民经济中占主导地位。20 世纪 90 年代圣卢西亚开始实行经济多样化，农业在国民经济中的地位逐步下降，旅游业上升。1996 年，旅游业在国内生产总值中的比重超过农业。圣卢西亚无重要矿藏，但有丰富的地热资源，南部有硫磺矿。

如今，农业、旅游业和制造业成为国民经济的三大支柱。

主要城市

卡斯特里

卡斯特里是圣卢西亚的首都，位于该岛的西北部，掩隐在一个曲折的小海湾内。三面环海，一面背依佛琴山山麓，为不可多得的天然良港。卡斯特里人口约为全国总人的 1/3。目前不仅是全国的政治、文化中心，而且还是工业中心，主要生产家具、电子零件及椰子油等。产值占全国工业总产值的 50% 以上。卡斯特里又是最重要的贸易港口，全国主要的出口产品香蕉、可可、椰子大部分都在这里集中装箱运往世界各国。该国所进口的食品、机械产品、轻工产品也由此港运往全国各地。目前正在兴建深水港以适应更大吨位的轮船停泊。卡斯特里是历史上有名的城堡，在殖民地时代的建筑虽经火灾毁坏，但现在旧城的遗址仍展现着古建筑的风采。

旅游

主要名胜有卡斯特里、维约堡、大小皮东山山区、苏弗里耶尔等。苏弗里耶尔位于圣卢西亚的西南部，是 50 多年前火山爆发时留下的一个火山口，直径 6.5 千米，这个巨大的火山口内的山丘终日弥漫着白色的烟雾，为壮观的火山口笼罩上一种神秘的气息。苏弗里耶尔火山周围是一段崎岖不平的山路，这是世界上唯一能开车观赏的火山。

圣卢西亚最著名的地标——大、小皮东山双峰

位于圣卢西亚索夫里埃尔镇附近的这两座山屹立在海岸上如双塔凌空，交相辉映。其中，小皮东山高743米，大皮东山高798米。该山区为圣卢西亚著名的旅游胜地。

圣文森特和格林纳丁斯
/St. Vincent and the Grenadines

地理位置

圣文森特和格林纳丁斯位于小安的列斯群岛南部，与圣卢西亚相邻，由主岛圣文森特和格林纳丁斯群岛北半部的贝基亚、卡努安、穆斯蒂克等小岛组成。

地形特征

圣文森特岛呈椭圆状，山脉狭长，成南北走向，山地面积占全岛面积的85%以上，南部海岸边及河口处有小型冲积平原，东部是山崖和黑色沙滩；格林纳丁斯群岛地势相对比较低平，由一些小型火山岛组成，主要岛屿有贝基亚岛、穆斯蒂克岛、卡努安岛、联合岛等。

气候

圣文森特和格林纳丁斯属热带海洋性气候，年平均气温26℃，年均降水量为2800毫米。其气候炎热，季节性降雨明显，并不时会受到飓风的袭击。

经济

农业是经济的基础，1997年时其占国内生产总值的12.6%。可耕地占土地总面积的1/3以上，主要种植香蕉、葛薯、甘蔗、椰子等。圣文森特和格林纳丁斯是世界上最大的葛粉生产国，香蕉为圣文森特和格林纳丁斯的主要经济作物，占总出口收入的一半以上。岛上有少量的小型农产品加工业，以及服装、皮革、榨油和肥皂等小型工业。小型制造业发展缓慢，主要产品有水泥、面粉和家具等。目前，该国的失业率比较高。旅游业在国民经济中占有重要地位。1979年的火山喷发和1980年的飓风几乎完全毁灭了当地的农业，旅游业也遭受了极大的破坏，不过目前两者都已逐渐复苏。

主要城市

金斯敦

金斯敦是圣文森特和格林纳丁斯的首都，是全国的经济中心，位于圣文森特岛西南部的海滨，海拔只有7米，是

正式名称	圣文森特和格林纳丁斯 (St. Vincent and the Grenadines)
面　积	389平方千米
人　口	10.9万（2015年）
民　族	黑人占66%；混血种人占19%；其他有白人等
语　言	官方语言为英语
首　都	金斯敦（Kingstown）
行政区划	分为6个区
地理区	圣文森特岛，格林纳丁斯群岛等火山岛

向风群岛中海拔最低的首都。金斯敦是西印度群岛最幽静的城市之一，它三面临海，一面傍山，四面为绿色的热带树木花草所环抱，蔚蓝色的海水、美丽的沙滩更增添了这座城市的魅力。金斯敦全市共有5家葛粉工厂，2家生产椰仁的工厂，此外还有香烟、糖、酒、家具、服装和亚麻制品的小型工厂，在金斯敦的近郊还建有面粉厂和香蕉箱盒厂。金斯敦港口是全国货物进出口的主要运输枢纽，每到香蕉收获季节，各国轮船往来频繁，给城市带来了活力。此外，金斯敦的植物园在北美也较著名，它建于1763年，除种植加勒比海地区著名的热带树木外，还种植有从南太平洋岛屿移植过来的面包树。这种树木所结的果实不仅是这个岛国居民的生活食品，也是西印度群岛其他岛上的居民最喜爱的一种食品。

旅游

旅游区主要集中在格林纳丁斯群岛。主要名胜如金斯敦的植物园（圣文森特岛）和以珊瑚礁组成的格林纳丁斯群岛的小岛等。

巴巴多斯 /Barbados

地理位置

巴巴多斯位于东加勒比海小安的列斯群岛最东端，被大西洋包围，西距向风群岛160千米。整个岛群由珊瑚石灰岩构成，岛上地势低平，呈塔状，中部较高，四周呈阶梯状下降，沿海一带地势平坦。岛东北部的苏格兰地区地势较高。西部海岸为白色的沙滩，东部海岸礁石较多。

气候

巴巴多斯属热带雨林气候。气温通常为22～30℃。6～11月为雨季，2～3月为旱季，全年平均降水量约1900毫米。

自然资源

巴巴多斯无重要矿产资源，只有少量石灰石、石油和天然气。能源主要依靠进口石油。

美丽如画的金斯敦海湾

正式名称	巴巴多斯 (Barbados)
面 积	431 平方千米
人 口	28.4 万 (2015 年)
民 族	其中 90% 以上是非洲黑人后裔；4% 为欧洲人后裔
语 言	官方语言为英语；其他有克里奥尔语
首 都	布里奇敦 (Bridgetown)
行政区划	全国分为 11 个区
地 理 区	小安的列斯群岛最东端的岛国。东北部为苏格兰地区，地势较高，沿海地势平坦，中部较高

经济

　　旅游业、制造业和农业是巴巴多斯的 3 个主要经济部门。20 世纪 90 年代以前，巴巴多斯是加勒比国家中最稳定、最繁荣的国家。1990 年起，经济开始滑坡。1994 年以后，经济逐步走出低谷并开始向多元化发展。尤其是 1997 年税制改革的成功增加了国家财政收入，大大提高了国家宏观调控能力，使巴巴多斯成为当今世界上少数几个既保持经济增长又维持低通货膨胀的国家之一。

主要城市

布里奇敦

　　布里奇敦是全国政治、经济、文化中心。这里四季如春、常年葱绿、繁花遍地，年平均气温 26℃。布里奇顿是一座港口城市，是东加勒比海各岛的货物集散地，是中美洲一带著名的港口。在市中心的特拉法尔广场上，有两座用珊瑚石建成的新哥特式的大楼。从 1874 年起，这里就是立法机关举行议会的地方。中心广场附近的布罗德大街是全市最繁华的商业区。著名的英国圣公会大教堂具有奇特古朴的建筑风格。距市区 2000 多米的加里森地区有巴巴多斯博物馆，珍藏着许多古老的文物和工艺品。

旅游

　　由于自然条件优越，旅游业是巴巴多斯经济的主要支柱之一。其旅游收入占国内生产总值的 15.4%，占外汇收入的 50.6%。主要旅游景点有被称为"海上疗养院""游客乐园"的布里奇顿和具有浓厚英格兰情调的桥镇及圣米喀艾大教堂。另外，岛上的圣乔治大教堂和田特湾独特的捕鱼船队，也是很值得游客观光的地方。

格林纳达 /Grenada

地理位置

　　格林纳达位于东加勒比海向风群岛的最南端，南距委内瑞拉海岸约 160 千米。格林纳达与特立尼达和多巴哥共和国之间的水域是南、北美洲和北美到非洲的重要海运通道，地理位置较为重要。格林纳达除主岛外，还包括卡里亚库岛、小马提尼克等几个岛屿。

正式名称	格林纳达 (Grenada)
面 积	344 平方千米
人 口	10.7 万 (2015 年)
民 族	黑人约占 82%；混血人占 13%
语 言	英语为官方语言和通用语
首 都	圣乔治 (Saint George's)
行政区划	全国划分为 6 个区和卡里亚库岛、小马提尼克岛 2 个岛
地 理 区	多山的格林纳达岛 (主岛)、卡里亚库岛和其他小岛

地形特征

　　格林纳达为多火山的岛国，火山多为死火山。地势多变，由中央向四周逐渐降低，中央山地峡谷多有湍急的溪流，沿海岸线有山地湖泊。主岛格林纳达南北长 34 千米，东西宽 19 千米，面积 305 平方千米，占国土面积的 88.6%。

气候

格林纳达属热带海洋性气候，年平均气温 26℃，分旱、雨两季，夏秋之际常有飓风，年平均降水 1000 毫米。

自然资源

格林纳达资源贫乏，有一定储量的石油，但尚未开采。森林面积 40.47 平方千米。

经济

格林纳达是加勒比海地区经济发展较快的国家。农业和旅游业是主要经济部门，其次是制造业和建筑业。农业主要种植肉豆蔻、香蕉、可可、椰子、甘蔗等。格林纳达是世界上仅次于印度尼西亚的第二大肉豆蔻生产国，有"香料之国"之称。工业不发达，有一些农产品加工、酿酒、制衣等工业。

主要城市

圣乔治

圣乔治是格林纳达的首都，被称为"香料之都"，每年输出的香料占全世界的 1/3。圣乔治是东加勒比海地区的重镇，位于该岛的西南角，城市四周围绕着古城堡，为加勒比海最美丽的港口城市之一。圣乔治市区是按海岸的地形而发展的，呈倒立的马蹄形，缺口向南，蹄心就是圣乔治的内港，马蹄的西边是伸向海边的狭长半岛。圣乔治集中了全国大部分的工厂，有造纸厂、制糖厂、酿酒厂、卷烟厂、椰子加工厂、服装厂和船舶修理厂等。市内有技术和职业学院、医学院和师范学院等高等学校以及总医院、疗养院、残废儿童之家、老人院等各种医疗机构。港口建设比较先进。目前，有几家国际轮船公司经营着从英国、欧洲大陆、加拿大和美国港口定期驶往这里的客货海运业务。

旅游

近年来，旅游业有较大发展。美丽的自然风光、宜人的气候，使格林纳达成为中美洲的旅游胜地。

特立尼达和多巴哥
/Trinidad and Tobago

地理位置

特立尼达和多巴哥位于小安的列斯群岛的东南端，西南和西北与委内瑞拉隔海相望。由特立尼达岛和多巴哥岛构成，两岛相距 33 千米。

地形特征

特立尼达岛由 3 条东北—西南走向的山脉组成。东北为阿里波山脉，其最高处 940 米，中部和南部山脉多在 300 米左右。山间是平原，沿海为地势平缓的沼泽。多巴哥多为火山堆积物所覆盖，中部和东北部多山，西南地势较低，大部分由珊瑚礁阶地构成。

气候

特立尼达和多巴哥属热带海洋性气候。年平均气温 20～34℃，年平均降

正式名称	特立尼达和多巴哥共和国（The Republic of Trinidad and Tobago）
面　积	5128 平方千米，其中特立尼达岛 4828 平方千米，多巴哥岛 300 平方千米
人　口	136 万（2015 年）
民　族	印度人占 40%，黑人占 37.5%，其余为混血种人、欧洲人、华人和阿拉伯人后裔
语　言	英语为官方语言和通用语
首　都	西班牙港（Port of Spain）
行政区划	全国分为 8 个郡、2 个市、3 个区和 1 个半自治行政区（多巴哥）
地理区	特立尼达岛东北、中部和南部为山脉，沿海为沼泽地，地势平缓。多巴哥岛中部和东北部为山地，西南为低地

水量在 2000 毫米以上。1～5 月为旱季，6～12 月为雨季。

自然资源

矿藏主要有石油和天然气，截至 1999 年年初，已探明储量分别为 5.5 亿桶和 8693.3 亿立方米。该国还是世界最大的天然沥青产地。特立尼达岛南部的天然沥青湖面积约 47 公顷，估计储藏量 1200 万吨。

经济

特立尼达和多巴哥是加勒比海经济较发达的国家，原是一个农业国，以甘蔗和蔗糖生产为主，20 世纪 70 年代开始石油生产，如今，石油、天然气、蔗糖生产和旅游业是国民经济的四大支柱。石油业是最重要的经济部门，近几年产值占国内生产总值的 25% 左右，石油出口额平均占总出口额的 50% 左右，该国是加勒比地区的一个石油输出国。

主要城市

西班牙港

西班牙港是特立尼达和多巴哥的首都，位于特立尼达岛的西北海岸，是特立尼达和多巴哥的最大城市，也是全国最大的港口。西班牙港是个中等城市，城区内的建筑并不很富丽，但最有名的希尔顿饭店，装潢华丽、富贵，设备齐全完美，是观光游客下榻之地的首选。市区街道整齐、平坦，房屋布局错落有致，格调高雅清新。市区最繁华的地段是福利特利克大街。西班牙港所处沿海一带，自然地理条件优越，是一个天然良港。目前，港口的装卸业务基本实现现代化。货物吞吐量每年可达 2000 多万吨。

由于历史的原因，特立尼达和多巴哥是一个多民族的国家，主要人种在这里都能见得到，另外，还有大批的混血种人。但是这些民族的人并未完全融合成一个大民族，还各自保留着自己独特的

风景秀美的特立尼达岛

风格，这在建筑风格上就能略见一斑。英国哥特式教堂庄严、富丽，而印度佛教寺院让你感到肃穆、神秘，各种宗教节日长年不断。在该城还能听到别具特色的钢鼓乐，看到当地的民族舞卡利普索舞。这种驰名世界的音乐和舞蹈已成为该城胜景之一。

旅游

旅游业是第三大外汇来源。近年来，特立尼达和多巴哥政府改变经济过多依赖石油业的状况，大力发展旅游业。

特克斯和凯科斯群岛
/The Turks and Caicos Is.

地理位置

特克斯和凯科斯群岛为西印度群岛中的英国附属国，位于巴哈马群岛东南部，距海地北部约 145 千米。东部濒临大西洋，西部同古巴隔水相望。该国由 8 个主要岛屿和 30 多个无人居住的珊瑚礁组成，最大的岛为特克斯岛。

地形特征

群岛由石灰岩构成。地势低平，多为石灰砂和珊瑚堆积物，30 多个岛屿呈弧状分布。特克斯和凯科斯群岛之间是特克斯海峡，此海峡 35 千米宽，约 2.2 千米深。

特克斯群岛包括大特克岛、盐岛和一些较小的沙洲。

正式名称	特克斯和凯科斯群岛 (The Turks and Caicos Islands)
面　　积	430 平方千米
人　　口	3.43 万（2015 年）
民　　族	黑人占 90% 以上；其余为混血种人和白人
语　　言	官方语言是英语
首　　府	科伯恩城（Grand Turk）
地 理 区	主要为特克斯群岛和凯科斯群岛 2 组 30 多个岛屿

凯科斯群岛包括 6 个主要岛屿：大凯科斯、普罗维登西亚莱斯、西凯科斯、东凯科斯、南凯科斯和北凯科斯。

气候

特克斯和凯科斯群岛属亚热带气候，年平均气温 27℃。年均降水 540 ~ 720 毫米。

除飓风期外，雨水稀少，气候干燥，饮用水极度缺乏。

除了沿海的盐碱滩之外，当地的植被还是比较茂盛的，主要为灌木丛和仙人掌。

风光旖旎的大特克岛海岸

自然资源

自然资源稀少，但水产资源丰富。

经济

该群岛资源缺乏，基础设施薄弱，无制造业，主要生产部门是渔业和盐业，主要收入来自旅游业和金融服务业。

目前，由于岛内的制盐业不景气，农业又受制于水资源缺乏，因而经济主要依赖于渔业和旅游业。

主要城市

科伯恩城

科伯恩城是特克斯和凯科斯群岛的首府，是全国政治、经济、文化中心。岛屿周围有各种各样的珊瑚礁和贝壳，海滨洁净，迷人的沙滩伸向远方，特别是在这里可以观赏到十分壮观的大西洋风光。该城风景美丽，草木常青，处于蓝水、白沙和绿荫之中。该城和整个群岛都远离大陆，没有噪声和污染，环境安谧幽雅，有如"世外桃源"，许多游客都在这里消夏和疗养。游客在岛上能品尝到用新鲜海螺烹制的美味佳肴，营养十分丰富。

旅游

政府重视发展旅游业，旅游业是财政和外汇收入的主要来源之一，从业人口约 2000 人。主要名胜有大特克岛、科伯恩城等。

开曼群岛 /Cayman Is.

地理位置

开曼群岛位于加勒海西北部，距牙买加西北 290 千米。

地形特征

群岛由大开曼、开曼布拉克和小

正式名称	开曼群岛（The Cayman Islands）
面　积	259 平方千米
人　口	5.96 万（2015 年）
民　族	黑人占 20%；白人占 20%；混血种人占 40%，1990 年外国人占总人口的 34%
语　言	英语为官方语言和通用语
首　府	乔治敦（Georg Town）
地理区	由大开曼、开曼布腊克、小开曼等岛屿组成，东部边缘为开曼海沟

开曼 3 个主要岛屿组成。整个群岛分布在开曼海底山脊上，此山脉是古巴的马埃斯特腊山在海底向西的延伸部分，是古安蒂利亚的山系之一。岛屿平均海拔 200 米。群岛东南边缘为开曼海沟，最深达 7680 米，是加勒比海的最深点。群岛地势低平开阔。覆盖着石灰岩，海滩主要由珊瑚沙构成。最大的岛屿是大开曼岛。

气候

开曼群岛属亚热带气候，受信风影响，平均气温仅 24℃ 左右。年均降水量 1422 毫米。群岛位于飓风区内，故常受飓风袭击。

自然资源

资源较为贫乏，但沿海盛产海龟、玳瑁、鲨鱼、龙虾、海绵、贝壳及各种水产品。另外，有少量林业。

开曼群岛周围的海域是加勒比海地区最奇丽的潜水胜地之一。这里的礁壁从水下 6 米处往下伸展约 1800 米直到海底。在这些原始礁壁周围畅游着大量的海浮生物，如球形海绵等。

经济

农业很不发达，产值仅占国内生产总值的1%，主要作物为蔬菜、热带水果等，90%以上的粮食依靠进口。工业规模极小，主要生产建材、首饰、家具、食品和化学包装用具。金融服务和旅游业是两大经济支柱，全球50家大银行中有47家在这里设分行。

旅游

旅游业是主要经济支柱，占国内生产总值的70%和外汇收入的75%左右。80%的游客来自美国，其余的来自欧洲、加拿大、牙买加和日本等。主要名胜有白沙海岸等。

美属维尔京群岛

/Virgin Is.（US）

地理位置

美属维尔京群岛位于大西洋和加勒比海之间，在加勒比海小安的列斯群岛北部，西距波多黎各55千米，由圣托马斯（218平方千米）、圣约翰（80平方千米）、圣克罗伊（52平方千米）3个主岛和约50个小岛组成。

地形特征

圣克罗伊岛地形复杂，鹰山雄踞岛

正式名称	美属维尔京群岛（Virgin Islands of the United States）
面　　积	346平方千米（陆地面积）
人　　口	10.35万（2015年）
民　　族	黑人占76.2%，白人占13.1%
语　　言	官方语言为英语，广泛使用西班牙语和克里奥尔语
首　　府	夏洛特阿马利亚（Charlotte Amalie）

的中央，东部的东岬为陡岩峭壁。低地有泻湖岩礁。圣约翰岛全岛2/3的面积为著名的维尔京群岛国家公园。公园里山陡谷深，沿岸有白色海滩和珊瑚礁丛。内地有高原。圣托马斯岛群山环抱，翠林遍布。

气候

维尔京群岛属热带草原气候，一年温差变化不大，年均气温26℃。年均降水量1000毫米。

自然资源

岛上有丰富的林木，有常绿硬木树种，大多数则为阔叶林，主要有无花果树、桃花心木、月桂、芒果、番石榴、面包果树、红树、鸡蛋花、九重葛树等。鸟类多达100多种。

经济

养牛、捕鱼、蔬菜及水果种植为主要行业。全岛1/4是土地牧场，还有许多天然渔场。主要工业部门有炼油、酿酒、手表制造、纺织、电子工业等。圣克罗伊岛有世界上最大的炼油厂，日处理原油能力为545万桶。朗姆酒是主要出口产品之一。经济十分依赖美国，对美国商品的进口依赖严重，

弗里德里堡的炮台

修建于1752年，以丹麦国王弗里德里克王命名，位于美属维尔京群岛上。

首府夏洛特阿马利亚

90%的贸易同波多黎各和美国进行。旅游业收入占国内生产总值的60%。海空运输较发达。圣托马斯和圣克鲁斯岛均有国际机场。

主要城市

夏洛特阿马利亚

夏洛特阿马利亚是美属维尔京群岛的首府，是群岛政治、经济、文化中心。该城建于丹麦殖民地时代，市内至今保留有16世纪的基督城堡、海盗黑胡子之塔、荷兰人建造的古老教堂，以及犹太教教堂等，市容具有浓厚的丹麦风格。这里水深隐蔽，该港集中了美属维尔京群岛进出口的大部分货物，是加勒比海优良的天然港之一。该城海滨白沙如银，附近有许多现代化旅馆和西印度群岛的旅店，是游览、疗养的胜地，城内有美属维尔京群岛的立法机关和维尔京群岛学院。

旅游

旅游业是群岛最主要的经济部门，占国内生产总值的35%以上。每年到达该岛的游客近200万人，几乎为群岛总人口的20倍，主要名胜有圣约翰岛的维尔京群岛国家公园、海滨浴场、

印第安古迹和丹麦移民史迹等。游客在此不仅可以领略海岛之中富于岛国情调的自然美景，而且可以不付关税就买到从欧洲进口的各种珍奇物品。圣克罗伊岛上的克里斯琴斯特德和弗雷德里克斯德两市，以及首府夏洛特阿马利亚市中心的街道，迄今仍沿用丹麦时代的名字。

英属维尔京群岛
/British Virgin Is.

地理位置

英属维尔京群岛位于大西洋和加勒比海之间，背风群岛的北端，距波多黎各东海岸100千米，与美属维尔京群岛毗邻。

地形特征

群岛包括4个大岛，即托尔托拉岛、维尔京戈尔达岛、阿内加达岛和约斯特范代克岛，另外还有32个小岛。4个大岛面积占群岛总面积的4/5。整个群岛的首府罗德城位于英属维尔京群岛中最大的一个岛屿——托尔托拉岛上，大部分的岛屿是火山爆发形成的，但第

正式名称	英属维尔京群岛（The British Virgin Islands）
面　积	153平方千米
人　口	3万（2015年）
民　族	主要是黑人
语　言	通用英语
首　府	罗德城（Road Town）
地理区	与美属维尔京群岛毗连，由四大岛、32个小岛的山地岛和礁石组成

二大岛屿阿内加达岛是由珊瑚和石灰石环礁构成的。总体上看，群岛大多由海底高原露出水面的峰峦组成，大部分海域水深不足 50 米，但位于圣克罗伊岛北部的海沟却深达 4572 米。群岛上有各种各样的地形，包括山脉、带珊瑚礁和滨外滩的潟湖，以及受陆地包围的港湾等，有的岛上分布着许多火山性丘陵，最大的托尔托拉岛有全岛最高峰萨格峰，高 541 米。狭长的维尔京戈尔达岛面积 21 平方千米，海拔约 414 米。约斯特范代克岛地势崎岖不平，面积约 8 平方千米。阿内加达岛是平坦的珊瑚岛，周围为比较危险的暗礁。

气候

英属维尔京群岛属热带季风气候，受东北信风影响，年平均气温冬季为 22～28℃之间，夏季为 26～31℃，年降水量 1000 毫米，大部分降雨发生在 9～12 月。

自然资源

岛上灌木丛生，蒺藜广布，矿产资源极少。

经济

农业落后，1997 年，农业产值约占岛内生产总值的 1.5%，从业人员占劳动人口的 1.9%。群岛约有耕地 800 公顷，草场 4000 公顷，主要种植水果、蔬菜和甘蔗。甘蔗主要用于酿造朗姆酒。群岛主要出口渔业产品，但大部分食品靠进口。政府实行 10 年免税制以促进工业发展。制造业规模较少，主要生产朗姆酒、旅游品、书籍和建材等。家庭手工业为各种编织品。近年来，旅游业和建筑业发展很快。贸易对象为美国、美属维尔京群岛、波多黎各、荷属安的列斯和英国等。主要进口产品有食品、机械、石化产品、汽车等。近年来，主要依靠旅游业和金融服务业。经济增长较快。

主要城市

罗德城

罗德城是英属维尔京群岛的首府，位于托尔托拉岛上，为英属维尔京群岛最大的城镇和天然良港，是群岛政治、经济和文化中心。

旅游

旅游业是英属维尔京群岛国民经济中最重要的部门。从业人口占劳动人口的 26%，旅游收入占国内生产总值的 28%，虽然岛上的居民大多从事酿制朗姆酒、畜牧养殖等行业，但 3/4 的收入仍来自旅游业。游客主要来自美国。原始、质朴的海岛风光，未有人工雕琢，是群岛独具魅力之处。粗犷的石灰岩、丛生的灌木丛、深厚浓重的热带森林……置身此间，令人激奋不已；悠然的钓鱼场、晴朗的热带天空、清风、沧海碧波……垂钓时刻，怡然自乐。群岛之中人烟罕见的荒礁，已成为寻奇猎胜的游人偏爱之处。

安圭拉 / Anguilla

地理位置

安圭拉是西印度群岛中的岛屿，位于东加勒比海背风群岛的最北端，距圣基茨西北 100 千米，包括附近的斯克拉

正式名称	安圭拉（Anguilla）
面　　积	96 平方千米
人　　口	1.4 万（2013 年）
民　　族	主要是黑人
语　　言	官方语言为英语
首　　府	瓦利（The Valley）
地 理 区	珊瑚岛，安圭拉水下浅滩

布、锡尔、多格和松布雷罗岛以及普里克利皮尔珊瑚礁。长 26 千米，宽 5 千米，岛形狭长似鳗鲡，故名"安圭拉"（安圭拉在西班牙语中意为鳗鲡）。

地形特征

安圭拉是一座长 26 千米、宽 5 千米，形状似海鳗的珊瑚岛。岛下是一块海深只有 55 米的海下大陆平台，即安圭拉水下浅滩。岛上地形平坦，岩矿遍布，岛中央有湖泊。岛上风景单一，大部分地区都为仅长有矮小灌木丛的光秃秃的景象，偶尔间杂有少量水果种植园等。岛上最高点为克罗卡斯山，海拔 65 米。

气候

安圭拉属热带气候，天气干燥，日照充裕。年均气温为 27℃，年降雨量为 900 毫米。每年 9 月至次年 1 月为该岛最潮湿的季节。由于地处背风群岛，7～10 月常常会有飓风，容易造成灾害。

自然资源

土壤贫瘠，自然植物多为旱生疏林。岛上硝石资源储量丰富。

经济

经济以牧业（绵羊和山羊）、渔业、晒盐为主，还产棉花、椰子和剑麻，产品大部分出口。主要种植水果和蔬菜，如甘薯、豌豆等，可满足岛内需要。渔业发展较快，部分鱼、虾（龙虾）用于出口，其出口额占出口总额的 90%，为该岛外汇创收的主要来源。工业以晒盐业和造船业为主。晒盐业主要生产工业用盐，向特立尼达和多巴哥等国出口，另有一些鱼虾加工业。20 世纪 80 年代以来，受旅游业的推动，经济增长迅速，失业率非常低。

主要城市

瓦利

瓦利是安圭拉的首府。为岛上交通和经济中心，位于岛的中部，有公路通全岛，西南郊有航空站。市内有小型木船制造和塑料工厂。

旅游

旅游业为安圭拉经济的主体，近几年游客人数逐年增长。

安圭拉的海洋生物和白沙滩在加勒比海地区首屈一指，主要名胜有瓦利、海滩等。安圭拉岛为东加勒比海

风光旖旎的安圭拉海岸
旅游业是安圭拉经济的主体，它拥有众多美丽的、洁净的海滩，其景观未经任何人工雕琢，质朴、自然、清新。安圭拉岛正是以它清新质朴的海岸、湛蓝的海水吸引游客纷至沓来。

各岛屿中最为隔绝、最为孤立的岛屿，小岛沿海四周散布着洁白无瑕的海滩，纯质而未受丝毫污染，岛上整个自然景观显得相当原始，极富清新、质朴之情趣。

蒙特塞拉特 /Montserrat

地理位置

蒙特塞拉特位于加勒比海东北、小安的列斯群岛之中，位于背风群岛的最南端。东北、东南分别与安提瓜岛和瓜德罗普岛隔水相望。

正式名称	蒙特塞拉特（Montserrat）
面　　积	102 平方千米
人　　口	1.3 万（2015 年）
民　　族	主要是黑人
语　　言	通用英语
首　　府	旧首都是普利茅斯（Plymouth），新首都是布莱兹（Brades）
地理区	小安的列斯群岛北部的火山岛，自北向南有银山、中央山、苏菲里山，西岸为平原

地形特征

蒙特塞拉特为著名的火山岛。全岛自北向南有 3 座著名的火山，即银山、中央山和苏菲里山。岛上海滩不多，内陆地区植物茂盛，西部有狭长的平原。

气候

蒙特塞拉特属热带海洋性气候，年平均气温 30℃，年降水量为 1500 毫米。岛上气候温暖湿润，并伴有季节性飓风。

经济

经济以旅游业、服务业和农业为主。农业不发达，可耕地较少，从业人数占劳动人口的 5.6%，主要种植棉花、马铃薯、红薯、辣椒、热带水果和蔬菜等，其中马铃薯、红薯、芒果和酸橙可向邻岛出口。2000 年农业产值占国内生产总值的 5.4%。工业是政府重点发展部门，但目前规模较小，主要生产轻工产品，如电子零件、塑料袋、皮制品等，从业人数占劳动人口的 30.9%。电子产品发展迅速，制造业产值占国内生产总值的 80%，建筑业产值占国内生产总值的 9.9%。近年来，通信业和金融业发展迅速，正逐渐成为政府的主要收入来源之一。

为实现农产品自给的目标，政府把农业作为发展重点之一，制订了一系列发展计划。同时大力发展轻工业，减少经济对旅游业的依赖。但是，近年来，断断续续的火山活动，一度使经济基本停滞，一半人口撤离。1997 年 8 月，英国政府宣布了自愿撤离计划，为愿意离开岛屿的人提供资助。

蒙特塞拉特岛为著名的火山岛，其岛内的多项设施都毁于火山活动。

主要城市

普利茅斯

普利茅斯原是蒙特塞拉特的首府，因 20 世纪末火山爆发被毁，首府暂时迁至布莱兹。

旅游

　　旅游业是经济的重要部门，游客主要来自北美。该岛为加勒比海最迷人的岛，岛上风光秀美，独具火山岛特色。主要名胜有火山、火山口、海湾风光等。

瓜德罗普 /Guadeloupe

地理位置

　　瓜德罗普位于加勒比海小安的列斯群岛中部，东濒大西洋，西临加勒比海，西北为瓜德罗普海峡，南是多米尼克海峡，包括格朗德特尔和巴斯特尔2个大岛，以及玛丽—加朗特岛、拉代西拉德岛、圣巴泰勒米岛、桑特群岛和圣马丁岛北部等。

正式名称	瓜德罗普（Guadeloupe，法国海外省）
面　积	1 702 平方千米
人　口	40 万（2011 年）
民　族	77% 为黑白混血人；10% 为黑人；10% 为欧洲人与美洲印第安人混血人种
语　言	官方语言为法语，通用克里奥尔语
首　府	巴斯特尔（Basse—Terre）
行政区划	法国的一个大区
地 理 区	主岛分为东西岛，东为格朗德特尔岛，西为巴斯特尔岛，东部地势低平，西部地势崎岖

地形特征

　　岛屿属火山型地质结构，东部地势低平，西部地势崎岖。主岛以萨莱河为界，东为格朗德特尔岛，地势低平；西为巴斯特尔岛及附近一些小岛，地势崎岖。巴斯特尔有一条南北走向的山脉，最高峰为苏弗里耶尔火山。

气候

　　瓜德罗普属热带海洋性气候，平均气温 25 ～ 30℃，无明显四季划分，年平均降水量约 2 000 毫米。

经济

　　农业是瓜德罗普的经济支柱，主要

圣巴泰勒米岛的古斯塔维亚港湾
有"海上曼哈顿"之称的圣巴泰勒米岛是法属加勒比时尚的代表，也是该地区最独特、最繁华的小火山岛。

种植热带经济作物，其中香蕉生产占农业总收入的一半左右。畜牧业和渔业都很发达。工业以制糖、酿酒、食品加工业等为主。1992年工业产值占国内生产总值的15.1%。其发展主要依靠法国援助。

主要城市

巴斯特尔

巴斯特尔是瓜德罗普的首府，全岛政治、文化中心。位于巴斯特尔岛的西南沿海，小城有一种喧闹活跃的地方风情。

旅游

瓜德罗普是著名的旅游胜地。旅游业是重要的经济部门，就业人员占就业总人数的9%，1988年起旅游业超过制糖业，成为首要经济支柱。每年1～4月是旅游的最好季节。主要名胜有苏弗里耶尔火山、巴斯特尔的里歇帕斯要塞、托亚华尔的古老洞穴及附近小岛上的拿破仑城堡等。

马提尼克 /Martinique

地理位置

马提尼克位于小安的列斯群岛中的向风群岛中部。岛长80千米，最宽处35千米，为法国面积最小的海外省。北边为多米尼克岛，南边为圣卢西亚岛。岛上地形崎岖多变，既有高耸的火山山峰，又有狭窄的山谷，平均海拔900米。除了法兰西堡东南的拉芒坦平原外，仅

正式名称	马提尼克（Martinique）
面　　积	1128平方千米
人　　口	40万（2015年）
民　　族	主要是黑白混血种人
语　　言	官方语言为法语，通用克里奥尔语
首　　府	法兰西堡（Fort de France）
行政区划	法国海外省
地 理 区	小安的列斯群岛的一个岛，多火山，法兰西堡东西为拉芒坦平原

在沿海岸地区可以看到狭窄的平原。北部地区地势高，热带雨林绵延不断。南部地区为干燥的丘陵。

气候

马提尼克属热带雨林气候。年平均气温为26℃。年均降水量2000毫米。

经济

经济以农业和旅游业为主，工业多为加工业。耕地面积占总面积的25%。1992年，农、林、渔业产值占国内生产总值的5.1%。森林覆盖率为26%。1996年产木材1.2万立方米。主要工业部门有食品加工、制糖、酿酒、炼油和水泥等。经济基础薄弱，主要依靠法国援助。失业率较高，对外贸易历年均有赤字。

习俗

农民通常在岩石露头处或其他不适合农耕的地方，建成一两间小木房居住。这里的居民热爱音乐和舞蹈，他们的舞蹈音

法兰西堡

乐在欧洲颇受欢迎。人们常常随着音乐唱歌、跳舞。在"告解日"，法兰西堡举办的嘉年华会相当有名，盛会一直延续到"圣灰星期三"。在结束那一天，宣告祭典结束的人，头戴打结的布块，身穿黑白丧服，穿梭在广场上的青年中，不断地吟唱。

主要城市

法兰西堡

法兰西堡是马提尼克的首府，为法属西印度群岛中最大的城市，是小安的列斯群岛中最大的及防护最好的港口。

旅游

旅游是重要的经济部门和外汇收入的主要来源之一。1～5月是旅游的最好季节。岛上的拉芒坦建有国际机场。这里热带岛的风光给人以美的享受，培雷火山的景色令人惊叹大自然的奇异。法兰西堡南行35千米的拉帕吉里庄园，则是拿破仑皇后约瑟芬的出生地。那里有她的雕像和她祈祷、忏悔的古老教堂。

荷属安的列斯

/Netherlands Antilles

地理位置

荷属安的列斯属西印度群岛，位于加勒比海之中，是荷兰的海外属地。荷属安的列斯全境由加勒比海中相距800多千米的南北两组岛屿组成。北组位于小安的列斯群岛北端，包括圣尤斯特歇斯岛、圣马丁岛的南部和萨巴岛；南组位于委内瑞拉海岸外，包括博奈尔岛和库拉索岛。

正式名称	荷属安的列斯（The Netherlands Antilles）
面　积	800平方千米（不包括阿鲁巴，下同）
人　口	17.56万（2015年）
民　族	80%为黑白混血种人；有少数白人
语　言	官方语言为荷兰语和帕彼曼都语，也讲西班牙语和英语
首　府	威廉斯塔德（Wiuemstad）
行政区划	为荷兰的外属地
地理区	由两组相隔800多千米的岛屿组成。北组3个岛屿为向风群岛，南组2个岛屿为背风群岛

地形特征

北部的3个岛属火山岛，海岸多断崖；南部岛地理上属安的列斯群岛，岛上多为干燥的岩石低地，较大且较高的岛是库拉索岛。北部和东北部海岸因风浪袭击无人居住，南部和西南部海岸多为暗礁环绕的平静海湾。

气候

北组岛屿属热带雨林气候，平均降水量1200～1500毫米；南组岛屿属热带草原气候，平均降水量500毫米。年平均气温为27.5℃。

自然资源

矿产资源贫乏，唯一天然资源为磷酸盐和食盐。旅游资源较为丰富。

首府威廉斯塔德的荷兰风格建筑

经济

　　荷属安的列斯是重要的离岸金融中心，金融服务业发达。制造业相对不发达，库拉索岛的炼油业曾为主要工业。圣马丁岛有近海渔业和家畜饲养业。博奈尔岛上有少量的纺织厂。大多制造品都需要进口。

主要城市

威廉斯塔德

　　威廉斯塔德是荷属安的列斯的首府，是一座古老的城市，全国的商业中心，位于库拉索岛。岛上政治稳定，对外国投资有吸引力，威廉斯塔德已成为加勒比海地区主要的银行和金融服务业中心。

旅游

　　旅游业发达。博奈尔岛的海滨吸引着大量的潜水爱好者。沙滩、海洋生物及潜水设施同样吸引着大量欧洲、美国的游客。主要名胜如圣马丁和博奈尔岛、库拉索岛、萨巴岛的火山奇景等，尤其是库拉索岛，它以其极适合水肺潜水来探索的水下珊瑚礁而闻名。南部海滩就有许多不错的潜水区域。库拉索潜水的一大特色是，自海岸起的几百米内，海底急陡，因此无须小船就可接近珊瑚礁。这种急陡的海底地形在当地被称作"蓝色边缘"。

哥伦比亚 /Colombia

地理位置

　　哥伦比亚位于南美洲西北部，东邻委内瑞拉、巴西，南接厄瓜多尔、秘鲁，

正式名称	哥伦比亚共和国（The Republic of Colombia）
面　积	1 141 748 平方千米
人　口	4820 万（2015 年）
民　族	印欧混血种人占 60%；白人占 20%；黑白混血种人占 18%；其余为印第安人和黑人
语　言	官方语言为西班牙语
首　都	波哥大（BogatW）
行政区划	全国分 32 个省（包括波哥大首都区）
地理区	海岸低地（临加勒比海和太平洋），安第斯山区，东部平原，北部奥里诺科平原

西北角与巴拿马相连，北临加勒比海，西濒太平洋。海岸线长 2900 千米。

地形特征

　　安第斯山脉从合恩角向北绵延约 6000 千米，到达哥伦比亚与厄瓜多尔的边境，在帕斯托形成山系的分水岭，安第斯山系从此地经北分成 3 条支脉。这 3 条支脉叫东科迪勒拉山脉、中科迪勒拉山脉和西科迪勒拉山脉，相隔有马格达莱纳河和考卡河的宽广河谷呈南北走向，分布其间。山脉与河谷交替出现，构成了哥伦比亚地形的基本特色。哥伦比亚的地形明显分为东、西两部分，即东部奥里诺科平原和西部安第斯山区。东部奥里诺科平原从东科迪勒拉山山麓向南向东伸展到厄瓜多尔、秘鲁、巴西

美丽的安第斯山脉
考卡河在由南往北穿越一座座山脉进入加勒比海的途中形成了一条深谷。

和委内瑞拉边境，是亚马孙河和奥里诺科河的支流所形成的冲积平原，地形平坦，约占全国总面积的一半。西部除沿海平原外，均是由科迪勒拉山脉构成的高原。马格达莱纳河为哥伦比亚第一大河，也是"哥伦比亚的生命河"。它发源于东部山脉与中央山脉之间，长 1 550 千米。上游部分由许多支流汇成，落差达 3 500 米以上，有的地方会形成一串的瀑布。下游区域流速稳定，有 800 多千米可通航，是哥伦比亚的主要通道。亚马孙河流经哥伦比亚境内达 100 多千米，全段都可以通航。

气候

哥伦比亚地处热带，气候因地势而异。平原南部和太平洋沿岸为热带雨林气候，向北逐渐转为热带草原和干燥草原气候。

自然资源

自然资源丰富，煤炭、石油、绿宝石为主要矿藏。已探明煤炭储量约 240 亿吨，居拉美首位。石油储量 18 亿桶，天然气储量 187 亿立方米，绿宝石储量居世界第一位，铝矾土储量为 1 亿吨，铀储量 4 万吨。此外哥伦比亚还有金、银、镍、铂、铁等矿藏。森林面积约 4923 万公顷。

经济

哥伦比亚是以生产咖啡为主的农业国。1997 年农牧业从业人口 405 万人，占总劳动人口的 27%。咖啡产量和出口量均居世界前列，收入占全国外汇收入的 50% 以上；香蕉是哥伦比亚第二大出口产品；鲜花出口量仅次于荷兰，居世界第二位。工业以制造业为主。

20 世纪 80 年代以来，哥伦比亚石油业发展迅速，已成为经济支柱产业之一。石油成为仅次于咖啡的主要出口产品。2000 年尽管原油产量下降，但由于国际油价上涨，哥伦比亚石油出口收入达 42 亿美元，分别占出口总额和国内生产总值的 35% 和 2%。

20 世纪 80 年代以来，哥伦比亚国内生产总值一直保持 3% ~ 6% 的增长速度。但在 1998 年，由于受亚洲金融

哥伦比亚的狂欢节是其重要的一个节日，在节日里，人们在脸上涂上各种颜料，着奇装异服，成群结队地游行、唱歌、跳舞。

危机等不利因素的影响，其经济形势变得严峻。2000 年，哥伦比亚政府严格实行财政和货币紧缩政策，压缩财政赤字、抑制通货膨胀的措施取得成效。

习俗

印第安人式的生活　印第安人是哥伦比亚土著居民，他们的住宅是四角茅屋：墙用树枝编夹而成，中间填以石块和黏土，有时抹一层灰泥，人字形屋顶，上铺玉米秕，没有取暖设备。

奇特的婚俗　在婚约方面，哥伦比亚人有他们独特的习惯。男性要先派一位友人到新娘家中向新娘的父亲正式求婚，这个友人通常是只有在当地被认为诚实正经的男人才能担任。一旦得到女方父亲的应允，准新娘由其双亲陪同前

往未来公婆家，随后即开始一连串正式的拜访，直到双方交换戒指确定婚约。从提亲到婚约确定期间，男女双方的交际都受到准新娘双亲严格的监视，不得有半点差错。原则上，即使在订婚约以后，两人单独外出也是不被允许的。结婚仪式要遵照宗教仪式举行。

全国性的庆典活动——狂欢节　哥伦比亚人全年的节日庆典很多，其中较为重要的是长达3天的全国狂欢节，亦称"谢肉节"。哥伦比亚政府规定狂欢节在1月5~7日，但南部从12月31日到1月8日都在过狂欢节。狂欢的人们尽情歌舞，开怀畅饮。1月5日这一天，姑娘、小伙及太太们，手提装有黑色颜料的小盆站在路旁，随意叫住在街上行走的人，把他们的脸涂黑，而到1月7日，画脸活动继续进行，但由黑色改成了白色。故在哥伦比亚，狂欢节也被称为"黑白狂欢节"。

首都波哥大
哥伦比亚的首都波哥大依山而立，位于蒙塞拉特山和瓜德罗普山脚下的山谷盆地中，海拔2645米，气候凉爽，四季如春，从蒙塞拉特山顶可俯瞰城市的全貌。

主要城市

波哥大

波哥大是哥伦比亚的首都，全国政治、经济和文化中心，被称为"南美洲的雅典"。波哥大现有人口726万，为全国最大工业城市，集中了全国工业生产的30%和工人总数的26%，有纺织、食品、化工、橡胶、冶金、水泥、绿宝石加工等工业，出版业尤为活跃。公路和航运都以波哥大为起点，泛美公路把波哥大和加拉加斯、基多连接在一起。波哥大虽属热带，但地处高原，气候温和宜人。离波哥大不远的特肯达马瀑布，气势磅礴，宏伟壮观，是哥伦比亚的一大奇景。波哥大附近的山地，出产罕见的绿宝石，色彩十分漂亮，享有世界声誉。波哥大新兴的鲜花种植业，世界驰名，出口的鲜花以其质量优良和品种繁多而在国际市场上享有盛誉。

卡利

卡利是全国第二大城市，也是拉丁美洲发展最快的城市。卡利位于安第斯沿海山脉东面的山脚下，距赤道只有3°，海拔有1000多米，因此，气候温和。卡利是哥伦比亚文化中心之一，设有2所大学。卡利也是通往布埃纳文图拉、波哥大、麦德林、波帕延等地的公路、铁路网的交点，地理位置十分重要，因此也成为一大商业中心。

旅游

哥伦比亚是拉美重要的旅游中心之一，旅游业较发达。在其境内有许多文化气息浓厚的古城，自然景观千变万化。热带自然风光、印第安人的村落、众多的名胜古迹、对游客都有很大的吸引力。12月至次年3月是适合旅游的季节。哥伦比亚十分重视本国的文化，仅在首都波哥大就建造了许多博物馆，主要有国家博物馆、弗洛雷罗故居博物馆、哥伦比亚黄金博物馆等。主要名胜有卡塔赫纳、圣玛尔塔、麦德林、瓜希拉半岛、博亚卡、国家博物馆、黄金博物馆、酸河、特肯达马大瀑布（南美洲很大的瀑布之一）等。

委内瑞拉 /Venezuela

地理位置

委内瑞拉位于南美洲大陆北部，东与圭亚那为邻，南同巴西接壤，西与哥伦比亚交界，北濒加勒比海。海岸线长2 813千米。

地形特征

委内瑞拉西北部为安第斯山系，主要有安第斯山脉，东北分支为梅里达山脉；中部为奥里诺科平原，占全国面积的1/3；东南部是圭亚那高原；北部为波状高原，东部有山脉。

气候

气候属热带草原气候。气温因海拔高度不同而异，山地温和，平原炎

正式名称	委内瑞拉玻利瓦尔共和国 (The Bolivar Republic of Venezuela)
面　积	916 700平方千米（对现在圭亚那所管辖之下约15.9万平方千米的埃塞奎博地区有主权要求）
人　口	3110万（2015年）
民　族	印欧混血种人占58%、白人29%、黑人11%、印第安人2%
语　言	官方语言为西班牙语
首　都	加拉加斯 (Caracas)
行政区划	全国划分为21个州，2个边疆地区（亚马孙和阿马库罗三角洲边疆区），1个首都区和1个联邦属地
地　理　区	北部和西北部为安第斯山系，中部是奥里诺科平原，东南部是圭亚那高原

马拉开波湖

热。每年6～11月为雨季，12月至次年5月为旱季。年均降水量从北部沿海往南由500毫米升至3 000毫米。

自然资源

矿产资源丰富，主要有石油、乳化油、天然气、铁矿砂、煤炭、镍、金刚石等。水力和森林资源也很丰富，森林覆盖率为56%。

经济

委内瑞拉为南美第四经济大国，是拉美经济较发达国家之一。主要工业部门有石油、铁矿、建筑、炼钢、炼铝、电力、汽车装配、食品加工、纺织等。石油业为国民经济的命脉。农业发展缓慢，粮食不能自给，目前市场所需50%的牛奶、90%的菜豆、30%的糖、75%的黄玉米、100%的大豆和85%的食用油均依靠进口。

习俗

"独特"的葬礼　住在安第斯山的奇摩多、库卡土族，习惯将死者以坐姿埋葬在洞窟内，并将尸体制成木乃伊。

圣贝内狄克特节　又称"圣黑人祭"，盛行于委内瑞拉西部。圣贝内狄克特是黑人的圣人，组织祭典活动的是圣贝内狄克特信徒团。每年10月1日～12月25日期间，信徒们举着圣像周游全

扬诺马米人

南美印第安人的一个分支，居住在委内瑞拉南部奥里诺科河流域偏僻的林区以及巴西北部亚马孙河流域最北地带。扬诺马米人刀耕火种，居住在分散的半永久性小村落里，种植大蕉、木薯、块根植物、玉米和其他蔬菜，采集鲜果、坚果、种子、根茎和养蜂等。扬诺马米人无论老少均爱抽烟。

部村落，12 月 26 日开始祭典，然后游行队伍按原路线把圣像送回原教堂内。

主要城市

加拉加斯

加拉加斯是委内瑞拉的首都，全国政治、经济、文化、交通、金融中心，拉美发达的城市之一。它位于加勒比海之滨，处于四面环山的谷地中，海拔922 米。加拉加斯是一座有 400 多年的历史名城。1567 年西班牙殖民者迭戈·德洛萨达开始在这里建造城市。加拉加斯的总统府——米拉费洛雷斯宫，是一座欧洲文艺复兴时期风格的建筑物，带有意大利、西班牙和法国的风格，墙上有不少名画家的杰作。加拉加斯还是英雄的故乡，拉丁美洲独立战争的先驱者弗朗西斯科·米兰达就诞生在这里，同时它也是另一位民族英雄、南美洲北部解放者西蒙·玻利瓦尔的故乡。加拉加斯不仅是委内瑞拉的政治中心，而且是经济金融中心、文化中心。委内瑞拉中央大学、安德列斯·贝略天主教大学、西蒙·玻利瓦尔大学以及许多高等教育机

关都设在这里。加拉加斯还是委内瑞拉的交通枢纽，围绕市街呈环状分布的公路可通往加拉加斯各地，有公路网通往迈克蒂亚港、拉瓜伊拉港和卡贝略港，多数商品经这些港口转运。

马拉开波

马拉开波是全国第二大城市和海港，新兴石油城，位于委内瑞拉湾与马拉开波湖的狭窄海峡的西岸，是苏利亚州的首府，原来只是一个小型咖啡出口港。1918 年起，因马拉开波湖发现和开采丰富的油田，在短暂的时期内飞速发展，10 年内一跃成为委内瑞拉和南美洲的石油城。现原油产量约占全国总产量的 2/3。马拉开波还是旅游观光的好去处，市内有圣阿纳教堂、印第安人保留区和繁荣的市场等。

旅游

委内瑞拉有便利的交通网，每年12 月至次年 4 月为旅游最佳季节。游客主要来自欧美各国。主要的旅游景区有"石油城""马拉开波"及"油海"马拉开波湖油田的风光、安第斯山脉的城镇、奥里诺科河与热带草原、卡奈马国家公园的安赫尔瀑布、玛格丽塔岛等。

圭亚那 /Guyana

地理位置

圭亚那位于南美洲北部。西北与委内瑞拉交界，南与巴西毗邻，东与苏里南接壤，东北濒大西洋。

地形特征

　　全境地势南高北低，北部为沿海平原，是从东南的科兰太因河口处到奥里诺科河的三角洲地带，长约 500 千米。西部为圭亚那高原，海拔不超过 150 米，埃塞奎博河贯穿其间。海拔在 1000 米以上的山脉和山地主要有巴克拉马山脉、梅尔类山地等。高原地区也是圭亚那重要的森林地带。沿海平原的南面是沙土地带，为森林区。西南部为内陆热带草原区，被称为鲁普奴尼。犬奴库山脉横贯中央，将其分成北部热带草原和南部热带草原区，由于水草肥美，这里成为圭亚那的牧区。圭亚那属热带雨林气候，年降雨量 1500～2000 毫米，平均气温 24～32℃。

自然资源

　　矿藏有铝矾土、金、钻石、锰、钼、铜、钽、钨、铀等，其中以铝土最为著名。森林面积占全国土地的 83%，有 1000 多个树种。水力资源丰富。

经济

　　圭亚那地广人稀，自然资源丰富，但经济落后，是初级产品生产和出口国。铝矾土、蔗糖和大米为其三大经济支柱。1999 年 5 月，国际货币基金组织和

圭亚那的铝土矿厂

世界银行正式给予圭亚那"重债穷国免债待遇"，圭亚那获 2.56 亿美元债务减免，成为世界上第三个享受 HIPC 待遇的国家。但圭亚那目前仍是世界上债务负担沉重的国家之一。

主要城市

乔治敦

　　乔治敦是圭亚那的首都，全国最大的政治、经济、文化和交通中心，位于德梅拉河口入海处，是一个由要塞逐渐发展起来的大都市，以其木结构建筑驰名世界。英国风格建筑物鳞次栉比，其中建于 1893 年的圣乔治天主教堂是世界上最高的木质建筑。城中还建有植物园、动物园，修有海滨大道和许多娱乐场所以及博物馆。此外，在乔治城可以一睹不同人种、不同民族的特色，如印度教的寺院、印第安人的船上茅屋以及土特产品等。

旅游

　　圭亚那境内河流广布，多瀑布，发展生态旅游潜力巨大，但由于基础设施落后，旅游业受到了很大的限制。近年来，圭亚那政府开始重视开发旅游资源。主要名胜有凯尔图尔瀑布、凯尔图尔公园等。

正式名称	圭亚那合作共和国 (The Cooperative Republic of Guyana)
面　积	21.5 万平方千米（包括现在圭管辖之下、与委内瑞拉有争议的面积约 15.9 万平方千米的埃塞奎博地区，不包括与苏里南有纠纷的面积约 1.7 万平方千米的科兰太因河上游地区）
人　口	76.7 万（2015 年）
民　族	主要由印度斯坦人、黑人、混血种人、印第安人、华人和白人组成
语　言	英语为官方语言和通用语，也使用克里奥尔语、乌尔都语、美洲印第安语和印地语
首　都	乔治敦（Georgetown）
行政区划	全国划分为 10 个地区，98 个县，2 个市
地理区	沿海冲积平原，西部为高原，内陆热带草原区，沙土地带

苏里南 /Suriname

地理位置

苏里南位于南美洲北部。东邻法属圭亚那，南接巴西，西连圭亚那，北濒大西洋。地势南高北低。南部是图木库马克山脉和圭亚那高原的一部分；北部大西洋沿岸地势低平多沼泽；中部为平原，地表上广布红壤。

气候

苏里南属热带雨林气候。年平均气温23～27℃。年均降水量2000～2500毫米，8～11月为旱季，4～7月为雨季。

自然资源

苏里南是多资源的国家，矿产主要有铝土，其他矿产有石油、铁、锰、铜、镍、铂、黄金等，近年来在近海发现石油。森林和水力资源丰富。森林覆盖面积占全国面积的95%。1998年6月，苏里南宣布将160万公顷（相当于国土的10%）的原始雨林变为国家保护区。

正式名称	苏里南共和国（The Republic of Suriname）	
面 积	163820平方千米（包括同圭亚那有争议的约1.7万平方千米）	
人 口	54.3万（2015年）	
民 族	其中印度斯坦人占35%；克里奥尔人占32%；印度尼西亚人占15%；丛林黑人占10%；印第安人占3%；华人占3%；其他人种占2%。另约有18万苏里南人旅居荷兰	
语 言	官方语言为荷兰语；通用苏里南语和英语；各民族均有自己的语言	
首 都	帕拉马里博（Paramaribo）	
行政区划	全国划分为9个省和1个市	
地理区	南部山脉和高原区，北部大西洋沿岸低地，中部平原区	

首都帕拉马里博的街道

经济

苏里南自然资源较丰富，但经济基础相对薄弱，经济发展不平衡，只有小块土地用来耕种。国民经济依靠铝矿业、加工制造业和农业。近年来，苏里南经济发展受挫、汇率不稳，物价上涨，通货膨胀率急剧上升。

习俗

苏里南的社会风俗、习惯通常是沿袭欧洲文明，尤以荷兰文明。各个民族基本上还保留着自己原来的传统习俗和社会结构，他们有自己的语言、服饰、节日、宗教，甚至有自己的政党，还有着许多民族的或种族的渊源。例如，印第安人仍然保持着"雪茄牵线""吊床并连即成婚"及其他一些独特的风俗，丛林黑人仍然保留着非洲风俗。

主要城市

帕拉马里博

帕拉马里博是苏里南的首都，位于距苏里南河河口24千米处，人口约19万，是全国最大的城市和主要港口，也是全国政治、经济、交通中心。该市有小型轻工业和食品加工业，附近还有规模较大的木材加工业，是精炼铝、机械等工业的重要中心。这里是苏里南铁路、公路的起点，港口可停泊海轮，国际机场位于城南。城内有博物馆、图书馆、植物园。苏里南大学、苏里南农业研究中心、苏里南医学院均设于此。在城内，可以充分欣赏热带城市风光以及荷兰风格建筑。

旅游

苏里南是南美诸国中热带植物和热带动物均具特色的国家，但由于各种条件所限，旅游业不太发达，年接待游客1万多人。热带森林及珍奇动物、丛林黑人、印第安人原始居民的风俗、迷人而具有异国情调的内地，以及"世界种族展览馆"等都构成了苏里南旅游景观的特色。

法属圭亚那 /French Guiana

地理位置

法属圭亚那位于南美洲东北部赤道附近，东南与巴西接壤，西与苏里南毗邻，北临大西洋。海岸线长320千米。在苏里南和法属圭亚那之间的马罗尼河两岸，有一块存在争议的地区。这里大部分地区覆盖着热带雨林，一直绵延到靠近巴西边境的山脉。

地形

法属圭亚那地势南高北低。南部多丘陵、低山和瀑布，其他地区地势平坦。北部大西洋海岸地区为低洼沼泽。总体来看，可以分为两个主要的地理区域：地势低洼的海岸平原和内陆森林高

正式名称	法属圭亚那（French Guiana）
面　积	8.7万平方千米
人　口	25万（2013年）
民　族	43%为克里奥尔人后裔；14%为华人；11%为法国人；8%为海地人；此外还有印第安人、越南人等
语　言	官方语言为法语；也讲克里奥尔语
首　府	卡宴（Cayenne）
行政区划	为法国的1个海外省，分2个行政区，下设二级行政区
地理区	南部为低山、丘陵区，北部海岸低洼的沼泽区，其他地区地势平坦

原，其中森林高原地势逐渐升高至南面边界处形成一系列山峰。

气候

法属圭亚那属热带雨林气候，平均气温为27℃。年均降水量3000～3500毫米。气候炎热潮湿，并伴有季节性暴雨。卡宴月平均气温为25～27℃。12月至次年1月为雨季。

自然资源

矿产主要有铝矾土、高岭土和金矿等。森林植物资源丰富，森林覆盖率高达90%，法属圭亚那为世界上森林资源覆盖率最高的地区，拥有各种硬木及提炼香料的花梨木等。

经济

由于受地理位置限制、基础设施陈旧和缺少熟练工人等原因，法属圭亚那经济发展受阻。经济以林业和渔业为主，工业很少。经济发展主要依靠法国援助，大部分制成品、食品和能源需进口，林业、渔业和旅游业方面具有较大的发展潜力。失业是法属圭亚那一个较大的社会问题，失业率23%左右。

主要城市

卡宴

卡宴是法属圭亚那的首府，位于卡宴岛东北岸，面积23平方千米，是由

法国移民于 1643 年在卡宴河河口的卡宴岛上建立起来的，现在是该地区的经济、政治和文化中心，也是法属圭亚那人口最稠密的地方，有人口 4 万，市内建有一座国际机场。卡宴同时也是该地区的旅游中心，有耶稣会教堂等历史建筑，还有博物馆及植物园。海岸线为露出的岩石所隔断，其凹处是理想的海水浴场，可以参观到海洋植物及优美的海岸景观。

旅游

旅游业正在发展中。热带自然风光和内地印第安人村落对游客有很大吸引力。由于其土地大面积为森林所覆盖，大部分处于尚未开发之中，故而到这里旅行要冒一定的"风险"，也带有种种神秘色彩，不妨称之为"探险旅行"。旅行季节以 2～3 月或 8 月中旬～10 月为最佳。主要名胜有马罗尼河河畔的圣劳伦、马立巴瀑布等。

热带田园风光

法属圭亚那地区曾经是声名狼藉的恶魔岛，在 1945 年以前，法国将其国内重刑犯流放至这一地区做终生劳力。今天，这个小小的热带岛屿已成为一个著名的旅游胜地。

厄瓜多尔 /Ecuador

地理位置

厄瓜多尔位于南美洲西北部。东北与哥伦比亚毗连，东南与秘鲁接壤，西临太平洋。海岸线长 930 千米。赤道横贯国境北部（国名即西班牙语"赤道"之意）。

地形特征

西部沿海区有沿海平原和山麓地带，东高西低。中部山地有安第斯山脉纵贯南北，分为东、西科迪勒拉山脉，北高南低，多火山和地震。东部地区为亚马孙河流域的一部分。加拉帕戈斯群岛位于太平洋中，包括 17 个大岛和 100 多个小岛。

气候

东西部属热带雨林气候，山区盆地为热带草原气候，山区属亚热带森林气候。平均气温沿海为 23～25℃，东部地区 23～27℃。年平均降水量为 2 000～3 000 毫米，山区为 1 000 毫米。

自然资源

厄瓜多尔自然资源较丰富，石油探明储量为 35 亿桶，天然气储量 2 250 亿立方米，此外，还有金、银、铜、铁、锰、煤、硫磺等。森林覆盖率 42.5%。水力和渔业资源丰富，有珍奇的动物资源，被称为"活的自然博物馆"。

正式名称	厄瓜多尔共和国（The Repubic of Ecuador）
面　　积	256370平方千米
人　　口	1610万（2010年）
民　　族	印欧混血种人占41%；印第安人占34%；白种人占15%；其他人占10%
语　　言	官方语言为西班牙语；印第安人通用克丘亚语
首　　都	基多（Quito）
行政区划	22个省、215个市、1081个区
地理区	西部海岸低地、安第斯高地（山区）、东部低地、加拉帕戈斯群岛

经济

厄瓜多尔是南美地区经济相对落后的国家，工业基础薄弱，农业发展缓慢。经济发展分为3个时期：可可时期、香蕉时期和石油时期。厄瓜多尔以"香蕉之国"闻名于世，1992年起连续多年香蕉产量和出口量均居世界第一位。20世纪70年代，石油工业迅速发展，国民经济结构发生显著变化。

习俗

古朴的印第安人风俗　由于该国最早的居民是印第安人，所以某些印第安的风俗遗留了下来，如在天旱时节，所谓的"圣人"要点起蜡烛，然后把圣物运往"圣山"进行祈祷，希望上苍能普降甘露。庆生是指庆祝新生婴儿的仪式。一般在婴儿出生5天内，其父便带着族人，找一个白人做干爹。一个月后，就在干爹家里举行庆祝，新生儿还要去教堂洗礼。

厄瓜多尔黑母亲节　相传圣母玛利亚的乳娘是善良的黑人，是她引导印第安人和梅斯蒂索人去崇拜圣母玛利亚，所以为了纪念这个黑人乳娘，人们就把每年的9月定为黑母亲节，也称"圣母施恩节"。

主要城市

基多

基多是厄瓜多尔的首都。距赤道最近处24千米，是世界上离赤道最近，也是世界上第二高的城市。基多虽靠近赤道，气温却不高，全年平均只有17℃。基多是古代印加文化发祥地之一，仅次于南美洲古城库斯科。印第安人在此创造了相当高的文化，农业、手工业也都相当出色。最值得后人称道的是他们当时就测了赤道位置以及他们的建筑艺术。保留到今天的最古老的大教堂——圣弗朗西斯科就是印第安人的杰作。基多最为著名的莫过于它的赤道纪念碑，该碑位于城北24千米处，碑体高8米，用棕色花岗岩制成。碑身四面分别代表东、南、西、北四个方向，碑顶是石刻地球仪，摆放的位置是南极朝南，北极朝北，在地球仪的正中间，环绕着一条白线，代表赤道，把地球分成两部分。在碑身上这条白线又重复出现，如果把东、西两侧的白线延长过去就会在地球的另一面会合。这就是地球赤道线。后来经过科学测量，

科托帕希火山
高5897米，是世界最高的活火山。

这条赤道线略有误差。目前，该国政府已修建了新的赤道纪念碑，新碑高30米，坐落在一个直径10米的大圆盘上，这是世界上最精确的赤道标志。

旅游

厄瓜多尔历来重视旅游业，旅游业已成为其第四大创汇行业，约有50万人直接或间接从事旅游业。厄瓜多尔风光独具特色、多姿多彩，每年都吸引大量游客来此休假观光。主要名胜有基多、瓜亚基尔、昆卡、因巴布拉省、东部亚马孙河流域和加拉帕戈斯群岛（龟岛）。基多市、龟岛和昆卡市被联合国教科文组织列入《世界文化与自然遗产》名录。从该国北部港口城市圣洛伦索踏上该国国土后就可以开始一次铁路沿途观光游览。中途有极富情调的山野风光，有壮观的火山，还有郁郁葱葱的青山，山势变化莫测。中部小城安巴托设有市集，昆卡还有印加文化遗址和西班牙教堂。从昆卡往东行有萨利纳斯和彭提利亚海滨浴场，往西可搭乘小船去亚马孙河支流猎奇，寻找丛林印第安人的踪影。距该国大陆90多千米的太平洋中的加拉帕戈斯群岛被称为"活的生物进化博物馆"。由于岛上气候较复杂，聚集了世界上少有的奇花异草250多种，多种珍禽异兽上百种。只是岛上有名的巨龟就有14个品种，上万只，有"龟岛"之称。这里还能看到寒带动物企鹅、会哭的海狮、海豹、变异飞鸟等，令人目不暇接。

秘鲁 /Peru

地理位置

秘鲁位于南美洲西部。北邻厄瓜多尔、哥伦比亚，东接巴西，南接智利，东南与玻利维亚毗连，西濒太平洋。海岸线长2254千米。

地形特征

秘鲁具有各具特色的三大地貌。高

正式名称	秘鲁共和国（The Republic of Peru）
面 积	1 285 216 平方千米
人 口	3140 万（2015 年）
民 族	印第安人占 45%；印欧混血种人占 37%；白人占 15%；其他人种占 3%
语 言	官方语言为西班牙语；一些地区通用克丘亚语、阿伊马拉语和其他 30 多种印第安语
首 都	利马（Lima）
行政区划	全国共分 24 省和 1 个直属区（卡亚俄区）
地 理 区	海岸区、安第斯山区、东部山区（包含安第斯山麓及亚马孙盆地）

耸入云的安第斯山地占全国领土面积的21.6%，它雄踞中部，纵贯南北，由并行排列的南部山脉、中部山脉和西部山脉构成，平均海拔4300米。亚马孙河发源于此。

广阔无垠的亚马孙平原位于安第斯山东部，亚马孙河的上游，亦称东部亚马孙林区，占全国领土面积的62.7%，为全国最大的自然区域。其地势平缓，河网遍布，热带原始森林密集。

狭长如带的西海岸沙漠位于安第斯山的西部。濒临大西洋沿岸，亦称西部沿海区，占全国领土的11.2%。这里主要是狭长的干旱沙漠地带，也有断续分布的小块平原。

气候

秘鲁呈复杂多样的热带气候。全境从西向东分为热带沙漠、高原和热带雨林气候。年平均气温 12～32℃，中部 1～14℃，东部 24～35℃。

自然资源

矿业资源丰富，是世界 12 大矿产国之一，秘鲁主要有铜、铅、锌、银、铁和石油等，铋、钒储量居世界首位，铜居第三位，银、锌居第四位。森林覆盖率为 58%，面积达 7800 万公顷，在南美洲仅次于巴西。水力和海洋资源极为丰富。

经济

秘鲁为传统的农矿国，其经济严重依赖于当地丰富的矿产资源。农业受限于耕地缺乏，主要集中在海岸地区。制造业主要集中在首都利马以及主要港口卡亚俄地区，国内大部分制造业产品需进口。近年来，由于受气候的反常变化，其经济问题凸现，通货膨胀也日趋严重。

羊驼

羊驼是秘鲁的主要放牧家畜，秘鲁的羊驼毛被公认为世界上最好的羊驼毛。

太阳节

每年 6 月 24 日是秘鲁印第安人、克近亚人最重大的节日——太阳节。在这一天，人们在库斯科市近郊的印加遗址萨克瓦曼城堡举行仪式，祭奉太阳神。在号角声和欢呼声中，由族内最负盛名的人装扮成的印加国王虔诚地向太阳神敬献祭品，然后点燃大祭坛上的圣火，最后男女老少围着圣火跳起民间舞蹈，通常持续庆祝一周。

习俗

朝拜天国 在古都库斯科以东约 80 千米的冰上有块岩石，相传耶稣曾于 1780 年在这里显圣。后来印第安人把它奉为“圣石”，在其附近建造了一些圣祠、圣陵和神龛，岁岁朝拜，称作“朝拜天国”。

香蒲文明 秘鲁印第安人中有一支乌罗人，是世界上的原始民族之一。他们生活在世界上最高的淡水湖——的的喀喀湖畔，至今仍保持着自己独特的生产方式和生活习惯，创造了人类学家所称的“香蒲文明”。他们用香蒲在香蒲丛中堆起数十个“漂浮岛”。乌罗人就居住在这些散落在湖面上的漂浮岛上，每个“岛”上有 4～5 户人家。香蒲根和黄色的干香蒲均可食用。此外，乌罗妇女还有用香蒲草编织各种日用品及手工艺品。

坎帕人的聚饮会 坎帕人为秘鲁境内印第安人较大的部落之一，至今依然保持着传统的语言和古朴的生活习俗。他们靠采集、捕猎和经营小块种植园为生。嗜吃烟草和可可。坎帕人种植一种名叫"阿肖特"的灌木，其籽同动物脂肪一起碾碎后，便成了涂脸用的红色油彩。坎帕人的衣着装束也很奇特，身穿称作"库什马"的衣袍，头上插一根红色羽毛，鼻子上又横穿一根黄色羽毛，颈上挂着一个蜗牛壳，背上还挂着美丽的箭壳，箭杆长 1.5 米，用各种鸟类羽毛做箭尾。

四大民族传统节日 秘鲁人民保留着若干传统的民族节日，其中特鲁希略春节、普诺民俗节、印加里节和太阳节并称秘鲁人的四大民族传统节日。

主要城市

利马

利马是秘鲁的首都，全国最大的政治、经济、文化和交通中心，有"无雨之城"之称。利马地处秘鲁中部海岸，海拔 154 米，四周均为沙漠，是世界上建于沙漠地带的仅次于开罗的第二大城市。利马市保留着大教堂、弗朗西斯科寺、泰格尔塔宫等殖民时代的建筑物。位于市中心的圣马西广场，是热闹非凡的商业中心。利马又是全国最大的交通枢纽。公路网从旧城向四面八方延伸并与泛美公路连接。西接全国最大海港卡亚俄，国际机场就建于卡亚俄。利马还是全国最大的文化中心，这里建有国立圣马科斯大学等 12 所高等学府，"大学城"在市郊。利马的博物馆相当著名。如秘鲁黄金博物馆，收藏着 6 500 多年前印加时代的黄金工艺品，从这些贵重的金饰中可看出当时的印加文化已相当发达。

旅游

秘鲁是印加文化的发祥地，旅游资源丰富。2000 年，外国游客达 102.7 万人次，外汇收入 9.1 亿美元。

巴西 /Brazil

地理位置

巴西位于南美洲东南部。北邻法属圭亚那、苏里南、圭亚那、委内瑞拉和哥伦比亚，西界秘鲁、玻利维亚，南接巴拉圭、阿根廷和乌拉圭，东濒大西洋。海岸线长 7 400 千米。领海宽度为 12 海里，领海外专属经济区 188 海里。

正式名称	巴西联邦共和国 (The Federative Republic of Brazil)
面　　积	851.49 万平方千米
人　　口	20780 万（2015 年）
民　　族	白种人占 55%；黑白混血种人占 38%；黑种人占 6%；其他占 1%
语　　言	官方语言为葡萄牙语
首　　都	巴西利亚（Brasllia）
行政区划	全国共分 26 个州和 1 个联邦区
地 理 区	亚马孙平原，中部与南部高原，北部圭亚那高原

地形特征

全国分为四大地形区，即亚马孙平原、圭亚那高原、巴西高原和巴拉圭低地。亚马孙平原在圭亚那高原和巴西高原之间，占全国面积的 1/3，是世界上最大的冲积平原。圭亚那高原位于巴西的北部，占全国领土面积的 20%。南缘与赤道大致平行，是亚马孙河和奥里诺科河的分水岭。巴西高原位于亚马孙平原的南部，亦称中央高原，约占全国领土面积的 1/2。东部马尔山脉和曼提凯腊山脉高坡陡峭，急落入海，有"大悬崖"之称。巴拉圭低地位于巴西高原的西南方，也称潘塔纳尔平原，多为沼泽地。

亚马孙盆地中众多的水系资源

大量的矿物质养料随世界上最大的河流水系冲积带至亚马孙盆地，使得这里的雨林格外稠密茂盛。亚马孙河每年注入大西洋的水量相当于世界河流注入大洋总水量的 1/4。

气候

国土的 80% 位于热带地区，最南端属亚热带气候。北部亚马孙平原属赤道气候，年平均气温 27 ~ 29℃。中部高原属热带草原气候，分旱、雨季。南部地区年平均气温 16 ~ 19℃。

自然资源

巴西已探明铁矿砂储量 250 亿吨，品位多在 60% 以上，产量和出口量均居世界第一位。铝矾土和锰矿储量均居世界第三位。煤矿储量 230 亿吨，但品位很低。石油储量已探明 112.4 亿桶，油页岩相当于 15 亿桶石油。天然气 3290 亿立方米。森林面积 442 万平方千米，覆盖率为 57%。巴西木材储量 658 亿立方米，居世界第二位。水力资源丰富，水电占全国供电量的 86.5%。

经济

巴西经济实力居拉美首位，工业基础较雄厚。1999 年，工业产值占国内生产总值的 31.1%。主要工业部门有钢铁、汽车、造船、石油、水泥、化工、冶金、电力、建筑、纺织、制鞋、造纸、食品等。核电、通信、电子、飞机制造、信息、军工等已跨入世界先进国家行列。农牧业产值占国内生产总值的 9.1%。2000 年农业增长率为 2.9%。咖啡、甘蔗、柑橘产量居世界第一位，其中橙汁占世界市场的 85%。大豆产量为世界第二位，玉米居世界第三位。除小麦部分尚需进口外，粮食基本自给。畜牧业较发达。

习俗

巴西狂欢节　世界上最大的狂欢节，一般在每年 2 月中下旬举行，历时 3 天。节日期间举行盛大的群众性活动，全国都沉浸在欢乐的气氛中。大城市尤为热闹，而且各自都有独特的风格。

8 月 13 日的奇俗日　8 月 13 日不是巴西的节日，却是巴西人十分注重的奇俗日。巴西人认为 8 月 13 日是不吉利的一天，这一天人们处处事事都要加倍小心，并且要按照 13 条奇特的风俗习惯行事。

主要城市

巴西利亚

巴西利亚是巴西的首都。海拔 1100 米，巴西的首都、政治中心。巴西利亚经过精心规划，建成了集巴西现代建筑特色于一身的现代化城市。巴西外交部伊塔拉蒂宫的建筑风格别具一格，整座大楼群是钢架玻璃结构，尽显豪放气派。郊外有一个景色秀丽、截流 4 条河流汇合而成的巴拉诺阿人工湖。巴西利亚是巴西的交通中心，公路通往全国各地，火车通往圣保罗和里约热内卢，与国内和国外有定期航班。

圣保罗

圣保罗是巴西最大的城市，圣保罗州首府，拉丁美洲最大的工业中心。工业企业主要集中在圣保罗城及其附近的 30 余个市镇，统称"大圣保罗地区"。商业、金融业发达，设有国家、州、地方银行和国际银行。交通发达，公路、铁路四通八达。市内有著名的圣保罗大学、医科大学等高等专科院校，位于郊区的布坦坦毒蛇研究所是世界著名的毒蛇研究机构，饲养毒蛇用以研制抗毒血清和疫苗。圣保罗市有许多风景宜人、各具特色的公园。一年一度的狂欢节为圣保罗市吸引了来自世界各地的大批旅游者。

旅游

巴西为世界十大旅游创汇国之一，主要名胜有亚马孙海潮、里约热内卢、圣保罗、萨尔瓦多的教堂和古老建筑、巴西利亚城、伊瓜苏瀑布和伊泰普水电站、玛瑙斯自由港、黑金城、巴拉那石林和大沼泽地等。

玻利维亚 /Bolivia

地理位置

玻利维亚是位于南美洲中部的内陆国。东北与巴西为界，东南毗邻巴拉圭，南邻阿根廷，西南邻智利，西接秘鲁。

地形特征

玻利维亚的地势西高东低。东部和东北大部分地区为亚马孙河冲积平原，约占全国面积的 3/5，还有部分沼泽和热带雨林；中部为安第斯山东坡山麓地带的山谷地区；西部为高原，海拔 1 000 米以上，有"南美屋脊"之称，被称为阿蒂普拉诺高原，长达 800 千米。

耶稣救世主雕像及其脚下的科帕卡巴纳海滩
耶稣救世主雕像位于海拔 787 米的科尔科瓦多峰顶，是为了纪念巴西共和国独立 100 周年而建造的，他俯瞰着形似弯弓的美丽海滩——科帕卡巴纳海滩。

正式名称	玻利维亚共和国（The Republic of Bolivia）
面　　积	1 098 581 平方千米
人　　口	1070 万（2015 年）
民　　族	其中印第安人占 54%；印欧混血种人占 31%；白人占 15%
语　　言	官方语言为西班牙语；主要民族语言有克丘亚语和阿伊马拉语
首　　都	法定首都（最高法院所在地）：苏克雷（Sucre）；政府、议会所在地：拉巴斯（La Paz）
行政区划	全国共分为 9 省
地 理 区	西部高原区；东部为低地，中部为谷地

气候

玻利维亚气候冷热悬殊。东部和中部为热带草原气候，西部过渡到亚热带气候，内陆高原为山地气候。年平均气温平原地区为 25℃，谷地为 18℃，高原地区为 10℃。

自然资源

矿产资源丰富，主要有锡、锑、钨、银、锌等。锡的储量占发达国家的 1/4，铁储量在拉美仅次于巴西。石油探明储量为 9.29 亿桶，天然气为 1.48 万亿立方米。森林覆盖面积为 50 万平方千米，占国土面积的 48%。

经济

玻利维亚是世界著名的矿产品出口国，工业不发达，农牧产品可满足国内大部分需求，为南美贫穷的国家之一。1985 年以来，历届政府推行新自由主义经济政策，稳定宏观经济，调整经济结构，减少国家干预并通过立法对主要国有企业实行资本化（即私有化）。经济改革取得一定成效，国民经济保持一定增长，通货膨胀得到遏制。

习俗

土著居民依然生活在印加时代以前就已形成的共同组织"艾育"（村社）之内。"艾育"的守护人祭是印第安人最隆重的祭典。许多人终年都在为这次庆典奔忙，祭典的前一天晚上，来自各地的客人陆续到达。祭典开始后，伴着笛声、鼓声，各个共同组织的舞蹈团体陆续上场，跳起表现狩猎的舞蹈，彼此竞争，通宵达旦。

主要城市

苏克雷

苏克雷是玻利维亚独立初期的首都，今为玻利维亚法定首都，最高法院所在地。苏克雷位于雷阿尔山脉及科恰班巴山脉之间的高原上，海拔 2 790 米。1900 年，玻利维亚政府中的部分人提议将首都迁往拉巴斯，另一部分人坚决反对，最后采取了折中的办法，将中央政府、总统府、议会厅迁往拉巴斯，最高法院留在苏克雷。于是，拉巴斯成为玻利维亚的实际首都，而苏克雷成为法定首都。市区内保留着圣拉沙罗等古老的教堂，以及许多宫殿式建筑。尤其是普拉沙玛幼尔中央广场附近，至今仍遗存殖民时代的风格。

旅游

旅游基础相对落后。近年来政府重视发展旅游业，5～10 月是旅游的最佳

的的喀喀平原上的艾马拉人在晒制马铃薯
艾马拉人居住在土地贫瘠、气候恶劣的地区，主要种植马铃薯、块茎落葵、玉米、豆类、大麦和小麦，使用巨大的香蒲筏捕鱼。

时期。拉巴斯是最值得去的地方，在那里可以游览美丽别致的市容，参观圣劳济修道院和圣托德敏哥教堂等。前往蒂瓦纳库城的遗址，便可看到印加时代的雄伟建筑。的的喀喀湖也是必游之处，在这世界最高最大的淡水湖上，有 30 多个小岛，其中太阳之岛和月之岛最为有名。高 4.5 米的太阳之门，耸立在的的喀喀湖边的台地上，这是印加帝国的遗迹。其他还有科恰班巴殖民遗迹、波托西城耶稣传教区和亚马孙河流域地区等。

智利 /Chile

地理位置

智利位于南美洲西南部，安第斯山脉西麓。东邻阿根廷，北接秘鲁、玻利维亚，西濒太平洋，南与南极洲隔海相望。海岸线总长约 1 万千米。智利是世界上形状最狭长的国家，南北长 4352 千米，东西宽 96.8 ～ 362.3 千米。

地形特征

智利地形大致由三列南北走向的并列带构成。东部西安第斯山脉，占智利宽度的 1/3，由北向南分三部分：宽阔高原、中部较窄高原、南部安第斯山区。这里许多山脉都在 5000 米以上，多火山。西南海岸山脉可分为北部海岸与南部海岸。北部海岸较平直，南部海岸较曲折。麦哲伦海峡是世界上最曲折的海峡。中部谷地地势低平，位于国土中央。

正式名称	智利共和国 (Republic of Chile)
面　积	756 626 平方千米
人　口	1790 万 (2015 年)
民　族	印欧混血种人 75%；白人 20%；印第安人 4.6%；其他 0.4%
语　言	官方语言为西班牙语；在印第安人聚居区使用马普切语
首　都	圣地亚哥 (Santiago)
行政区划	全国划分为 15 个大区，下设 51 个省和 346 个市
地理区	北部沙漠，中央谷地，西部海岸山脉，东、西安第斯山脉，岛屿区，太平洋上的海外领土

气候

智利根据气候可分为北、中、南 3 个明显不同的部分：北部是干燥的热带沙漠气候；中部是冬季多雨、夏季干燥的亚热带地中海式气候，年均降水量 300 ～ 500 毫米；南部为多雨的温带阔叶林和寒带草原气候，年均降水量 2000 ～ 4000 毫米。年均最低和最高气温分别为 8.6℃和 21.8℃。

自然资源

矿藏、森林和水产资源丰富，智利以盛产铜闻名于世，素称"铜之王国"，已探明的铜蕴藏量达 2 亿吨以上，居世界第一位，约占世界储藏量的 1/3。铜储量、产量和出口量均为世界第一。硝石产量也居世界首位。森林覆盖率为 28%，盛产温带林木，木质优良，是拉美第一大林产品出口国。

智利中南部地区的湖光山色

经济

农业发展缓慢，粮食不能自给，为世界上较大的水果出口国之一。全国主要农作物播种面积75.1万公顷。工矿业是国民经济的命脉。工矿业占工农业生产值的60%。电力工业也发展迅速。智利属于中等发展水平国家，20世纪80年代起，实行对外开放的自由市场经济政策，1984年以来经济连续15年以年均6.5%的速度增长，被世界银行和西方国家誉为拉美经济发展的样板。

习俗

在每年的除夕，智利人照例都不睡觉，无论男女老幼，都穿上五彩缤纷的新衣服，等候新年的来临。当教堂的钟声一响，大家就三五成群蜂拥到公园，一边自由地跳起民间流行的各种舞蹈，一边燃放鞭炮和烟火，直到天亮。智利民间流行一种民间舞蹈，叫"奎格"舞，它是一种两人对跳的舞蹈。一男一女都穿着色彩艳丽的民族服装，男的手里拿着白手绢，弯曲着腿跳舞。

主要城市

圣地亚哥

圣地亚哥是智利的首都，全国政治、经济、交通、文化中心和最大的现代化城市。圣地亚哥地处沿岸山脉和安第斯山脉之间的河谷平原，兵器广场是其心脏地带。兵器广场的东面是巴克达诺广场，梅尔塞德大街把两个广场连接起来。在巴克达诺广场矗立着巴克达诺将军铜像和无名战士墓。圣地亚哥市区东端的圣卢西亚山负有盛名，甚至成为

首都圣地亚哥的高楼

圣地亚哥的标志。圣卢西亚山东侧是巴尔迪维亚广场，广场上设有喷泉，竖立着巴尔迪维亚的青铜塑像。圣地亚哥东部不远是世界闻名的滑雪胜地，这里的高山、冰湖所提供的冬季滑雪条件，并不亚于阿尔卑斯山和落基山脉。

旅游

智利政府重视发展旅游业。除原有的海滨和南部的风景区外，近几年又投资开发了一些新的旅游景点，进一步完善旅游服务设施，如建造滑雪中心、组织南极观光和国际音乐会等。主要名胜有复活节岛、圣卢西亚山、托洛洛山和泛美天文台等。

阿根廷 /Argentina

地理位置

　　阿根廷位于南美洲东南部，东濒大西洋，南与南极洲隔海相望，西邻智利，北与玻利维亚、巴拉圭交界，东北与乌拉圭、巴西接壤。南北长3700千米，东西最宽处为1500千米，最狭处仅20千米。

地形特征

　　地形复杂多样，地势西高东低，安第斯山脉坐落在西部，纵贯南北3000多千米。它的北端是亚他加马高原，其间有许多盐湖。东部雷亚尔山脉，高度在6000米以上。东部为大片冲积平原；中部和东南部为潘帕斯大草原，地势低平，土地肥沃；北部为格兰查科平原，多沼泽洼地；南部是巴塔哥尼亚高原；东北沿岸为平原地区。火地岛是南美洲

伊瓜苏瀑布
地处阿根廷和巴西的边界位置，在阿根廷境内可以看到圣马丁、博塞蒂等部分，而在巴西境内则可以看到本雅明康斯坦特、德奥多罗等。瀑布为马蹄形，宽4000米，是尼亚加拉瀑布宽度的4倍。

正式名称	阿根廷共和国（Republic of Argentina）
面　　积	278.04万平方千米
人　　口	4340万（2015年估）
民　　族	多属意大利和西班牙后裔，其中白种人占95%
语　　言	官方语言为西班牙语
首　　都	布宜诺斯艾利斯（Buenos Aires）
行政区划	全国划分为24个行政单位。由23个省和联邦首都（布宜诺斯艾利斯市）组成
地理区	西部为安第斯山脉；东部为冲积平原；中部和东南部为大草原；北部为平原，多为沼泽地；南部为高原；东北沿岸为平原地区

最南端的岛屿。

气候

　　北部属热带气候，中部属亚热带气候，南部为温带气候。年平均气温北部为24℃，南部为5.5℃。

自然资源

　　矿产资源丰富，主要有石油、天然气、煤炭、铁、银、铀、铅、锡、石膏等。水力资源丰富。森林面积占全国总面积的1/3左右。沿海渔业资源丰富。

经济

　　阿根廷是拉美国家中经济较发达的国家之一，人均国内生产总值列拉美第四位。农牧业发达，是世界粮食和肉类的重要生产国和出口国。畜牧业占农牧业总产值的40%，全国牲畜的80%集中在潘帕斯大草原。渔业资源丰富。工业较发达，门类较为齐全，主要有钢铁、电力、汽车、石油、化工、纺织、机械、食品等，产值占国内生产总值的1/3。钢产量曾达700万吨，居拉美第三位。食品加工业较先进，主要有肉类加工、乳制品和酿酒等，是世界上葡萄酒主要生产国之一。核工业发展水平居拉美前列，现拥有3座核电站，能独立生产浓缩铀。机器制造业具有相当水平，生产的飞机已打入国际市场。

潘帕斯草原
潘帕斯地区面积广阔，土壤肥沃，气候湿润，是阿根廷境内主要的牧场。

习俗

欧式的生活习俗　阿根廷人多属意大利和西班牙血统，因而是一个十分欧化的国家。

高乔人的服装　在阿根廷现有民族中，高乔人的服装最为华丽且最具有民族色彩。他们穿着肥大的灯笼裤、方格细布做成的短衣，腰系宽皮带，短衣上面披一斗篷，脖子上围着围巾，脚穿草鞋或软皮鞋。

白色校服　外国游人来到阿根廷的各级城市，会不自觉地发现中小学生都穿着统一制作的白色校服。这种校服用白色亚麻布制成，男生要穿到小学毕业，女生要穿到初中毕业。

新年　阿根廷人爱水，把水作为圣洁的象征。元旦这天，人们举家去江边河畔，将鲜花瓣撒入水中，然后跳进"花海"中，洗"新年浴"，以求灵洁和安康。

克丘亚人的土地妈妈节　图库曼省山区的克丘亚人每年9月28日举行庆祝活动，庆祝他们心目中万能的上帝——土地妈妈。

葡萄节　每年2月22日～3月9日为传统节日——葡萄节。节日以全国选美比赛为高潮，有近6万人参加选美比赛，经多次预选，最后选出葡萄女王皇冠的获得者。

主要城市

布谊诺斯艾利斯

布谊诺斯艾利斯是阿根廷的首都，全国政治、经济、文化中心，是南美洲最大、最繁华的城市，多年来一直享有"美洲巴黎"之美称。在这里看不到黑人和印第安人，全市98%的居民是欧洲人的后裔。城区有西班牙人150万，被称为仅次于马德里和巴塞罗那的世界第三个西班牙人最多的城市。"5·25"广场是城市的核心，许多著名大街呈辐射状从广场延伸出去。其中为纪念1816年7月9日阿根廷独立兴建的"7月9日大街"，街宽130米，堪称世界最宽的街道。市区的另一条街道——瓦达维亚街，穿过100个街区，全长37千米，是世界上最长的街道。

布宜诺斯艾利斯街景

"5·25" 广场以北是商业区。号称 "南美百老汇" 的佛罗里达大街，全长近 2 千米，是一条步行商业街。

布宜诺斯艾利斯还是南美洲重要的文化中心，它设有许多大学、科学院及其他科研机构。最著名的布宜诺斯艾利斯大学就设在这里。这里的科隆大剧院建于 1889 年，其建筑规模仅次于纽约大都会歌剧院和米兰的拉·斯卡拉剧院，名列世界第三。布宜诺斯艾利斯又是阿根廷最重要的工农业产地。这里出产着全国 80% 的牛肉、小麦、玉米和大豆。该城南部的博加区还是世界著名的 "探戈" 舞曲的诞生地，在这里，人们不仅可以伴着优美的舞曲尽情欢跳，还可品尝到阿根廷著名的醇香而带有苦涩的马黛茶。

旅游

近几年来，阿根廷已成为南美最大的旅游国家。阿根廷境内有终年白雪覆盖的高山，也有四季常青的平原，有干燥酷热的沙漠，也有清爽潮湿的海滩，如果去南部的巴塔哥尼亚某地旅游，

冰川国家公园
地处安第斯山，环绕阿根廷湖和别德马湖向西延伸部分，临智利边界。

即使是夏季也要带着棉衣才行。总地说来，阿根廷夏季湿度高，冬季寒冷。主要的名胜有南美洲自然奇观——伊瓜苏瀑布、西部圣克鲁斯省内的冰川国家公园等。

巴拉圭 /Paraguay

地理位置

巴拉圭是南美洲的内陆国家，北邻玻利维亚，东与巴西接壤，西和南毗连阿根廷。地处普拉塔平原北部，被巴拉圭河分为东西两部分。东部是巴西高原的延伸部分，多丘陵、沼泽和波状平原；西部地区是大查科草原的一部分，大部分为原始森林和草原。北部属热带草原气候，南部属亚热带气候，西部大查科草原夏季多雨。

自然资源

巴拉圭盐矿石和石灰石储量较大，还有少量铁、铜、锰、铁钒土、云母、铌、石油、铝矾土等。水力资源丰富。原始森林占森林面积的 54%，出产珍贵的硬质木材。

正式名称	巴拉圭共和国（Republic of Paraguay）
面　　积	40.68 万平方千米
人　　口	664 万（2015 年）
民　　族	95% 为印欧混血种人；其余为印第安人和白种人
语　　言	官方语言为西班牙语和瓜拉尼语
首　　都	亚松森（Asuncion）
行政区划	全国划分为 17 个省和 1 个特别区（首都亚松森）
地 理 区	东部为平原、丘陵和高原，西部为草原

巴拉圭水力资源丰富，大多数城市多利用水力发电。

经济

农业是国民经济的主要支柱。全国 40% 的经济自立人口从事农业生产，农产品占出口商品的 74%。森林面积占国土面积的 51%，集中在格兰查科地区，由于运输条件和资金、技术等原因，大部分木材资源未能充分开发利用。

巴拉圭工业基础薄弱，是拉美落后的国家之一，仅有一些向国内市场供应基本消费品的轻工业和农牧产品加工业。主要经济活动集中在首都和东方市。

习俗

在巴拉圭，据说雪茄烟有降低食欲的作用，深受巴拉圭妇女，尤其是减肥者的喜爱。元旦前 5 天为冷食节，这期间不能生火做饭，只能吃冷乳等，新年钟声响过之后开始点火做饭，庆祝新年。在巴拉圭，客人到来，主人必定沏一壶浓香的马黛茶请在场的人喝。马黛茶已成了友谊的象征。

主要城市

亚松森

亚松森是巴拉圭的首都，地处巴拉圭河和比可马约河汇合处，靠近阿根廷边界，至今仍保留着西班牙式的建筑，地理环境比较好，适宜居住，巴拉圭人民称其为"森林与水之都"。亚松森是全国的大都市，也是全国的政治、经济、文化中心，又是全国的交通枢纽。全国大部分的工业、农业都集中在其周围，现在已成为纺织、香烟、食品加工、炼油的中心。亚松森还是全国的重要港口，全国大部分农产品都经此港输出。

旅游

旅游业是巴拉圭外汇收入主要来源之一。国外旅游者主要来自阿根廷和巴西。旅游佳期为每年的 5 ~ 9 月。主要名胜有亚松森、巴拉圭河以西大峡谷平原、伊帕卡拉伊湖等。

乌拉圭 /Uruguay

地理位置

乌拉圭位于美洲东南部乌拉圭河与拉普拉塔河的东岸，北邻巴西，西接阿根廷，东南濒大西洋，为南美洲面积较小的国家之一。海岸线长 660 千米。

地形特征

境内地势北高南低，起伏和缓，多为丘陵和草原，平均海拔 116.7 米，仅北、东部有低山、丘陵分布，平均海拔不足 600 米。西南部是拉普拉塔平原的一部分；南部和东部为潘帕斯草原；东

正式名称	乌拉圭东岸共和国 (Oriental Republic of Uruguay)
面　　积	176 215 平方千米
人　　口	343 万（2015 年）
民　　族	其中白人占 88% 以上，印欧混血种人占 8%
语　　言	官方语言为西班牙语
首　　都	蒙得维的亚（Montevideo）
行政区划	分为 19 个省
地 理 区	西南部为平原区，南部和东部为草原，东北部为山地

北部有山地，最高峰卡特德拉山，高514米。沿海多潟湖。

气候

乌拉圭属亚热带海洋性气候。气温大致为17～20℃，降水量由南向北递增，即850～1300毫米，平均降水量1000毫米左右。

自然资源

乌拉圭盛产大理石、紫水晶石、玛瑙、乳白石等。已探明有铁、锰等矿藏。林业和渔业资源丰富，盛产黄鱼、鱿鱼和鳕鱼。

经济

乌拉圭是一个农牧业国家，可耕地和牧场面积占国土面积的90%。农牧业劳动力约占全国劳动力的15%。农作物以稻米为主。大部分供出口，现已成为世界第六大稻米出口国。畜牧业占重要地位，肉类、羊毛、皮革等传统产品出口约占出口总额的2/3。工业不发达，以农牧产品加工业为主，包括肉类加工、榨油、酿酒、面粉、牛乳、干酪加工等，其次是纺织业，主要加工羊毛、生产棉纺和化纤产品。近年加工工业和制造业有所发展。能源不能自给。石油全部依赖进口。

习俗

乌拉圭虽城市化程度高，但在民间则保留着有浓厚田园气息的习俗。来自牧区的高乔人的精湛马术和驯牛在各种庆典中最受欢迎。狂欢节堪称拉丁美洲最热闹的节日。

主要城市

蒙得维的亚

蒙得维的亚是乌拉圭的首都，位于拉普拉塔河口北岸。"蒙得维的亚"一词源于葡萄牙语，意思是"我看见一座山"。蒙得维的亚由旧城和新城两部分组成，近郊的卡拉斯科城、塞罗、拉米勒等地已并入市区，全市人口约133.41万。蒙得维的亚建筑业发达，以其构思巧妙、各具情趣的阳台而闻名，被称为"阳台王国"。蒙得维的亚是全国的经济、交通中心。全国约3/4的加工工业集中于此地，有食品、纺织、炼油、水泥、造船等工业。公路以及铁路通向全国主要城市和邻国巴西、阿根廷。蒙得维的亚是南美洲最好的天然港口，也是全国最大的港口，担负着全国对外贸易总额的90%。蒙得维的亚是全国最大的文化都市，有国家科学院和2所高等学府，其中包括共和国大学。

旅游

旅游业发达。乌拉圭政府重视发展旅游业，旅游收入成为国家主要的外汇来源之一，居外汇收入的第二或第三位。主要旅游胜地有令人神往的海滨浴场等。

欧 洲

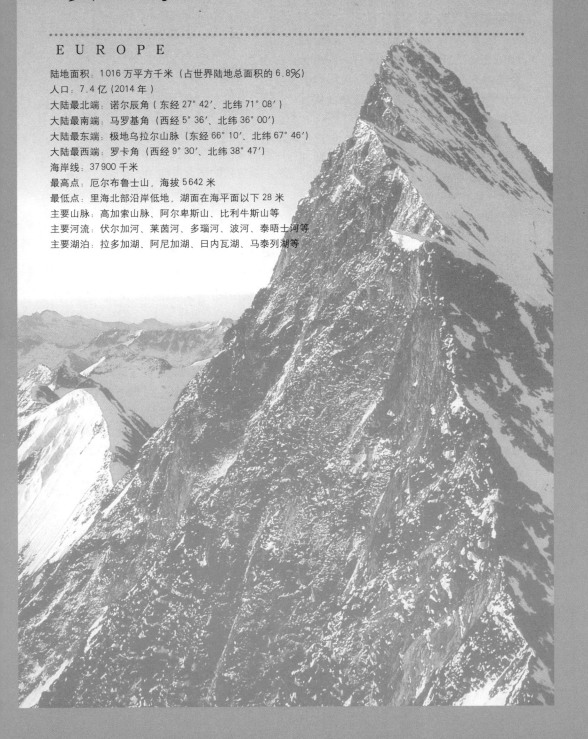

EUROPE

陆地面积：1016 万平方千米（占世界陆地总面积的 6.8%）

人口：7.4 亿（2014 年）

大陆最北端：诺尔辰角（东经 27° 42′、北纬 71° 08′）

大陆最南端：马罗基角（西经 5° 36′、北纬 36° 00′）

大陆最东端：极地乌拉尔山脉（东经 66° 10′、北纬 67° 46′）

大陆最西端：罗卡角（西经 9° 30′、北纬 38° 47′）

海岸线：37 900 千米

最高点：厄尔布鲁士山，海拔 5642 米

最低点：里海北部沿岸低地，湖面在海平面以下 28 米

主要山脉：高加索山脉、阿尔卑斯山、比利牛斯山等

主要河流：伏尔加河、莱茵河、多瑙河、波河、泰晤士河等

主要湖泊：拉多加湖、阿尼加湖、日内瓦湖、马泰列湖等

概况

地理位置及分布

欧洲是世界七大洲之一，面积1016万平方千米（包括岛屿），约占世界陆地总面积的6.8%。大陆海岸线长37900千米，是世界上海岸线最曲折复杂的一个洲。

欧洲全称"欧罗巴洲"，它位于地球上最大陆地的西北部，北濒北冰洋，西临大西洋，南滨大西洋的属海——地中海和黑海。南面的疆界是由地中海、黑海与高加索山形成的；西面是北大西洋及其东北沿线；北面是挪威海与巴伦支海；东面则是乌拉尔山、乌拉尔河与里海。具体来说，其西部和北部有着清晰的界线，即大西洋、挪威海和巴伦支海。在南部，地中海地区看似形成了一条同样清晰的界线，实际上山脉将地中海地区的欧洲和欧洲大陆的大部分地区隔开，因而该地区的气候和地形与北非和中东更为相似。地理上最含混不清之处在东部，欧洲和亚洲只是被低矮的乌拉尔山脉和较高的高加索山脉分离开来。传统上，我们认为欧洲东部以乌拉尔山脉、乌拉尔河、里海、高加索山脉、博斯普鲁斯海峡、马尔马拉海、达达尼尔海峡同亚洲分界。欧洲有着独特的地理位置、丰富的经济资源，以及众多的人口。

从地理学的角度和习惯，我们一般将欧洲分为东欧、中欧、北欧、西欧和南欧5个区域。

东欧

东欧包括爱沙尼亚、拉脱维亚、立陶宛、白俄罗斯、乌克兰、摩尔多瓦和俄罗斯的欧洲部分，这一区域的地形以东欧平原为主，但在东部边缘地带耸立着乌拉尔山脉，东南部分布着部分草原和沙漠。东欧地区南北跨度大，气候差异也比较大，北部沿海地区属寒带苔原气候，往南依次变暖，为温带草原气候和温带沙漠气候。欧洲第一大河伏尔加河纵贯本区，注入里海。

中欧

中欧地区在地理上指波罗的海以南、阿尔卑斯山脉以北的欧洲中部地区，主要包括的国家有波兰、捷克、斯洛伐克、匈牙利、德国、奥地利、瑞士、列支敦士登。本区的地形以山地为主，北部为平原地区。由于阿尔卑斯山脉及其支脉喀尔巴阡山脉等盘踞本区的南部，使得本区多冰川地貌。中欧的气候类型主要为温带阔叶林气候。主要河流有多瑙河，注入黑海。

北欧

北欧辖日德兰半岛、斯堪的纳维亚半岛一带，包括冰岛、法罗群岛（丹）、丹麦、挪威、瑞典和芬兰。此区地形以高原和丘陵为主，绝大部分属温带针叶林气候，仅大西洋沿岸地区因受北大西洋暖流影响，气候较温和，属温带阔叶林气候。

西欧

西欧为欧洲发达地区，地理上指欧洲西部濒临大西洋的地区和附近岛屿，包括英国、爱尔兰、荷兰、比利时、卢森堡、法国和摩纳哥。现在，我们通常把欧洲的发达国家统称为西欧。地理上的西欧地形以平原和高原为主，地处西风带内，绝大部分地区属海洋性温带阔叶林气候。

南欧

南欧地区一般指阿尔卑斯山脉以南

的巴尔干半岛、亚平宁半岛、伊比利亚半岛和附近岛屿，包括斯洛文尼亚、克罗地亚、南斯拉夫、波斯尼亚和黑塞哥维那、马其顿、罗马尼亚、保加利亚、阿尔巴尼亚、希腊、土耳其的一部分、意大利、梵蒂冈、圣马力诺、马耳他、西班牙、安道尔和葡萄牙。它的南面和东面临大西洋的属海——地中海和黑海，西濒大西洋，地形上以山地为主，大部分地区属亚热带地中海式气候。

地形地貌

　　欧洲地形呈现相当大的差异，有低于海平面须筑堤以防止洪水的平原，也有高耸的山群。排列在欧洲南部的是年轻而高低不平的山脉。平原与群山之间高度的差距为3350米，高低不平的山构成法国南部的地中海岸。比利牛斯山向东南延伸并形成意大利的背脊。阿尔卑斯山先向北弯曲，再向东沿着意大利、法国、瑞士与奥地利等国的边界伸展。阿尔卑斯山的最高点是4810米，也就是位于法国、瑞士与意大利边境接合处附近的勃朗峰。

　　山脉结构分成两路向东延伸。一路形状如倒写的S字母，穿过捷克东部、波兰南部、罗马尼亚中部，以及保加利亚北部，最后到达黑海。另一路则沿着亚得里亚海向东南走，然后转向南方，而终于希腊南部。北部著名的有贝斯基德山、塔特拉山、喀尔巴阡山、外西凡阿尔卑斯山，以及保加利亚境内的巴尔干山。南部著名的有南斯拉夫境内的第拿里阿尔卑斯山与希腊的班都斯山。高加索山在欧洲最南端的部分，由黑海伸展至里海。这些山脉组成了一排背脊，如同一座墙般地从一个海连到另一个海，形成北翼的山脉是平行却不连续的

瑞士的阿尔卑斯山区

排列。侧面山脉中一排比其他山脉高，而且还包括好几座平均海拔高于4800米的高峰。由法国到里海虽然有无数的山路在其间，却没有南北走向的低地平原贯穿群山。山脉间的中断现象很明显，其间多由大块结实的高原连接起来。因此，西班牙的中央高地横行于比利牛斯山与内华达山之间，几乎填满了比利牛斯山与阿尔卑斯山之间大片的空地，而洛多皮山则接合班都斯山与巴尔干山之间的空隙。法国的隆河河谷提供阿尔卑斯山与中央高原之间的平原通道，而喀卡孙平原则提供中央高原与比利牛斯山之间的通道。除上述的通道外，从欧洲的地中海到西北欧之间则无直接的平原通道。达达尼尔海峡－马尔马拉海－博斯普鲁斯海峡是地中海到黑海之间的水路通道。多瑙河由于此处2次横切群山的阻碍，提供了间接的通道，一次在罗马尼亚西南方的铁门峡，另一次在维也纳，除此之外就只剩山间通道。从法国向东延伸到乌克兰北侧山系，是一条如带状的低山，包含高原、山坡及平原等，这就是著名的中俄罗斯高地。法国北部与比利时境内的亚耳丁高原，延伸到德国境内成为莱茵高地，这片高地形成欧洲西部的堡垒。显著的低山包括法国的佛日山、德国的黑森林以及围在捷克西南的波希米亚林山、厄尔士山与苏

台德山。从瑞士边境到德国的法兰克福与维斯巴登地区，还有介于佛日山与黑森林之间的地区，统称为中莱茵平原，而此区正是整条带状高原中最显著的低地。

欧洲重要的高地形成于北欧斯堪的纳维亚高原的背脊，并延伸到苏格兰与爱尔兰北部高原，以及乌拉尔山。这些高地突然由大西洋岸升起，西端边缘被冰河切成深谷，现在这些深谷已成为海湾；斯堪的纳维亚高原的最高点在南挪威，高 2468 米。乌拉尔山由西部渐渐升高，在北极圈南端达 1877 米。

大陆剩下的部分就是填满高原之间一连串的平原。南部地中海沿岸山脉的特色是，小平原后的背景是高山或高原，而且通常有一面通向海洋。例如西班牙的安达鲁西亚平原和法国海岸的米迪平原，从比利时境内不足 80 千米的宽度向东集中，到介于黑海与北极圈地区，达大陆最大宽度，超过 1930 米。从荷兰到比利时之间的平原区之外围部分，已被人工借抽水及筑堤方式填成海埔新生地。

河流与湖泊

欧洲的河流分布很均匀，河网稠密，水量较充足，多短小而水量充沛的河流。大多发源于欧洲中部，分别流入大西洋、北冰洋、里海、黑海和地中海，按流向可分为北冰洋－大西洋和地中海－黑海－里海两大流域。

最长的河为伏尔加河，长 3690 千米，此河起源于莫斯科西方，然后顺着宽广的流域向东注入里海。另外，顿河、第聂伯河与聂斯特河则向南注入黑海。莱茵河源于阿尔卑斯山，并向北注入北海，隆河则向南注入地中海。多瑙河源于黑森林，并向东南流入黑海。欧洲其他的主要河流有意大利的波河、西班牙的厄波罗河与瓜达几维河，西班牙与葡萄牙之间的瓜地亚纳河、太加斯河与斗罗河，法国的加伦河、罗亚尔河与塞纳河，英国的泰晤士河，德国的威悉河与易北河，德、波之间的奥得河，还有波兰的维斯杜拉河。欧洲境内许多可通航的河流，因此内陆的水运在欧洲比在其他大陆重要。

欧洲是一个多小湖群的大陆，湖泊多为冰川作用形成，如芬兰素有"千湖

莱茵河畔

之国"的称号，全境大小湖泊有 8.7 万个以上，内陆水域面积占全国总面积的 9%。阿尔卑斯山麓地带分布着许多较大的冰碛湖和构造湖，山地河流多流经湖泊。欧洲的主要湖泊分布在 2 个地区。一个湖泊区是经由大陆性的冰河作用后而发展出来，由斯堪的纳维亚延伸到俄罗斯北部、瑞典、芬兰以及卡累洛芬自治区等地，布满了上千个湖泊。最大湖拉多加湖与阿尼加湖则分别位于列宁格勒的北面与东面。另一个湖泊区是沿着阿尔卑斯山边缘，在冰河作用冲刷过的山脉以及被这些山封闭的低地范围。此区较大的湖有瑞士的日内瓦湖、纽沙特湖、琉森湖与苏黎世湖，介于德国、奥地利之间的马秦列湖与卢加诺湖，还有意大利境内的科木湖与加尔达湖等。

气候

欧洲位于中纬度，西边是海。海岸线受海水作用的影响而形成锯齿状，而海洋是控制气候的主要原因。受海洋影响，欧洲气候温和、降雨充沛，相对湿度高并且多云，这一现象包括阿尔卑斯山北方的内陆区。欧洲大陆东边降雨量则少，相对湿度低，天空晴朗，这一气候现象广及欧亚交接的广大山麓地区。这些影响沿着南北向呈带状分布，并且穿过挪威、丹麦与德国。阿尔卑斯山南面山区移动性的季节以亚热带高压系统为主，因此此区的雨量随着季节而有显著的不同，冬季多雨，夏季则干旱。

夏季最高温是在地中海区。雅典 7 月的平均温度是 27℃，西班牙格拉那达为 25℃，而意大利的都灵为 23.5℃。夏季平均温度向北方及沿岸地区逐渐下

降，挪威的特浪索与瓦尔多 7 月的平均温度约为 11℃ 与 9℃。冬季时，温度由欧洲大陆西南向东北逐渐下降；因此葡萄牙的里斯本 1 月的平均温度为 10.5℃，俄罗斯的阿干折同月份的平均温度却是 −14℃。大西洋沿岸冬天的平均温度颇高，例如挪威境内的北极圈沿岸冬季并不比纽约市冷。降雨量多集中在大西洋与地中海沿岸地区，而西北海岸的岛屿降雨量也不少，例如不列颠群岛。西北岸的降雨量多超过 2 000 毫米，降雨量逐渐往东南方的黑海递减。

自然资源

欧洲的自然资源主要有森林资源、海洋渔业资源以及矿物资源。

欧洲（包括俄罗斯全部）的森林面积约占全洲总面积的 39%，占世界总面积的 23%。欧洲各国都有林地，但是全部森林面积的 3/8 集中在挪威、瑞典与芬兰境内。瑞典是欧洲主要的木材、纸浆与纸类出口国。而芬兰的经济收入也相当依赖森林工业。北欧大部分的木材工业都集中在河口地区，为的是方便收集由砍伐地向下游漂流的木材，以供出口。瑞典的巽兹瓦与俄罗斯的阿干折彼此竞争以成为世界最大的木材出口港，而克密与萨普斯堡分别是芬兰与挪威最重要的木材中心。法国西南的雷德兰是欧陆主要的松节油与树脂生产地。

欧洲西部沿海为世界著名渔场，约占世界沿海渔场总面积的 32%，主要有挪威海、北海、巴伦支海、波罗的海、比斯开湾等渔场。盛产鲭鱼、鳕鱼、鲑鱼、鳗鱼、沙丁鱼和金枪鱼等。欧洲捕鱼量约占世界的 30%，捕鱼量最多的国家为俄罗斯和挪威，其次为西班牙、丹

麦、英国和冰岛等。

欧洲是世界主要的矿产与电力区。煤的产量为世界第一，主要分布在乌克兰的顿巴斯、波兰的西里西亚、德国的鲁尔和萨尔、法国的北部、英国的英格兰中部等地，这些地方均有世界著名的大煤田。英国拥有最大的烟煤产量，电力能源仅次于北美洲。法国、瑞典与英国是铁矿主要生产国。石油主要分布在喀尔巴阡山脉山麓地区、北海及其沿岸地区。其他比较重要的还有天然气、钾盐、铜、铬、褐煤、铅、锌、汞和硫磺等。阿尔巴尼亚的天然沥青世界著名。

经济

在 20 世纪五六十年代，随着西欧的"欧洲经济共同体""欧洲自由贸易协会"，以及"东欧的经济互助委员会"等组织的产生，欧洲在经济结构上开始革新。在这之前，欧洲各国共同的目标是经济的自治或自给自足。事实上，这对各国来说，是一个不实际而且不可能实现的目标。在各国相互依赖的情形下，与其各国重复地进行既昂贵又不经济的努力，不如促进真正专业化的发展，使欧洲潜在的资源能以更实际的方式做合理的开发。各地区把精力集中在他们最擅长又最经济的活动上，也就是从事在其他地区已逐渐减少或废止，但相比之下对自己有较高价值的活动。

欧洲农业是世界上最密集而且最具效率的农业，马铃薯、裸麦与大麦的产量均为世界第一。不过不同的地区，农业密度与效率不完全相同。首先，北海沿岸的各国有每英亩最高的谷物产量，每头家畜最高的牛奶与肉品产量；东欧与南欧的农业集体化经济生产则比较逊色，因其土壤经几世纪的利用而枯竭，

或因水分不充分无法生产出高经济的农作物；地中海地区强调的是专业化生产的水果与蔬菜产品，包括柑橘类与葡萄。其次，西欧、中欧与东欧大多数地区的农业经济形态为混合谷物种植与家畜蓄养的形式。而北欧则以饲草与日常的农作为主。

欧洲的工业比较发达，尤其是制造业，不过在原料上严重依赖进口。目前，西欧已经进入后工业化经济结构，主要是依靠一系列服务性行业和制造高质量机械和金属产品、汽车、飞机、计算机以及消费电子产品等。但在东欧，各国的工业仍然比较落后，主要是依赖基础重工业、纺织业和原材料加工业，服务性行业规模依然很小。

从贸易上来看，欧洲约占世界贸易总量的一半，欧洲经济区也是全世界最大的自由贸易集团。进口主要以食品、石油和各种原材料为主；而出口产品则种类繁多，包括机械、汽车、电子产品、化学产品和纺织品等。

人口

欧洲人口在 18 世纪时占世界人口的 16%，到 19 世纪上升到 18%，但到 20 世纪中叶后，又逐渐下降。据 2014 年统计，欧洲共有人口 7.4 亿，约占世界人口的 11.5%，城市人口约占全洲人口的 64%，在各洲中次于大洋洲和北美洲，居第三位。欧洲是世界上最发达的地区，人口再生产类型已完成了高出生率、高死亡率、高增长率向低出生率、低死亡率、低增长率的人口过渡，是世界上人口增长率和总和生育率最低的地区。据联合国预测，到 2025 年，欧洲人口将下降至 7.023 亿。欧洲是人口密度最大

的一个洲。特别是欧洲西部，即莱茵河中游谷地、巴黎盆地、比利时东部和泰晤士河下游地区，每平方千米达到200人以上。东欧是欧洲人口最多的地区。

种族与民族

欧洲居民中绝大部分属欧罗巴人种，即白种人。第二次世界大战后，黑种人、黄种人及各类混血种人不断进入欧洲，使欧洲的民族构成发生了很大变化，但从人口的绝对数看，仍以白种人为主。

欧洲的民族比较复杂，有70多个，主要可以分为斯拉夫民族、日耳曼民族、盎格鲁—撒克逊民族、拉丁民族、维京民族、犹太民族与吉普赛人。斯拉夫民族主要分布在东欧及东南欧，是俄罗斯等国的主体民族；日耳曼民族主要分布在中欧，是德国、奥地利等国的主体民族；盎格鲁—撒克逊民族主要在英国

吉普赛人纪念其主保圣人萨拉

吉普赛人原住印度北部，属浅黑型的类高加索人，他们自称罗姆人，意为男人。吉普赛人一般过着四处流浪的生活，因此他们成为传播民间信仰与习俗的载体之一。每年5月和10月，世界各地的吉普赛人便聚集在法国南部普罗旺斯的小村庄滨海圣玛丽，向他们的主保圣人萨拉表示敬意。

及爱尔兰岛；拉丁民族主要分布在南欧跟西南欧，如西班牙、意大利等国的主体民族；维京民族主要分布在北欧，如挪威等国的主体民族；犹太民族与吉普赛人分布在欧洲各国。 其中绝大多数的民族人口数量都很大，很小的部落或少数民族几乎没有。

语言

大部分的欧洲人都说印欧语系的语言，例如最早的拉丁文、希腊文、印度的梵文和波斯文等，这些语言均源自原始印欧语。从原始印欧语族分出3支语族：日耳曼语族、罗曼语族和斯拉夫语族，构成分布于欧洲最广的语言。除了以上3种语系之外，另外仍有许多其他的印欧语言，以及非印欧语族的语言。

宗教

欧洲约65%的居民信奉基督教。其中，罗曼语族的国家，如意大利、西班牙和法国以及爱尔兰、波兰、乌克兰和中东欧的其他一些地方，主要为天主教徒，约占34%；英国和中北欧地区则为基督教新教徒，约占11%；在俄罗斯和巴尔干部分地区，东正教占有绝对优势，约占16%，另外圣公会约占4%。

文化艺术

在漫长的人类历史发展过程中，欧洲人民所做出的贡献是不可磨灭的。这些贡献包括先进的思想，如古希腊哲学、共产主义思想；也包括一批又一批革命家推动社会进步的重大社会创举，如宗教改革等；也包括大批科学家在科技领域的重大发现、发

明和创造；还包括一大批作家、诗人、音乐家向世界文学艺术殿堂提供的辉煌灿烂的文学艺术珍品。总之，欧洲人民在文学、绘画、建筑、音乐等方面都取得了非凡的成就。

文学

欧洲文学始自荷马史诗，其中对人类生活的有种种戏剧性的描述。伟大的诗人如维吉尔、但丁、乔叟和弥尔顿，都是荷马的继承者。

与其他文学相比，欧洲的文学传统以戏剧性铺陈的叙述文为主。中国诗纯属臆想，印度文学则以神秘史诗、赞美诗、宗教文献及普遍的神秘主义为特色。希腊人用诗来表达情感，例如忒奥克里托斯的田园诗、阿那克里翁的歌颂、感伤的叙述性墓志铭和挽歌，这些都深深融入日常欧洲语言文学中，希腊也是后代文学家、自传学家与戏剧专家等的始祖典范。文学批评的论文源于亚里士多德的《诗学》及伊索的寓言。想象的冒险故事、讽刺的对话与故事，在塞万提斯、海涅的笔下发挥得淋漓尽致，此类文风亦是源自希腊的讽刺文作家卢奇安。出现于18世纪的小说是十足的欧洲产物。中国和日本文学中，有一些作品可被视为小说，但是只有欧洲小说表达了对个人困境的分析。此种人类冒险的尊严与悲剧性之精神，也表现在所有欧洲语言中的十四行诗、悲剧、喜剧及散文等多种文体中。

绘画

在绘画方面，欧洲并没有吸收外来风格。欧洲艺术的特殊处即在其涉及许多层面——宗教、人文、讽刺、形上和纯物质。而在其文学传统中，人类的苦难对欧洲艺术贡献颇深。以"美学媒介"的眼光看来，欧洲绘画的特色是架框的帆布画，可挂在任何场合。到13世纪之前，欧洲绘画仍离不开拜占廷的渊源。乔托首先脱离此根源，他的画风是人性的，而非出自宗教前提。文艺复兴期间，科学家、人类学家和学者之间建立起一种密切的关系：科学家发现透视法和解剖学；人类学家挖掘古代创造物；学者则研究古代世界，提供给艺术家新题材和象征。随着态度上的世俗化，艺术家们开始找寻宗教领域之外的帮助及灵感。他们从事书本插图绘画、肖像画、写生画与家园风景画。16世纪意大利的艺术贡献最显而易见，光是米开朗琪罗的作品，就足以给意大利冠上无比的杰出声誉。但是欧洲绘画的中心传统——拜占廷、文艺复兴、浪漫派、印象派、后印象派和那些在拜占廷式、罗马式、哥特式与新古典派的建筑，却没有将其影响地方化。

建筑

现代建筑受到美国创新和欧洲建筑的影响，但是在世界其他地方的非西方艺术家也有许多创新的作品，贡献颇多。欧洲建筑不再只是大教堂、宫殿和乡间别墅，亦表现于学校、医院、工厂、办公区和住宅区。

音乐

交响乐、协奏曲、奏鸣曲、歌剧和轻歌剧在整个欧洲都很普遍，皆源于民谣和教堂音乐。源自18世纪的音乐会是典型的欧洲产物，单复混声的合唱团也是欧洲首创的。19世纪的欧洲音乐，经由俄国传入一些亚洲的色彩。20世纪的欧洲音乐形式，经由美国而受到斐济韵律的影响。

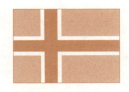

挪威 /Norway

地理位置

挪威位于北欧斯堪的纳维亚半岛西部。东邻瑞典，东北与芬兰和俄罗斯接壤，南同丹麦隔海相望，西濒挪威海。南北长 1770 千米，东西最宽 434 多千米，最窄 6.3 千米。海岸线长 21 192千米。

地形特征

挪威地形有两个显著特点：一是海岸曲折，峡湾密布；二是冰川地形极为普遍。海岸线异常曲折，形成了许多天然良港。高原山地、冰川约占国土面积的 75%。斯堪的纳维亚山脉基本以南北走向纵贯全境。中等高度的古老台状山地，西坡陡峻，东坡平缓，一般海拔有1000 米。个别地区有冰川覆盖。挪威是欧洲山脉和冰川有 2000 多年历史的国家之一，共有 700 多条现代冰川。

气候

由于受到北大西洋暖流的影响，属海洋性气候的挪威比世界上其他同纬度

正式名称	挪威王国（The Kingdom of Norway）
面积	38.5万平方千米（包括斯瓦尔巴群岛、扬马延岛等属地）
人口	520 万（2015 年）
民族	95% 为挪威人，外国移民约占 4%。有萨米族约 3 万人，主要分布在北部
语言	官方语言为挪威语
首都	奥斯陆（Oslo）
行政区划	全国设 1 市 18 郡
地理区	多山的高原、东南低地、特伦汗低地，约 15 万个岛屿、冷岸群岛及棉岛

地区（如美国的阿拉斯加州）要温暖一些，大部分海面在冬季并不结冰，但内地山区则较为寒冷。

从平均气温来看，1 月平均气温为 −2℃（东南沿海）到 −10℃（内陆山谷），7 月平均气温则由北方的 10℃过渡到南方的 17℃。从年平均降水量来看，各地的差异较大，东部不足 750 毫米，而西部却可以达到 2052 毫米左右。

自然资源

挪威的矿产资源丰富，已发现有开采价值的石油和天然气蕴藏量为 50多亿吨，其中天然气 3 万多立方米。其他矿产资源有煤 2 亿～5 亿吨，铁0.3 亿吨，钛 0.18 亿吨。水力资源丰富，可开发的水电资源约 1870 亿度，已开发 63%。北部沿海是世界著名的渔场。

经济

挪威是拥有现代化工业的发达国家。工业在国民经济中占有重要地位，产值约占国内生产总值的 24.9%。主要传统工业部门有机械、水电、冶金、化工、造纸、木材加工、渔产品加工和造船，是北欧最大的铝生产国和出口国，镁的产量居世界第二，硅铁合金产品大部分供出口。20 世纪 70 年代兴起的近海石油工业已成为国民经济重要支柱，占国内生产总值的 13.8%。副食基本可自给，粮食主要靠进口。常见的农作物有用来喂家畜的干草，以及黑麦、燕麦、大麦这样的谷物和块根类蔬菜。渔业是重要的传统经济部门，以近海捕捞为主，主要是鳕鱼、鲱鱼、鲐鱼、毛鳞鱼等。近年来，尽管许多海域的渔业资源已捕捞殆尽，但挪威每年仍然能

够达到 260 万吨的捕鱼量。

近年来，由于石油连年高产，出口获巨额收益，挪威经济复苏加快，失业率下降，通膨率维持在较低水平。但经济易受西方整体经济和世界油价波动影响，存在过分依赖石油收入、福利开支过大等结构性问题，高科技产业投入与产出不足。

习俗

挪威的人饮食大都很简单，圣诞晚餐吃烤饼。平常日子多喜吃海鲜、肉肠、熏鱼、酸菜及各种乳制品。室内不戴帽子，这也是挪威的习俗。

挪威人有一种奇特的礼节，即人与人谈话时要保持固定的距离，谈话双方相距 1.2 米左右是最佳的、合乎习惯的距离。

守时是挪威人的特殊习俗，不守时不但失礼，还被视为不守信用，万一不能守时，应先打电话说明原因，取得谅解。

挪威忌讳"13"和"星期五"，故在挪威不要谈有关"13"和"星期五"的事。

不要惊吓河鸟，因为河鸟是挪威的国鸟，挪威人民非常爱这种鸟，政府规定不准捕捉或伤害河鸟。

主要城市

奥斯陆

奥斯陆是挪威的首都，是全国政治、经济、文化、交通中心和主要海港，也是全国最大的工业中心，世界裘皮加工、出口中心之一，位于东南海岸的奥斯陆峡湾北侧小丘上。这座美丽的都城面临迂回曲折的奥斯陆峡湾，三面为群山丛林和原野所环抱，因而既有海滨城市的旖旎风光，又因依托高山密林

挪威的峡湾

而具有雄浑气势，苍山与绿水相映，十分迷人。奥斯陆拥有现代化的造船、机械、电子、木材加工、造纸、纺织、食品等工业，工业产值占全国总产值的 1/4 以上。各种类型的大专院校也汇集于该市。奥斯陆也是王室和中央政府所在地。

奥斯陆交通十分便利，从奥斯陆可乘火车或轮船到达瑞典、丹麦和德国，就国内而言，以奥斯陆为中心，铁路、公路辐射全国各地。

奥斯陆可以说是一个博物馆的城市，市内有各种博物馆、美术馆、展览馆等。每个到奥斯陆旅游的人差不多都要到古代艺术宝库——比格岛一游。比格岛位于奥斯陆的西南方，与市中心一水相隔，岛上最值得游览的是挪威民俗博物馆。奥斯陆不只有各种艺术博物馆，还有 4 座著名的航海博物馆。这些博物馆以大量的实物和资料给参观者展示了一部活生生的航海史，内藏有维京人的长船。奥斯陆被誉为"雕塑之家"，又称"雕塑公园"，市内有用石、铜、铁、木雕塑成的 150 组群雕像。奥斯陆市内主

要公共建筑和残存的中世纪建筑有挪威国会、建于 12 世纪的阿克斯教堂、13 世纪的阿克斯胡斯城堡、圣哈尔瓦大教堂等，建筑精巧，装饰美丽。

卑尔根

卑尔根是挪威第二大城市，是传统的航运和商业中心，对外重要通商口岸，位于挪威西南岸的瓦根和普迪峡湾之间，濒临大西洋，面积 465 平方千米。卑尔根位于高山与峡湾之间，有 7 座高山散落在市区周围，故有"七山之城"之称。城市鸟瞰峡湾、沙滩、湖泊、森林，山清水秀，风景如画。

城区有圆石铺成的小巷、中世纪古老木屋的码头区、露天的鱼市场、带有柱廊的成列店铺的市中心等，富有海滨古城旖旎而古朴的魅力。这座城市也是挪威西部地区的文化与教育中心，有综合性大学、各专科院校、各类科学研究机构（有气象学、生物学、渔业学），有自然史、海洋和汉萨博物馆及图书馆等，还有规模颇大的水族博物馆，馆中有深海鱼类及北极海中的寒带水族。卑尔根为航运和渔业中心，全国的鱼类和鱼制品 1/2 经此外运。

卑尔根有造船、渔产品加工、纺织、化学、冶金和机械等工业，为造船业中心之一，是通往大西洋与北极海的航线起点。

旅游

挪威优美的自然风景及其完善的户外运动设施一年四季吸引着无数的游客前来观光。主要的旅游胜地有列入自然遗产的布吕根镇、奥尔内斯木板教堂以及风光旖旎的沿海峡湾等。

瑞典 /Sweden

地理位置

瑞典位于北欧斯堪的纳维亚半岛东半部。西邻挪威，边境长 1 619 千米，东北接芬兰，边境长 586 千米，东临波罗的海，西南濒北海，同丹麦隔海相望。海岸线长 2 181 千米。

地形特征

地形狭长，地势自西北向东南倾斜。北部为诺尔兰高原，南部及沿海多为平原或丘陵。全国从北向南分为 4 个地形区，即山区、低地湖区、较低高原区和南部小平原区。山区占国土面积 2/3，其中凯布讷山海拔 2 117 米，为瑞典最高山峰；低地湖区有由冰川形成的起伏山岭，有星罗棋布的湖泊；较低高原区，海拔多在 152 米以下，区内多森林和泥炭层；南部小平原区，人口最为稠密。

气候

瑞典北部为大陆性气候，南部为温和的海洋性气候。最北部冬季漫长，皑皑积雪 7 个月不化，最南部冬季仅 1 个

正式名称	瑞典王国（The Kingdom of Sweden）
面　积	449 964 平方千米
人　口	979 万（2015 年）
民　族	90% 为瑞典人；外国移民及其后裔约 100 万；北部萨米族是唯一的少数民族，约 1 万人
语　言	官方语言为瑞典语
首　都	斯德哥尔摩（Stockholm）
行政区划	全国划分 21 个省和 289 个市
地理区	北部的科伦山、内诺气区，中部与南部的瑞典低地，南部瑞典高地、沿海群岛

月左右。最北部的夏季为时不足1个月，南部则长达3个半月以上。瑞典年降水量一般平均为450～1000毫米，各地实际降水量极不平均。

自然资源

铁矿、森林和水力是瑞典三大资源。已探明铁矿储量36.5亿吨，系欧洲最大的铁矿砂出口国。铀储量25万～30万吨。森林覆盖率为54%，蓄材26.4亿立方米。平均每年可供利用的水力资源有2014万千瓦（1760亿千瓦时），已开发81%。此外，北部和中部地区有硫、铜、铅、锌、砷等矿，储量不大。

经济

瑞典是世界经济发达、富有的国家之一，是实行"从摇篮到坟墓"的福利制度的国家，也是仅有的几个拒绝加入欧元区的国家之一。工业发达，主要有矿业、机械制造业、森林加工业、电力设备、汽车、化工、电信、食品加工等，产值占国民生产总值的25.2%。瑞典机械产品具有精密度高、耐用和工艺水平高等特点，特别是滚珠轴承、冷冻设备等传统产品在国际上声誉素佳。农业产值约占国民生产总值的2.2%，其中畜牧业产值占农业总产值的80%。粮食、肉类、蛋和奶制品自给有余，蔬菜、水果主要靠进口，农产品自给率达80%以上。

瑞典实行高工资、高税收、高福利政策，公共服务和社会保险较完善。20世纪五六十年代经济发展迅速，20世纪70年代末开始向高科技产业转型，20世纪80年代经济获得一定发展。20世纪90年代初受世界性经济危机影响出现衰退，1994年经济开始回升，此后大力发展电子和信息技术产业，经济一直保持2%～4%的增长速度。

习俗

瑞典的民俗色彩纷呈，广及吃、穿、戴和礼仪各个方面。

节日 新年到来之际，瑞典人于除夕之夜要唱祝寿歌、守夜，元旦清晨，每家都由最年轻的妇女穿上白色衣裙，系上红色腰带，头戴点上蜡烛的冠冕，用食物招待光临的宾客。每年4月30日～5月2日是春天的庆典，瑞典人在这个节日里家家户户备下丰盛的餐点，围坐在一起，开怀畅饮，共庆春天的来临。入夜后，人们在涂以红色的木桩上缀满色彩斑斓的花朵和一片片绿叶，大家围着这象征着春天来临的"五月树"跳欢快的舞蹈。每年6月24日是瑞典传统的仲夏节，青年男女围绕着用鲜花、彩带装饰起来的木桩，欢歌起舞，通宵达旦，庆祝光明和万物繁茂。12月13日是瑞典传统的露西亚女神节，瑞典人

庆祝仲夏节
瑞典的人们现在仍用传统方式来庆祝仲夏节。孩子们戴着用鲜花和绿叶编成的花环跳舞。此外，当天还有通宵的聚会。

称露西亚女神会在这天夜晚降临人间，给人们带来光明。在斯德哥尔摩，这一天，太阳直到上午9点钟才迟迟升起，而到下午3点钟便早早落下，但从此以后漫漫长夜便日见缩短，而光明的白昼则一天长似一天。

主要城市

斯德哥尔摩

斯德哥尔摩是瑞典的首都，人口82万，是全国第一大城市，全国政治、经济、文化和交通中心。斯德哥尔摩地处波罗的海和梅拉伦湖交汇处，犹如一座屏障，分海湖于两边，由湖海之间的14个岛屿和乌普兰与瑟南曼兰2个陆地地区组成。城区水道纵横，数十座大桥如条条铁臂把疏落在水上的大小岛屿连接成一体，故斯德哥尔摩也有"北方威尼斯"之称。它拥有钢铁、机器制造、化工、造纸、印刷、食品等各类重要行业。全国各大企业以及银行公司的总部有60%设在这里，其工业总产值和商品零售总额均占全国的20%以上。

斯德哥尔摩的交通日益发达。城市的立体交叉道路网举世闻名，公路、地铁、郊区铁路纵横交错。斯德哥尔摩还是瑞典全国第二大港口(仅次于哥德堡)，货物吞吐量占全国的20%。

斯德哥尔摩也是世界上风景美丽的首都之一。城市建筑和自然风景的交融可谓城市的一大特色。城市临湖和滨海一带的风光尤为秀丽。令人神往的梅拉伦湖，有大大小小岛屿400余座，座座岛屿风采各异。在滨海这一边，更有闻名于世的群岛之国。成千上万的岛屿犹如璀璨的群星，散落在茫茫无际的碧海之中。有些岛屿建有豪华的别墅和富丽堂皇的楼阁，使岛上风光更加情趣盎然。突出反映斯德哥尔摩现代化特点的是它的"地下城市"。地下建筑为3000万立方米左右，每人平均4立方米左右，包括地下铁道、地下机库、地下油库、仓库、工厂、医院、电站、军用飞机库等，在和平时期可以广泛使用。据估计，若发生战争，瑞典所有掩蔽部分和其他地下建筑可以容纳全国大部分居民。

哥德堡

哥德堡是瑞典第一大港口和第二大工业城市。它坐落在西海岸卡特加特海峡，与丹麦北端相望。哥德堡港口终年不冻，是瑞典和西欧通商的主要港埠，整个城市终年呈现着一片繁华和繁忙景象。故哥德堡素有"瑞典的利物浦"和"瑞典西部窗口"两个别称。哥德堡的贸易往来十分繁忙，主要输出品是汽车、机械、化学制品，主要输入品是石油。哥德堡的机械、化学、纺织业十分发达，闻名于世的瑞典滚珠轴承公司的总部和沃尔沃汽车公司的总部均设在该城。哥德堡还是西部地区的文化中心，建有大学、海洋学研究所及其他各种文化设施。哥德堡市风光秀丽，每年吸引数十万名国内外观光旅客云集于此，争睹城中的皇家住宅、大教堂等名胜之地。

旅游

瑞典的旅游资源丰富，首都斯德哥尔摩是璀璨的北方明珠。一年一度举行诺贝尔颁奖典礼的市政厅被推崇为20世纪欧洲最美的建筑物，有"北欧凡尔赛宫"之称的多洛尼库尔摩王宫使人仿佛置身于18世纪的古都岁月之中。另外，哥德堡、乌普萨拉、维斯比、拉普兰、达拉纳等也是著名的旅游胜地。

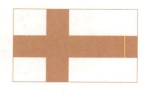

芬兰 /Finland

地理位置

芬兰位于欧洲北部，与瑞典、挪威、俄罗斯接壤，南临芬兰湾，西濒波的尼亚湾。陆地疆界长 2534 千米，海岸线长 1100 千米，南北长 1160 千米，东西宽 540 千米。内陆水域面积占全国面积的 10%。全国 1/4 的土地在北极圈内。

正式名称	芬兰共和国 (The Republic of Finland)
面　积	33.8417 平方千米
人　口	548 万（2015 年）
民　族	芬兰族占 90.1%；瑞典族占 5.4%；还有少量萨米人（以前普称为拉普人）
语　言	官方语言为芬兰语和瑞典语
首　都	赫尔辛基（Helsinki）
行政区划	全国分为 5 个省和 1 个自治区
地理区	沿海低地、中央湖泊区、北部高地、海岸群岛

地形特征

芬兰地形南北长，东西窄，尤以中部更窄。除西北部的小块山区外，其他地区地势均较低，全国各地都有不同程度的缓坡和圆形山丘，同时出现许多溪谷。由于第四纪冰川的作用，芬兰有大小 8.7 万多个湖泊，有"千湖之国"的美誉。其广泛的河流体系能将这些湖泊连接起来。

气候

芬兰属温带海洋性气候。年平均气温 −0.4 ~ 5℃。北部 10 ~ 11 月间第一次降雪，12 月至次年 4 月河流、湖泊一直封冻。南部地面积雪也近 4 个月之久。北极圈内的冬夏气温变化极大，冬季异常寒冷，夏季十分短暂。

自然资源

森林资源丰富，覆盖率达 66.7%，约 2030.6 万公顷，木材储积量 20.48 亿立方米。矿产资源中铜较多，还有少量的铁、镍、钒、钴等。泥炭资源丰富，能量相当于 40 亿吨石油。芬兰有 2 座核电站（4 个核反应堆）。

经济

全国只有 9% 的土地适于耕种，农民一般将农业与林业结合起来发展。工业占国内生产总值的 1/4，主要部门有造船业、电子工业等。20 世纪 80 年代，芬兰经济以年平均增长 3.7% 的速度持续发展，此后经济出现衰退。20 世纪 90 年代初完成经济结构调整，增大知识型经济在国民经济中所占比重，重视发展高新技术和信息技术，在宏观上继续执行紧缩财政、鼓励投资、削减社会福利、改善就业等政策，使经济保持稳定增长。

习俗

蒸汽浴　蒸汽浴是芬兰人最有代表性的民俗，据说已有 200 多年的历史。"入浴"前先把蒸汽室内放在火炉上的卵石堆烧热，泼上一桶凉水，水蒸气顿时充满室内，浴者坐在四壁靠墙的木梯上任凭灼热的蒸汽闷得大汗淋漓，同时用带叶的白桦枝在身上拍打，促进血液循环，使汗出透。

圣诞老人的故乡　据传说，芬兰是最早迎接圣诞老人安居的故乡。有一次，芬兰"童话故事大王"玛尔库斯在电台讲故事时说，圣诞老人和 2 万头驯鹿就一起住在"耳朵山"上，正是有"耳"，圣诞老人才能在北极听到世界上所有孩子的心声。他这种颇有感染力的浪漫推理获得了世人认可。从此，故事中的"耳朵山"就成了圣诞老人的故乡。

主要城市

赫尔辛基

赫尔辛基是芬兰的首都，是芬兰的政治、经济、文化中心，也是芬兰最大的港口。赫尔辛基建在一个丘陵起伏的半岛上。赫尔辛基是芬兰最大的工业中心，不仅是机器制造工业和造船工业的中心，也是印刷工业和服装工业的中心。此外，电子、造纸、食品等行业也都很繁荣。全国最大的私营公司诺基亚也建在这里。赫尔辛基有北欧最大的大学赫尔辛基大学，还有国家科学院、各种各样的博物馆以及歌剧院等。

旅游

芬兰全国 2/3 的面积被森林所覆盖，大大小小几万个湖泊及众多岛屿构成了独特的景观。由赫尔辛基往西可乘飞机或火车到古都图尔库——波里的省府图尔库，由此转乘轮船到航海博物馆所在地奥兰群岛的马里安哈米纳镇；往

斯沃门林娜要塞
位于芬兰首都赫尔辛基外约 1 千米处的海面上，是 18 世纪为了抵御俄国的进攻而建的一座军事要塞。已被列入《世界遗产名录》。

中部可乘飞机到卡拉维西湖畔的文化中心库奥皮奥市；往北可乘飞机到伊纳里湖畔的伊洛瓦，然后可转乘汽车观光北极自然风貌，最后到达独具特色的北极村。一般说来，到芬兰旅游的最佳季节是每年的 6～9 月。在这个季节来芬兰可以看到世界罕见的"极昼"奇观，还可以看到人们欢庆的仲夏节的场面。

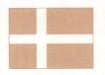

丹麦 /Denmark

地理位置

丹麦位于欧洲北部，是波罗的海出入北海和大西洋的必经通道，为西欧通往斯堪的纳维亚半岛的桥梁。南同德国接壤，西濒北海，北与挪威、瑞典隔海相望。海岸线长 7314 千米。丹麦是北欧最小的国家，丹麦本土包括日德兰半岛的大部分和 406 个岛屿。

地形特征

丹麦地形平缓起伏，全境地势低平，平均海拔 30 米左右，全国海拔最高点 173 米。其地貌是冰川时期冰河作用的产物。

气候

丹麦的气候介于中欧和北欧之间，属于海洋性温带阔叶林气候。由于受大西洋吹来的西南风的影响，气候冬暖夏凉。年平均降水量约 600 毫米。丹麦的风有其明显的特征，冬秋

正式名称	丹麦王国（The Kingdom of Denmark）
面　积	43 096 平方千米（不包括格陵兰和法罗群岛）
人　口	568 万（2015 年）
民　族	丹麦人约占 96%，外国移民约占 4%
语　言	官方语言为丹麦语
首　都	哥本哈根（Copenhagen）
行政区划	全国设五大地区，98 个市和格陵兰、法罗群岛 2 个自治领
地理区	由日德兰半岛和群岛组成。日德兰半岛的西部为沙丘和沙原，北部是平原，半岛东部丘陵遍布；博恩霍尔姆位于瑞典外海，格陵兰岛为海外领土

两季特别强烈，尤其在严冬和盛夏。有时从北方或东方袭来的大陆性气候，在冬季会引起严寒（—25℃），在夏季则会引起酷热（30℃）。丹麦经常刮风，特别是常有强烈的风，所以风力发电很发达。

自然资源

自然资源较贫乏。除石油和天然气外，其他矿藏很少，所需煤炭 100% 靠进口。北海大陆架石油蕴藏量估计为 2.9 亿吨，天然气蕴藏量约 2000 亿立方米。1972 年起开采石油，为欧洲第三大石油输出国。已探明褐煤储量 9000 万立方米。

森林覆盖面积 48.6 万公顷，覆盖率 11.4%。北海和波罗的海为近海重要渔场。

经济

丹麦是发达的西方工业国家，人均国内生产总值居世界前列。农牧业高度发达，总产值占国内生产总值的 4.56%。农业科技水平和生产率居世界先进国家之列。家畜产品 65% 供出口，占出口总额的 10.6%，奶酪和黄油出口量居世界前列。丹麦是世界上最大的貂皮生产国，同时是世界第十五、欧洲第二、欧盟最大渔业国，捕鱼量约占欧盟捕鱼总量

的 36%。工业在国民经济中占主导地位。工业总产值约占国内生产总值的 40.3%。主要工业部门有食品加工、机械制造、石油开采等。产品 60% 供出口，占出口总额的 78%。船用主机、水泥设备、助听器、酶制剂和人造胰岛素等产品享誉世界。

近年来，政府坚持适度紧缩的财政政策，采取措施稳定金融市场及汇率，降低企业税，国内投资大幅增长，拉动工业发展，经济保持平稳发展。

习俗

恋爱与婚姻　丹麦男女交往非常自由，不会受到任何观念的干扰。在丹麦，一种特殊的现象叫"无证明婚姻"。这是指男女双方没有经过正式婚礼，也没有被族人认可是已婚夫妇，就居住在一起了。

对花的偏爱　丹麦人喜欢以花作为礼物，特别是用 3～4 朵康乃馨代表感谢。举行葬礼、赠送新娘和接受洗礼时，使用白花；赠送客人用黄花；送启程去旅行的人用红花。在列车和轮船里，可以看到一朵红色的康乃馨，代表吉祥顺利的意思。丹麦国花是冬青。

对鸟的偏爱　喂鸟在丹麦成为了风尚。在鸟儿集中的广场、公园，每天都能见到喂鸟的人。

对自行车的偏爱　丹麦人对自行车很偏爱，它与汽车一样是同等重要的交通工具。全国约有 300 多万辆自行车。

主要城市

哥本哈根

哥本哈根是丹麦的首都，是北欧

著名的古城，也是北欧最大的城市。人口53万（2010年），为丹麦政治、经济、文化中心。哥本哈根位于丹麦西半岛东部，隔厄勒海峡和瑞典重要海港马尔默相望，工商业都很发达，全国一半以上的对外贸易都经由这里出口。工业范围很广泛，机械、造船、电子、食品加工、印染等十分兴盛。市区以椭圆形地区为中心，干线道路呈放射状延伸。哥本哈根有许多宫殿、城堡和古建筑，最著名的是克里斯蒂安堡。另外，哥本哈根还有20多个供人们参观的博物馆，如国立博物馆、海洋博物馆等。在丹麦众多的文化设施中，丰富多彩的公园备受游客青睐。养花种植是哥本哈根居民的一大爱好，市内到处绿荫掩映，苍翠宜人。

旅游

政府每年在旅游业上的直接投资约为1.6亿克朗。旅游业就业人数为7.2万人，是丹麦服务行业中的第一大产业。主要旅游点有哥本哈根、安徒生故乡——欧登赛、乐高积木城及日德兰半岛西海岸等。主要名胜有"美人鱼"铜像、克伦堡宫、皇家鹿园、安徒生博物馆等。

繁华的哥本哈根市区一景

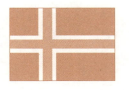

冰岛 /Iceland

地理位置

冰岛是欧洲国名中唯一采用意译的汉语名称，是欧洲第二大岛国，多火山、温泉和喷泉，是世界上火山活跃的地区之一。它位于欧洲西北的北大西洋中，靠近北极圈。从地图上看，冰岛犹如悬挂在北极地区的一座孤岛，十分明显。冰岛距挪威（隔挪威海）1000多千米，距英国850千米，距格陵兰（隔丹麦海峡）322千米，海岸线全长4970千米，西北部、北部和东部海岸线陡峻，海湾众多。岛的南部是低矮的环礁海岸，而岛的西部有巨大的法克萨湾和勃莱迪湾向陆地伸入。

正式名称	冰岛共和国（Republic of Iceland）
面 积	10.3万平方千米
人 口	33.08万（2015年）
民 族	绝大多数为冰岛人，属日耳曼族
语 言	官方语言为冰岛语，英语为通用语
首 都	雷克雅未克（Reykjavik）
行政区划	全国划分为23个省和21个自治市
地 理 区	内陆高原火山众多，海岸为低地

地形特征

冰岛位于北大西洋的洋脊之上，是一片喷出的岩石地区，自第三纪开始以来，累积的玄武岩层厚达3000米。在冰岛的东北部和西南部有很多火山，目前，全国有200多座火山，其中仅后冰川时期的活火山就有30多座，华纳达尔斯火山是冰岛境内最高峰，海拔达2119米。此外，冰岛地震也特别频繁。冰岛的冰川面积为1.13万平方千米，占全国面积的 11.5%。冰川多，火山多，水多，所以冰岛人称自己的国家为"冰与火之国"。

气候

全国各地皆属寒冷的海洋气候，以清凉的夏季与温和的冬季为特征。各地区之间的温差并不悬殊，最南端的维克伊米达尔平均气温 5℃，北部的阿克雷里也只不过 4℃。然而降雨量差异却很大，在维克伊米达尔平均年降雨量为 2 300 毫米，阿克雷里却只有 480 毫米，整体而言，冬季的雨量最多。冰岛最糟的天气既非寒冷也不是下雪，而是很多并且极端不稳定的风。

自然资源

渔业、水力和地热资源丰富，其他自然资源匮乏，石油等产品需要进口。可开发的年水力发电量为 640 亿度，地热能年发电量可达 72 亿度。目前，90% 的冰岛居民已利用地热取暖。

经济

由于所处纬度高，日照量少，冰岛可耕地面积仅占全国总面积的 1%。农业产值占国内生产总值的 2%。渔业是其经济支柱，从业人口占就业人数的 8.7%，捕鱼产值占国内生产总值的 11.1%，绝大部分渔产品出口。工业以渔产品加工和炼铝等高能耗工业为主，外贸依存度大。1988 年起冰岛发生经济危机，国内生产总值连续数年负增长。1994 年以来经济形势好转。1970 年冰岛加入欧洲自由贸易联盟，1994 年参加欧洲经济区，1995 年年初成为世界贸易组织创始成员国。

习俗

冰岛至今仍保留着古代淳朴的民风，除首都雷克雅未克以外，均采用家长制。冰岛人认为自己便是一个家族，这种无姓氏的名在当今世界上极为罕见，当他们要与其他家族区别时，男子便在父名后加上松字（Son，儿子之意），女子则在父名后加上德提尔（daughter，女儿之意），以取代姓氏。在冰岛，绝大多数妇女外出谋生，自食其力，不依靠男性供养，妇女也从不冠以夫姓，自我介绍时从不提丈夫姓氏。冰岛的妇女组织在议会占有席位的比例，创欧洲之先河，妇女在社会上很受尊敬，渔民对妇女尤为尊敬。冰岛接近地球的北极，因此到了冬季，黑夜很长，人们很少外出，都在温暖的屋子里读书为乐，久而久之养成了热爱读书的习惯。

主要城市

雷克雅未克

雷克雅未克是冰岛的首都，位于冰岛西南端的法克萨湾，离北极圈很近，是全国第一大城市。雷克雅未克的地热资源蕴藏十分丰富，这里的人们很少使用煤，因此，整个城市非常清洁，空气清新，无煤烟熏扰。雷克雅未克布局匀称，无摩天大楼，居民住房小巧玲珑，大多是 2 层小楼，风格各异，色彩也各不相同。市内街面不宽，整个老城区街道泾渭分明，给人以古色古香、整齐美观、宁静优美之感。在雷克雅未克市的近郊，有利用地热能源的发电所，其电力可供市内机械、纺织和造船等工业利用。除电力工业外，雷克雅未克的渔业、鱼类加工等也比较发达。雷克雅未克的港口为发展本国的对外贸易做出了重要的贡献。距市区西南 40 千米处还有一座著名的机场——凯夫拉维克机场，它既是国内航线的汇集之处，同时也是国际航线的中转站。

旅游

由于环境保护得力，冰岛整个国家的空气和水源清新、纯净的程度在世界上堪称首位，游客拧开水龙头就可以放心地张口饮水。地热喷泉、火山地貌、冰川雪景等这些独特的景观，吸引着越来越多的游客。

著名的景区有位于奥大达伦熔岩带北缘的米瓦登湖、位于冰岛西南部奥德恩斯的赫伊卡达伦居民点附近的盖锡尔间歇泉等。

法罗群岛 /Faeroe Is.

地理位置

法罗群岛位于挪威、苏格兰和冰岛之间的北大西洋海域，距宗主国丹麦 1 320 千米。

整个群岛共有 30 个岛屿，其中 18 个岛有人居住。海岸线总长 1 117 千米。平均海拔高度 300 米。

地形特征

法罗群岛是由火山爆发的熔岩形成的玄武岩层，后来在冰河期又经过多次冰川侵蚀作用，玄武岩层发生很大变化。因此，法罗群岛多悬崖、深谷、海湾和锥形山峰。

正式名称	法罗群岛 (The Faeroe Islands)
面 积	1399 平方千米
人 口	4.8 万 (2015 年)
民 族	居民绝大部分为斯堪的纳维亚人后裔
语 言	主要语言为法罗语，通用丹麦语
首 府	托尔斯港 (Torshavn)
地 理 区	30 多个岛屿

气候

法罗群岛虽地处高纬度，但由于受北大西洋暖流的影响，气候相当温和。一年四季温差很小，空气湿润，雨量大。高纬度造成一种特殊现象，即夏季白昼特别长，最长达 20 小时。与此相反，冬夜漫长。

自然资源

矿物资源匮乏，只有少量褐煤。群岛周围有丰富的渔业资源。

经济

由于夏季气温低，法罗群岛仅能种植马铃薯和一些蔬菜。渔业在经济中占重要地位。捕鱼和渔产品加工业在经济中占主导地位，产值约占国内生产总值的 1/4，渔产品占出口总额的 96% 以上，特别是捕杀鲸鱼，尽管世界各地开始关注鲸鱼数量减少的问题，但捕鲸仍是法罗岛的一项重要经济活动。旅游业发展较快，手工业、建筑业、贸易、服务和运输业也在法罗群岛经济中占有一定地位。

20 世纪 90 年代初，法罗群岛经济出现困难，近年来由于政策调整，经济逐渐好转。

主要城市

托尔斯港

托尔斯港是法罗群岛的首府，人口约 1.43 万，在群岛最大的岛屿斯特勒姆岛的东南部，隔海西望诺尔岛。整个群岛的人口约 4% 集中于此。主要产业是渔业，在此基础上，又发展出鳕鱼、鲱鱼的干燥及腌渍等加工业。托尔斯港风景优美、如诗如画，非常有特色。港口周围并列着古老的建筑和街道，是群岛的政治中心。该市的贝斯托尔教堂是 1975 年为欢迎丹麦皇太后莅临而建造的，外形新颖，内部有非常精致的管风琴。

爱尔兰 /Ireland

地理位置

爱尔兰位于欧洲西部的爱尔兰岛中南部。北、西、南濒大西洋，东北与英国的北爱尔兰接壤，东隔爱尔兰海同英国相望。海岸线长 3 169 千米。

地形特征

爱尔兰境内南北高中间低，四周群山环绕，为茂密的森林覆盖，中央低陷部分绿地遍野，是理想的草原牧场。西南沿海悬崖陡峭，怪石嶙峋，山中多洞穴、暗流。

气候

爱尔兰属温带海洋性气候，全岛夏季凉爽，冬季温暖湿润，四季常青。平均气温 1 月份为 4～7℃，7 月份为 12～13℃。年平均降水量 700～1000 毫米，雨量充足。

自然资源

爱尔兰铅锌矿储量丰富，是欧洲最大的铅锌生产国。泥煤分布占全国面积的 13%。天然气储量估计为 382 亿立方米。所需能源的 70% 依靠进口。

经济

农业以畜牧业为主，粮食不能自给。家畜及其产品占农业总产值的 85% 以上。主要农作物有小麦、燕麦、马铃薯、甜菜等。工业主要有电子、电信、化工、制药、机械制造、采矿、纺织、制衣、皮革、造纸、印刷、食品加工、烟草、木材加工等部门。

近年来，爱尔兰政府不断调整对内对外经济政策，采取优惠税率和创造良好投资环境的措施，吸引了大量外资。1994～2000 年，爱尔兰国民经济持续高速增长，年均增幅超过 8%，是经合组织中经济发展速度最快的国家，被誉为"欧洲小虎"。近年来，爱尔兰计算机软件、电信、生物制药等高科技产业产值已占国内生产总值的 36%。爱尔兰人均收入跃居欧盟国家第二位，经济竞争力世界排名升至第五位。2009 年国内生产总值为 1635 亿欧元，进一步下滑 7.1%。

习俗

爱尔兰是世界上晚婚现象最普

正式名称	爱尔兰 (Ireland)
面　　积	70 282 平方千米
人　　口	464 万（2015 年）
民　　族	绝大部分为爱尔兰人
语　　言	官方语言为爱尔兰语和英语
首　　都	都柏林（Dublin）
行政区划	全国分为 26 个郡和 4 个郡级市，此外还有 7 个非郡级市，郡下设市区和镇
地理区	中央为低地，沿岸为山脉。西北部是多尼哥山，西部是梅奥册和康内马拉山、西南部是克立山脉、东部是威克洛山脉。西部海岸陡峭，小岛零星散布

泥煤

在爱尔兰，许多世纪以来，人们都使用泥煤做燃料，泥煤是通过挤压已死并腐烂的植物残余物而形成的，在燃烧时会产生热量。泥煤为爱尔兰的大型电厂提供了足够的燃料。

主要城市

都柏林

都柏林是爱尔兰的首都，人口 118.7（2016 年）万，是全国政治、经济、文化、教育、金融、旅游中心，也是水陆交通枢纽。都柏林位于爱尔兰岛的东部，濒临爱尔兰海，隔海与英国威尔士的霍利黑德相望。都柏林依山傍海，城市坐落在蓝色的威克洛山北侧，环绕着金色的海滩，自然环境十分优美。城中的古迹颇多，有 8 世纪的城堡，还有 12 ~ 14 世纪建筑的圣帕里克大教堂、议会大厦，18 世纪的街道和广场等。在都柏林，利菲河穿城而过，河上和桥梁有如彩虹落于河上，河桥相依装点城市，显得格外美丽壮观。这里有政府创办的中央银行，有麻纺织、酿酒、面粉、化学、机器制造、汽车等工业。市内有 2 所著名的大学：三一学院和大学学院。

遍、结婚率最低的国家，也是世界上对婚姻大事最谨慎的国家，这种谨慎来自法律禁止离婚和再婚，因此结婚必须反复斟酌。爱尔兰另一个习俗是异国他乡的姻缘。在爱尔兰农村，姑娘有了可心人，也不能马上结婚，必须等至 30 ~ 40 岁。这种习俗促使许多爱尔兰姑娘到异国他乡去结婚。

男穿裙子女理财也是爱尔兰人一大特点，爱尔兰人传统服装是一种基尔特的短裙。爱尔兰女人精明强干，善于理财。在农村，许多家庭都由女主人管理。爱尔兰富有宗教色彩的节日很多，主要有圣帕里克节（3 月 17 日），这一天除举行隆重的宗教庆典外，都柏林的主要街道还要举行文化游行。爱尔兰的国花是白色的酢浆草，即白花三叶草、百三叶，节日这天人们胸前佩戴国花衣着绿色，并且吃绿色蛋糕来祝贺节日。

旅游

旅游业多年来一直是爱尔兰外汇收入的重要来源，而且发展稳定。旅游收入占国内生产总值的 2.9% 以上，年平均外国游客达 606.8 万人次。著名的旅游景点有坐落在都柏林的洛厄·艾比街的艾比剧院，位于南部科克港西方 8 千米处的布拉尼堡和布拉尼石，位于都柏林市中心的古建筑群都柏林堡，有"欧洲最大的动物园"之称的凤凰公园，以及著名风景区基拉尔尼湖、摩尔悬崖等。

英国 /United Kingdom

地理位置

英国位于欧洲西部的岛国。由大不列颠岛（包括英格兰、苏格兰、威尔士）、爱尔兰岛东北部和一些小岛组成。东濒北海，东北遥对比利时、荷兰、德国、丹麦和挪威等国，西邻爱尔兰，横隔大西洋与美国、加拿大遥遥相对，北连大西洋可达冰岛，南穿英吉利海峡行33千米可达法国。

正式名称	大不列颠及北爱尔兰联合王国（The United Kingdom of Great Britain and Northen Ireland）
面　积	24.41万平方千米（包括内陆水域）
人　口	6510万（2015年）
民　族	英格兰人、威尔士人、苏格兰人、北爱尔兰人
语　言	官方语言为英语；威尔士北部还使用威尔士语；苏格兰西北高地及北爱尔兰部分地区仍使用盖尔语
首　都	伦敦（London）
行政区划	分为英格兰、威尔士、苏格兰和北爱尔兰4部分。英格兰划分为43个郡，苏格兰下设32个区，包括3个特别管辖区，威尔士下设22个区，北爱尔兰下设26个区
地理区	苏格兰高地、中央低地、南部高地、奔宁山脉、威尔斯山地、康瓦尔半岛、英格兰低地、北爱尔兰

地形特征

大不列颠岛可分为14个地形区，各区按苏格兰、英格兰、威尔士、北爱尔兰依序叙述如下：

苏格兰高地是个山地区。西部高地包含了不列颠境内的最高峰本内维斯峰，同时沿大西洋岸有峡湾海岸，这些地方分布着受冰河大力刻蚀而形成的U形谷。在苏格兰西北外海有2列群岛，即从刘易斯到巴拉岛的外赫布里底群岛

和内赫布里底群岛。苏格兰中部是富庶的中央低地，土地肥沃、雨水充足。河湾湖汊，纵横交错。

在英格兰，奔宁山是其背脊。奔宁山北侧的西面是湖泊区。区内的湖泊呈放射状排列，分布于布满U形谷的崎岖山地间。英格兰东部和中南部有一连串面向西的断崖和向东南倾斜的倾斜坡。这个地形区的南方和东方有2个低的地形区。这些低地有些是填海而来，有些是因陆升（海降）而来。

威尔士的北部大部分是丘陵和原野，大部分土地为石南科丛生的荒野。

北爱尔兰隔爱尔兰海与大不列颠遥遥相望，山地为广大的洪积谷。北部海岸有宽广的海滨沙滩。北爱尔兰湖泊较多，英国第一大湖——讷伊湖卧波其间。

气候

英国气候温和，降水较多，冬天较同纬度地区温暖。大部分地区的最大降水量在2月和8月。年降雨量由东部和东南部地区的670毫米到西北部一些山区的2540毫米不等。冬季气温很少低于—5℃，夏季也很少高于24℃。

自然资源

英国是欧盟各国中能源资源最丰富的国家，也是世界主要生产石油和天然气的国家。主要能源有石油、天然气、核能和水力等。原油及天然液化气日产量位居世界第九位。天然气产量为14900亿立方米。煤矿业曾是威尔士南部的经济支柱，其采煤业完全私有化，大约有29座地下煤矿，其中深井煤矿17座，另外露天煤矿48处，露天矿产量保持近1500万吨。但是到了

20 世纪 90 年代，几乎所有的煤矿都已关闭，而现在英国国内消费的大部分煤都是低廉的进口煤。森林覆盖面积约占英国本土面积的 10%。英国开发核能有几十年的历史，目前供发电的核电站有 14 座。英国重视对新能源及可再生能源的研究开发，主要工业原料依赖进口。

经济

　　2000 年，农业（包括渔林业）产值约 151 亿英镑，占国内生产总值的 1.7%。全国 76% 的土地用于农业，1 140 万公顷种植农作物和草被，580 万公顷用于牧业。农业人口约 61.5 万，占总就业人口的 2.3%。森林面积约 270 万公顷，覆盖率为 10%，木材及木制品主要依靠进口。英国是欧洲重要的捕鱼国之一，其船只数及吨位分别占欧盟的 9% 和 12%。全国共有 7 448 条注册的捕鱼船，其中总长超过 27 米的船舶有 323 艘，大约有 15 961 名职业渔民。

　　英国是世界工业最早发展的国家，是古老的工业发达国家。第二次世界大战后，英国工业发展缓慢，在工业生产中，只有石油和天然气发展迅速。在北海油田大约有 169 个公司获得特许证，6 家大公司的生产份额大约占总产量的一半以上。近 200 年中，煤是英国主要的能源，但是从第二次世界大战以后，生产规模日益缩小。英国核发电能力不断上升，全国有核电站 14 座，供电量 1.30 亿千瓦。钢铁曾经是英国最有生气的部门，但从 1973 年以后，钢铁也开始走下坡路，产量、销售量和就业量的 80% 集中在 5 家最大的公司。英国钢铁公司是英国最大的钢铁企业，它是 1967 年由 13 个大钢铁公司合并成的国有企业。汽车工业仍然是英国经济的主要组成部分，也已成为整个欧洲汽车工业的一个组成部分。但英国每年还得从外国进口大量汽车，以满足本国居民的需要。机器制造业在工业中占主导地位。1998 年英国最现代化的信息技术发展很快，它占有欧洲信息技术市场的 18.7%，居欧洲第二位。化学工业的生产能力与出口需求的增长势头看好。

　　第二次世界大战后，英国在世界经济中的地位不断下降，但仍是西方七大经济强国之一。2000 年，英国经济规模超过法国，跃居世界第四，并首次超过美国成为最大的海外投资国。私有企业是英国经济的主体，占国内生产总值的 60% 以上。服务业在国内生产总值中的比重继续增长，占 2/3，而制造业比重相对缩小，仅占 1/5。2000年，英国政府采取加强宏观调控力度和加速调整经济结构等一系列经济政策，实现了经济稳定发展。国内生产总值缓步回升，政府财政状况持续改善，继续改革福利制度，进一步完善劳动市场，就业状况明显好转，居民实际收入提高带动了消费。此外，政府大力扶持知识经济的发展，提高劳动生产率，经济竞争力国际排名已升至第八位。

主要城市

伦敦

　　伦敦是英国的首都，人口 756 万，是英国的政治、经济、文化和交通中心，最大的海港和首要工业城市。伦敦位于英格兰东南部，跨泰晤士河下游两岸，气候多雨雾，素有"雾都"之称。

世界十大都市之一。伦敦是一个大工业城市，是大不列颠加工工业最大的中心。机械制造、化工、金属加工、电工器材、石油提炼和印刷等工业都达到很高水平，在国际上享有一定的盛誉。最近几年，伦敦的旅游事业有了很大发展。每年到伦敦来的外国旅游者达800多万人次。伦敦的交通很发达，是英国的铁路中心，十几条铁路干线从这里伸向大不列颠岛上各主要城镇。伦敦也是全国公路网的中心。伦敦还是世界上最大的国际港口，有3个商用码头，20世纪以来这些码头不断扩建和现代化，成为有着先进装卸设备的大型国际海运码头。最近几年，伦敦又成为世界上最大的航运市场，世界上所有的主要航运、造船和租船公司，都在这里设有代表机构。伦敦的西郊有一座欧洲客运量最大的国际机场——伦敦著名的希思罗机场。伦敦地下有一套纵横交错的地铁网。伦敦还有人们所熟知的名胜古迹：白金汉宫、唐宁街10号首相府、白厅、议会大厦、"大本"钟、泰晤士河和伦敦塔桥、伦敦城、特拉法尔加广场、伦敦塔、大英博物馆、蜡人馆、圣保罗教堂、威斯敏斯特教堂、马克思墓地、格林尼治、东伦敦、西伦敦等。

伯明翰

伯明翰是仅次于伦敦的英国第二大城市，有"世界车间"之称。伯明翰分为新城和老城。新城的火车站附近是英国工业展览会的所在地。每年春季，英国在这里举办工业展览会，英国的各大公司都力争在展览大厅占有立足之地，向全世界展销其产品。老城车站是伯明翰市的中心。通过车站的地道或天桥，直接进入"牛栏"商场，这个商场与繁

泰晤士河畔的议会大厦——威斯敏斯特宫

华的市中心连成一体，步行100米左右就可以进入市中心。市中心商店集中，道路狭窄，因而禁止车辆通行。伯明翰市区只有少数高楼大厦，大部分建筑都是2层楼房，而且尽是红色砖墙，很少有其他装饰，显得古朴无华。这些2层楼房互相连接不断，向外延伸，似乎没有尽头，而市区和郊区没有明显的界线。

伯明翰的四周有许多大工厂、例如汽车制造厂、通用电气公司、橡胶公司、机器制造厂、飞机制造公司等，它的工业产值占全英国工业产值的1/5，无愧于"世界车间"之称号。蒸汽机的发明者瓦特出生于苏格兰，但在伯明翰度过了后半生。瓦特成了伯明翰市的骄傲。市中心广场上耸立着瓦特纪念碑。

旅游

旅游业是英国最重要的经济部门。从旅游收入上计算，英国是世界第五大旅游国，仅次于美国、西班牙、法国和意大利。旅游业产值占国内生产总值的5%。主要旅游城市有伦敦、爱丁堡、加的夫、布赖顿、格林尼治、斯特拉福、牛津、剑桥等。主要参观点有歌剧院、博物馆、美术馆、古建筑物、主题公园和商店等。约54%的海外游客主要在伦敦参观游览。

比利时 /Belgium

地理位置

比利时位于西欧，北连荷兰，东邻德国，东南与卢森堡接壤，南和西南与法国交界，西北隔多佛尔海峡与英国相望。海岸线长 66 千米。

地形特征

比利时位居欧洲中部古老山地的末端，地势从西北到东南逐渐升高。全境分西北部低地平原（包括北海沿岸及北部地区）、中部丘陵、东南部高原（主要为阿登高原）。丘陵和平原占 3/4，高原占 1/4。

气候

比利时属温和的海洋性气候。冬季潮湿多雾，夏季凉爽。年均气温 10℃。年均降水量 800 毫米，并随海拔的升高而增多。洼地 510 ～ 760 毫米，南部丘陵地区达 1 270 毫米。

自然资源

据估测，比利时煤蕴藏量为 37 亿

正式名称	比利时王国 (The Kingdom of Belgium)
面 积	陆地面积 30 528 平方千米，领海及专属经济区 3 462 平方千米
人 口	1130 万（2015 年）
民 族	两大民族是弗拉芒人和瓦隆人，其他民族包括日耳曼语族的德国人、犹太人和罗曼语族的意大利人等
语 言	官方语言为法语、荷兰语和德语
首 都	布鲁塞尔（Brussels）
行政区划	全国分为 10 个省和 589 个市镇
地 理 区	沿海及内陆低地、东北部肯特平区、中央平原、东南部亚耳丁高地

吨，其中有开采价值的 18 亿吨，瓦隆的煤层已开采殆尽，此外尚有少量铁、锌、铅、铜等。比利时有核电站 7 座，占总发电量的 57.7%。森林面积 6 068 平方千米，占全国面积的 20%。

经济

农牧业总产值约占国内生产总值的 1.5%。农业以畜牧业为主，畜牧业占农业总产值的 68% 左右。工业产值约占国内生产总值的 28.2%。主要工业部门有钢铁、机械、有色金属、化工、纺织、玻璃、煤炭等。经济高度依赖国际经济环境，80% 的原料靠进口，50% 以上的工业产品供出口。高负债仍是经济发展中存在的主要问题。

习俗

比利时的中产阶级和一些劳动者都热衷于组织各种各样的团体，仅布鲁塞尔就 500 多个。这些团体包括为数较多的合唱团、乐团、同业团体，还有动物保护团体、打猎团体和养护团体等。

主要城市

布鲁塞尔

布鲁塞尔是比利时的首都，是全国政治、经济、文化和交通中心。布鲁塞尔地处斯海尔德河的支流桑纳河畔，并有运河与斯海尔德河和桑纳河相通，因其繁华美丽而有"小巴黎"之称。布鲁塞尔分为上下 2 区，上区为行政区，下区为商业区，是全国第一大工业中心。机械制造、汽车、电器、化学等工业企业占全国工业企业总数的 20% 左右，此外服装、地毯等也居重要地位。布鲁塞尔历史悠久，著名的遗迹有市中心广场、人称"布鲁塞尔第一公民"的男孩铜像、金碧辉煌的大皇宫及中世纪建造的宏伟的古堡等。城市的交通便利，有铁路干线穿城而过，公路、水运一片繁忙，航空运营在国际上著名。布鲁塞尔国家机场是国际航空的重要枢纽。布鲁塞尔也是文化和艺术的中心，设在这里的著名学府有自由大学、弗拉芒语言文学院等。布鲁塞尔还是世界闻名的国际活动中心。这里有 700 余个国际机场和办公处常驻，如北大西洋公约组织总部等。因此，布鲁塞尔有"欧洲首都"之誉。

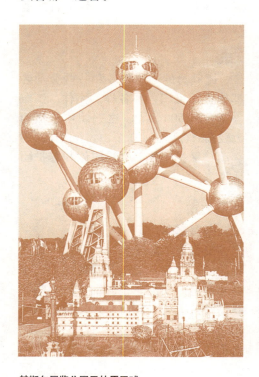

赫斯尔展览公园里的原子球
布鲁塞尔的象征性标志之一，为 1958 年世界博览会的召开而专门设计建造，高 120 米。其模型仿碳分子，为正常碳分子的 1650 亿倍，材料为铝。

旅游

旅游业很发达，2007 年接待外国游客达 2985 万人次。布鲁塞尔仍保有欧洲最迷人的中古风貌，中世纪的美感和神秘就真实地存在每一个角落里。主要的旅游胜地有布吕赫、根特古城、滑铁卢古战场等。

卢森堡 /Luxembourg

地理位置

卢森堡位于欧洲西北部，东邻德国，南毗法国，西部和北部与比利时接壤，是欧洲较小的国家之一。卢森堡的地势北高南低，大致可以划分为 2 个地区。北部的阿登高地，约占全国面积的 1/3，主要为森林密布的山地和峡　窄狭谷；南部的古特兰平原，约占全国面积的 2/3，主要为草地牧场和林地等。

气候

卢森堡属海洋向大陆过渡性气候，北部气候寒冷，南部气候宜人。年平均气温 9℃，年降水量 810 毫米。北部地区冬天常有大雪。

自然资源

资源贫乏。森林面积近 9 万公顷，约占国土面积的 1/3。

经济

卢森堡自然资源贫乏，市场狭小，

正式名称	卢森堡大公国 (The Grand Duchy of Luxembourg)
面　积	2586 平方千米
人　口	57 万 (2015 年)
民　族	卢森堡人约占 56.9%；外籍人占 43.1%，主要为葡、意、法、比、德等国侨民
语　言	官方语言是法语、德语和卢森堡语
首　都	卢森堡 (Luxembourg)
行政区划	全国划分为卢森堡、迪基希、格雷文马赫 3 个省，下辖 12 个专区、116 个市镇
地理区	北部的阿登高地，南部的古特兰平原

经济对外依赖性大。钢铁工业、金融业和广播电视业是经济的三大支柱，素有"钢铁王国"之称。人均钢产量约 6 吨，居世界首位。银行保险业产值约占国内生产总值的 17% 和财政收入的 20%，首都卢森堡市系欧洲重要金融投资中心，仅排在纽约、巴黎、东京之后居第四位，人均银行数居世界首位。近年来，随着经济全球化，卢森堡冶金业和金融业等支柱行业均面临挑战。为了增强竞争能力，确保金融中心地位，卢森堡政府一方面根据市场需求指导有关企业限制钢铁产量，提高产品质量和品种；另一方面着手进行改革，大力推进广播电视业，积极发展产业多元化。

主要城市

卢森堡

卢森堡市是卢森堡大公国的首都，是全国政治、经济、文化和国际金融中心，位于大公国南部古特兰平原的中心，这里的铁路、公路四通八达，不但连接着全国的主要城镇，而且可以直通比利时、荷兰、德国、法国等，是西欧交通运输的重要通道。全国最长的河流阿尔泽特河从这座古要塞城堡的中间穿流而过，市区中心位于狭长的河谷地段。全市有大小 93 座桥梁，将二河连接起来，交通十分方便。在阿尔泽特河和佩特鲁斯河二河之间的岗地上，是著名的老城区，现在还保存着一些古老的宫殿、教堂和炮台。新城区位于佩特鲁斯河南岸的平原上，是重要的工业区。新城区的工厂都和钢铁工业有关，如锅炉厂、炼钢设备制造厂、铸造厂等。最有名的是桥梁工厂，产品远销欧洲、非洲和拉丁美洲等许多国家。卢森堡市郊区有闻名欧洲的蒙多尔芙温泉。

荷兰 /Netherlands

地理位置

荷兰位于欧洲西部。东邻德国，南接比利时，西、北濒北海，处于莱茵河、马斯河、斯海尔德河的入海口处，是德国莱茵河流域、比利时东部以及法国东北部的最便捷的出海口。海岸线长 1075 千米。

地形特征

荷兰是世界著名的"低地之国"，24% 的面积低于海平面，1/3 的面积仅高出海平面 1 米。从 13 世纪即开始围海造田，增加土地面积约 60 万公顷。海拔在 50 米以上的地区不到 20%，土地面积 48% 是沙地。从地形上来看，

正式名称	荷兰王国 (The Kingdom of the Netherlands)
面　积	41526 平方千米
人　口	1693.6 万 (2015 年)
民　族	90% 以上为荷兰族，此外还有弗里斯族
语　言	官方语言为荷兰语，弗里斯兰省讲弗里斯语
首　都	阿姆斯特丹 (Amsterdam)
行政区划	全国划分为 12 个省，省下设 443 个市镇
地理区	东部沙丘、海埔利生地、沙质平原、南部高地

荷兰可以分为两个地形区，即北部和西部低地地区和东南部平缓起伏的地区。

气候

受北大西洋暖流的影响，荷兰气候温和，冬季平均气温 3℃，夏季 16℃，年降水量 730 毫米左右，夏季雨量最大。

自然资源

自然资源贫乏，但天然气储量在西

荷兰"四宝"之奶酪

欧各国中排在前列，可基本满足国内能源需求的一半。其他矿产资源包括石油、盐和煤。

经济

荷兰是发达的资本主义国家，西方十大经济强国之一。农业高度集约化，产品（包括畜牧、花卉、渔业）出口额仅次于美国、法国，为世界第三大农产品出口国。花卉植物主要供出口，约占世界市场的 43%。工业发达，是世界主要造船国家之一。但自 20 世纪 80 年代以来，荷兰政府逐步减少了对造船等传统工业的财政补贴，积极鼓励发展新兴工业，特别重视发展空间、微电子和生物工程领域中的高技术产业。主要工业部门有食品加工、石油化工、冶金、机械制造、电子、钢铁、钻石加工等。鹿特丹是欧洲最大的炼油中心。荷兰经济属外向型，其 80% 的原料靠进口，60%

以上的产品供出口，对外贸易的 80% 在欧盟内实现，商品与服务的出口约占国民生产总值的 55%。1997 年以来经济继续保持稳定增长势头。

习俗

荷兰人的三餐　早餐只吃面包（涂奶油）或奶酪，喝牛奶或咖啡。不太喜欢喝茶，平常以牛奶解渴。正餐为晚餐。晚餐前习惯先喝饮料，然后正规地就餐。通常是两菜一汤，汤常用粟米粉调制而成，美味可口。荷兰人对中餐也颇感兴趣，当地中国菜馆的数量居欧洲前列。

婚礼和葬礼　按照传统，荷兰青年男女订婚，新郎要送新娘漂亮的木鞋作为订婚之物。城市、乡镇的婚姻同西欧各国大体相同。按照天主教的教规，丧礼由死者家属或亲友组成送葬队伍，步行送灵车到教堂，先做祷告，让死者灵魂进入天堂，再送到墓地安葬。

节日　荷兰人民喜好鲜花，每年 4～5 月，花农举行花车游行。利用风车排水和从事生产活动是荷兰人民的发明，每年风车日都要举行庆祝活动。

主要城市

阿姆斯特丹

阿姆斯特丹是荷兰的首都，王宫所在地，荷兰经济、文化中心，西欧国际港口之一，位于须德海西南岸。市内有 50 多条运河，纵横交错，状似蛛网，颇有层次地环绕着城市。河上有大小桥梁 600 多座，连接着每一条街道。市区运河、道路多而不乱，层次井然，船只可以在市内运河中自由航行到市区的任何地方，素有"北欧威尼斯"之称，运河两旁大厦林立，街道芳草萋萋，环境恬静幽雅。阿姆斯特丹有运河通北海和莱茵河。港口地区又是该市从事各种贸易、运输最密集的地方。它还是铁路的枢纽和国内重要的航空中心。除此之外，这里还有荷兰重要的钢铁、造船、机械、化学、飞机制造工业和金刚石琢磨业。阿姆斯特丹也是一座文化城，城内有许多著名的博物馆、图书馆、大学和教堂等名胜古迹。郁金香是荷兰的国花，也是荷兰的"四宝"之一。郁金香花园、花市、花蕊拍卖市场，遍布阿姆斯特丹全市。在阿姆斯特丹还有吸引游客的世界钻石交易中心和钻石工厂。

鹿特丹

鹿特丹是荷兰第二大城市，世界第一个现代化港口，位于荷兰西南部莱茵河和马斯河河口。除最大的古老市政厅外，著名建筑都是现代化的，因此，鹿特丹被誉为"欧洲最现代化的城市"。鹿特丹是世界第一大港，在世界近 1 万个港口中，它的货物吞吐量最大，运货量也居世界首位。鹿特丹港港口专业化分工很严细，粮食、鱼肉、蔬菜、木材、杂货、矿石、钢铁、石油、化工品、汽车等，都有专门的装卸码头，港内水深无闸，不淤、不冻、不移、不受风浪袭击，指挥系统全部微机化。除此之外，鹿特丹还是荷兰最大的工业城市，是重要的海陆空交通枢纽、商业和金融中心。造船、石油加工、机械制造、制糖和食品工业都很发达。它也是欧洲最大的炼油基地、世界三大炼油中心之一，有输油管通德国西南部等地。荷兰的造船业基本集中在这里。鹿特丹还有许多学校、博物馆、研究所。

旅游

荷兰是西欧主要的旅游国家之一，被称为"欧洲花园"。它气候宜人，风景秀丽，环境优美。古老的风车、神奇的木屐、诱人的"国菜"、遍地郁金香和悠然自得的奶牛，构成了凡·高笔下的风景画。它拥有方便的地理位置、四通八达的交通，还有近 20 处旅游休假区和旧城、运河、鲜花种植区、博物馆等主要观光点。最佳的旅游季节为 5 ~ 8 月。荷兰的城市各有特色，旅游者一览城市风采，是不可缺少的旅游内容。

德国 /Germany

地理位置

德国位于欧洲中部。东邻波兰、捷克，南毗奥地利、瑞士，西接荷兰、比利时、卢森堡、法国，北接丹麦，濒临北海和波罗的海，是欧洲邻国最多的国家，边境线长达 3 621 千米。

地形特征

德国地貌类型多样，包括山脉、平原、河流以及湖泊等，从总体来看，可

正式名称	德意志联邦共和国 (The Federal Republic of Germany)
面　积	357 104 平方千米
人　口	8 141 万（2015 年）
民　族	主要是德意志人；有少数丹麦人和索布族人。有 728.9 万外籍人，占人口总数的 8.8%
语　言	通用德语
首　都	柏林（Berlin）
行政区划	划分为联邦、州、市镇三级，共有 16 个州、12 229 个市镇
地理区	北德平原、中德山地、莱茵断裂谷地区、巴伐利亚高原和阿尔卑斯山区

以将其分为4个主要的地理区域。北德平原，位于北海、波罗的海沿岸和中部山地边沿之间，多为干燥多沙的平原，平原上多沼泽和石楠；中德山地，位于北德平原以南，多瑙河以北，它把德国的北部与南部隔开；西南部为莱茵断裂谷地区；南部为巴伐利亚高原和阿尔卑斯山区，多为景色秀丽的山区，莱茵河便发源于此区。

气候

德国属温带气候，但西北部为海洋性气候。往东南逐步向大陆性气候过渡。年降雨量400～1000毫米，南部山地可达1000毫米以上。平均气温7月14～19℃，1月—5～1℃。

自然资源

德国是自然资源较为贫乏的国家，除硬煤、褐煤和盐的储量丰富之外，在原料供应和能源方面很大程度上依赖进口，2/3的初级能源需进口。天然气产量能满足国内需求量的1/4，约3820亿立方米。硬煤的探明储量为2300亿吨，可采储量约240亿吨；褐煤可采储量约800亿吨。东南部有少量铀矿。森林覆盖面积约占全国面积的30%。

经济

德国农业发达，机械化程度很高。农林渔业产值占国内生产总值的1.08%。农产品可满足本国需要的54%。工业在国民经济中占绝对优势，就业人数约占国内总就业人数的33.3%。工业侧重重工业，汽车和机械制造、化工、电气等部门是支柱产业，占全部工业产值的40%以上。其他如食品、纺织与服装、钢铁加工、采矿、精密仪器、光学以及航空与航天工业也很发达。机器制造、化工、光学仪器制造、褐煤和钾盐开采集中在东部地区。轻纺和食品加工等部门集中于南部和中部地区。工业主要由中小企业组成，企业专业化程度较高，平均技术水平较高。工业垄断程度高，占工业企业总数2.5%的1000人以上的大企业占工业就业人数的40%和营业额的一半以上。德国经济属外向型经济。主要部门的产品一半或一半以上销往国外。

德国的经济实力位居欧洲首位，在国际上为仅次于美国和日本的第三大经济强国和美国之后的第二大贸易国。为解决东部经济效益欠佳、经济结构的问题，政府推出了大规模的增收节支计划和《税改法》，降低了个人和企业税率，这些措施对德国政府逐步实现财政平衡、增强企业活力产生了积极效应。

习俗

"中国人"狂欢节　巴伐利亚中部小城迪特福特的居民，每年2月都要举行传统的"中国人"狂欢节。这一天，城外竖起"国界"。城内居民打扮成为中国古代的文武大臣、才子佳人等各种人物，抬着中国式轿子，参加狂欢游行。节日期间还选出"中国皇帝"。

狂欢节　德国的狂欢节持续的时间较长，从每年11月11日11时起，一直到第二年复活节前40天时为止，历时2～3个月。狂欢节要选出"狂欢王子"和"狂欢公主"来主持狂欢活动。狂欢节结束前的最后一个星期日为"女人节"，莱茵地区的妇女要象征性地掌权，男子对妇女要唯命是从。狂欢节结束的前一天必须是星期一，这一天举行化装大游行，是狂欢节的顶峰。

啤酒节　世界上规模庞大的民间庆典之一，地点在慕尼黑。每年5月为序幕，9月的最后一周进入高潮，10月的第一个星期结束。节庆活动的形式多种多样，但都离不开啤酒这个主题。

别具一格的风俗　德国人注重形式，讲究衣着整洁。少数地方的服饰风格比较独特，如巴伐利亚州。在饮食上，口味清淡，讲究营养；在居住方面，讲究规矩、清静的居室；在交通方面，追求效率、讲求方便；在社交礼仪方面，严谨持重，坦诚大度；德国人时间观念很强，赴约一定准时；用餐时，很讲究刀、叉、匙及餐巾的用法；交谈时，绝不询问私事。

主要城市

柏林

柏林是德国的首都，是全国政治、经济、文化和交通中心，世界著名的大都市之一。柏林位于德国东部，施普雷河注入弗尔河的河口处，面积889平方千米，市内地势平坦。柏林为德国最大的工业城市，工业以电器设备为主，并有冶金、机械、化学、食品、汽车、服装、印刷等部门。柏林作为艺术和戏剧城在世界上享有盛名，有著名的柏林爱乐交响乐团和柏林歌剧院，还有森林舞台和拥有2.5万个座位的露天剧场。柏林还是欧洲主要的会议和博览会城市之一。柏林拥有建于1861～1869年的绛色市政厅、800年历史的圣母教堂、历史悠久的洪堡大学等名胜古迹。柏林是欧洲的重要交通枢纽和河港，交通十分便利，有与世界各国和全德各大都市密

慕尼黑的玛丽恩广场，这里曾经是集市，也是举办节日庆典和举行比赛的地点。

集的班机往返。

慕尼黑

慕尼黑是德国第三大城，巴伐利亚州首府，位于阿尔卑斯山北麓前沿地带中部，多瑙河支流伊萨尔河上游河畔，历来是南欧通往中欧和北欧的要冲之一。慕尼黑的工业很发达，主要有电子电器、光学仪器、汽车制造、啤酒酿造、军事工业等。电子工业的迅速发展使它获得了"巴伐利亚硅谷"的称号。西门子公司在此设有总部和厂史展览馆。慕尼黑附近盛产酿制啤酒的植物原料，是德国主要的啤酒酿造基地，产品大量输往欧洲各国。慕尼黑的交通十分发达，是南德的铁路、航空枢纽，有多条线连接全国、全世界各大都市。慕尼黑已有800多年的历史，气候温和，物产丰富，环境优美，是著名的旅游城市。市内古建筑多达200多座。历史最悠久的是圣彼得大教堂，建于13世纪。

旅游

旅游业发达。每年有大量国内外游客去德国旅游。德国著名的旅游城市有柏林、汉堡、慕尼黑、波恩、波茨坦、魏玛等；其他著名旅游景点有伊达尔—奥伯斯泰因、黑森林、布良瓦尔集中营遗址、吕根岛、格莱茨古堡等。

法国 /France

地理位置

　　法国位于欧洲西部，与比利时、卢森堡、德国、瑞士、意大利、西班牙、安道尔、摩纳哥接壤，西北隔拉芒什海峡与英国相望，濒临四大海域：北海、英吉利海峡、大西洋和地中海。法国是西欧国土面积最大的国家，领土呈对称的六边形，三边临海，三边靠陆。边境线总长5695千米，其中海岸线2700千米，陆地线2800千米。

地形特征

　　法国基本上是一个平原国家，全国有80%的领土是平原和丘陵，其中海拔250米以下的平原地带占总面积的60%，250～500米的丘陵地带占20%，高于500米以上的山地区域占20%。地势为西北低，东南高。全国分三大地形区：东南部山地区，包括比利牛斯山、中央高原、阿尔卑斯山、汝拉山和孚日山等，比利牛斯山横贯法国西南边境，自比斯开湾一直延伸到地中海岸，略成东西走向，长

正式名称	法兰西共和国（The Republic of France）
面　　积	632834平方千米（包括4个海外省，其中本土面积543965平方千米）
人　　口	6680万（2015年）
民　　族	法兰西人占全国人口的83%，少数民族有阿尔萨斯人、布列塔尼人等；另外还有350万来自外国的移民
语　　言	通用法语
首　　都	巴黎（Paris）
行政区划	本土划为22个大区，96个省，4个海外省大区，6个海外行政区和1个地位特殊的海外属地
地 理 区	东南部山地、西北部盆地、罗讷谷地

约435千米；西北部盆地丘陵区，包括巴黎盆地、阿摩里康丘陵和阿坤廷盆地、卢瓦尔河下游平原；罗讷谷地，索恩—罗讷河谷介于中央高原和阿尔卑斯山之间，南北狭长，宽仅20～30千米，是法国南北交通的天然走廊。

气候

　　全国气候大致可分为4个类型。西欧型气候区（如布雷斯特）：法国西北部濒临大西洋，受西风影响较大，冬暖夏凉，气温年差较小，终年湿润多雨，云雾多，日照弱。中欧型气候区（如斯特拉斯堡）：法国东部距海较远，受大陆影响较强，冬季寒冷，夏季较热，雨量显著集中夏季，具有大陆性气候特点。地中海式气候区如（如马赛）：法国南部，冬季温暖多雨，夏季炎热干燥，高温是本气候区的特点和优点。过渡型气候区（如布里扬松）：法国中部高原介于前3个气候区之间，为过渡性气候，特点是气温较低，温差较大，雨量较多。法国各地的降雨量差异较大，北部的低地地区年降雨量只有300毫米，而一些山区却有1300毫米。雨量分布的趋势是自西向东递减。

自然资源

　　铁矿蕴藏量约10亿吨，但品位低，开采成本高，1997年关闭最后一座矿场，现在所需铁矿石完全依赖进口。煤储量已近枯竭。铝矾土矿储量丰富，蕴藏量约有9000万吨，居世界前列。有色金属储量很少，几乎全部依赖进口。能源主要依靠核电，水力资源和地热的开发利用也比较充分。森林覆盖率约为30%，占欧盟森林面积的25%，人均拥有绿化面积0.36公顷。

潮汐发电站

经济

　　法国是欧盟最大的农业生产国，也是世界主要农产品和农业食品出口国。农业食品出口居世界第一位，占世界市场的11%。欧洲前100家农业食品工业集团有24家在法国，世界前10家农业食品工业集团有7家在法国。农业约占国内生产总值的3%，从业人口约占总劳动力的4%。国土面积中61%为农业用地，27%为林业用地，12%为非农业用地。从地区结构上看，农业用地传统上分为3个地区：中北部为谷物、油料、蔬菜和甜菜主产区；西部和山区为饲料作物主产区；地中海沿岸和西南部地区为多年生作物（葡萄、水果）主产区。法国已基本实现了农业机械化，农业食品加工业是法国外贸出口获取顺差的支柱产业之一。

　　工业总产值约占国内生产总值的26%，从业人口约占总劳动力的24%。主要工业部门有汽车制造、造船、机械、纺织、化学、电器、食品加工和建筑业等。核能、石油化工、海洋开发、航空和宇航等新兴工业部门近年来发展较快，在工业产值中所占比重不断提高，特别是核能，法国3/4的用电都由国有核电站提供。法国工业企业总数约20万个，其中3/4是股份公司，1/5是有限责任公司。大型企业，如埃尔夫—阿基坦、法国电力公司等跨国公司，占工业产品销售总量的56%、工业投资的60%以及产品出口的70%。

　　法国是发达的工业国家，国内生产总值位于美、日、德、中、英之后，居世界第六位。2000年以来，法国经济保持增长势头，失业率明显下降，出口增长较快，内需保持旺盛，企业投资大幅增加。经济增长的主要原因为全球经济增长形势提供了有利的外部条件，税改措施对鼓励企业投资和个人消费起到积极作用，经济结构调整为经济注入新的活力。

习俗

　　服饰　法国时装在世界上享有盛誉，选料优异，设计大胆，制作技术高超，一直引导世界时装潮流，目前有名的有"吉莱热""巴朗夏卡""吉旺熙""香奈尔""迪奥""皮尔·卡丹"和"圣洛朗"。法国人是把收入的最小部分用于穿着的欧洲国家，他们一般很注意服装方面的鉴赏力，也接受比较便宜但十分讲究的仿制品。

　　吻　法国是一个以吻表示感情的国家。法国人的吻有严格的界限，他们在见到久别重逢的亲友、同事时贴贴脸或颊，长辈对小辈则是亲额头，只有在爱人和情侣之间，才接吻。

　　圣喀德琳娜节　巴黎"大龄女青年"

的节日。每年 11 月 25 日这一天，年满 25 岁而尚未婚配的姑娘们到喀德琳娜塑像前献上一束鲜花，再到大时装店跳舞，饮酒狂欢，最后选出一位最美的姑娘作为节日的王后。

主要城市

巴黎

巴黎是法国的首都，世界著名的繁华大都市之一，素有"世界花都"之称，不仅是法国也是西欧的一个政治、经济、文化中心。巴黎位于法国北部盆地的中央，横跨塞纳河两岸，属温和的海洋性气候，夏无酷暑，冬无严寒，已有 2000 多年的历史，作为法国的首都亦有 800 年之久。它是全国最大的工商业城市，市西部的汽车、飞机、武器工业，西北部的金属加工、电子、车辆制造工业，北部的冶金、动力工业，东南部塞纳河谷的新工业区，以及远郊新开发区的轻工业在法国工业中均占有很大比重，工业生产总值约占全国的 1/4，工人数量约占全国的 1/5。在轻工业中，巴黎有传统的服装、化妆品、装饰品和时髦家具等，这些产品都享有世界声誉。巴黎香水驰誉全球，有"梦幻工业"之称，被法国人视为国宝。巴黎是法国的交通枢纽，全国的陆路交通都向巴黎集中，形成一个辐射式的交通网。巴黎市内现有 7 个火车站，既可以通往比利时、卢森堡、意大利和瑞士，也可以直达德国和西班牙。巴黎还是个国际航空中心，有 5 个机场。它还是欧洲最大的内河港，承担农产品及建材、燃料等工业品的运输。巴黎既保留着许多闻名世界的历史遗迹，又有许多宏伟瑰丽的现代化建筑，使它具有古今文化交融、别具一格的风貌。

埃菲尔铁塔
位于亚历山大三世桥以西，像一个钢铁巨人高高地耸立在巴黎市中心的塞纳河畔，建于 1889 年，为的是庆祝法国大革命 100 周年，作为巴黎最高的建筑，已经成为巴黎的象征。

马赛

马赛是法国最大港口和第二大城市，法国的一个重要工业中心。马赛位于地中海北岸，三面被石灰岩山丘环抱，由于地理位置优越，海湾水深面广，少险滩急流，海潮涨落变化不大，能见度好，非常适合于船只的停泊和航行，已成为世界著名良港和著名的旅游胜地。马赛现已成为法国的一个重要工业中心，这里集中了法国 40% 的石油加工工业，福斯一塔尔泊一带有 4 个大型炼油厂，每年能处理石油 4500 万吨，进口的石油和提炼后的石油产品，主要是通过输油管运到内地和邻国去。马赛的修船工业也相当发达，能修理世界最大的船只——80 万吨级的油轮。马赛城中，新楼大厦拔地而起，古老的教堂矗立在一片红砖彩瓦之中。整个城市依山傍水，好似珠堆玉砌，绚丽多彩，十分壮观。

旅游

法国是世界著名的旅游国，首都巴黎、地中海和大西洋沿岸风景区、阿尔阜斯山区以及科西嘉岛及一些海外省均是著名旅游胜地。法国一些著名的博物馆收藏着世界文化的宝贵遗产。此外，法国还有一些历史名城和众多古城。每年赴法游客约 7845 万人次，居世界首位。旅游外汇收入 556 亿美元，继美国、西班牙之后，居世界第三位。

摩纳哥 /Monaco

地理位置

摩纳哥位于欧洲西南部，三面被法国包围，南面濒临地中海。边境线长 4.5 千米，海岸线长 5.16 千米。地形狭长，东西长约 3 千米，南北最窄处仅 200 米。境内多丘陵山地，地势自北向南倾斜，最高点海拔 573 米。

气候

摩纳哥属地中海气候，夏季干燥凉爽，冬季潮湿温暖。年均气温为 16℃，年均降水量为 500～600 毫米。

经济

摩纳哥政府多年来重视发展多元化经济，增加基础设施和设备方面的

正式名称	摩纳哥公国（The Principality of Monaco）
面　积	2 平方千米
人　口	37731（2015 年）
民　族	法国籍（约占 28%）；摩纳哥籍（约占 23%）；意大利（约占 18%）；剩下的为英国、瑞士、德国、美国等国籍的居民
语　言	官方语言为法语；通用意大利语、英语和摩纳哥方言
首　都	摩纳哥（Monaco）
行政区划	全国为 1 个市镇单位，下辖 4 个区（非行政单位）
地 理 区	丘陵山地

投资，近年来，银行、不动产等行业发展较快，无农业。摩纳哥政府为了支持工业发展，积极给予企业财政支持，并克服领土狭小的困难，努力为工业发展提供地皮。鼓励建立高增值、无污染的出口型企业，积极发展高技术产业。主要工业部门有化工、医药、化妆品、塑料加工、电器和电子元件、印刷和包装品、机械纺织和服装、食品、首饰制作等。建筑业是摩纳哥经济的重要部门之一，近年来得到迅速发展，全国共有 90 家房地产公司，占营业总额的 22.3%，占国民收入的 15%。电信业近年发展也较快。

主要城市

摩纳哥

摩纳哥市是摩纳哥的首都，是国家政治、经济和宗教中心，历史悠久的古老港口。建于 1899 年的海洋学博物馆，世界著名。在这座博物馆里，人们可以看到各种美丽的、奇怪的鱼类，以及来自各大洲的、形形色色的、光怪陆离的海洋动物。

旅游

旅游业是其经济支柱产业，大致分为度假游览和商业旅游两大类。摩纳哥是欧洲著名旅游胜地，每年都举行许多文体活动吸引游客，其中蒙特卡洛国际杂技节、国际礼花节、一级方程式汽车大奖赛等闻名世界。摩纳哥能为旅客提供 2500 个四星级标准的房间，多功能的现代化会议大厅可以满足各种规模的商业谈判和会议的需求。摩洛哥海洋博物馆和研究所享誉世界，此外还有拿破仑纪念馆、蒙特卡洛歌剧院等文化设施。

瑞士 /Switzerland

地理位置

瑞士是位于中欧的内陆国，东邻奥地利和列支敦士登，南面与意大利为邻，西面与法国接壤，北部与德国交界。南北长220千米，东西宽398千米。

正式名称	瑞士联邦（Swiss Confederation）
面　积	41 284 平方千米
人　口	829 万（2015 年）
民　族	瑞士人占全国人口的83%，少数民族有阿尔萨斯人、布列塔尼人等，另外还有 350 万来自外国的移民
语　言	官方语言为德、法、意及拉丁罗曼语
首　都	伯尔尼（Bern）
行政区划	划分为三级：联邦、州、市镇。全国由 26 个州组成
地 理 区	从西北到东南依序为汝拉山脉、高原、瑞士阿尔卑斯山脉

地形特征

瑞士境内多山，有"欧洲屋脊"之称，大约58%的面积属于阿尔卑斯山区，主要是中段阿尔卑斯山和西段阿尔卑斯山北斜坡的一部分，整条山脉呈东北—西南走向，使全境分为中南部的阿尔卑斯山区、西北的侏罗山区和瑞士高原3个自然地形区。西北的汝拉（侏罗）山脉是瑞士与法国之间的天然分界线，约占国土的10%；中南部的阿尔卑斯山区占全国总面积的58%，它从东向西延伸，斜贯瑞士南半部；位于上述两者之间的高原区，约占国土面积的32%，东南高，西北低。

气候

瑞士地处温带的北部，由西向东伸展的阿尔卑斯山成为该国的气候分界线。气候自西向东由温和湿润的海洋性气候向冬寒夏热的温带大陆性气候过渡。阿尔卑斯山以南是海洋气候，阿尔卑斯山以北有时受西欧海洋气候的影响，温和而潮湿，有时受东欧大陆性气候影响，有寒冷的冬季和炎热的夏天，温差变化幅度大。年降雨量为1000～2000毫米。

自然资源

水力资源丰富，利用率高达95%。森林面积127.16万公顷，覆盖率占全国面积的32.4%。

经济

农业产值占国内生产总值的1.9%。主要农作物有小麦、燕麦、马铃薯和甜菜。肉类基本自给，奶制品自给有余。工业技术水平先进，产品质量精良，在国际市场具有很强的竞争力。机械制造、化工、纺织、食品加工、钟表是工业的主要支柱。机械工业产值占工业总产值的1/3，是第一大工业。化学工业在工业中占有举足轻重的地位，产品有染料、药品、农药、化纤、香料和油漆等。瑞士生产的丝织品、化纤品及刺绣在世界上享有盛名。食品工业是利用本国生产的原料来发展一些特殊的部门，出口的速溶咖啡和浓缩食品在世界上享有盛誉。瑞士钟表业有500多年的历史，迄今一直保持世界领先地位，被称为"钟表王国"。在产值超过100亿欧元的世界钟表市场上，瑞士占有2/3的份额。瑞士斯沃斯手表集团在销售额排名中，位居世界第一位，高档表出口占世界市场的40%。长期以来，瑞士一直是世界上个人平均收入很高的国家之一。在世界经济增长的带动下，瑞士经济也稳步发展。

习俗

着装 在瑞士人的发祥地施维茨，男性一般穿过膝的长裤、袖子宽大的衬衫和短夹克；女性着丝质上衣、长裙、天鹅绒背心。

阿彭策尔州的除夕妖怪模样

在瑞士的许多乡村地区都流行着新年装扮游行的习俗。每年1月13日（除夕当日），阿彭策尔州的人便戴上面具和头饰，穿上所谓的"盛装"，背上大铃铛，在村庄里游行，尽管这些面具之下全是男人，但他们扮演的角色却分为"男女妖怪"。男妖怪一般身背一个或两个大牛铃，嘴里叼着一个典型的阿彭策尔烟袋，而女妖怪则总是在上身背着带有小铃铛的背带，嘴上一般画着一朵鲜花。

祭典 瑞士的天主教祭典流传至今。在祭典日，人们穿着民族服，唱歌、跳舞和祈祷。儿童节祭典又称"疯狂的祭典"，参加人戴上假面具，把装有青豌豆的袋子绑在裤子上，互相追打嬉闹。此时连神父也戴上假面具，和人们一同参加祭典，在山岳地带，村民穿上华丽的服饰，乐团奏乐。祭典完毕，神父还到居民家为人和牲畜的兴旺而祈祷、祝福。

葱头节 每年11月的第四个星期一在伯尔尼举行。这个节日至今已有3个半世纪的历史，是仅次于圣诞节的大节日。这天除了进行葱头交易外，其他市场也很活跃。

牧人节 阿尔卑斯山区牧人将牛羊赶到镇上展览的日子。在秋天牛肥羊壮时举行。这一天牧民会把最好的牛羊赶到镇上公开展览，进行评比，优胜的披红挂花。

主要城市

伯尔尼

伯尔尼是瑞士的首都，被誉为"表都"，位于瑞士西部瑞士高原中央山地莱茵河支流的阿勒河上游，城的三面被阿勒河水冲打着。古老的房屋、尖形的塔楼、哥特式牌匾的店铺、16世纪城市井泉的装饰，以及许多阳台上的鲜花，使伯尔尼显得古香古色。伯尔尼是瑞士的政治中心，在这座城市除联邦政府各机构外，还有各国驻瑞士的大使馆，万国邮政联盟和国际铁路运输总局也设在此地。伯尔尼有1000多家钟表店，商店的大玻璃柜台上，到处摆着钟表，整个城市像一个巨大的钟表展览馆。

首都——伯尔尼

旅游

　　旅游业是瑞士仅次于机械制造和化工医药的第三大创汇行业。全年都有旅游者被吸引到瑞士，目前，主要的旅游胜地有阿尔卑斯山区和国际性都市日内瓦、琉森等。

列支敦士登 /Liechtenstein

地理位置

　　列支敦士登是位于阿尔卑斯山中部和莱茵河谷的内陆国。它西邻瑞士，以莱茵河为界，东接奥地利。南北长 24 千米，东西宽 5～10 千米。它是世界上第六小的国家。

地形特征

　　列支敦士登并不像瑞士和奥地利那样群山密布，而是半山半谷，山坡陡峭，好似挂在阿尔卑斯山腰间的一幅美丽风景画。全国大概有 2/3 的土地为山地，海拔大都为 1800～2623 米。

正式名称	列支敦士登公国 (The Principality of Liechtenstein)
面　　积	160.5 平方千米
人　　口	3.75 万人 (2015 年)
民　　族	属于日耳曼族的列支敦士登人占人口总数的 66.8%，外籍人 33.2%，主要是瑞士人、奥地利人等
语　　言	官方语言为德语
首　　都	瓦杜兹 (Vaduz)
行政区划	全国划分为 11 个区
地 理 区	西部为莱茵河谷地，东部及南部则为山岳地带

自然资源

　　矿藏有大理石矿等。森林面积 55.6 平方千米，占领土面积的 34.8%。

经济

　　列支敦士登原是贫穷的农业国，大多数人从事畜牧业，只有小规模的纺织和陶瓷等工业，第二次世界大战后逐步发展成为发达的工业国家。工业是国民经济的支柱，主要有金属加工、机械、仪表制造、陶瓷、化工、医药、电子、纺织和食品加工等。真空镀膜产品、用于造船工业和建筑业的射钉枪、钻孔机等以及假牙产品享有国际声誉。工业产品质量高，有竞争力，主要向欧美国家出口。低税政策和银行保密法促进了金融业发展，全国有 15 家银行。1912 年开始发行邮票，列支敦士登邮票闻名遐迩，也是国家财政的重要来源之一。2000 年，经济状况继续保持稳定增长，

列支敦士登乡村民俗

通胀率和失业率稳定在低水平，金融业发展迅速，工业和建筑业等亦有大幅增长。

主要城市

瓦杜兹

瓦杜兹是列支敦士登的首都，全国最大城市和旅游中心，位于上莱茵河谷地。全国许多精密机械、仪器仪表、纺织、邮票印刷以及酿酒工业都集中在这里，沿莱茵河谷地的瑞士高速公路经过这里与德国、奥地利相连，圣·贝纳迪诺公路隧道通往意大利。市内许多古老建筑至今完好无损，16世纪古朴的建筑风貌保存依旧。位于市中心的恩伦德尔大厦，经过扩建整修后焕然一新，是举世闻名的列支敦士登王室艺术珍品收藏的展出地。市内还有列支敦士登邮票博物馆、国家博物馆、国家图书馆等文化设施。

旅游

列支敦士登地处欧洲南北交界处，阿尔卑斯山秀丽的山色、古朴与现代相结合的城市风貌、精美的文化艺术珍品馆藏、堪称集邮上品的邮票以及"袖珍国家"的独特魅力无不使世界各国旅游者倾心向往。发达的交通更为游者提供了便利条件。由于列支敦士登位于阿尔卑斯山东、西段交界之处，境内高山、险峰林立，山间设有许多休养地，为生活在紧张、嘈杂的大都市旅游者提供了一个理想的世外桃源。冬季银装素裹，景色秀丽，皑皑白雪为众多高山滑雪场提供了天然条件，来自国内外的旅游者们都不会放弃在此一试身手的机会。

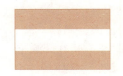

奥地利 /Austria

地理位置

奥地利为内陆国。东邻斯洛伐克和匈牙利，南接斯洛文尼亚和意大利，西连瑞士和列支敦士登，北与德国和捷克接壤。

地形特征

奥地利是个高山之国，80%的国土是山地和山前地带。东阿尔卑斯山系横穿奥地利，其北支向东北延伸直到多瑙河流域，地势渐缓，形成丘陵形平原和低地。东北部是丘陵起伏的多瑙河沿岸平原。

气候

奥地利气候是海洋性气候和大陆性气候的混合。1月平均气温，平原1～2℃，山区 −14～−10℃；7月平均气温，平原9℃左右，山区1～3℃。降水量自西向东逐渐减少，由2000毫米递减到600毫米。按区域来看，南部和西部山区属于典型的阿尔卑斯气候，东北地区则属于更干燥的大陆性气候。

正式名称	奥地利共和国 (The Republic of Austria)
面　积	83871 平方千米
人　口	861 万 (2015 年)
民　族	大多为奥地利人，外国人占 11.7%；少数民族有斯洛文尼亚人、克罗地亚人和匈牙利人
语　言	官方语言为德语
首　都	维也纳 (Wien)
行政区划	全国划分 9 个州
地理区	北部为花岗岩高原，阿尔卑斯山由瑞士境内延伸至东部（包括维也纳盆地）；北石灰岩阿尔卑斯山、中阿尔卑斯山、南石灰岩阿尔卑斯山

自然资源

矿产主要有石墨、镁、褐煤、铁、石油、天然气等。森林、水力资源丰富。森林覆盖率43.2%，有林场400万公顷，木材蓄积量约9.9亿立方米。

经济

农业发达，农林业总值约占国内生产总值的2.0%。工业产值约占国内生产总值的28.6%。主要工业部门有采矿、钢铁、石化、机械制造、造纸和纺织等。1995年1月起经济出现停滞状态，1997年开始缓慢回升。1999年经济增长率达3.3%。

习俗

在奥地利的一些地区，人们还保留着一种古老的寒暄方式："愿神降福于你！"

奥地利还有许多节日，如基尔希塔克（教堂创立纪念日）是整个奥地利秋天最重要的庆典节日；冬至这一天要举行盛大的庆典祈求丰收；萨尔茨堡艺术节是一个盛大节日，后来演变成具有国际性质的艺术节；在蒂罗尔，每年5月的第一个礼拜天要举行盛大的民俗庆典活动。奥地利是圣诞颂歌《平安夜》的诞生地。

奥地利人不喜欢在新年期间食用虾类。因为虾会倒着行走，象征不吉利，吃了虾，在新的一年里就难以进取。

主要城市

维也纳

维也纳是奥地利的首都，奥地利第一大城，世界著名的"音乐之都"。维也纳位于阿尔卑斯山北麓、多瑙河右岸，面积415平方千米，整个城市坐落在维也纳盆地中，著名的维也纳森林从西、

萨尔茨堡城

世界知名的文化艺术城。1756年1月27日，大音乐家莫扎特出生于此。在这里，大型音乐会一年四季从不间断，晚间在这里散步，处处可闻悦耳乐声。难怪人们对这座城市有这样的美誉："你走在街上犹如踩着琴键。"

北、南三面环抱城市。维也纳市中心有中央广场，从中央广场放射出2条主要街道，把文艺复兴时期到18世纪奥地利绚丽多彩的文化表现得淋漓尽致。整个城市布局层次分明，从内城到外城分为3层。内城即老城，有政府机关大楼、宫殿、教堂等具有历史遗风的建筑物。中城是密集的商业区和住宅区。外城的南面和东面是工业区，西面是别墅、公园和宫殿区。维也纳是著名的"华尔兹"的故乡、欧洲著名的古典音乐诞生地。维也纳还新建有联合国城，它位于风光秀丽的多瑙河畔。联合国城的建立大大提高了维也纳的国际知名度，这是继纽约、日内瓦之后的第三座"联合国城"。维也纳在奥地利经济中也占有重要地位，1/4的居民生活在此。奥地利有2 000家外国公司，其中的一半在维也纳。

旅游

奥地利旅游业发达。2009年接

待游客约 3 232 万人次，其中外国游客 2 136 万人次。主要旅游点是蒂罗尔州、萨尔茨堡州、克恩顿州、萨尔茨卡默古特和维也纳。游客主要来自德、荷、意、法等国。

匈牙利 /Hungary

地理位置

匈牙利为中欧的内陆国。东邻罗马尼亚、乌克兰，南接斯洛文尼亚、克罗地亚和塞尔维亚，西与奥地利为邻，北同斯洛伐克接壤。南北长 268 千米，东西长 528 千米。

地形特征

匈牙利地形可分为 5 个区域。多瑙河中游平原，位于多瑙河以东，海拔约 100 米；北部山地，一般海拔 300~1 000 米，位于北部山脉的凯凯什峰，海拔 1 015 米，为全国最高峰；外多瑙河山地和丘陵，是阿尔卑斯山脉的宗脉，海拔 300~500 米；多瑙河中游平原，位于国境西北部；德拉瓦河谷地，位于西南部，海拔 150~200 米。

气候

匈牙利属大陆性温带阔叶林气候，平均气温为 10.9℃，最高气温为 34.5℃，最低气温为—16.2℃，全年平均降水量 824 毫米。

自然资源

匈牙利自然资源比较贫乏，主要

矿产资源是铝矾土，蕴藏量居欧洲第三位，此外还有少量褐煤、石油、天然气、铀、铁、锰等。森林覆盖率为 18.1%。

经济

农业基础好，在国民经济中占重要地位，但农业产值连年下降。耕地面积为 442.7 万公顷。农、牧、林、渔业职工约占全国就业人口总数的 7.09%。农业总产值占国内生产总值的 4.3%，其中葡萄种植和葡萄酒生产贡献巨大。工业总产值约占国内生产总值的 81.5%。经济目标是建立以私有制为基础的福利市场经济。1997 年，匈牙利向市场经济体制转轨大体完成。1998 年上半年，私有化工作基本结束。2000 年工业增长 21%，外贸逆差 40 亿美元。通货膨胀率和失业率继续下降，经济正逐步与国际接轨，尤其是同欧盟联系日趋密切。

习俗

匈牙利人以面食为主，喜欢吃牛肉等肉类，蔬菜中喜食白菜、洋葱等。匈牙利人不吃奇形怪状的食物，认为吃了这些东西，吉祥就会像鱼一样溜走。

匈牙利人的婚礼现在通常有两种形式，一种是在教堂里由神父主持；一种是在家庭中举行婚礼。妇女婚后，便用花布把头发包住，这是与未婚少女的最

正式名称	匈牙利共和国 (The Republic of Hungary)
面　积	93 030 平方千米
人　口	984 万（2015 年）
民　族	主要民族为匈牙利族，约占 90%；少数民族有斯洛伐克、罗马尼亚、克罗地亚、塞尔维亚等族
语　言	官方语言为匈牙利语
首　都	布达佩斯（Budapest）
行政区划	全国划分为首都和 19 个州，设立 23 个州级市、304 个市、2 826 个乡
地 理 区	多瑙河中游平原、北部山地、外多瑙河山地和丘陵、多瑙河中游平原、德拉瓦河谷地

大区别。结婚需经求婚、订婚和迎娶三个阶段,订婚的仪式必不可少,双方都由一位女性亲戚陪同去神父处登记。另外,在有人去世时,匈牙利人会根据逝者的年龄选用不同颜色的棺材。

丰收节

每年葡萄丰收时节,匈牙利的乡民就会聚集在一起载歌载舞以示庆祝。

主要城市

布达佩斯

布达佩斯是匈牙利的首都,全国政治、经济、文化中心,欧洲著名的古城,素有"东欧巴黎""多瑙河女王"及"多瑙河玫瑰"之称。布达佩斯位于匈牙利中北部,多瑙河把市区分为东西两部分。河右岸多山,为布达;左岸是平原,称佩斯。横跨河上的7座大桥和穿过多瑙河河底的一条现代化地下铁道,把它们紧紧连接。全市分21个行政区,6个区在布达,15个区在佩斯,总面积525.6平方千米。佩斯是全国行政和工商业中心,也是博物馆、大学区、政府机关和议会所在地。布达佩斯是匈牙利重要的工业城市,工业产值约占全国的一半,以机器制造业为主,包括运输车辆、发电机、造船、农业机械等,还有冶金、电气设备、精密仪器等工业。布达佩斯交通便利,多瑙河水运通贯南北,并东通黑海,有9条铁路和8条公路干线交会于此,分别通国内各地,并通邻国,还辟有许多航空线,通国内外大城市。布达佩斯还是全国最大的文化中心,有匈牙利科学院及其所属地质、气象、地球物理、化学、动物、生理等研究所,并有多所高等院校、影剧院,以及音乐厅、美术馆和体育场等。

旅游

旅游业在匈牙利国民经济中占有重要地位,是其支柱产业之一,产值相当于国内生产总值的1/10,能提供30万个就业岗位。2008年共接待外国游客39 554万人次。旅游重点地区集中在布达佩斯和巴拉顿湖区。

"多瑙河女王"——布达佩斯

由于多瑙河从布达佩斯横穿而过,所以多座桥梁横跨此河,将布达佩斯两岸连为一个整体。

捷克 /Czech Rep.

正式名称	捷克共和国 (The Czech Republic)
面　积	78 866 平方千米
人　口	1055 万 (2015 年)
民　族	90％以上为捷克族；斯洛伐克族占 3％；德意志族占 1％；此外还有少量波兰族
语　言	官方语言为捷克语
首　都	布拉格 (Prague)
行政区划	全国共划分为 14 个州级单位 (13 个州和首都布拉格市)
地理区	波希米亚山区、苏台德山区、波希米亚盆地、捷克—摩拉维亚高地

地理位置

捷克共和国原属捷克斯洛伐克联邦共和国，是欧洲中部的内陆国家。东靠斯洛伐克，南邻奥地利，西接德国，北毗波兰，由捷克、摩拉维亚和西里西亚 3 个部分组成。

地形特征

捷克是一个三面隆起的四边形盆地。东北、西北、西南边境为海拔 300～1 000 米的群山环抱，东部和东南部为捷克—摩拉维亚高原。高原地形从中部向西部和东部做阶梯状层层下降。盆地大部分海拔 500 米以下，由拉贝河平原、比尔森盆地、厄尔土山麓盆地和南捷克湖沼泽地带组成。

气候

捷克属海洋性向大陆性气候过渡的温带阔叶林气候。年平均气温 7～9℃；降水量山地平均 800～1 300 毫米，盆地和平原 450～800 毫米。

自然资源

褐煤、硬煤和铀矿蕴藏丰富，其中褐煤和硬煤储量约为 134 亿吨，居世界第三位和欧洲第五位。石油、天然气和铁砂储量甚少，依赖进口。其他矿物资源有铜、铅、锌、萤石、石墨和高岭土等。森林面积占全国总面积的 1/3 以上，木材可供出口。伏尔塔瓦河上建有多座水电站。

经济

主要农产品有玉米、甜菜、小麦、大麦、燕麦、稞麦、亚麻和葡萄。北波西米亚的蛇麻闻名于世。主要工业部门有机械、化工、冶金、纺织、电力、食品、制鞋、木材加工和玻璃制造等。比尔森的酒、拨佳牌皮鞋驰名于世。政府采取改善宏观经济、推动需求增长的政策，实施"经济康复计划"，加上国家经济环境的改善以及国外投资的增长，捷克经济在 1999 年第二季度止跌回升，2000 年继续保持增长，失业问题有所缓解，居民收入增长，通货膨胀率保持在较低水平，外汇储备、外资有不同程度增长，但农业生产下降，出现财政赤字、外债和外贸逆差三高，经济缺乏新的增长点。2009 年国内生产总值 1 876 亿美元，人均达 17850 美元。

主要城市

布拉格

布拉格是捷克的首都，是全国最大的工业城市。布拉格是欧洲美丽的城市之一，人们都称之为"金色的布拉格"。它位于欧洲大陆的中心，城区分布在 7 座山丘上，伏尔塔瓦河从市区蜿蜒流过。布拉格工业产值在全国工业总产值中占 8.6％，主要工业部门有机械、食品、纺织、印刷等。布拉格是欧洲重要的交通枢纽之一，它和莫斯科、华沙、

布拉格城堡

布拉格城堡现为捷克共和国总统的官邸。

布达佩斯、柏林、维也纳等地都有铁路、公路、航空线相通，还可延伸到更远的国家和地方。布拉格是一座著名的文化城市，市内有 9 所高等院校，著名的科学家如第谷、布拉赫、开普勒、爱因斯坦都曾在布拉格讲学。市内有 15 家剧院和众多的博物馆、美术馆。

布拉格依山傍水，有许多保存完整的中世纪以来的各种建筑，有雄伟壮观的圣维特教堂、金碧辉煌的布拉格宫、具有高度艺术价值的查理大桥、中欧最古老的大学查理大学、历史悠久的民族剧院等。布拉格分为老城区、新城区、城堡区和小城区 4 个区。老城区是 13 世纪上半叶作为商业和手工业区而形成的，这里从那之后成为城市最重要的中心，城市在它的周围逐渐发展起来。城堡区傍伏尔塔瓦河，在左岸的小丘上，耸立着上千年的布拉格城堡，著名的圣维特大教堂就在这里。小城区位于城堡区以南，这里完好地保存了中世纪的风貌。

旅游

捷克有"中欧花园"之美称，旅游业发达。主要自然保护区和景点有伊泽

拉山、苏台德山、舒马瓦山、波希米亚"天堂"等；著名的古城、古堡有北捷克州乌斯季、纳震德城堡、西部古城——赫布和伏尔塔瓦赫卢博卡城堡等；温泉疗养胜地有马里安温泉镇、卡罗维发利温泉城等。

波兰 /Poland

地理位置

波兰位于欧洲中部，西与德国为邻，南与捷克、斯洛伐克接壤，东邻俄罗斯、立陶宛、白俄罗斯、乌克兰，北濒波罗的海。陆界线全长 3582 千米，海岸线长 528 千米。

地形特征

地势南高北低，中部下凹，大部分为低地和平原，北部和中部低地占全国总面积的 3/4。全国地形可分为沿海区、滨湖区、中波兰低地、山麓高原区、北喀尔巴阡盆地区和喀尔巴阡山区 6 个纬度地貌带。海拔超过 2000 米的

正式名称	波兰共和国（The Republic of Poland）
面　积	312 679 平方千米
人　口	3800 万（2015 年）
民　族	波兰族占 98%，此外还有乌克兰、俄罗斯、德意志和犹太等少数民族
语　言	官方语言为波兰语
首　都	华沙（Warsaw）
行政区划	全国共设 16 个省、308 个县、2489 个乡
地理区	海岸低地、波罗的海湖区、中央大平原、波兰高地、喀尔巴阡山区、苏台德山区、西喀尔巴阡山区

雷西山是喀尔巴阡的最高山脊，此外高地还有苏台德山和小波兰高地。

气候

波兰的气候是海洋性向大陆性过渡的温带阔叶林气候，夏季温暖，7月份的平均气温为18～20℃。冬季漫长而寒冷，1月份的平均气温为−5～1℃，越往北、往东，冬季气温越恶劣，那里的耕种季节比南部和西部短2～3个星期。尽管全国大部分地区都有较长的积雪期，但最主要的降水还是在夏季，那里会出现暴风雨。平原上的总降水量相当低，为485～635毫米；波罗的海沿岸附近稍高一些；而在山区则更高，达1000毫米。

自然资源

主要矿产有煤、硫磺、铜、锌、铅、铝、银等。2004年森林面积917.1万公顷。

经济

农村人口占全国人口的38.1%，农业就业人数占就业人口总数的25%左右。主要农作物有黑麦、小麦、大麦、燕麦、土豆、甜菜和油菜。煤炭工业是波兰的民族工业。20世纪50年代技术水平较低，20世纪70年代煤炭工业就已跨进世界先进行列。但近年来煤炭生产不太景气。其他主要工业部门还有食品、电机、冶金、电力等。

波兰在世界上处于中等发达水平。自1989年推行以发达资本主义国家经济为模式的变革以来，大幅度放开物价，允许私人经商（包括从事外贸），开办银行，建立有价证券交易所、股票市场，实行货币自由兑换。1992年起经济开始

回升，是中东欧地区经济增长速度最高的国家。自1990年实施《国有企业私有化法》以来，绝大多数国有企业参加了所有制改革。1999年，波兰私营部门就业人员占就业总人数的71%，创造的产值占国内生产总值的69%。

习俗

饮食　波兰人不喜欢吃虾、海味及酸辣品的菜肴，也不爱吃清蒸食品。饮食要求清淡，多用炸、烧、煎、卤等法烹制。波兰人喜食用奶制的蛋糕、饼类食物，酒量大，饭前常饮烈酒，饭后饮用甜酒。

吻手礼　朋友见面、社交场合，波兰人相互喜行吻手礼。

主要城市

华沙

华沙是波兰的首都，是波兰政治、经济和文化中心。华沙位于波兰中部平原，维斯瓦河由南向北纵贯市区。华沙划分为7个行政区，即莫科图夫区、奥霍塔区、北布拉格区、南布拉格区、市

波兰最高楼——文化和科学宫
这是一座典型的俄式风格式建筑，高230.68米，登上塔顶，可以将华沙全景尽收眼底，非常壮观。

波兰奥斯维辛第二次世界大战集中营遗址

中心区、沃拉区和约里布日区。华沙是波兰铁路、公路和航空交通的大枢纽，7条国内和国际铁路线经过这里，有5条国际公路线和奥肯切国际机场。华沙是波兰最大的科学和文化中心，是波兰科学院主席团及其多数研究所的办公地，有14所高等院校、3所高等艺术学校、2所理论高等学校、3所高等军事院校，有国家图书馆、华沙大学图书馆、波兰科学院图书馆。华沙剧院数量占全国总数的1/5。主要名胜有华沙王宫城堡、齐格蒙特·瓦萨三世纪念柱、瓦津基公园、维拉努夫宫、圣约翰教堂、圣十字教堂、华沙美人鱼、肖邦故居。

旅游

波兰旅游业发达。首都华沙名胜古迹很多；第二大城市罗兹是波兰的工业中心；克拉拉夫是中世纪古城，也是文化名城；波兹南是历史古都和展览名城；其他旅游城市还有格但斯克、格丁尼亚、索波特、什切青、拉科帕内等。其他著名旅游景点有奥斯威辛、弗罗茨瓦夫全景画陈列馆、对十字山溶洞等。

斯洛伐克 /Slovakia

地理位置

斯洛伐克是欧洲中部的内陆国，东邻乌克兰，南接匈牙利，西连捷克、奥地利，北毗波兰。

地形特征

地形主要由斯洛伐克山地和多瑙河中游平原组成，地势北高南低。斯洛伐克山地又称西喀尔巴阡山地，它占据了斯洛伐克整个中部。多瑙河中游平原，又称斯洛伐克平原，平均海拔150米，是斯洛伐克最辽阔的地域，以狭窄的"海湾"楔入喀尔巴阡山腹地。

气候

斯洛伐克地处欧洲温带气候最优越的气候区，属海洋性气候向大陆性气候过渡的温带阔叶林气候，既无严寒又无酷暑，四季变化不大，雨量相当充沛。年平均气温7～9℃。最冷的1月份，平均温度为0～5℃；最热的7月份，平均温度也只有15～19℃。年平均降水量720毫米。

正式名称	斯洛伐克共和国（The Slovak Republic）
面 积	49 037平方千米
人 口	542万（2015年）
民 族	主要有斯洛伐克族、匈牙利族、茨冈族、捷克族；其余为乌克兰族、日耳曼族、波兰族和俄罗斯族
语 言	官方语言为斯洛伐克语
首 都	布拉迪斯拉发（Bratislava）
行政区划	全国分为8州79个县，下设市、镇，布拉迪斯拉发为直辖市
地 理 区	多瑙河低地、西喀尔巴阡山区

经济

斯洛伐克早年为农业区，基本没有工业。捷克共产党执政期间逐步建立了钢铁、石化、机械、食品加工及军事工业，缩小了斯洛伐克同捷克在经济上的差距。1989 年斯洛伐克开始进行经济改革，导致经济大衰退。1993 年斯洛伐克独立后，推行社会市场经济，加强宏观调控，调整产业结构。1999 年以来，政府采取紧缩经济政策，宏观经济环境有所改善，但同时带来了失业率、通货膨胀率偏高、GDP 增幅减慢等后果。

习俗

在斯洛伐克农村，冬至这天非常热闹。人们举行各种庆祝活动：在特尔那娃附近的紫木涅希，人们抬着"酒神"到处走，任意取乐；在基苏卡，小伙子们用破布做成一个"婴儿"，抱着到处走，到各家访问；在诺曼斯附近，成年小伙子化了妆，走东家串西家，表演戏剧；在西部和紫震利地区，青年们穿着鲜艳的民族服装，随着节奏跳舞；在布罗齐那，小伙子拿着木柴到漂亮的姑娘家生火烤制一种特制的面食。

主要城市

布拉迪斯拉发

布拉迪斯拉发是斯洛伐克的首都，全国经济、文化中心。该城历史悠久，古代曾是罗马帝国要塞。它位于斯洛伐克西南部多瑙河河畔，小喀尔巴阡山山麓，是多瑙河航线上的最大港口，是斯洛伐克经多瑙河通往黑海的一个门户，也是连接多瑙河港口和布拉迪斯拉发机场的交叉点。市内主要工业部门有化学、造船、食品、纺织、机械和电子工业，约占斯洛伐克工业产值的 20.1%。布拉迪斯拉发是一座文明古城。布拉迪斯拉发城堡，又名杰云城堡，是市内最大的名胜。市内其他古迹有建于 1380 年的圣约翰教堂、建于 18 世纪的市政大厦、横跨多瑙河的悬索大桥等。

旅游

斯洛伐克地势北高南低，风景优美，气候宜人，历史文物景点多，旅游资源丰富。全国共有大小湖泊 160 多个，美丽的湖泊既是旅游观光景点，又是发展淡水养鱼业和农业的重要基地。主要的旅游胜地有被誉为"大自然明珠"的塔特拉山、斯洛伐克天堂和特伦钦等。

西班牙 /Spain

地理位置

西班牙位于欧洲西南部伊比利亚半岛。南北最大距离 840 千米，东西相距约 1 000 千米。西邻葡萄牙，东北与法国、安道尔接壤，北濒比斯开湾，南隔直布罗陀海峡与非洲的摩洛哥相望，东和东南临地中海。海岸线长约 7 800 千米。

地形特征

西班牙为欧洲高山国家之一。中部梅塞塔高原是一个为山脉环绕的闭塞性高原，约占全国面积的 60%，平均海拔高度为 600 ～ 800 米。全国 35% 的面积在海拔 1 000 米以上，北部绵亘着比

正式名称	西班牙王国（The Kingdom of Spain）
面　积	505 938 平方千米
人　口	4640 万（2015 年）
民　族	主要是卡斯蒂利亚人；少数民族有加泰罗尼亚人、加利西亚人和巴斯克人；此外还有吉普赛人、葡萄牙人、美国人、古巴人等
语　言	卡斯蒂利亚语（即西班牙语）是官方语言和全国通用语言。少数民族语言在本地区亦为官方语言
首　都	马德里（Madrid）
行政区划	全国划分 17 个自治区、50 个省、8000 多个市镇
地理区	梅塞塔高原、北部高地、厄波罗谷地、海岸平原、瓜达几维河谷地、加那利群岛、巴利阿里群岛、休达和麦利拉

利牛斯山脉和坎塔布连山脉，南部有靠边界东西走向的佩尼韦蒂科山脉，其最高峰穆拉森山海拔 3478 米，是西班牙的最高点。西北的加那利群岛是由大火山喷发而成的，由 13 个火山岛组成，总面积为 7273 平方千米。

气候

温和少雨、干燥多风是西班牙大多数地区的特征。气候呈多样性，中部梅塞塔高原为大陆性气候，冬季严寒气温可达 −25℃，夏季高温可达 40℃以上；北部和西北部为温带海洋性气候，冬夏温差不大；南部和东南部为地中海式的亚热带气候，其特征是夏季酷热，冬暖多雨。

自然资源

主要矿产储藏量：煤 88 亿吨，铁 19 亿吨，黄铁矿 5 亿吨，铜 400 万吨，锌 190 万吨，汞 70 万吨。森林总面积 1179.2 公顷。其软木产量仅次于葡萄牙，居世界第二位。

经济

渔业、农业和林业产值占国内生产总值的 4.4%；就业人口为 101 万人，占总就业人口 7.3% 以上。工业产值（含建筑业）占国内生产总值的 28.6%；就业人口近 425 万，占总就业人口的近 31%。主要工业部门有造船、钢铁、汽车、水泥、采矿、建筑、纺织、化工、皮革、电力等行业。服务业是西班牙国民经济的一个重要支柱，包括文教、卫生、商业、旅游、科研、社会保险、运输业、金融业等，其中尤以旅游和金融业较为发达，从业人口达 855 万人，约占就业人口总数 62%，服务业产值占国内生产总值的 66.8%。

西班牙是中等发达的资本主义工业国，国内生产总值居西方第八位、世界第 11 位。20 世纪 80 年代初，政府开始实行紧缩调整、改造政策，采取了一系列经济自由化措施。西班牙以 1986 年加入欧共体为契机，经济发展出现高潮；20 世纪 90 年代初，由于出现经济过热现象，20 世纪 90 年代中期以来，政府采取宏观调控政策，经济开始回升并呈现出持续增长的势头；于 1998 年 5 月成为首批加入欧元区的国家之一。

古根海姆博物馆
位于西班牙著名古城毕尔巴鄂，曾被誉为钛"金属之花"，1997 年正式对公众开放。该博物馆位于奈维恩河河畔，是现代建筑的超级典范。

习俗

蜜月岛　西班牙在地中海的巴利阿里群岛，有个最大的岛马略卡岛，风光

激烈的斗牛场面

绮丽，气候宜人。20 世纪 50 年代中期，法国有 100 对男女青年集体结婚，他们久慕马略卡岛迷人的景色，相约一起到这里欢度蜜月。事后，欧洲许多新婚青年男女都视此地为最好的蜜月之处。久而久之，该岛便被称为"蜜月岛"。

斗牛　斗牛被认为是西班牙的"国粹""国技"，西班牙素有"斗牛王国"之称。西班牙人，无论大人小孩，都如痴似醉地喜欢看斗牛。西班牙历代作家把它说成是西班牙人生气勃勃、热情奔放、好武尚斗的象征。斗牛在马德里每星期举行 1～2 次，节假日几乎每天都有。斗牛这种风俗的产生，最初可能与古老的原始人以猎取野兽作为食物有关。当时，人们发现野牛，与之进行激烈的生死搏斗，最终杀死了牛，获取了猎物。于是在高兴之余，为了庆祝胜利及传播猎取的方法，人们便模仿这一壮观场面，便演变成一种娱乐体育活动形式，保存下来。13 世纪斗牛活动便成了竞技性表演。自 18 世纪起，西班牙各地兴建斗牛场。现在除了斗牛以外，还有"奔牛"等庆祝方式。

主要城市

马德里

马德里是西班牙的首都，是西班牙政治、经济、文化、交通和金融中心，人口 325.59 万。马德里位于伊比利亚半岛中部，地处海拔 670 米的山间盆地上，是欧洲地势较高的首都之一。马德里是一座现代化的城市，工业比较发达，主要有机器制造业、化学工业、建筑业、皮革及木材加工工业、食品工业等，其产值约占全国工业总产值的 10%。马德里已同周围 20 多个城市以及世界许多各大城市通有航线，四通八达的公路干线延伸到全国各地。马德里不仅经济繁荣，而且名胜古迹遍布全城，文化气息异常浓烈。市内各式各样的凯旋门有 1 000 多个，大大小小的广场达 3 000 多个，而且每个广场又各具特色，各有历史典故。市内还拥有博物馆 50 座。马德里的旅游业也很发达，素有"旅游王国中心"之誉。在马德里市区，大小公园星罗棋布，绿树花坛，比比皆是。马德里郊区还拥有世界一流的狩猎区，游人只要有兴趣，即可购票进入狩猎区打鹌鹑和野鸭。马德里还是游客寻找古董和古玩的中心。市内开辟了 6 个较大的古董市场，那里摆满了古画、古书、古瓷、古式家具、仿古画、刺绣和其他仿制品。夜晚的马德里也别有一番情趣，小剧院、舞厅、酒吧、夜总会、斗牛场等娱乐场所不计其数。观赏粗犷欢快的吉普赛人的歌舞、热情奔放的弗拉门戈舞和斗牛已成为马德里人的嗜好。

巴塞罗那

巴塞罗那是西班牙第二大城市，西班牙北部的政治、经济、文化中心，重要的交通枢纽之一，人口 300 万。全城坐落在地中海西岸蒂维达沃山向东南倾斜的缓坡上，现代建筑与古老名胜错落有致，海山相映成趣。市内的街道呈棋盘状交叉，道路宽阔，井然有序。巴塞罗那是整个地中海沿岸美丽的城市之一，气候温和，属于地中海气候，自然环境十分优越。这里一年四季芳草萋萋，落英缤纷，令人陶醉。

巴塞罗那是西班牙工业最发达、生活水平最高的地区，传统的纺织、化学、飞机制造和造船等工业都十分发达，新兴的电子、电子机械、汽车、精密仪器和塑料制造工业方兴未艾。另外，还有造纸、金属加工、医药等工业。巴塞罗那的工业产值约占加泰罗尼亚自治区工业总产值的一半。

巴塞罗那还是西班牙重要的交通枢纽之一。这里的水陆空交通四通八达，发达的交通网把这里和西班牙全国其他城市以及欧洲其他国家、近东、非洲和世界各大市场相连。巴塞罗那港口是西班牙最大的商业港口。每年通过这里的货物总重量达 1000 万吨以上，西班牙所需的工业原料几乎都经由此港进口。因此，这里被称作西班牙的进出口大门。

巴塞罗那也是西班牙一座历史悠久的文化名城，有很多名胜古迹，因而还是西班牙的旅游胜地。市内有哥特式教堂、宫殿、城堡以及博物馆、纪念馆，其中著名的有"神圣家族"大教堂、王宫、贝多拉尔比斯城堡、格尔公园及米拉之家等。巴塞罗那是一座充满民族乡土气息的城市，至今还保存着许多加泰罗尼亚民族的传统风俗。每逢节日，男女老幼随处跳起民间舞蹈，欢快的歌声、笑声响遍全城。这里的烹调技术高超，名闻欧美。

1992 年，这座名城举办了第 25 届奥运会，使该城更加举世瞩目。

旅游

旅游业是西班牙经济的重要支柱和外汇的主要来源之一。2009 年接待外国游客达 5 220 万人次，旅游收入 482.42 亿欧元。入境人数和旅游收入均居世界第二。

被誉为"旅游王国"的西班牙拥有十分优越的旅游资源，其大部分国土气候温和，山清水秀，阳光明媚，风景绮丽。在蜿蜒曲折的海岸线上，遍布着许多天然的海滨浴场，其中有闻名遐迩的三大海滨旅游区。位于西班牙南部的绵延百余千米的"金色海岸"是各国日光浴爱好者无限仰慕的旅游胜地；而以"幸福岛"闻名的加那利群岛，更由于其热带风光，终年阳光明媚，令游人向往；以"地中海浴池"而誉满全球的巴利阿里群岛的水光山色、海天辉映更是令人流连忘返。西班牙不仅拥有天然的美丽

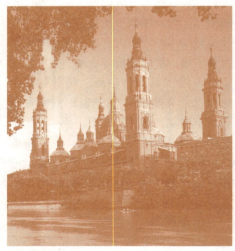

圣皮拉大教堂
位于西班牙埃布罗河河谷的萨拉戈萨城。巨型支柱将教堂划分为三个区域，其圆顶的部分壁画系卡洛斯四世的宫廷画家弗朗西斯科·哥雅的作品，大教堂圣坛是雪花石膏制成的。每年 10 月 12 日的皮拉节已成为一个全国节日。

风光，而且还具有悠久的历史和灿烂的文化，拥有许多堪称欧洲"三绝"的王宫、教堂和城堡，其中，有十多个古迹先后被联合国教科文组织列为重点保护的文化遗产，如巴塞罗那的米拉大厦、加泰罗尼亚音乐厅、托莱多古城等。

正式名称	葡萄牙共和国（The Portuguese Republic）
面　积	92212 平方千米
人　口	1037.5 万（2015 年）
民　族	96% 以上为葡萄牙人，其余为西班牙人等
语　言	官方语言为葡萄牙语
首　都	里斯本（Lisbon）
行政区划	全国分为 18 个大区
地理区	大西洋沿岸的低地、北部与南部台地、中央高原

葡萄牙 /Portugal

地理位置

　　葡萄牙位于欧洲伊比利亚半岛的西南部。东、北连西班牙，西、南濒大西洋，是一块南北长、东西窄的近似长方形地带，另有位于大西洋中的亚速尔群岛和马德拉群岛。它北通西欧、北欧，南通南美、非洲、好望角。海岸线长 832 千米。

地形特征

　　葡萄牙国土虽小，但地质构造复杂。南部地形以平原为主，70% 以上的土地都低于海拔 400 米，低地和稍有高度的土地占多数，高地很不均匀地分布在特茹河以北及以南。北部多丘陵及山脉，尤其是杜罗河以北，95% 以上的土地都高于海拔 400 米。大块的高原被深谷切穿，而在某些距海 50 千米以内的陆地，高山却隆起超过海拔 915 米。杜罗河和特茹河间是三角形的海岸平原。内陆则是一些宽广的谷地，埃什特雷拉山一直延伸到西班牙，在托雷境内高达 1993 米，是葡萄牙大陆的最高峰。特茹河以南，60% 的土地低于

海拔 200 米，以平原、台地、广浅河谷为主，山脉罕见，只有一个圣马梅迪山，高于海拔 915 米。葡萄牙的 2 个群岛南北对峙，均是历史上形成的火山岛，共同的特点是海岸陡峭，奇峰绝壁遍布，地震较频繁。

气候

　　葡萄牙气候宜人，冬季温暖湿润，夏季相对干燥。气候时有变化，大致是海洋性气候向地中海气候过渡。西北部，年降雨量超过 1000 毫米，有些山岭地带可达 2000 ~ 2500 毫米。在东北部和特茹河以南，干旱时有发生。马德拉群岛属地中海气候，比较湿润，气温较高，年降雨量低于 1000 毫米。亚速尔群岛气候湿润，年降雨量 1000 毫米以上。

自然资源

　　矿产资源较丰富，主要有钨、铜、黄铁、铀、赤铁、磁铁矿和大理石等，其中钨储量较多，可用于出口。森林面积 320 万公顷，占国土面积的 1/3。

经济

　　农林渔业总产值约占国内生产总值的 3%，从业人口占总就业人口的 12.7%，粮食不能自给。葡萄牙为葡萄酒的主要生产国和出口国，产量居欧洲第三位。葡萄牙也是橄榄油的重要生产国。海洋捕捞以沙丁鱼、金枪

鱼、鳕鱼为主。年水产产量为18.8万吨。工业产值约占国内生产总值的32.5%，从业人口约占总劳动力的35%。主要工业部门有纺织、服装、食品、造纸、软木、电子器械、陶瓷、酿酒等。软木产量占世界总产量的一半以上，出口居世界第一位。

进入20世纪90年代以后，服务业发展迅速，其产值在国民经济中的比重以及该行业人口在全部就业人口中的比例已接近欧洲发达国家水平，主要包括银行、保险、旅馆、餐饮、交通、仓储、通信、房地产、卫生、社会救助及其他集体、社会和个人服务。1986年葡萄牙加入欧共体后，得到大量拨款，经济发展较快，人均收入增加。20世纪90年代初，因受欧洲经济衰退的影响，经济增长率逐年下降，1993年出现负增长，1995年开始复苏。近年来，政府进行了经济结构调整，大力发展银行、金融、保险、旅游等服务行业。

习俗

葡萄牙人热爱大自然的花草树木，喜弄花莳草。国内花木色泽艳丽，即使在冬季，也到处可见红花绿叶。爱喝葡萄酒也是葡萄牙人的一种嗜好，特别是波尔图酒，不管是成年人还是儿童，用餐时都要喝上几杯这种酒，它被葡萄牙人列为恢复体力的补酒。每年圣诞节，葡萄牙人还烤制曾得到王后伊沙贝尔赞赏过的直径45厘米的面包分给大家。葡萄牙人爱看只供观赏的斗牛，爱唱最能表现葡萄牙人落寞感受的宿命之歌。在葡萄牙，人们从元旦第一天的天气看一年的年景，他们认为：刮南风，则新的一年风调雨顺；刮西风，是个捕鱼和挤奶的好年景；刮东风，则会

水果丰收。在仲夏时节，葡萄牙各城都要过"城市节"，里斯本在每年的6月20日前后过这个节。节日的晚上，居民倾城而动，狂欢会一直持续到第二天的黎明。

主要城市

里斯本

里斯本是葡萄牙的首都，全国政治和文化中心。里斯本坐落在特茹河入海口北岸的7个山丘上，有"七丘城"之称，面积82.88平方千米，工业生产肥皂、军需品、钢材、玻璃、电子、人造黄油和石油产品等。里斯本多为低层建筑，作为一座古城，有着记录这个城市古老文明的圣堂、要塞、古物等建筑。里斯本全城分为5个区，东区为旧城，浅市区、西区、阿尔瓦拉德区、贝莱姆区为新城。新城区著名建筑有议会大厦等。市郊多点缀着别墅、村舍、葡萄园、花园、公园和林地，更是一派明媚多姿的南国风光。里斯本是全欧洲铁路干线的终结点，西欧驶向非洲、地中海和印度洋的船只在这里停靠加油，它同时也是世界最大的软木输出港。

里斯本
它濒临大西洋，气候温和，港湾水深浪静，是风光秀丽的海滨城市。

波尔图

波尔图是葡萄牙第二大城，波尔图区首府、重要海港，位于西北部的杜罗河河口北岸，西距大西洋约 5 千米。波尔图主要工业有纺织、皮革、冶炼、陶器等，此外还输出橄榄油、软木、牲畜等。除了经济，波尔图在艺术上也是魅力十足，保存了许多艺术方面的精髓。宫殿、教堂、博物馆、画宫、纪念碑、雕塑群像比比皆是。这些古老建筑和艺术珍品至今保持着昔日的风采，显示着波尔图人民的智慧和才华。波尔图老城区坐落在杜罗河河畔。新城区则同大海相望，街道十分整齐，掩映在排排棕榈树中的别墅式住宅，错落有致，结构精巧，色调和谐。此外市内还建有体育馆、野营地、竞技场等文体设施。波尔图大学、地区档案馆、市立图书馆等是波尔图文化的重要象征。波尔图的酿酒业也有几百年的历史，酿造的红葡萄酒味美醇厚，远销欧洲和世界各地。得天独厚的地理条件，使波尔图自古成为航海家们施展抱负的场所。葡萄牙许多著名的航海家就出生在这里。他们在天文、地理和航海等方面积累的经验丰富了人类的知识宝库。

旅游

旅游业是葡萄牙外汇收入的重要来源和弥补外贸赤字的重要手段。在全球最热门旅游点中，葡萄牙排名居第 18 位，它占全球旅游市场 1.65% 的份额，旅游收入居全球第 22 位。著名的旅游胜地有位于阿尔加雅西南角海岸有"天涯海角"之称的圣文森特角，位于西北部圣卡塔里纳山麓被称为"葡萄牙民族的摇篮"的吉马良

斯古城，位于阿伦特霍省埃武拉市的埃武拉历史中心，濒大西洋的埃斯托里尔，疗养胜地瓜尔达，"欧洲之角"罗卡角，海滨游乐场伊什托里尔和旅游中心马夫拉、辛特拉等。

安道尔 / Andorra

地理位置

安道尔位于西南欧法国和西班牙交界处，为内陆国，以瓦利拉河谷地所形成的盆地为中心，东北与法国交界，西南与西班牙接壤，是欧洲 4 个"袖珍国"中最大的一个。

正式名称	安道尔公国（The Principality of Andorra）
面　积	468 平方千米
人　口	8.54 万（2015 年）
民　族	安道尔人约占 38.16%，属加泰罗尼亚族，外国移民中多数为西班牙人，其次为葡萄牙人和法国人
语　言	官方语言为加泰罗尼亚语，通用法语和西班牙语
首　都	安道尔城（Andorra la Vella）
行政区划	全国划分 7 个行政区
地 理 区	内陆高原，沿海平原和三角洲

地形特征

境内高山环绕，地形崎岖，全国平均海拔 1 300 米，是欧洲地势较高的国家之一。主要地形特点是高耸的山峰、小山坡以及一系列峡谷。地势北高南低，北部和西部山势耸立，瓦利拉河及其支流纵贯全境，河谷地带为人口聚居区。

气候

安道尔属于山地气候，温差较大，最高气温 30℃，最低气温 −20℃，但降水量充沛，年平均降雨量 400 ~ 500 毫米，高山地带达 1 200 毫米。冬天白雪皑皑，夏天则温暖和煦。

自然资源

主要矿藏有铁、明矾和铅。森林面积 164 平方千米，占全国面积的 28.5%，归国家所有。水力资源丰富，利用高山融雪建了许多小水电站，可满足全国 1/4 的用电需要，其余从法国和西班牙进口。

经济

安道尔为传统的农业国。20 世纪 60 年代前，居民主要从事畜牧业和农业，后转向商业和旅游业。主要农产品有马铃薯和烟草等。畜牧业以牛、羊为主。工业以香烟制造为主，其次有纺织、皮革、木材和食品加工。商业和旅游是国家收入的主要来源。金融业的发展为经济注入了新的活力，而低关税则使安道尔逐渐发展为一个国际商贸之都。2005 年对外贸易额 15.55 亿欧元，其中进口 14.41 亿欧元，出口 1.14 亿欧元。安道尔主要贸易伙伴为西班牙和法国，其次是欧洲其他国家以及亚太和北美洲等国家和地区.

主要城市

安道尔城

安道尔城是安道尔的首都，位于安克利亚山麓，瓦利拉河河滨，海拔 1 000 米，是欧洲海拔最高的首都。市里有各种商店、旅馆等，已成为全国主要的旅游和贸易中心。市区还有几处名胜古迹，如安道尔大厦和建于 16 世纪的小教堂。

旅游

安道尔旅游业极为发达，每年都接待外国游客 1 000 多万人次，为国内总人口的 200 倍，其中多为过境游客，目前全国居民从事旅游业的人口占绝大部分，成为发达的旅游国家。安道尔旅游条件十分优越，以欧洲别具一格的奇特风光而驰名于世。境内高山环绕，山峰叠起，有 7 座高峰为 2 700 ~ 3 000 米。高山上有天然的滑雪场和狩猎场。冬季山峦白雪皑皑，夏秋森林茂密，山地牧草青青，在高山峡谷之间还有 8 座湖泊镶嵌其中，秀美恬静的乡村与中世纪风格的古堡相伴，加上教堂点缀山间，使安道尔成为一个美好的度假中心。

意大利 /Italy

地理位置

意大利位于欧洲南部，包括亚平宁半岛及西西里、撒丁等岛屿。北以阿尔卑斯山为屏障，与法国、瑞士、奥地利、斯洛文尼亚接壤，东、南、西三面分别临地中海的属海亚得里亚海、伊奥尼亚海和第勒尼安海。半岛南北长 1 300 千米，东西宽 600 千米。国境线长 9 054 千米，海岸线长约 7 200 千米。

正式名称	意大利共和国（Repubblica Italiana）
面　　积	301 333 平方千米
人　　口	6080（2015 年）
民　　族	主要是意大利人。其他还有撒丁人、弗留里人、奥地利人、阿尔巴尼亚人、南斯拉夫人、法国人等
语　　言	讲意大利语，个别边境地区讲法语和德语
首　　都	罗马（Roma）
行政区划	全国划分为 20 个行政区
地 理 区	阿尔卑斯山地、波河平原、亚平宁山脉、西西里岛、撒丁岛

地形特征

意大利陆地主要由山脉、丘陵和平原组成。高大的阿尔卑斯山脉像一个弧形状的屏障一样，横亘在整个意大利的北部，而亚平宁山脉则沿意大利东部，从北往南几乎纵贯整个意大利，是意大利地形的脊梁。故此，山地和丘陵占了意大利总面积的80%。在上述两山交接处以东便是意大利著名的波河平原。波河平原是意大利最大的平原，地势平坦，土壤肥沃，气候温和，降雨充足，是意大利的主要农业区。

波河平原

波河为意大利最长河流，源于西部边境的科蒂安山脉的维索山群，向东注入亚得里亚海，全长652千米，流域面积达70 091平方千米，其形成的波河平原为意大利主要的农业区。

除此以外，意大利还拥有地中海上最大的岛屿——西西里岛，以及撒丁岛。西西里岛的大部分地区海拔200 ~ 500米，北部有欧洲最高的活火山——埃特纳火山。撒丁岛的地形也以山脉为主，在其西南部有一片较大的平原地区。

气候

虽然在纬度上意大利地处温带，但由于地形狭长，境内多山，另外由于意大利南部位于地中海之中，所以南北气候差异很大。北部为温带大陆性气候，冬季寒冷，1月份波河平原的平均气温为0℃，而阿尔卑斯山区气温可降到—20℃，有些山峰甚至终年积雪。南部的半岛和岛屿属亚热带地中海式气候，除内陆山区外，1月的平均气温可达到10℃。夏季整个意大利，除海拔较高的山区外，平均气温为 24 ~ 25℃。

自然资源

意大利矿产资源贫乏，仅有水力、地热、天然气、大理石、汞、硫磺等资源，还有少量铅、铝、锌和铅矾土等。

经济

农业产值约占国内生产总值的2.6%，可耕地面积约占全国总面积的10%。小麦是意大利最重要的农作物。蔬菜在其农业生产和出口中占有重要地位，是欧洲园圃蔬菜生产国之一。意大利是世界三大橄榄生产国之一，种植历史悠久，已有3000年之久，目前种植面积占全国农用面积的18%，主要分布在南方和西西里岛，中部丘陵地带也有大量栽培。葡萄也是意大利重要的木本作物，各省内普遍种植，近些年来，意大利葡萄和葡萄酒产量均居世界第一位，每年都有大量葡萄酒出口到法国、德国和美国，出口量居世界首位。

意大利发展工业所需的能源和原料主要依赖国外，产品的1/3以上供出口。意大利国家参与制企业比较发达。伊利、埃尼和埃菲姆是国营企业，在全国工业产值中约占1/3，经营范围涉及钢铁、造船、机械、石油、化工、军火等部门。近年来，政府对主要国有企业实行私有化。中小企业在意大利经济

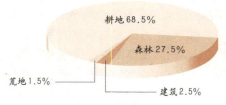

意大利土地利用图

中已占有重要地位，在制革、制鞋、服装、纺织、家具、首饰、酿酒、机械、大理石开采及电子工业等部门均占优势。意大利素有"皮鞋王国"之称誉。意大利原油加工能力居世界第六位，年炼油量约1亿吨。钢产量居世界第六位，发电量居世界第九位。近几年，意大利着意开发以电子工业为主的新兴科技产业。

战后意大利经济恢复较快，现居西方七大工业发达国家的第六位。20世纪90年代初，经济衰退，增长缓慢，通货膨胀率上升。1994年开始复苏，但高失业率和高国债等问题仍未能解决。1998年5月意大利成为首批欧元国。

习俗

姓名　意大利人的姓名是由姓和名两部分构成的。一般名在前，姓在后，名是本人称呼，姓表示家族的称号。意大利人的姓大多数是由父名、地名、城市或各种绰号演变而来的，名字表示一定的吉祥祝福等意思。意大利人的人名录是按姓氏的第一个字母顺序排列的，若第一个字母相同，则按第二个字母顺序排列，以此类推。

饮酒　意大利人是一个嗜酒的民族。每个意大利人，不分男女都饮酒。有客人来，首先是以酒相待，就是喝咖啡也要掺点酒，以增加其香味。意大利人也十分讲究喝酒的方式，一般是饭前喝开胃酒，席间视菜定酒，吃鱼时喝白葡萄酒，吃肉时喝红葡萄酒，饭后喝少量烈性酒，并常常加冰块。意大利人很少酗酒，席间也不劝酒。

忌讳　意大利人忌讳用一根火柴给3个人点烟，即使用打火机，给两个人点完烟，再给第三个人点时，也要先灭掉，再给第三个人点。在意大利，戴帽子的男子在路上遇到友人时，必须把帽檐向下拉低，以示尊敬。他们认为，对一个尊敬的人，是不能用目光去注视的。

狂欢节　又称谢肉节，起源于古罗马的农神节。那时候，人们要在农活即

现代罗马城

将开始的农神节举行狂欢，庆贺农活的开始，祈祷一个好的年景。

主要城市

罗马

罗马是意大利的首都，人口272.7万，是全国最大的城市，意大利政治、文化和交通中心，也是世界名城。罗马位于台伯河下游丘陵地带，台伯河流经市区，但由于地势高低差距很大，影响了向外扩展，不得不依循地势呈放射状向外发展。现在，几乎所有的现代化公共建筑均在城外，形成新老两个罗马城。罗马是一座消费城市，工业不甚发达，以建筑为主，其次是机械制造、服装、皮革、造纸与印刷等。电影工业发达，其影片产量可与世界各大影片中心媲美。

罗马是古罗马帝国的发祥地，也是文艺复兴时期的艺术宝库之一，当步入罗马古城时，就像走进了巨型的露天历史博物馆，千姿百态的残垣断壁、深厚庄重的圆顶教堂、巧夺天工的雕刻艺术、形态各异的喷泉，以及辉煌的宫殿、古老的建筑群随处可见。至于那古罗马的水道、城墙、浴场、高耸入云的方尖石碑、金碧辉煌的博物馆、脍炙人口的油画，则更是令人惊叹不已，流连忘返。正是由于罗马的悠久历史和古老文化，它才赢得了"永恒之城"的美称。罗马还是天主教的世界中心，共有天主教堂300多座、天主教大学7所。

米兰

米兰始建于公元前4世纪，为意大利第二大城市、伦巴地大区首府，地处北部波河流域中心，阿尔卑斯山南麓，人口200万。米兰与都灵、热那亚构成意大利发达的工业三角区。其工业产值

比萨斜塔

意大利比萨城教堂的独立式钟楼，始建于1173年，设计为垂直建造，但在工程开始后不久便由于地基不均匀和土层松软而倾斜。比萨斜塔是奇迹广场的三大建筑之一，已被列入《世界遗产名录》。

占全国工业总产值的一半。主要工业有黑色冶金、化工、机械、飞机、制造、汽车、电机、纺织、服装等。市内共有工业企业27万家，平均7个人就有一个企业。仅在市区内就集中了全国化学工业的20%，冶金工业的14%，机械工业的7%，从业人数约占全国产业工人的20%，因此被誉为"工业之都"。米兰还是全国最重要的金融中心，有意大利最大的交易所，有1.1万多家持股公司和银行。这里还有著名的米兰国际博览会，成为介绍意大利工业的"窗口"。由于工业发达，居民的平均收入也高，相当于全国人均收入的2倍，平均每2个人就有1辆汽车，在全国各城市中首屈一指。

在历史上，米兰是意大利开创风气的文化艺术中心。米兰音乐学院享誉世界。博科尼大学是意大利规模最大的大学。在达·芬奇科学博物馆中，陈列着

他对解剖学、生理学、植物学、地质学、光学、力学、天文学的理论、设想和结构方案的文稿，以及他创造发明的实物。米兰市内多古建筑，其中最著名的有奥莫大教堂、斯卡拉歌剧院、圣玛丽亚修道院、普雷拉画廊，著名的风景区科莫湖也是游人必到之处。米兰同时也是世界时装之都。

旅游

意大利在人们心目中一直是世外桃源，是人们追寻文化古迹、人性、阳光和激情的天堂。这里有充足的阳光、宜人的气候、迷人的风光和丰富多彩的美味佳肴，也有悠久而辉煌的历史遗留下来的令人叹为观止的遗迹。据联合国教科文组织确认，意大利拥有的人类历史和文化遗产居世界第一位。旅游业生产值约占国内生产总值的 12%，为世界第五旅游大国，旅游外汇收入居世界前列。主要的旅游景区有水城威尼斯、"西方雅典"佛罗伦萨、罗马历史中心、世界建筑史奇迹比萨斜塔等。另外热情奔放的西西里岛风情、清透迷人的地中海风光、时尚之都米兰等也是意大利的看点。

圣马力诺 /San Marino

地理位置

圣马力诺是位于欧洲亚平宁半岛东北部的内陆国，四周与意大利接壤。

正式名称	圣马力诺共和国（The Republic of San Marino）
面　　积	61.19 平方千米
人　　口	3.17 万人（2015 年）
民　　族	90% 为圣马力诺人
语　　言	官方语言为意大利语
首　　都	圣马力诺（San Marino）
行政区划	分为 9 个自治市
地 理 区	全境皆为崎岖的山地

地形特征

全国多为山地，只有 0.73 平方千米的水域面积。地形以拥有 3 个独立的山峰为主，而 3 个山峰上各有一个中世纪的城堡，即拉罗卡城堡、拉克雷斯塔城堡和蒙塔莱城堡。

经济

第二次世界大战后经济稳步发展，结构发生了根本性变化。近 10 年来，圣马力诺第三产业发展迅速，从过去的农业国变成一个工业和第三产业十分发达的国家。20 世纪 60 年代以来，旅游、商业和工业持续发展，国内生产总值大幅度增长。中小企业是其经济的支柱，以服装、机械制造、电子设备、化工、酿酒为主，工业产值和手工业产值分别占国民收入的 15% 和 10%。圣马力诺发行的邮票和纪念币闻名于世，在经济上同意大利关系极为密切，自然资源贫乏。

圣马力诺

圣马力诺最初的著名定居者是一群在 4 世纪由圣马力诺带领的基督徒，他们为了寻求免于迫害的避难所而定居于此。

主要城市

圣马力诺

圣马力诺市是圣马力诺的首都，是全国政治、经济和文化中心，更是旅游观光的胜地。该市建在蒂塔诺山山顶，站在全市的最高点切斯塔古堡前，极目远眺，全国 61.19 平方千米的秀丽景色尽收眼底。东面是碧波万顷的亚得里亚海，浩浩荡荡、一望无垠；北、西、南三面山峦、平地、石岗、土丘层叠起伏、遍地树木和果园，一些乳白色房屋点缀其中。圣马力诺市区虽然不大，却是欧洲古老的城市之一。彼得大教堂是这个国家历代名人的纪念馆，内部装修精美，收藏丰富。在蒂塔诺广场矗立着 1941 年修筑的蒂塔诺剧院；在自由广场的 14 世纪"公众会堂"的遗址上，有建筑师埃多亚多·科拉马里尼和加斯帕雷·拉斯泰按照 15 世纪的式样于

1932 年重建的一座邮局大楼。

旅游

圣马力诺旅游业发达，其收入占国民生产总值的 50% 以上。主要旅游景区为圣马力诺城，比如著名的圣方济各教堂和罗卡堡。圣方济各教堂是圣马力诺最古老、最富有艺术性的建筑，位于圣马力诺城圣方济各门右侧，建于 14 世纪。教堂正门上方悬一块石匾，刻有 1361 年 1 月动工兴建等字样和一只头戴王冠、展翅欲飞的雄鹰浮雕，其旁还有一尊戴冕头像的浮雕。教堂的主祭台上摆有十分珍贵的 14 世纪木刻耶稣像和建于 1405 年小巧而精美的古钟楼。在带有拱顶的回廊上有 14 世纪和 15 世纪的仪仗十字架，13 世纪的圣骨匣及其他宗教器物、墓碑、壁画和各个时期的绘画。

梵蒂冈 /Vatican City

地理位置

梵蒂冈位于意大利罗马城西北角的高地上，是世界上最小的"袖珍"国家，被称为"国中之国"。其领土包括圣彼得广场、圣彼得大教堂、教皇宫、政府大楼、梵蒂冈博物馆、梵蒂

正式名称	梵蒂冈城国 (The Vatican City state)
面　　积	0.44 平方千米
人　　口	428 万 (2013 年)
民　　族	主要是意大利人
语　　言	官方语言为意大利和拉丁语
首　　都	梵蒂冈城 (Vatican City)
地 理 区	罗马城西北角

冈图书馆以及几条街道等地。国土大致呈三角形，在台伯河的西岸，国界以梵蒂冈城墙为标志。

气候

梵蒂冈属亚热带的地中海式的气候，年降雨量一般在 500 ～ 1 000 毫米之间。

经济

梵蒂冈既无工农业，也无自然资源。财政收入主要靠旅游、邮票、不动产出租、梵蒂冈宗教银行盈利和向教皇赠送的贡款以及教徒的捐款等。梵蒂冈在北美、欧洲许多国家有数百亿美元的投资，其资本渗透到意大利众多的经济部门，特别是银行信贷和房地产，仅地产一项就达 46 万余公顷，黄金、外汇储备达 100 多亿美元。20 世纪 70 年代中期以来，梵蒂冈在西方经济危机的冲击下也面临严重的财政困难，财政连年赤字。1993 年，梵蒂冈决算第一次出现盈余，出现盈余的主要原因是收入增加，紧缩政策奏效。

旅游

梵蒂冈是欧洲和世界上著名的游览胜地。每年接待数以万计的外国游客和天主教信徒，旅游外汇收入十分可观，是梵蒂冈国民收入重要来源之一。如果按梵蒂冈旅游收入和每年接待的外国旅游者与全国人口比较，梵蒂冈是世界上旅游业发达的国家之一。梵蒂冈地处世界古城罗马市中心，它不仅是世界天主教举行盛大活动的地方，而且也汇集了中世纪和文艺复兴时期以来的艺术珍品和稀世名画，成为发展旅游业的极好资源。为了发展旅游业，梵蒂冈政府采取举行宗教活动、整修和开放梵蒂冈博物

圣彼得广场

馆和图书馆等文化古迹、发展邮票事业等措施，吸引大批外国游客纷至沓来。梵蒂冈经常组织"圣年"和"纪念年"等宗教活动。每一次活动都吸引大量信徒和游人来到梵蒂冈。

圣彼得广场是罗马教廷的广场，在梵蒂冈的最东面，是罗马教廷举行大型宗教活动的地方。广场呈椭圆形，地面用黑色小方石块铺砌而成，两侧由 2 组半圆形大理石柱廊环抱，雄伟壮观，这两组柱廊共由 284 根圆柱和 88 根方柱组合而成，为广场的装饰性建筑。广场及两旁柱廊由著名建筑师和雕刻家贝尔尼尼和他的学生所雕刻，是巴罗克式的代表作。广场两侧各有一座造型讲究的喷泉，广场中央矗立着一座高插云霄的方尖石碑，有 4 只铜狮俯在基座之上，背负着石碑，铜狮之间镶着雄鹰，做展翅欲飞状。每逢礼拜日，圣彼得广场总有成千上万的人，聆听教皇在阳台上播送晨祷词，每年从世界各地到这里朝圣的信徒和游客更是络绎不绝。

圣彼得大教堂位于梵蒂冈城内，是世界上最宏大、最壮丽的天主教堂。1450 年开始兴建，1626 年最后完成。教堂长约 200 米，最宽处 130 多米，上有穹隆大圆屋顶，从地面到大圆屋顶尖

十字架的高度达 137 米。圆屋顶的内壁顶上，有色泽鲜艳的镶嵌画和玻璃画，最上端则繁星点点，观赏的游人仿佛独立在天穹之下。它是意大利文艺复兴时期的建筑家与艺术家米开朗琪罗、拉斐尔、勃拉芒特和小桑加洛等大师们的共同杰作。

斯洛文尼亚 /Slovenia

地理位置

斯洛文尼亚位于欧洲中南部，巴尔干半岛西北端。西接意大利，北邻奥地利和匈牙利，东部和南部与克罗地亚接壤，西南濒临亚得里亚海。海岸线长 46.6 千米。

正式名称	斯洛文尼亚共和国（The Republic of Slovenia）
面 积	20 273 平方千米
人 口	206 万（2015 年）
民 族	主要为斯洛文尼亚族（83%）；少数民族有匈牙利族、意大利族和其他民族
语 言	官方语言为斯洛文尼亚语
首 都	卢布尔雅那（Ljubljana）
行政区划	全国分为 12 个统计地区，共有 212 个市级行政单位
地 理 区	西北部为山区，中部和东部为起伏的平原

地形特征

境内均为高原和山地。西部和北部是阿尔卑斯东部山体的余脉，有几十个山峰海拔高度均超过 2000 米；中部由卢布尔雅那盆地和采列盆地组成；南部为阿尔卑斯山脉向迪纳拉山脉的过渡地区；东部是克尔卡河流域，西北部是起伏不平的丘陵。河谷平原占全区总面积的 1/5。

气候

斯洛文尼亚东部属温和的大陆性气候，夏季不太热，冬季不太冷，春短秋长，夏季平均气温 21℃，冬季平均气温 0℃。西部是地中海气候，夏季温暖，夏末和初秋有大量的降水。

自然资源

矿产资源贫乏，主要有汞、褐煤、铅、锌等。森林和水力资源丰富，森林覆盖率为 57%。

经济

斯洛文尼亚属中等发达国家，有着良好的工业、科技基础。1992 年为改善经济采取了 4 项措施：控制货币发行量，缩减财政开支，以期稳定物价和控制通货膨胀；通过私有化法，加快私有化，以提高生产率；健全银行体制，中央银行只向议会负责，不受政府控制；刺激消费，以消费带动生产。经过近年的治理，斯洛文尼亚经济已进入中速发展阶段，现已成为整个中东欧地区经济颇具活力的国家之一。斯洛文尼亚继续深化经济体制改革，制定出了银行、外汇、增值税等新法规，加快金融和国有企业的重组步伐。

习俗

日常生活中已看不到传统服装。男子的民族服装主要是衬衣和长裤，加上背心、短外套、帽子等。妇女的民族服装是绣花或有花边的短衬衣、背心、裙子（往往穿几条）、围裙、腰带、头巾。

主要城市

卢布尔雅那

卢布尔雅那是斯洛文尼亚的首都。被群山环抱，是的里雅斯特、萨格勒布及贝尔格莱德三大城市铁路交会处。市区面积 154 平方千米，人口 27.5 万，是世界上居住密度较小的城市。卢布尔雅那是一座典型的西方式城市，市内建筑物表现出十足的奥地利风格。卢布尔雅那的经济和文化事业都很发达，它的比耶纳拉版画流派在世界上享有盛名。卢布尔雅那博物馆也很有名，珍藏有公元前 5 世纪的青铜器。但卢布尔雅那尤以大学城驰名，卢布尔雅那大学是全国最著名的大学，该城大学生约占该城居民的 1/10。卢布尔雅那艺术文化事业也很发达，第二次世界大战后建立起来的音乐、美术、戏剧艺术学院取得了非凡的工作成就。卢布尔雅那市内公园和绿地所占面积很大，萨瓦河支流卢布尔雅河流贯穿该市，因此，该城在充满文化氛围的气息中，更透露出一派自然之幽。

旅游

斯洛文尼亚重视发展旅游业。主要旅游区是亚得里亚海海滨和北部阿尔卑斯山区，比如著名的布莱德湖和世界上最长最大的溶洞——波斯托伊那溶洞等。

斯洛文尼亚北部布莱德湖

布莱德湖是一片发源于朱莉安阿尔卑斯山的冰水湖。布莱德地区位于湖的北岸，冬季的布莱德是一个滑雪圣地。

马耳他 /Malta

地理位置

马耳他是位于地中海中部的岛国，有"地中海的心脏"之称。它东距埃及亚历山大港 1840 千米，南与北非相距 333 千米，西离直布罗陀 2113 千米，北和意大利西西里岛相隔 107 千米，战略地位十分重要。海岸线长 180 千米。

正式名称	马耳他共和国（The Republic of Malta）
面　积	316 平方千米
人　口	43.1 万（2015 年）
民　族	主要是马耳他人，占总人口的 90%，其余为阿拉伯人、意大利人、英国人等
语　言	官方语言为马耳他语和英语
首　都	瓦莱塔（Valletta）
行政区划	全国共有 68 个地方市政委员会
地理区	西部为台地，北部是起伏的山巅与盆地，东北部为伊乐加塞尔低地，南部与西南部为丘陵地带

地形特征

全境由 5 个岛屿组成，其中马耳他岛面积最大，占全国总面积的 78%。奥代什岛是第二大岛，凯穆纳岛居于二岛之间。此外，还有无人居住的科米诺托岛和费尔费拉岛。马耳他岛地势西高东低。西南多为陡壁悬崖，中部和东部为丘陵地带，间有小盆地，呈台地状态。

气候

马耳他属亚热带地中海气候。年平均气温 21.3℃，最高气温 40℃，最低气温 5℃。年平均降水量 560 毫米。

经济

马耳他农业被限制在山边的梯田和可灌溉低地上，产值约占国民生产总值的40%，但可以自给。自然资源贫乏，技术人员短缺，加工工业规模小，造船和修船业不景气。此外，高就业、高工资、高福利政策以及劳资纠纷也在一定程度上制约了经济的发展。2005年，马耳他经济稳步复苏，人民生活水平得到提高。

主要城市

瓦莱塔

瓦莱塔是马耳他的首都，全国政治、经济和文化中心，位于马耳他岛东北海岸。从海上望去，瓦莱塔像舞台一般从水中升起，在巨大的壁垒之上矗立着一层层整洁的房屋和宏伟的建筑物，宛如一幅淡金色的花毯挂在碧蓝的天空和大海之间。摩斯塔大教堂是瓦莱塔著名的古迹，教堂内的壁画有不少名家精品，十分珍贵。瓦莱塔具有4000多年历史的、著名的纪念性建筑物——地中海议会中心，第二次世界大战期间曾遭战火破坏，后来修葺一新。

旅游

旅游业是马耳他主要外汇来源。旅游总收入约占国内生产总值的18.7%。主要的旅游景点有位于马自他岛东部海岸的天然深水港大港，前称为耶路撒冷圣·约翰骑士团女修道院教堂的圣约翰联合大教堂，位于马岛中部本斯塔镇的本斯塔圆顶大教堂，位于首都郊区的新石器时代晚期的先民建筑——塔尔辛古庙群，以及的杰刚娣亚神庙和位于马耳他岛瓦莱塔以西约10千米的姆迪纳古城。

克罗地亚 /Croatia

地理位置

克罗地亚位于欧洲中南部、巴尔干半岛的西北部。西北和北部分别与斯洛文尼亚和匈牙利接壤，东部与塞尔维亚、黑山、波斯尼亚和黑塞哥维那为邻，南濒亚得里亚海。

地形特征

克罗地亚可分为3个区域，即南部地中海地区、中部高山地区和北部潘诺平原地区。西南部和南部为亚得里亚海岸，即地中海地区的海岸，是世界上颇为曲折交错的海岸之一。在1777.70千米的海岸边分布着1185个大小岛屿和礁石。这些岛屿的海岸如果和陆地海岸连接，克罗地亚将有5790千米的海岸。连接地中海地区和潘诺地区的是中南部高山地区，为韦莱比特山脉和迪纳拉克阿尔卑斯山脉的一部分，从西北向东南横穿其间。东北部潘诺地区即平原地区，是人口最稠密的地区。

气候

克罗地亚气候分为3种类型。一是

正式名称	克罗地亚共和国（The Republic of Croatia）
面　积	56 594平方千米
人　口	443.422万（2015年）
民　族	主要民族有克罗地亚族（89.63%）；其他为塞尔维亚族、匈牙利族、意大利族、阿尔巴尼亚族等
语　言	官方语言为克罗地亚语
首　都	萨格勒布（Zagreb）
行政区划	设20个省和1个省级直辖市
地理区	南部为地中海地区、中部为高山地区、北部为潘诺平原地区

濒临亚德里亚海的狭长的沿海地带的地中海气候，夏季干燥炎热，冬季温暖多雨。二是高山地区的山地气候，夏季短而凉爽，冬季漫长寒冷且多雨。三是北部平原地区的大陆性气候，夏季炎热，冬季寒冷。年降雨量为 600 ~ 3000 毫米不等。

自然资源

　　克罗地亚中部地处山区，森林和水力资源丰富，其森林覆盖率达到 43.5%。此外，克罗地亚境内还有石油、天然气、铝等资源。

经济

　　克罗地亚全国大约 1/5 的土地用于农业生产，最肥沃的地方位于东部平原区。主要种植业为谷物作物，可占到 2/3，其他的农作物有向日葵、大豆和甜菜。1993 年 10 月，克罗地亚政府开始实行以遏制通货膨胀为目标的稳定经济纲领，经济形势渐趋好转。此后，克罗地亚进入了经济转轨和产业结构调整时期。部分大中型企业私有化进程逐步推进。1994 ~ 1998 年，克罗地亚经济实现 5 年持续增长。在遭受重大影响后缓慢回升，同比增长 3.7%，而丰富的自然资源也许可以使未来的经济前景更加乐观一些。

习俗

　　克罗地亚人的传统服装多用家织亚麻布（潘诺平原地区）、毛料（迪纳拉地区）以及绸料（沿海地区）缝制。男子服装为衬衣和长裤，以及短外套、坎肩、披肩、斗篷、镶有金属制品的腰带、软皮鞋、皮靴等。女子服装为饰有各种花边、刺绣和细窄花纹的长短衬衣、短上

戴克里先宫殿遗迹

位于克罗地亚达尔马提亚地区萨洛纳近郊，由自愿放弃帝位的罗马帝国皇帝戴克里先建造，该宫殿规模宏大，气势雄伟，已被列入《世界遗产名录》。戴克里先宫殿采用罗马式格局，包括皇帝寝宫、朱庇特神殿、接见室和陵墓等部分，目前只残存一些遗迹。

衣、坎肩、腰带、各色围裙、宽大的褶裙、斗篷等。节日里穿装饰着鲜艳的花边、刺绣、金属小片的服装，这在迪纳拉地区尤为流行。

主要城市

萨格勒布

　　萨格勒布是克罗地亚的首都，人口 78.8 万，是全国最大的机器制造中心。萨格勒布东距贝尔格莱德 388 千米，西距卢布尔雅那 135 千米，面对萨瓦河，背靠海拔 1053 米的斯列姆山，战略地位也十分重要。萨格勒市区面积广达 284 平方千米。

　　萨格勒布是全国重要的工业中心，就其工业生产能力而言，它在全国各大城市中居领先地位。萨格勒布是全国最大的机器制造中心，纺织、化工、食品、印刷、皮革等工业也非常发达。

　　萨格勒布也是一座文化名城，市内文化设施很多。国内著名的萨格勒布大学历史最为悠久。萨格勒布是座美丽的

城市，市内绿地广阔，环境十分幽美。著名的圣马克大教堂是萨格勒布最高和最有代表性的建筑物。

里耶卡

里耶卡是国内第一大港，人口30万，位于宽阔的克万尼亚湾内，它背靠高山，外围又有茨雷斯、克尔克两个大岛为屏蔽，港阔水深，腹地辽阔，已发展成为一个大型的国际性港口。

里耶卡因自古以来就同濒临亚得里亚海的意大利诸城交易频繁，因此受意大利的影响很深。目前，这座城市在外观上仍保留有历史的古老遗迹和典型的意大利风貌，如古罗马时代的城壁及凯旋门等。里耶卡是一座繁荣的港口城市，工业除发达的造船和食品业外，石油提炼加工也很发达，市内建有两座大型的炼油厂。

杜布罗夫尼克

杜布罗夫尼克是世界闻名的海滨游览胜地，人口4万。它背靠圣·塞尔季奥山，面临亚得里亚海，整个市区有3/4的面积被海水包围。全市分为3部分：海港、旧城和新城。海港位于城北。港阔水深，可同时停泊8条万吨以上巨轮。旧城建于7世纪，是一座依山傍水的巨大城堡。旧城是全市的精华和旅游者所向往的地方。旧城虽然不大，却有54个天主教堂，从此也可看到罗马文化对它的影响了。新城建于旧城北侧的缓坡上，地势较高，全城都掩映于葱茏的绿荫之中。杜布罗夫尼克是世界上保存欧洲中世纪面貌最完整的一个城市，这是它能吸引八方来客的一个最重要的因素。

旅游

旅游业较为发达，是国民经济的重要组成部分和外汇收入的主要来源。克罗地亚政府重视发展旅游业，每年采取各种措施吸引游客。境内主要的旅游胜地有杜布罗夫尼克老城、普里特维采湖群国家公园、布里俄尼群岛、达尔马提亚海岸、赫瓦尔岛以及库姆罗韦茨等。

波斯尼亚和黑塞哥维那
/Bosnia and Herzegovina

地理位置

波黑位于欧洲巴尔干半岛中西部。其南、西、北面与克罗地亚共和国毗连，东与塞尔维亚共和国、黑山共和国为邻。南部极少部分濒临亚得里亚海，海岸线长约22千米。

地形特征

大部分地区位于迪纳拉高原和萨瓦河流域，境内山脉众多，平均海拔693米。全境有8%的面积低于海拔150米，

正式名称	波斯尼亚和黑塞哥维那（Bosnia and Herzegovina）
面　积	5.1万平方千米
人　口	381万（2015年）
民　族	主要民族为波什尼亚克族，约180万人；塞尔维亚族，约135万人；克罗地亚族，约45万人
语　言	官方语言为波斯尼亚语、塞尔维亚语和克罗地亚语
首　都	萨拉热窝（Sarajevo）
行政区划	波黑由波黑联邦和塞族共和国2个实体组成。波黑联邦下分10个州；塞族共和国下设7个区
地理区	波斯尼亚为森林密布的山区，黑塞哥维那多岩丘和平坦耕地

平原仅占 10%。

气候

南部属地中海气候，北部属大陆性气候。南部 1 月平均气温为 5 ~ 7℃，7 月为 24 ~ 27℃；北部 1 月为 -2 ~ -1℃，7 月为 20 ~ 22℃。

自然资源

矿产资源丰富，主要有铁矿、褐煤、铝矾土、铅锌矿、石棉、岩盐、重晶石等，其中煤炭蕴藏量达 38 亿吨。图兹拉地区食用盐储量为欧洲之最。水资源丰富，潜在的水力发电量达 170 亿千瓦。森林覆盖面积占全境面积的 46.6%，其中 65% 为落叶植物，35% 为针叶植物。

经济

波黑战争给经济带来严重破坏，损失上千亿美元，其工业生产能力只及第二次世界大战前的 50%，仅 30% 的设备还在运转。第二次世界大战后在国际社会的援助下。波黑的经济发展取得一定进展。2005 年，宏观经济稍有起色，但离第二次世界大战前水平尚有很大距离。

主要城市

萨拉热窝

萨拉热窝是波黑的首都，世界名城，人口 45 万。萨拉热窝位于波斯尼亚东部群山环抱的盆地之中，在中部萨瓦河支流博斯纳河上游附近。米梁茨卡河横贯全城，市区海拔 630 米，是全国地势最高的城市。萨拉热窝的经济发展非常迅速，现已成为国家重要的工业基地，文化事业也很发达。目前，萨拉热窝城市的中心就是土耳其时代的旧城，狭窄的街道、手工艺店铺和清真寺

的尖塔圆顶，使这座城市显出浓郁的中东色彩。19 世纪以后，特别是联邦国家建立后在城郊发展起来的新城，其风格与老城迥异，这里有许多高大的欧式建筑，街道宽阔。

旅游

波黑共和国有大量的文化、历史古迹，还有地中海森林、公园和亚热带植物群。阿尔卑斯山区植物世界的美景更值得一游。波黑共和国的河湖中有各种鱼类资源，森林中有大量的熊、羚羊、獐、松鸡等各种飞禽走兽。这些均可供人们狩猎和垂钓。

马其顿 /Macedonia

地理位置

马其顿位于欧洲巴尔干半岛中部，属内陆国。西邻阿尔巴尼亚，南接希腊，东连保加利亚，北部与塞尔维亚共和国接壤。

地形特征

马其顿境内多山、盆地和河谷，有 34 座山峰在海拔 2000 米以上，最高的科拉比山，海拔 2764 米，位

正式名称	马其顿共和国（The Republic of Macedonia）
面　　积	25 713 平方千米
人　　口	207.8 万（2015 年）
民　　族	马其顿为多民族国家，主要民族为马其顿族、阿尔巴尼亚族、土耳其族、吉普赛族和塞尔维亚族
语　　言	官方语言为马其顿语
首　　都	斯科普里（Skopje）
行政区划	85 个地方行政单位
地　理　区	全境多山

于西部与阿尔巴尼亚交界处。马其顿大部分地区为高原，海拔多为600～900米。境内有4个主要的湖泊，其中奥赫里德湖面积最大。最长的河流为瓦尔达尔河，发源于马其顿西南部地区，向南流入希腊。

气候

气候以温带大陆性气候为主，夏季多雨，冬天有显著的降雪。大部分农业地区夏季最高气温达40℃，冬季最低气温为−30℃。西部受地中海气候影响，夏季平均气温为27℃。

自然资源

矿产资源比较丰富，主要有铁、铅、锌、铜等。森林覆盖率为35%。

经济

马其顿农业为其关键的生产部门，包括畜牧业、谷物和烟草。全国还拥有数万个蜂箱，生产大量的蜂蜜和蜂蜡。酿酒业为比较繁荣的工业部门之一。据统计，在2000年该国工生产了1.35亿升的葡萄酒、1.5亿升的白兰地和8亿升啤酒。制造业包括钢铁、化学制品与机械。1994年年底，马其顿制定私有化法，向市场经济过渡。到1997年年底，全国1350个企业中1050个完成了私有化，私人企业和私有化企业创造的经济收入占全国总收入的70%，产值占国内总产值的80%。

主要城市

斯科普里

斯科普里是马其顿的首都，人口51万，是全国政治、经济和文化中心。斯科普里位于瓦尔达河两岸，为巴尔干半岛通往爱琴海和亚得里亚海的重要交通枢纽。工业产品除金银饰物加工业和其他手工业外，还发展了化学、水泥、农机、电器、纺织品、水果、蔬菜、罐头和烟草等产业，还有炼铬及炼钢厂等。斯科普里为交通中心，有铁路、公路线及1个现代机场，有大学和工学院、师范学院，马其顿科学院和艺术科学院也设在这里。斯科普里是座色彩分明的城市，瓦尔达尔河右岸的现代建筑对应着左岸古朴的老城，而瓦尔达尔河上的古桥则把右岸的大道同左岸的深街曲巷连在一起。

旅游

马其顿气候宜人，并有大量历史名胜。著名的旅游区有奥赫里德、普雷斯帕、多伊兰、马夫罗沃、沙尔山、佩利斯泰尔和克鲁舍沃。位于马其顿与阿尔巴尼亚交界处的奥赫里德湖，面积347平方千米，最深处286米，是巴尔干半岛的最深湖泊。湖内现存的生物同5000万年前第三纪的生物几乎一样，因此，奥赫里德湖中的动植物被称为"活化石"，沿湖两岸的奥赫里德城有许多11～14世纪的古建筑。

中世纪圣南姆修道院
位于奥赫里德湖边，是一座典型的当地教堂。大部分马其顿人信奉东正教。

黑山 /Montenegro

地理位置

　　黑山共和国位于欧洲巴尔干半岛的中北部，亚得里亚海东岸。东北与塞尔维亚共和国相连，东南与阿尔巴尼亚接壤，西北与波斯尼亚和黑塞哥维那交界，西南则临亚德里亚海和克罗地亚。

正式名称	黑山共和国 (The Republic of Montenegro)
面　　积	13800 平方千米
人　　口	62.2 万 (2015 年)
民　　族	主要为黑山族，约 26.8 万，约占全国总人口的 43%；塞尔维亚族 19.9 万，约占总人口的 32%
语　　言	官方语言为黑山语
首　　都	波德戈里察 (Podgorica)
行政区划	下设 21 个行政区，无州建制
地 理 区	高山地区、海岸地区等

地形特征

　　黑山共和国位于迪纳拉山脉的南段，多崎岖的山地。群山之中有许多深涧峡谷，可划分为：地中海地区，古老的黑山喀斯特地区，斯库台湖沿岸的泽塔平原地区，喀斯特高山和喀斯特高原地区，杜尔米托尔山、科莫维山、留比什尼亚山、锡尼亚耶维那山，以及东北部的沙质岩地区。

气候

　　黑山气候主要为温带大陆性气候，沿海地区为地中海气候。1 月平均气温为 −1℃，7 月平均气温为 28℃。许多高山全年大部分时间积雪，一些阴冷的峡谷中积雪常年不融。全年均有降水，但秋季最多，有些地区的年降水量甚至超过 3800 毫米。

静谧的科托港口
科托港是黑山的一个小港口。

经济

　　黑山共和国的经济并不发达，其人均收入很低。传统上，经济依靠畜牧业，主要为绵羊和山羊。黑山的畜牧业产品远近驰名，其肉、蛋、奶等制品的标准与质量一直受到人们的交口称赞。目前黑山拥有年产 40 万吨钢、100 万吨铝矾土、10 万吨铝、270 万吨煤的能力。随着外部环境的改善和各项经济改革的推进，黑山经济正呈现恢复性增长，2009 年国内生产总值约 26.7 亿欧元。

主要城市

波德戈里察

　　波德戈里察是黑山的首都，位于斯库台盆地莫拉查河与泽塔河汇流处，人口 17.4 万。市内有炼铝、金属加工、纺织、烟草加工和食品工业。铝土矿丰富，新建的炼铝厂每年可产氧化铝 30 万吨。市内设有大学、博物馆，附近有古城杜克里亚遗址和中世纪教堂、钟塔。

旅游

黑山具有地球上的 4 种气候类型，并且世界上最深的河谷、最长的地下河和欧洲水质最洁净的河流、现存的两片原始森林之一等，都可以在这里找到。另外，黑山还拥有丰富的历史与文化遗产，所以旅游业是黑山经济发展的重中之重。由于绵延漫长的海岸线和适宜的温度，黑山拥有几乎是全欧洲海水最温暖、光照时间最充足的海滨旅游胜地。另外，科托尔旧城遗址也是值得一去的地方，此城是 12 世纪沿着陡峭山峰而建成的，全长 4.5 千米，至今仍可显现出昔日的雄伟与辉煌，已被联合国教科文组织列为世界文化保护遗产。

塞尔维亚 /Serbia

地理位置

塞尔维亚共和国位于巴尔干半岛中北部，东北与罗马尼亚、东部与保加利亚、东南与马其顿、南部与阿尔巴尼亚、西南与黑山、西部与波黑、北部与匈牙利、西北与克罗地亚相连。

正式名称	塞尔维亚共和国 (The Republic of Serbia)
面　　积	88361 平方千米
人　　口	710 万（2015 年）
民　　族	塞尔维亚是多民族国家，主要有塞尔维亚族、阿尔巴尼亚族、匈牙利族等
语　　言	官方语言为塞尔维亚语
首　　都	贝尔格莱德（Belgrade）
行政区划	2 个自治省，下设 29 个州，州下设 189 个区
地　理　区	沿岸低地、内陆高原、帕诺尼亚平原

地形特征

塞尔维亚东部为巴尔干山地，西部和南部为丘陵和山地，北部为肥沃的多瑙河中游平原。境内有 3 条山脉：罗多彼山脉、巴尔干山脉和迪纳拉山脉。科索沃自治省位于塞尔维亚南部，由 2 个盆地——科索沃盆地和梅托希亚盆地组成。伏伊伏丁那自治省位于塞尔维亚北部，境内是辽阔的伏伊伏丁那平原。多瑙河、萨瓦河、蒂萨河和塔米什河流经这里时，与运河网交叉，构成了多瑙河—蒂萨河—萨瓦河排灌航运系统。

气候

塞尔维亚气候以温和的大陆性气候为主。夏天较热，冬天较冷。降水量全年比较稳定，降雪主要在高山地区。科索沃平原海拔高度为 600 米，冬季寒冷多雪，夏季炎热。南部的白德林河谷地带受到地中海气候的影响。沿海地带为地中海气候。

经济

塞尔维亚北部和伏伊伏丁那富饶的帕诺尼亚平原农业尤其是谷物种植十分重要，该地有 1/4 的人口从事农业生产。科索沃地区有 2/5 的人口在家庭式小农场中劳作。塞尔维亚主要的经济作物为葡萄。山区有一定的林业资源。工业发展不充分，有机械、化学、纺织、食品等工业部门。总体来说，工业和农业是塞尔维亚国民经济的主体，随着外部环境的改善和各项经济改革的推进，塞尔维亚的经济出现恢复性增长。2009 年塞尔维亚 GDP 为 439 亿美元，同比下降 3.5%，人均 6000 美元。

习俗

塞尔维亚人各地的民族服装不同，但也有相同的地方。男子最老式的服饰是衬衣和长裤，外穿背心、短上衣、长斗篷。男子服饰必不可少的是华丽的腰带，比女用腰带长而宽。女子服饰为鲜艳的绣花衬衫，围裙、腰带、各种背心、短上衣、对开的连衣裙。塞尔维亚的民族服装，尤其是女服，往往装饰着各种美丽的图案、流苏或小钱币。

主要城市

贝尔格莱德

贝尔格莱德是塞尔维亚的首都，是全国政治、经济和文化中心，也是全国最大的城市。贝尔格莱德坐落在多瑙河与萨瓦河汇流处南侧的高冈上，其南面是连绵起伏的苏玛迪亚丘陵，北面是塞尔维亚一望无际的粮仓——伏伊伏丁那平原，扼守着巴尔干半岛的交通要冲，自古以来就是兵家必争之地。贝尔格莱德是塞尔维亚最重要的工业中心，交通发达，它既是全国重要的铁路枢纽，又是全国的机械制造中心，生产农业机械、汽车、飞机、电力设备、内河船舶、机床等，其中，拖拉机制造、发动机、印刷、食品、仪表等工业部门在国内占有十分突出的地位。贝尔格莱德是全国重要的文化中心，文化事业非常发达，全市共有各类高等院校和专科学校30多所，其中创建于1863年的贝尔格莱德大学是全国最著名和最大的大学，共有6万多名学生。此外，市内还拥有几十座博物馆、展览馆和图书馆，世界闻名的塞尔维亚科学院也坐落在此。贝尔格莱德保存有许多历史名胜，如著名的卡里米克唐纳长城堡的中世纪遗迹。

阿尔巴尼亚 /Albania

地理位置

阿尔巴尼亚位于东南欧巴尔干半岛西部，南北长340千米，东西宽150千米。北部与东北部分别与塞尔维亚、黑山和马其顿接壤，南部与希腊为邻，西临亚得里亚海和爱奥尼亚海。

正式名称	阿尔巴尼亚共和国（The Republic of Albania）
面 积	28 748 平方千米
人 口	288.6万（2016年）
民 族	阿尔巴尼亚人占98%，少数民族有希腊族，马其顿族、塞尔维亚族、克罗地亚族等
语 言	官方语言为阿尔巴尼亚语
首 都	地拉那（Tirana）
行政区划	全国划分为12个省、36个区
地 理 区	以山地为主体，海岸地带为平原

地形特征

境内多山，全国80%是山地，是东欧各国中山岭最多的国家，平均高度在海拔714米以上，是欧洲平均高度的2倍多。北部的阿尔卑斯山山峰超过2500米，中部的克鲁雅山和斯坎德贝山高达2200多米，南部的托莫尔山高2400米。山峦表现为西北—东南走向，形成了弯曲的山谷和无数的山隘。在巴尔干半岛或欧洲，没有一个国家像阿尔巴尼亚的地形这样变化多端。不管在什么地方向外眺望，都可以看到布满苍绿的山丘，山盘着山，层层叠叠，无边无际，巴尔干半岛西部地区唯一的一块沿海平原，坐落在亚得里亚海岸上。

气候

阿尔巴尼亚属亚热带地中海气候。降雨量充沛，年均为 1300 毫米。平均气温 1 月为 1 ~ 8℃，7 月为 24 ~ 27℃。

自然资源

主要矿藏有石油、沥青、铬、铜、镍、铁、煤等。水力资源较丰富。

经济

阿尔巴尼亚是欧洲落后的国家之一。1997 年以社会党为首的左翼联盟上台执政后，努力扭转经济的负增长局面，目前国民经济已出现缓慢回升的势头，经济总体形势较为稳定。阿尔巴尼亚自 20 世纪 90 年代初开始从计划经济体制向市场经济体制转轨，提出以私有化为主要内容的经济改革计划，截至 1999 年年底，已基本完成了中小型企业的私有化，目前正在进行大中型国有企业及电信、银行和矿山等战略部门的私有化。近年来，阿尔巴尼亚建筑业、服务业和商业有较大发展。

习俗

阿尔巴尼亚融合了巴尔干、地中海和中欧地区许多古老的传统，形成了独具特色的民族特征。

阿尔巴尼亚人至今仍保持着其传统的生活方式，内陆山区甚至尚未脱离原始的生活形态和习惯。阿尔巴尼亚人能歌善舞，在地拉那地区流行"龟舞"，在全国流行"战争之舞"，独弦琴在全国广为流传。在阿尔巴尼亚广泛流传着"龙"的传说。在人们想象中，这是一条有 3 个或 7 个或 9 个或 12 个头的恶龙，它能喷火，盘踞一方，即

在水边或有龙源的地方，使人们忍受着干渴之苦。恶龙常常化成妇女或鳗、青蛙、乌龟等，好龙则为人民除害。好龙和恶龙的搏斗，则形成了自然界的冰雹和风暴。最后，好龙终于战胜了恶龙，使世间普降喜雨。

主要城市

地拉那

地拉那是阿尔巴尼亚的首都，人口 71.3 万，是全国第一大城市、重要的工业中心及文化和科研中心。地拉那位于阿尔巴尼亚中部一个海拔 120 米的盆地中，东、北、南三面环山，只有西面是一个孔道，通往港口都拉斯。许多联合企业、重工业、轻工业企业都设在这里。现在，地拉那工业企业的产值已占全国工业总产值的 1/5。地拉那是全国交通的枢纽，公路网从这里分布全国各地，铁路也同全国许多城市相连，此外还有 7 条国际航线和 1 个民用机场。地拉那还是全国重要的文化和科研中心，例如国家科学院、自然科学博物馆、"列宁—斯大林"博物馆、"阿里·凯里门特"文化宫，人民剧院、歌剧和芭蕾舞剧院、"新阿尔巴尼亚"电影制片厂等文化机构都设在这里。地拉那是一个花园遍布的美丽城市，一年四季鸟语花香，生活在这里，使人感到特别安适和恬静。

旅游

近年来旅游业成为阿尔巴尼亚政府在经济领域优先发展的行业。主要的旅游景点有古城克鲁亚和南部边境古城的布特林特等。克鲁亚建于 12 ~ 14 世纪。因坐落在半山丛林之中，故有"鹰之巢"

之称，是民族英雄斯坎德培诞生和抗击侵略的地方。

希腊 /Greece

地理位置

希腊位于巴尔干半岛最南端，东地中海北岸。北同保加利亚、马其顿、阿尔巴尼亚相邻，东北与土耳其的欧洲部分接壤，西南濒临伊奥尼亚海，东临爱琴海，南隔地中海与非洲大陆相望。陆地边界长 1170 千米。海岸线长约 15021 千米。

地形特征

希腊国土的典型特点是海洋环绕着群山，间或夹杂着谷地和平原，各处都有深入内陆的海湾。内陆地形的特点是西北高、东南低，盆地和平原多被山地切割得支离破碎，沿海地势多较平缓。山地面积约占全国土地面积的 4/5。海拔 2000 米以上的山峰有 20 余座。平原面积较少，较大的平原有塞萨利平原、马其顿平原和色雷斯平原。境内岛

正式名称	希腊共和国（The Hellenic Republic）
面　积	131 957 平方千米
人　口	1082.3 万（2015 年）
民　族	98% 以上为希腊人
语　言	官方语言为希腊语
首　都	雅典（Athens）
行政区划	全国分为 13 个大区，52 个州（包括北部享有很大自治权的圣山阿苏斯神权共和国），359 个市镇
地理区	色雷斯、马其顿、塞萨利、伊庇鲁斯、中部希腊、尤比亚岛、伯罗奔尼撒半岛、伊奥尼亚群岛

埃皮达鲁斯露天剧场

在整个希腊，有数百个古希腊建筑物的遗迹。此剧场便是其中之一，可容纳 2000 名观众。

屿众多，著名的岛屿有克里特岛、罗得岛等。

气候

希腊属典型的亚热带地中海气候，夏季干燥，冬季温和多雨。平均降水量为 400～1000 毫米。

自然资源

主要矿产有铝矾土（储藏量约 10 亿吨）、褐煤（储藏量 56 亿吨）、镍、铬、镁、石棉、铜、铀、金、石油、大理石等。森林覆盖率为 17%。

经济

希腊是欧洲联盟中经济欠发达国家之一，经济基础比较薄弱，人均国内生产总值在欧盟 15 国中排行倒数第二。20 世纪 80 年代末以来经济发展缓慢，公共赤字、债务和通货膨胀居高不下，是欧盟内唯一因经济不达标而未能成为首批加入欧元区的国家。自 1996 年以来，希腊经济形势出现好转，西米蒂斯政府把加入欧元区作为首要经济目标，推行紧缩经济政策，严厉打击偷税漏税，减少公共支出，加快私有化进程。2000 年 6 月，欧盟首脑会议正式批准

希腊加入欧元区的申请。

习俗

珍爱民族传统　希腊人热情好客，有强烈的民族自尊心，珍爱民族传统。他们珍视血缘和亲族关系。那些因谋生、寻求"好运"而漂泊海外的希腊人，多组织一定规模的社团，保持着希腊民族的宗教信仰、文化传统和语言习惯，成为海外的"国中之邦"。

饮酒　希腊人好客，喜欢饮酒和饮料。酒喝得微醉，被认为是一种社交的风度。夏日的下午2～5点为午休时间，晚餐一般要在晚上10点以后。

主要城市

雅典

雅典是希腊的首都、欧洲文明的摇篮，也是希腊国家的重要经济、文化中心。雅典地处中希腊东南部阿提卡半岛上群山环绕的山间盆地中，雅典卫城高耸于城市中心，俯瞰着这座美丽的现代化城市。2条小河（基菲索斯河和伊利索斯河）越境而过，使雅典城更显得妩媚多姿。从地理位置上看，雅典属于欧洲，而且在希腊独立后，一直追随着西方社会的发展步伐。但是，在数千年的文化发展史上，它又吸收了更多的东方元素。雅典市内交通发达，各路公共汽车及无轨电车，可把人们带到城内各处，地下铁路可以直通比雷埃夫斯港。雅典市的博物馆，在全希腊数量是最多的，有国家考古博物馆、雅典卫城博物馆、希腊民间艺术博物馆、古代市场博物馆、拜占廷博物馆、贝那基（私人收藏家）博物馆、希腊陶器博物馆、国家历史博物馆、战争博物馆、民俗博物馆、欧洲及东方艺术博物馆等。雅典也是全国的经济中心。全希腊大部分大企业、大公司、大银行、大商店都集中于雅典。雅典有着全希腊最大的海港——比雷埃夫斯港，全希腊60%的海运货物在此装卸。雅典还是希腊重要的工业中心，这里有各种轻重工业产品的制造厂，如纺织、酿造、陶瓷、面粉、肥皂、皮革、罐头、

雅典卫城的帕提农神庙
帕提农神庙是雅典卫城最主要的主体建筑，已历经2000年的沧桑之变，如今虽庙顶坍塌，雕像也荡然无存，但从巍然屹立的柱廊中，仍可看出神庙当年的丰姿。

化工、地毯等，国属炼油厂也设在雅典近郊的埃莱夫西斯。

塞萨洛尼基（萨洛尼卡）

塞萨洛尼基是巴尔干半岛上的重镇、希腊第二大城市。塞萨洛尼基位于希腊北部，背靠霍尔蒂阿斯山，面临塞萨洛尼基海湾。在海湾的包围之中，是希腊第二大海港。塞萨洛尼基市建于公元前315年，是北希腊水陆交通的重要枢纽。该市海港为希腊北方最大的港口。此地的铁路可接通巴尔干半岛的前南斯拉夫、保加利亚和土耳其。从塞萨洛尼基出发，还可通过邻国到达意大利、奥地利、德国等西欧国家，通往索菲亚和伊斯坦布尔的客车也随时迎候着来自世界各地的乘客。主要工业企业有煤油、石油化工和炼钢厂，还有酿酒、皮革、纺织、地毯、砖瓦、肥皂和面粉加工厂。塞萨洛尼基是北方的重要商业都市，也是希腊对外联系的重要口岸。塞萨洛尼基是希腊北方的文化教育和科研中心，北方的一些研究中心，如马其顿研究所、巴尔干研究所和拜占廷研究所也设在市内。塞萨洛尼基是古希腊马斯顿时期及拜占廷时期的历史名城，这里文化遗存也很丰富，尤其是马其顿时期的古墓及拜占廷时期各种类型的教堂建筑，更具有典型代表意义。

旅游

希腊获得外汇和维持国际收支平衡的重要经济部门就是旅游业。20世纪60年代以来希腊旅游业发展迅速，20世纪70年代起入境游客人数持续增长。近几年入境游客数量已超过希腊总人口，给基础设施、就业和环境带来一定的压力。主要旅游景点有：雅典卫城、德尔菲太阳神庙、奥林匹亚古运动场遗址、克里特岛迷宫等。

爱沙尼亚 /Estonia

地理位置

爱沙尼亚位于波罗的海东海岸，东面和俄罗斯接壤，南面与拉脱维亚相邻，北邻芬兰湾，西南濒里加海湾。东西宽350千米，南北长240千米。海岸线长3794千米。

地形特征

爱沙尼亚全境地势很低，2/3的土地海拔不到50米，但有一定的起伏，这主要是冰川作用的结果。爱沙尼亚的国土上分布着大小共7000多条河流，以及1000多个湖泊，其面积超过国土面积的5%，其中最大的为佩普西湖，它也是欧洲第五大淡水湖。

气候

爱沙尼亚属海洋性气候，冬季最冷的1月和2月平均气温为−5℃，夏季最热的7月平均气温为16℃，年平均

正式名称	爱沙尼亚共和国（Republic of Estonia）
面　积	45277平方千米
人　口	131.3万（2015年）
民　族	爱沙尼亚族占67.9%；俄罗斯族占25.6%；乌克兰族占2.1%
语　言	官方语言为爱沙尼亚语；英语、芬兰语、俄语、德语亦被广泛使用
首　都	塔林（Tallinn）
行政区划	全国共分15个省，大小城镇共254个
地理区	低地平原、森林、沼泽、西部沙岸

降水量为 500～700 毫米。

自然资源

　　自然资源匮乏，但森林面积有 211.55 万公顷，占领土总面积的 46.7%。主要矿产有油页岩(储量约 60 亿吨)、磷矿(储量约 40 亿吨)、石灰岩等。

经济

　　农业以畜牧业为主，主要饲养奶牛、肉牛等。主要农作物有小麦、黑麦、马铃薯、玉米、亚麻和饲料作物。主要工业部门有机械制造、木材加工、建材、电子、纺织和食品加工业。2000 年，爱沙尼亚经济保持增长势头，旅游、过境运输及服务业等支柱性产业持续增长。随着周边国家经济状况好转，爱沙尼亚在开拓新市场的同时亦恢复了诸如俄罗斯等国家的部分传统市场，商品出口的增加带动了生产型企业的发展。同时爱沙尼亚政府下大力气进行经济立法，规范企业的经济活动，客观上保证了经济的健康发展。

习俗

　　服饰和饮食　在服装方面，爱沙尼亚的民族服装多到 100 多种，服装色彩鲜艳，图案多种多样。妇女头戴白色小帽，上身着白麻布衬衫，外套短呢上衣或坎肩，下着颜色各异的条裙，已婚女子系一围裙。男子上衣着白衬衫，下着略低于膝盖的短裤，系腰带，戴毡帽。在饮食方面，爱沙尼亚人多以面食、肉制品和奶制品为主，喜欢喝啤酒。

　　伊凡诺夫节　时间为每年的 6 月 24 日。在这一天的前夕，人们围着点燃的篝火载歌载舞，庆祝这一传统的节日。

首都塔林老城区内的古式建筑

主要城市

塔林

　　塔林是爱沙尼亚的首都，位于国土的东北角，在芬兰湾的出口上。塔林是个天然良港，年吞吐量达 300 万吨，是全国陆路交通和航运的重要枢纽，铁路和公路四通八达。塔林三面环水，景色秀丽古朴，是北欧当今唯一带有中世纪外貌和格调的城市。全城分为上城和下城两部分。上城即老城，城内保存着曲折而幽静的小道和古朴典雅的房舍，还有许许多多 14～15 世纪的建筑物，一座座哥特式的大教堂，各种石砌的拱门塔楼和古堡要塞。老城的东北方向是下城，即新城，新城处处可见宽阔的马路和现代化的高楼大厦。塔林是爱沙尼亚工业中心，其工业产值占全国工业产值的 45%，机械制造、造纸、木材加工、食品和轻工业均较发达，所生产的电机、仪器仪表、电子产品、自动化车床都比较先进，向国外出口，塔林生产的纸张、钢琴、滑雪板和奶制品也都很有名。塔林有 4 所高等院校、22 座博物馆和展览馆、

20 座剧院、21 座体育场馆。

旅游

旅游业发展较快。首都塔林的新城是主要景区。在新城科拉雅广场的老托马斯守护神的雕像是城市的象征。市内的大行会大厦（1410 年）、马戏场（14 ～ 18 世纪）、奥列维特大教堂（13 ～ 16 世纪）、三姐妹住宅大厦（15 世纪）、黑头兄弟情谊大厦、圣米歇尔女修道院、尼古拉大教堂，都是值得一游的好去处。

拉脱维亚 /Latvia

地理位置

拉脱维亚位于波罗的海东岸，北与爱沙尼亚、南与立陶宛、东与俄罗斯、东南与白俄罗斯接壤。边境线总长 1 862 千米，其中海岸线长 496 千米。

地形特征

全境地势低平，东部和西部为丘陵。平均海拔 87 米，地貌为丘陵和平原，以灰化土为主，约一半多为可耕地。森林

正式名称	拉脱维亚共和国（Republic of Latvia）
面　　积	64589 平方千米
人　　口	197.8 万（2015 年）
民　　族	拉脱维亚族、俄罗斯族、白俄罗斯族、乌克兰族，此外还有波兰、立陶宛、爱沙尼亚、犹太等民族
语　　言	官方语言为拉脱维亚语，95% 以上居民懂俄语，约 10% 居民懂德语、英语
首　　都	里加（Riga）
地 理 区	矮丘和小谷地中有许多小湖泊和沼泽；林地占总面积的 44%

覆盖率为 44%。全国有 1.4 万个野生物种，还有 1.4 万条河流，其中长度 10 千米以上的有 777 条。境内多湖泊和沼泽，面积超过 1 平方千米的湖泊有 140 个。

气候

拉脱维亚气候属海洋性气候向大陆性气候过渡的中间类型。夏季白天的平均气温为 23℃，夜晚平均气温为 11℃；冬季沿海地区平均气温为 −3 ～ −2℃，非沿海地区 −7 ～ −6℃。平均年降水量 633 毫米。温差大，全年约有一半时间为雨雪天气。

自然资源

自然资源除森林资源（287.7 万公顷）外，还有泥炭、石灰岩、石膏、白云石等少量建筑用材料。

经济

农业包括种植业、渔业、畜牧业等行业。耕地面积占总面积的 39%，达 250 万公顷。全国 30% 的人口住在农村，其中农业人口占全国总人口的 15%。主要农作物为小麦、马铃薯、甜菜、蔬菜。畜牧业主要是奶、肉两用的养畜业。主要工业部门有食品加工、纺织、木材加工、化工、机械制造、修船等。主要工业品为泥炭、糖、布、木材、纸、尿素、钢材、电话。1991 年恢复独立后，拉脱维亚即开始按西方模式全面推行私有化和市场经济改革。在经历了连续几年的下滑之后，1996 年起经济开始走出低谷，目前，中小企业私有化已全部完成，大型国有企业的私有化也在进行当中；金融改革相对顺利，货币汇率保持稳定；价格改革基本到位，通货膨胀得到明显抑制，国内价格已接近世界或欧盟水平。1998 年被正式接纳为世界贸易组织成

员。拉脱维亚已率先走上了经济正常发展的道路，但仍面临国内市场狭小、工农业产品面对欧洲市场（拉脱维亚的主要贸易伙伴）缺乏竞争力、社会两极分化趋势明显等诸多难题。

主要城市

里加

里加是拉脱维亚的首都，是重要港口城市和政治、经济、文化、交通中心。里加位于拉脱维亚西部，道加瓦河入海口处，面对状如覆钟的里加湾，是波罗的海上的一个天然良港，年吞吐量仅次于圣彼得堡，在独联体国家中居第二位。里加交通条件极好，内河与海上均可通航，国内状如蛛网的铁路线都以这里为中心向四周展开，而且波罗的海沿岸三国的铁路也以这里为轴心，莫斯科专设里加车站，调度发往波罗的海沿岸各地的列车。里加有 2 个机场，有班机发往国内外各地。里加湾是世界有名的渔场，拖网渔船队和冷藏船队的基地均设于此。里加工业产值占全国工业产值的 50%，工业以机器制造和金属加工为主，特别是小型精密机床和机械设备、发电机、无线电等工业最为发达，轻工业中化纤、塑料、纺织、针织也都很发达，食品工业则以鱼类冷藏、罐头制品为主，奶制品和制糖业也有一定基础。里加有 7 所高等学校、17 座博物馆、7 座剧院。拉脱维亚科学院有十几个研究所设于此地。里加著名的圣彼得堡大教堂建于 13 ～ 14 世纪，与圣彼得堡大教堂隔街相望的有著名的多姆大教堂。里加城外风景秀丽，有占地 5 000 公顷的森林公园，里加湾是一个天然浴场和避暑胜地，每年来此度假和疗养的人甚多。

旅游

旅游业发达，主要景区和景点有里加、希古达和采西斯风景区，以及隆达列宫、民俗博物馆等。

首都里加
拉脱维亚重要的经济中心，其建筑极具欧洲"新艺术"的风格。

立陶宛 /Lithuania

地理位置

立陶宛位于波罗的海东岸，北接拉脱维亚，东与白俄罗斯毗连，西南与俄罗斯加里宁格勒州和波兰相邻，西濒波罗的海。该国地势主要为低平冰川平原，沿海岸线为沙丘地貌，东南部的低山中夹杂着一些湖泊。多条河流穿越中央沼泽平原。

气候

立陶宛属海洋性向大陆性过渡的气候。夏季温暖，冬季寒冷。1 月平均气温 −5℃，7 月平均气温 17℃。夏季末降雨最多。

自然资源

立陶宛多野生动物，有 60 多种哺乳动物、300 多种鸟类和 50 多种

正式名称	立陶宛共和国 (The Republic of Lithuania)
面　　积	65 300 平方千米
人　　口	291 万 (2015 年)
民　　族	有立陶宛族、俄罗斯族、波兰族，还有白俄罗斯族、乌克兰族、犹太族
语　　言	官方语言为立陶宛语；多数居民懂俄语
首　　都	维尔纽斯 (Vilnius)
行政区划	分为 10 个县。共设有 60 个地方自治的市级行政单位，其中 9 个大城市、43 个区和 8 个小城市
地 理 区	中央低地，东南部地势较高；波罗的海沿岸沙丘

鱼。森林面积为 203.8 万公顷，覆盖率为 30%。

经济

立陶宛共有 6.75 万个农场，占地面积 85.3 万公顷，平均每个农场面积为 12.6 公顷。农、林、牧从业人口占总人口的 20.5%，其中农业从业人口最多。工业主要由采矿和采石业、加工和制造业以及能源工业三大部门组成。2000 年，立陶宛逐渐摆脱 1998 年以来俄罗斯金融危机影响，经济有所回升，全年国内生产总值增长 2.9%，外贸额达到危机前水平。但总体经济状况不佳，失业率居高不下，人民生活水平下降。

习俗

立陶宛妇女服装色彩鲜艳，样式繁多，上身一般多着绣花或织花的白色长袖短衣，罩以格布或条布做成的宽大长裙，配有漂亮的坎肩和宽大的围裙。姑娘带系有绦带的花环。

男子多着镶有花纹的亚麻布衬衣，下穿便服长裤，罩以短外衣或背心，花腰带和花领带是男子服装上不可缺的物件。女子也常常围以花腰带。

立陶宛的木刻、民间建筑、织品、皮革上的轧印花纹、琢磨虎珀和陶器闻名遐迩，每年都举办多次工艺展览、集市贸易、文艺性的民间工艺节。

主要城市

维尔纽斯

维尔纽斯是立陶宛的首都，是全国政治、经济、文化和交通中心，位于立陶宛东南部涅利斯河广阔而蜿蜒的河谷上。维尔纽斯是立陶宛最古老的城市，1323 年成为立陶宛的首都。维尔纽斯是一座典型的欧洲文化古城，分旧城与新城两部分。旧城位于现在的市中心，新城街区和建筑物环绕旧城向四周辐射开去。旧城区古朴典雅，有 100 多座不同建筑风格的古建筑物。新城建筑与旧城交相辉映，形成了统一、和谐而优美的建筑群体。因此，人们把维尔纽斯誉为波罗的海的一颗明珠。维尔纽斯交通发达，是全国铁路枢纽，有通向明斯克、华沙、里加、塔林、圣彼得堡的直达线路，向国内西部地区辐射的铁路线路也很多。维尔纽斯依靠便利的交通条件和雄厚的科技力量，使工业发展在全国居领先地位，机械工业发达，生产的小型

节日的人群

聚集在立陶宛首都维尔纽斯德基尔拉斯广场的人们在庆祝他们的国家独立。立陶宛人于 1991 年从苏联独立出来，他们大多信仰罗马天主教，并且有自己独特的语言和文化。

精密机床、小电机、电视机、收录机、仪器仪表都很出名，轻工业和食品工业也有一定的实力。维尔纽斯有维尔纽斯大学等 6 所高等院校、6 座博物馆、5 座剧院。立陶宛科学院的 10 余个研究所也都设在此地。

旅游

主要旅游景点在特拉盖、百浪港、尼达、杜鲁斯基宁盖等。主要名胜有位于维尔纽斯市维尔尼亚河畔的圣安那教堂等。

白俄罗斯 /Belarus

地理位置

白俄罗斯是位于东欧平原西部的内陆国。东邻俄罗斯，北、西北与拉脱维亚和立陶宛交界，西与波兰毗邻，南与乌克兰接壤。

地形特征

地形以平原为主，间有丘陵和高地。西北部以高地为主，包括格罗德诺、沃尔科维斯克、新格鲁德克、明斯克等高地，其最高点捷尔任斯克海拔 345 米，中间还夹杂着低地，在这些低地上，分布着众多的河流和湖泊。东南部是平原地形。南部是低地，低地中央是沼泽区。

气候

白俄罗斯属温和的大陆性气候，1

正式名称	白俄罗斯共和国 (The Republic of Belarus)
面　　积	207 600 平方千米
人　　口	951 万（2015 年）
民　　族	共有 100 多个民族即白俄罗斯族、俄罗斯族、波兰族、乌克兰族、犹太人等
语　　言	官方语言为白俄罗斯语和俄罗斯语
首　　都	明斯克（Minsk）
行政区划	全国划分为明斯克、布列斯特、维捷布斯克、戈梅利、格罗德诺、莫吉廖夫 6 个州和具有独立行政区地位的首都明斯克市
地 理 区	欧洲平原、间有丘陵及沼泽

月份平均气温 −6 ℃，7 月份平均气温 18 ℃。年降水量为 500 ~ 700 毫米。

自然资源

主要矿产资源有钾盐、岩盐、煤炭、石油、磷灰石等。能源和原材料绝大部分靠进口。大小河流有 2 万多条，总长 9.06 万千米。白俄罗斯有 1 万余个湖泊，享有"万湖之国"美誉。森林覆盖率 36%。境内有 3.1 万种动物。

经济

1991 年独立以来，白俄罗斯基本沿袭了原有的计划经济管理体制，经济改革步伐谨慎。1996 年起，经济呈现恢复性增长，但 1998 年金融危机爆发后，形势渐趋恶化。2000 年经济形势略有好转，但总体看，产业结构不合理、企业效益不高、资金严重匮乏、通货膨胀居高不下等问题依然十分突出，摆脱危机尚需时日。

习俗

报喜节　每年的 3 月初，白俄罗斯人开始唤春。孩子们在 3 月 4 日这一天，把烤好的饼干抛向天空，再准确地接住以示迎春。妇女们在 3 月 9 日把一个大圆面包摆在铺在田野上的一块布上，表示人们在迎接春天。姑娘们用纸扎成各种小鸟，在屋顶、山坡等较高的地方摇动树枝唱迎春歌。

比利亚节　时间为每年的8月1日。白俄罗斯人认为，这一天是秋天的开始，姑娘们在小伙子的帮助下去摘苹果，而这一天以前是禁摘苹果的。

主要城市

明斯克

明斯克是白俄罗斯的首都，是全国最大的工业中心，也是全国文化中心之一。明斯克位于别烈纳河支流斯维洛奇河河畔，面积158.7平方千米，历史悠久，1067年就有记载。明斯克是白俄罗斯最大的工业中心，其工业产值占白俄罗斯工业总值的25%。工业以机械制造和金属加工业为主，轻工业也占有重要地位。生产的产品主要有拖拉机、收音机、电视机、照相机、钟表、摩托车、自行车、电冰箱、石膏制品、纺织品、皮鞋等。白俄罗斯有一半以上的印刷业集中在明斯克。明斯克的交通运输比较发达，有通往莫斯科、布列斯特、戈梅利、维尔纽斯的铁路运输干线，航空运输线同全国许多城市相连。明斯克是白俄罗斯的文化中心。这里有白俄罗斯科学院以及物理、数学、核能、历史、哲学等研究机构。市内还设有白俄罗斯大

白俄罗斯首都明斯克的广场

学、工学院、国民经济学院、师范学院和医学院等14所高等院校和170多所普通教育学校。

旅游

旅游业尤其是国际旅游业不发达。主要的旅游景点位于西部布列斯特州和格罗德诺州中间的别洛韦日，它与波兰的比亚沃维耶扎国家公园连成一片，是欧洲最大的原始森林，面积1165平方千米，历史上是波兰和俄国君主、贵族狩猎的地方。森林中有动植物群，且种类繁多，并饲养着欧洲野牛等稀有动物，1992年被列入世界遗产名录。

乌克兰 /Ukraine

地理位置

乌克兰位于欧洲东部，黑海、亚速海北岸。北邻白俄罗斯，东北接俄罗斯，西连波兰、斯洛伐克、匈牙利，南同罗马尼亚、摩尔多瓦毗邻。海岸线长约1000千米。

地形特征

境内大部分地区为平原和丘陵。东南部为顿涅茨山和亚速海沿岸丘陵，北部为波列西耶低地，中部是第聂伯河沿岸低地，南部是黑海沿岸低地。位于西南部的喀尔巴阡山有乌克兰最高峰——戈韦尔拉峰，海拔2061米。

正式名称	乌克兰 (Ukraine)
面　积	603 700 平方千米
人　口	4555 万（2015 年）
民　族	共有 130 多个民族，乌克兰族约占 77%，其他为俄罗斯、白俄罗斯等
语　言	官方语言为乌克兰语
首　都	基辅 (Kiyv)
行政区划	全国有 24 个州，1 个自治共和国，2 个直辖市
地理区	第聂伯－普里亚特低地、乌克兰北部高地、中部高原、东喀尔巴阡山脉、海岸平原及克里米亚山脉

气候

大部分地区属大陆性气候，受太平洋暖流影响，气候温和。降水量东南部 300 毫米，喀尔巴阡山 1200～1600 毫米。

自然资源

乌克兰矿藏丰富，约有 72 种矿物资源，如铁、铬、钛、铅、铝、镍、煤、石油等。顿巴斯是苏联最大的煤田之一，已探明储量为 420 亿吨。克里沃罗格的铁矿储量为 260 亿吨。

经济

乌克兰工农业生产水平较高，就其综合经济实力来讲，在苏联各加盟共和国中仅次于俄罗斯，居第二位，但自 1991 年独立后，经济指标连年下降。2000 年，乌克兰经济呈现独立以来首次回升态势，工农业生产基本实现预定目标，食品、木材加工、造纸、冶金、机械制造等领域均有较大增长，但能源、建材等领域仍在下滑。乌克兰经济立法不健全，贫富分化加剧。

习俗

饮食　乌克兰人的餐饮主要为面食，以面包、蔬菜、肉类以及乳制品为主，还喜欢吃一种用白面、奶渣、豌豆和白菜做的甜馅饺子。汤类以红甜菜汤、土豆汤和羊肉汤为主。

服饰　乌克兰男子多穿衬衫长裤，外罩坎肩。女子穿的衬衫，在袖口、领子、肩部、胸部及衣襟等处均绣有各种花纹图案，节日戴以鲜花和树枝编成的花冠。已婚妇女戴包发帽或扎花头巾。

装饰　乌克兰人注重住宅的装饰，房间内外廊都画有彩色壁画，经常可以看到颜色鲜艳的炉灶——这是典型的乌克兰民间造型艺术。手工艺刺绣的花巾、家织的长条粗毛毯、地毯等装饰房间的习俗，沿袭至今。

婚俗　乌克兰人正式成亲之前，男方家长要双手端着盛有包子的托盘，来到女方家与亲家聚集一堂，为双方儿女的婚事做最后的商谈。如果女方不如意这门婚事，姑娘就将一个大南瓜放在众人面前，表示"拒婚"，男方家长便悄然辞去，这叫"定弦日"。行结婚礼时，新郎新娘要双双站在一块大面巾上，这意味着夫妻将白头偕老一生不离。

主要城市

基辅

基辅是乌克兰的首都，全国政治、经济、文化中心。基辅位于第聂伯河畔，老城部分建在第聂伯河高耸的右岸上，后逐步向宽阔、低平的左岸扩展，两岸之间有公路和铁道相连，交通十分便利。城市的四周为森林环抱，市内有许多花园和公园，风景秀丽，满目苍翠。市中心处在右岸的旧城区，宽阔的中央大道克列夏齐克大街两侧楼厦林立，现代化的豪华饭店、影剧院、博物馆、美术馆、

在乌克兰首都——基辅的市场摊位上，一名挂满勋章的自豪的"二战"老兵正在称浆果与樱桃。在苏联统治时期，国家控制所有的食品交易，现在，小型的私人企业已发展起来。

大百货商店高低错落，繁华热闹。基辅是乌克兰重要的商业中心和综合性的工业中心，其中轻工业最发达，机器制造业和化学工业也发展很快，金属加工、仪表制造、建筑材料、制药、食品和印刷工业也有一定规模。基辅是乌克兰重要的水路、铁路、公路和航空枢纽。水路干线主要靠第聂伯河，沿河可到赫尔松、顿巴斯煤田、敖德萨，并通黑海，经第聂伯河—布格运河可到波兰。铁路可直达莫斯科、伏尔加格勒、哈尔科夫、敖德萨等城市。公路四通八达，与莫斯科、圣彼得堡等城市都有公路相连。航空运输可通往世界各国。基辅是乌克兰最大的科学、文化中心。这里有乌克兰科学院等多个科研机构，有基辅大学、工学院、建筑工程学院、民用航空工程学院、基辅医学院、师范学院和音乐学院等18所高等院校，还有卫国战争史国家博物馆和基辅艺术博物馆等26座博物馆、1000多个图书馆、10多座剧院。基辅市内保存有众多的名胜古迹。如基辅大公阿斯科尔达的白色半圆形陵墓、索非亚大教堂、基辅罗斯主要宗教中心、基辅洞窟大修道院、安德烈耶夫教堂、韦拉基米尔·斯维雅托斯拉维奇大公住过的别斯托沃救世主教堂、沙皇行宫和总督官邸的马林斯基宫、莫斯科奠基者尤里·多尔戈鲁基公爵的陵墓、鲍格丹·赫米尔尼茨基的纪念碑、弗拉基米尔大教堂以及瓦杜丁将军的纪念像等。

雅尔塔

雅尔塔是黑海重要的出口海口，人口10万余。位于克里米亚南岸，三面环山，南临烟波浩渺的黑海。这里全年平均温度为13℃左右，四季如春、果园林立、百花盛开，海风习习，是旅游和疗养的胜地，有"克里米亚明珠"之称。雅尔塔西有乌昌苏瀑布，东有捷列克伊卡急流。雅尔塔的海滩有"黄金浴场"之称，这里的近海浅滩，清澈见底、沙滩宽阔、沙质细软。海岸附近，绿树成荫，无数疗养别墅隐隐约约点缀其间，建筑造型风格各异，仿佛是欧洲建筑艺术的"博览会"。

旅游

2008年，乌克兰旅游接待外国游客289万人。乌克兰主要景点分布在基辅、克里米亚半岛、敖德萨等地。

圣索非亚大教堂位于基辅市。教堂面积2035平方米，用砖和石料砌成，布局严谨，气势雄伟。内有宽敞庄严的长廊、13个十字的圆穹顶、梯形结构的主拱门及双层绕廊。殿内保存着11～12世纪珍贵的镶嵌画和壁画，其中有宗教题材，也有世俗生活的场面，还有被称为"智者"的雅罗斯拉夫一家的群像。教堂建筑及其装饰受到拜占廷的影响，但其结构却是基辅民间别具匠心的创造。

摩尔多瓦 /Moldova

地理位置

摩尔多瓦位于俄罗斯平原与喀尔巴阡山交界带，东、南、北与乌克兰为邻，西连罗马尼亚。地势为多冈平原，平均海拔147米，最高点巴拉涅什特山，海拔429米。

气候

摩尔多瓦气候属温带大陆性气候，最低气温 −35℃，最高气温41℃。年平均降水量400～500毫米。

自然资源

主要有建筑材料、磷钙石、褐煤等。地下水资源丰富，约有2200个天然泉。森林覆盖率为9%，主要树种有柞树、千金榆树、水青冈树等。野生动物有獐、狐狸和麝鼠等。

经济

农业占重要地位，其中葡萄种植业和园艺业又在农业中占有重要地位。谷物种植主要是玉米、小麦。摩尔多瓦是一个以农业为主的国家，农业产值占国内生产总值的50%左右。工业中以食品工业最为重要，约占工业产值的50%，

正式名称	摩尔多瓦共和国（The Republic of Moldova）
面　积	33 800平方千米
人　口	355.4万（2015年）
民　族	摩尔多瓦族、乌克兰族、俄罗斯族、加告兹族、保加利亚族、犹太族等
语　言	官方语言为摩尔多瓦语；通用俄语
首　都	基希讷乌（Chisinau）
行政区划	全国共分32个区、3个直辖市（基希讷乌、伯尔兹、本德尔）及2个地方行政区（加告兹自治行政区、德涅斯特河左岸行政区）
地理区	欧洲平原

主要生产烟、酒、糖、植物油、蔬菜、水果罐头等。摩尔多瓦盛产葡萄酒，有"葡萄酒王国"之称。摩尔多瓦独立后，经济状况不断恶化。2000年，摩尔多瓦经济开始回升。2008年国内生产总值为628.4亿摩列伊，约合60.4亿美元，同比增长7.2%；人均国内生产总值达17615摩列伊，约合1694美元。汇率（2008年12月31日）：1美元 = 10.4002摩列伊。

主要城市

基希讷乌

基希讷乌是摩尔多瓦的首都，人口78万，是全国政治、经济和文化中心。基希讷乌位于德涅斯特河支流贝克河畔，基希讷乌是全国的工业中心，生产量具、机床、拖拉机、水泵、电冰箱、洗衣机和绝缘线等，有酿酒、磨粉和烟草加工业。所生产的葡萄酒、白兰地等国内外驰名。市内有科学院、基希讷乌大学等6所高等院校，还有几所科研机构。市区街道宽阔，整齐清洁，造型各异的白色高层楼筑，在梧桐树和栗树的衬托下，显得格外雅致。市郊绿野田畴，生机盎然。

罗马尼亚 /Romania

地理位置

罗马尼亚位于东南欧巴尔干半岛东北部。北和东北分别与乌克兰和摩尔多瓦为邻，南接保加利亚，西南和西北分别与塞尔维亚和匈牙利接壤，东南临黑海。海岸线 245 千米。

地形特征

罗马尼亚国土 1/3 是山脉，1/3被丘陵覆盖，另外 1/3 由平原和台地组成。它的"脊梁"由喀尔巴阡山构成，这一山脉在罗马尼亚国土上蜿蜒而过，形成一弓形，大约有 100 千米宽。山势先是向东南延伸，然后如同特兰西瓦尼亚境内的阿尔卑斯山折向西。这些山脉受到侵蚀，相对较低，海拔 900 ~ 1800 米。在特兰西瓦尼亚的阿尔卑斯山也有更高的山峰，海拔甚至超过 2450 米。山峰被森林覆盖，其间点缀着高地草场和冰川湖。喀尔巴阡山脉的东南边缘是摩尔多瓦和瓦拉几亚的山麓丘陵和长满青草的高原，一直向东延伸到普鲁特河，向

正式名称	罗马尼亚（Romania）
面　　积	238 391 平方千米
人　　口	1980 万（2015 年）
民　　族	罗马尼亚、匈牙利、茨冈、日耳曼、乌克兰、俄罗斯、塞尔维亚、斯洛伐克、土耳其、鞑靼等民族
语　　言	官方语言为罗马尼亚语；主要民族语言为匈牙利语
首　　都	布加勒斯特（Bucuresti）
行政区划	1 个直辖市和 41 个县，下设市、镇、乡
地 理 区	外西凡尼亚、布科维拉、摩尔多瓦、瓦拉几亚、巴纳特和多布罗加

南到达多瑙河。在喀尔巴阡山脉的弓形当中是特兰西瓦尼亚盆地，这是一块多丘陵的台地，平均海拔约 450 米，穆列什河和索梅什河流过山谷形成了深而宽的皱痕。其余的就是现在的罗马尼亚与其邻国共有的大片领土的残余部分——位于多瑙河下游和黑海之间的多布罗加，它从北部浅而多沼泽的多瑙河三角洲一直延伸到南部的陡峭悬崖和沙滩海滨，形成了罗马尼亚的整条海岸线。

气候

罗马尼亚的气候属中等湿度的大陆性气候，季节和地区差异较大。它有着干热的夏季、漫长的秋季、多雪的冬季和短暂的春季。在布加勒斯特，1 月平均气温为—3℃，7 月则为 23℃。全国的大部分地区降雨量充足，并且从东到西，从山区到平原递减，年降水量（雨和雪）的范围从三角洲的 380 毫米到山区的 1270 毫米，全国平均为 710 毫米。沿多瑙河及其支流的春季洪水和夏季严重的干旱是很普遍的。

自然资源

矿藏有石油、天然气、煤、铝土矿、金、银、铁、锰、锑、盐、铀、铅、矿泉水等，森林面积为 625 万公顷，约占全国面积的 26%，水力资源蕴藏量为 565 万千瓦。内河和沿海产多种鱼类。

经济

全国有农业面积 1 479 万公顷，其中耕地面积 906 万公顷。农村人口占全国人口的 45.1%。主要农作物有粮食、甜菜、马铃薯、向日葵、大豆和蔬菜等。此外，葡萄种植业发达，

全国有 30 多万公顷葡萄园，居世界种植园第七位。工业总产值约占国内生产总值的 27.6%，主要工业部门有冶金、石油化工和机器制造。

习俗

每年夏至（6 月 21 日或 22 日）是罗马尼亚人的仲夏节。这一天，农村通常要举行以祭祀色列斯（神话中的谷物女神）为中心的庆祝活动。因为是她赐予大地丰饶的物产。这一天，人们欢欢喜喜参加游行，边歌边舞，簇拥着"谷物女神"走向即将收割的麦田。

主要城市

布加勒斯特

布加勒斯特是罗马尼亚的首都，全国最大的城市和政治、经济、文化中心。布加勒斯特位于东部瓦拉几亚平原的中心，多瑙河支流登博维察河畔，面积 605 平方千米，包括 6 个市区和 1 个农业区（伊尔福夫）。工业产值占全国总产值的 18%，内燃机、轮胎生产占全国产量的 1/5，棉纱、棉织品和植物油的产量占全国的 1/3，糖类制品占全国产量的 1/2。大型工业有"红格里维察"化工设备厂和冶金设备的"火山"厂、"新时代"冶金厂等。轻工业有塑料厂、家具厂、针织厂、服装厂等。布加勒斯特有各种性质的贸易机构 5900 多个。布加勒斯特也是全国的文化教育中心，市内有 12 所重点高等学校，还有很多科研单位和近千个图书馆。布加勒斯特是座美丽的城市。登博维察河从西北穿过市区，与河平行的 12 个湖泊一一相连，宛如一串珍珠。布加勒斯特还有很多名胜古迹和博物馆，其中比较著名的有大国民议会宫、自由新闻大厦、共和国宫。

旅游

旅游资源比较丰富，其主要旅游景区分布在布加勒斯特、黑海海滨、多瑙河三角洲及摩尔多瓦等地区。喀尔巴阡山的山色湖光、黑海之滨的碧浪细沙、多瑙河三角洲的奇特景观以及遍布全国各地的温泉疗养站让人流连忘返。

保加利亚 /Bulgaria

地理位置

保加利亚位于欧洲巴尔干半岛东南部，西邻塞尔维亚和马其顿，南部分别与土耳其、希腊接壤，北邻罗马尼亚，东濒黑海，海岸线长 378 千米。

地形特征

保加利亚地形主要分为 4 个地区，从北向南依次是多瑙河高原、巴尔干山脉、色雷斯平原和罗多彼山脉。高山和丘陵占 70%。巴尔干山脉横贯保加利亚中部。罗多彼山脉耸立在马里查河谷和色雷斯—马其顿地区之间。里拉—罗多彼山脉相汇处的穆萨拉峰海拔 2925 米，为巴尔干半岛的最高峰。

气候

巴尔干山脉以北地区属于温和的大陆性气候，南部属于地中海气候。温差大，最低气温 −38℃，最高气温 45℃。年平均降水量 670 毫米。

正式名称	保加利亚共和国（The Republic of Bulgaria）
面　　积	111001.9平方千米（包括河界水域）
人　　口	718万（2015年）
民　　族	主要民族为保加利亚族、土耳其族、吉普赛族
语　　言	保加利亚语为官方语言和通用语；土耳其语为主要少数民族语言
首　　都	索非亚（Sofia）
行政区划	共有28个大区和254个乡
地理区	多瑙河台地、巴尔干山区、中央低地、罗多彼山区

自然资源

自然资源贫乏。主要矿藏有煤、铅、锌、铜、铁、铀、锰、铬、矿盐和少量石油。森林面积408万公顷，约占全国总面积的37%。

经济

外贸在保加利亚经济中占有重要地位。1989年前国民收入的90%靠进出口贸易来实现，进出口主要依赖于前经贸互惠国家。1989年年底，保加利亚逐步向市场经济过渡，在平等的条件下发展包括私有制在内的多种所有制经济，优先发展农业、轻工业、旅游业和服务业。1991年2月，政府在世界银行的协助下开始实施"休克疗法"经济改革。市场供应紧张的状况缓解，商业和服务业发展较快，但同时也带来了生产严重衰退、通货膨胀、失业人数骤增和人民生活水平急剧下降等后果。近几年来，政局基本稳定，经济出现了缓慢的恢复性增长。

习俗

玫瑰节　在保加利亚，玫瑰被奉为"国花"。每年6月的第一周，人们以卡赞勒克市为中心庆祝玫瑰节。该市西部有一条长90多千米、宽10千米的种满五颜六色的玫瑰的山谷，即玫瑰谷。

三月花　每年3月1日，在保加利亚的城乡，人们胸前都别着一朵用红、白两色丝绒或毛线编织或缠绕成的绣花球或似葫芦的小花，这就是象征健康的"三月花"。

葡萄节　色雷斯人崇拜酒神——萨巴西厄斯。萨巴西厄斯神把天使特里方遣往人间修剪葡萄枝，带来了当年葡萄的大丰收。于是，2月14日便成了保加利亚传统的葡萄节。

斯拉夫文字节　每年5月24日，保加利亚人民都要过这个传统节日。斯拉夫文字节由基里尔和麦托迪兄弟两人创办，这个节日又叫基里尔和麦托迪节，现已成为保加利亚全国性的文化、教育和新闻节日。

主要城市

索非亚

索非亚是保加利亚的首都，人口125万，全国政治、经济、文化和交通中心，坐落在索非亚盆地的南部，在伊斯克河及其支流弗拉达亚·佩尔洛夫和苏雷多夫河的阶地上，地处维托沙山、留林山和洛赞山的环抱之中。铁路把索非亚和全国各大城镇连成一片，许多公路和航空线也以此为中心。索非亚也是保加利亚最大的工业中心。这里集中了全国20%的工人和17%的大型工业企业。索非亚的机器制造业和金属加工工业最为发达，有"巴尔干矿泉城"的美誉。城南的维托沙山风光秀丽，山麓有一条矿泉带，水温在40℃左右，能治疗多种疾病。整个城市以"九九"广场为中心，大体形成3个区：东南部的文化区，北部的工业区、中部的商业和行政区。

旅游

保加利亚是欧洲历史悠久的文明古国之一，全国各地历史遗迹甚多，如色雷斯、罗马时代和拜占廷时期的古迹，还有各地的古镇博物馆、众多的修道院、古城堡、各式古代教堂，有些景点就在市区，如罗马文化遗留下来的建筑群。2009年保加利亚旅游外汇收入达25.59亿欧元，年增长0.9%。

俄罗斯 /Russia

地理位置

俄罗斯位于东欧和北亚。北邻北冰洋，东濒太平洋，西接大西洋。东西最长为9000千米，南北最宽为4000千米。陆地邻国西北面有挪威、芬兰，西面是爱沙尼亚、拉脱维亚、立陶宛、波兰、白俄罗斯，西南面是乌克兰，南面有格鲁吉亚、阿塞拜疆、哈萨克斯坦，东南面有中国、蒙古、日本和朝鲜。东面和美国隔海相望。海岸线长33807千米。

地形特征

俄罗斯的地形以平原为主，平原、低地和丘陵约占国土总面积的60%，高原和山脉各占20%。平原和低地主要分布在叶尼塞河以西地区。叶尼塞河以东大多是高原、山脉，在俄罗斯南部和东部则环绕着山岳地带。

俄罗斯地势的基本特征是呈梯级状，从东向西逐级下降。其欧洲领土大部分为东欧平原和乌拉尔以东西西伯利亚平原，东南缘是阿尔泰山脉。叶尼塞河和勒拿河之间有中西伯利亚

莫斯科河

高原、图尔盖高原、帕米尔高原。山脉众多，大部分分布在边缘地区，可分为高加索山带、东部山带和斜交山带。高加索山脉的最高峰厄尔布鲁士山峰高达5642米，是欧亚两洲分界线的一部分。东部山带海拔4750米的克留赤夫火山是欧亚大陆最高的火山。斜交山带斜着纵贯俄罗斯东半部，整个山体不高。俄罗斯境内自北向南为北极荒漠、冻土地带、草原地带、森林冻土地带、森林地带、森林草原地带、草原地带和半荒漠地带。

气候

俄罗斯幅员辽阔，气候复杂多样，但总的来说基本属于北半球温带和亚寒带的大陆性气候，依其大陆性程度的不同，以叶尼塞河为界可分为两部分，西

正式名称	俄罗斯联邦，或俄罗斯（The Russian Federation）
面　积	17075400平方千米
人　口	14410万（2015年）
民　族	民族180多个，其中俄罗斯人占79.8%；主要少数民族有鞑靼、乌克兰、楚瓦什、巴什基尔、白俄罗斯、摩尔多瓦、日耳曼、乌德穆尔特、亚美尼亚等
语　言	俄罗斯联邦全境内的官方语言为俄语，各共和国有权规定自己的语言，并在该共和国境内与俄语一起使用
首　都	莫斯科（Moscow）
行政区划	根据俄罗斯有关资料，俄罗斯联邦现由83个联邦主体组成。包括21个共和国、9个边疆区、46个州、2个联邦直辖市、1个自治州、4个民族自治区
地理区	欧洲平原、乌拉尔山脉、西部西伯利亚平原、中部西伯利亚平原、东部西伯利亚平原

部属温和的大陆性气候，西伯利亚属强烈的大陆性气候；西北部沿海地区具有海洋性气候特征，而远东太平洋沿岸则带有季风性气候的特点。俄罗斯大部分地区冬季漫长寒冷，夏季短促温暖，春秋两季很短。就全俄罗斯而言，降水偏少，年平均降水量为530毫米。

自然资源

资源十分丰富，种类多，储量大，自给程度高。石油探明储量65亿吨，占世界储量的12%～13%。森林覆盖面积8.67亿公顷，占国土面积的51%，为世界第一位。木材蓄积量807亿立方米。天然气已探明蕴藏量为48万亿立方米，占世界探明储量的1/3，居世界第一位。水力资源4270立方千米，居世界第二位。核电占俄罗斯电力的10%。煤蕴藏量2000亿吨，居世界第二位。铝蕴藏量居世界第二位，铁蕴藏量居世界第一位，铀蕴藏量居世界第七位，黄金储藏量居世界第四到第五位。

经济

农业产值占国内生产总值的12.2%。农业用地约占国土面积的12.9%，可耕地面积约2.21亿公顷。农牧业并重，主要农作物有小麦、大麦、燕麦、玉米、水稻和豆类。经济作物以亚麻、向日葵和甜菜为主。畜牧业主要为养牛、养羊等。

工业产值占整个国内生产总值的68.6%。2000年工业部门从业人口为1211.4万人。工业基础雄厚，俄罗斯已经形成了以九大工业部门（能源、黑色冶金、化学和石油化工、机器制造和金属加工、木材加工和造纸、建筑和材料、轻工、食品和微生物）为中心的完整的工业体系。无论从经济实力的基础情况来看，还是从工业、科技区域布局来考察，俄罗斯继承了苏联工业的绝大部分。2001年，工业产值增长4.9%。能源工业占突出地位。苏联钢铁基地中的乌拉尔、中央区和西西伯利亚3个位于俄罗斯境内。俄罗斯工业的核心是机器制造业和金属加工工业。俄罗斯在动力设备、冶金设备、拖拉机、农业联合收割机、内燃机车、电气机车、铁路车厢、公共汽车、掘土机、推土机的总产量方面均居世界前列。机械工业区主要有三处：以莫斯科和下诺夫哥罗德为中心的中部机械工业区；以斯维尔德洛夫斯克和车里雅宾斯克为中心的乌拉尔机械工业区；以圣彼得堡为中心的西北部机械工业区。

俄罗斯的科学技术具有世界一流水平，一些尖端技术已与工业发达国家拉平，有些项目已超过西方。在20世纪，世界上第一颗人造地球卫星、第一艘载人宇宙飞船、第一座核电站、第一颗氢弹、第一艘原子破冰船，都诞生在苏联（俄罗斯）。同时俄罗斯还拥有一大批世界上著名的科学家、学者。在1901～2001年的100年间，俄罗斯有10位科学家获得诺贝尔科学奖。H.E.茹科夫斯基（1847～1921年）提出的不可压缩气体环流理论，揭示了升力的本质，首创了飞机螺旋桨的涡流理论。这位被称为"俄罗斯航空之父"的科学家为发展现代航空技术奠定了基础。康·艾·齐奥尔科夫斯基（1857～1935年）于1903年阐明了火箭飞行理论，论述了将火箭用于星际交通的可能性，提出了液体燃料火箭的设想和原理。1929年他又提出多级火箭结构的设想。苏联科学家正是以他的原理为基础，于1957年10月4日发射了世界上第一颗人造地球卫星。1961年4月，尤里·加加林完成了人类第一次宇宙飞行，20世纪80年代以来，苏联宇航员多次创造在空间逗留的世界纪录。

1999年，受卢布贬值和国际市场油价上扬以及普里马科夫政府大幅调整经济政策、加强国家宏观调控等内外多种因素的综合影响，俄罗斯经济呈现好转势头，主要经济指标基本恢复到金融危机前的水平。2000年，普京继续推行社会经济稳定政策，拒绝搞"休克疗法"和激进的自由市场经济改革，致力于改善国内投资环境以吸引外资，加紧推行税制改革，简化税种，减轻税负，促进国内工业复苏和发展。对外利用国际油价一度上涨的有利形势，大搞"能源外交"，拓展国外市场，俄罗斯经济好转势头进一步得到巩固，宏观经济指标大幅上扬。

习俗

面包和盐　铺着绣花的白色面巾的托盘上放上大圆面包，砚上面放一小纸包盐。捧出"面包和盐"来迎接客人，是向客人表示最高的敬意和最热烈的欢迎。

称呼　俄罗斯的姓名包括3个部分，依次为名、父称、姓。女人结婚后一般随男人姓，有的保留原姓。在俄罗斯人当中，在不同的场合对不同对象有不同的称呼。在正式公文中要写全称，非正式文件中名字和父称一般写缩写。表示有礼貌和亲近关系时，用名和父称。平时长辈对晚辈或同事朋友之间只称名字。在隆重的场合或进行严肃的谈话时，用大名。平时一般用小名。表示亲近时用爱称。对已婚妇女必须用大名和父名，以示尊重。

忌讳　俄罗斯特别忌讳"13"这个数字，认为它是凶险和死亡的象征。相反，认为"7"意味着幸福和成功。俄罗斯人不喜欢黑猫，认为它不会带来好运气。俄罗斯人认为镜子是神圣的物品，打碎镜子意味着灵魂的毁灭。但是如果打碎杯、碟、盘则意味着富贵和幸福，因此在喜筵、寿筵和其他隆重的场合，他们还特意打碎一些碟盘表示庆贺。俄罗斯人通常认为马能驱邪，会给人带来好运气，尤其相信马掌是表示祥瑞的物体，认为马掌既代表威力，又具有降妖的魔力。遇见熟人不能伸出左手去握手问好，学生在考场不能用左手抽考签等。

主要城市

莫斯科

莫斯科是俄罗斯的首都，人口1038万，是全国最大的城市，政治、经济、科技、文化和交通中心。莫斯科地处俄罗斯欧洲部分中部，跨莫斯科河及其支流亚乌扎河两岸，面积900平方千米。莫斯科是一座历史悠久和具有光荣革命传统的城市，建于

芭蕾舞《天鹅湖》

12世纪中期，至今已有800多年的历史。莫斯科是俄罗斯最大的工业中心，工业总产值居全国首位，工业部门齐全，拥有各种工厂2000多座，其中有许多现代的大型工厂。莫斯科的机器制造业非常发达，化学工业、食品加工业、印刷业以及市郊的农业都很发达。俄罗斯最大的商业以及金融办事机构也都设在莫斯科。莫斯科是俄罗斯最大的交通枢纽，这里有11条电气化铁路、14条公路通向四面八方，在离市区50千米的外围修筑了全长550多千米的大环行铁路。莫斯科的水路交通也很发达，莫斯科河流经市区，有3个河港。莫斯科运河的开凿，将莫斯科河与伏尔加河沟通，另外又有多条运河同其他河系连接，特别是在伏尔加河—顿河运河通航后，莫斯科便成了波罗的海、白海、黑海、亚速海及里海的"五海之港"。莫斯科有4个机场，是重要的国际航空港，与本国200多个城市以及近70个国家的首都和大城市通航。莫斯科的地铁不仅是莫斯科市的重要交通系统，也是市内一大景观。莫斯

科是俄罗斯最大的文化、科技中心，许多科研机构和近百所高等院校设在这里，其中包括列宁农业科学院、教育科学院、医学科学院以及历史最久、规模最大的国立莫斯科大学。市内还有各种剧院30多座，有博物馆80多所，国立列宁图书馆是世界上最大的图书馆。莫斯科是一座布局严整的城市，市内布局以克里姆林宫和红场为中心，一环套一环地向四周辐射伸展。1991年以后，全市共分为10个行政区域。分别是：中央区、北区、东北区、东区、东南区、南区、西南区、西区、西北区、绿城区。

圣彼得堡

圣彼得堡是俄罗斯第二大城市、中央直辖市，人口495万。圣彼得堡曾叫列宁格勒，位于波罗的海芬兰湾东岸涅瓦河河口，面积570平方千米。圣彼得堡是一座举世闻名的历史名城。1703年5月彼得一世在涅瓦河河口的一个小岛上建立城堡，这就是圣彼得堡的由来。1712年，圣彼得堡成为俄国的首都，在此后200多年的时间里，它一直是俄国的政治、经济和文化中心。18世纪和19世纪俄罗斯科学文化方面

莫斯科红场
俄罗斯最具历史价值的标志性景点之一，步入红场就仿佛走进了俄罗斯的精神家园。

的杰出人物都与圣彼得堡城有联系。罗蒙诺索夫、门捷列夫、巴甫洛夫都在圣彼得堡科学院进行过多年的科学研究，取得了世界公认的成果；普希金、果戈理、莱蒙托夫在这里留下过广为传诵的瑰丽篇章；西欧和俄罗斯的音乐艺术在这里结合，诞生了格林卡、柴科夫斯基等音乐大师；芭蕾艺术在这里生根开花，使俄罗斯芭蕾艺术风靡全球。圣彼得堡是俄罗斯重要的经济中心之一，是其西北经济区的中心，也是对外贸易的重要港口和军事重地。圣彼得堡的重型机械、精密仪器制造业在俄罗斯都是首屈一指的。这里生产的仪表、机床、拖拉机、无线电器材以及化工产品驰名世界，远销东欧、拉美、亚洲和非洲的数十个国家和地区。轻工业尤其是食品工业也有很大发展。圣彼得堡的舰船制造业和海洋运输特别发达，不但能制造各类舰艇和商船，而且还能制造导弹巡洋舰、驱逐舰、潜艇和核动力破冰船等。苏联第一艘原子破冰船"列宁号"就诞生于此。圣彼得堡30千米处的科特林岛一向是波罗的海舰队的主要基地。该市还建有中央热电站、原子能发电站和北方中央热电站。圣彼得堡是俄罗斯第二大交通枢纽，有12条铁路干线在此交会。圣彼得堡还是俄罗斯最大的海港，同时也是俄罗斯重要的科学文化城。市内设有俄罗斯科学院地质研究所、东方学研究所分所、动物研究所、高分子化合物研究所、考古研究所等科研、设计单位300多个。圣彼得堡大学是俄罗斯有名的学府之一。市内的各种剧院、音乐厅有20多个，图书馆有2000多个。基洛夫歌舞剧院和芭蕾舞模范剧院在世界艺术史上也有一席之地。爱尔米塔

圣彼得堡的喀山大教堂

什博物馆和俄罗斯博物馆所藏艺术珍品在俄罗斯名列前茅。

旅游

　　旅游业为新兴经济部门，近年来发展较快，但在国民经济中尚不占重要地位。目前，俄已通过《俄罗斯至2015年旅游法发展战略》根据该发展战略，2015年前俄将投资3万亿卢布发展旅游，每年到俄旅游的外国游客将达到3200万人。

　　克里姆林宫（Kremlin）是俄罗斯最著名的旅游景点，坐落在莫斯科涅格林纳河和莫斯科汇合处的鲍罗维茨丘陵上，克里姆林即"内城"之意，始建于1156年，原为苏兹达里大公爵尤里·多尔哥鲁基的庄园，为历代沙皇的宫殿，现为俄罗斯联邦政府所在地。宫墙的三

面有 20 座塔楼，其中 5 座上装有大小不一的红宝石五角星，红光闪闪。宫墙内有众多的殿宇和教堂。多棱宫是沙皇举行庆功盛典和接见外国使臣的殿堂。天使大教堂为帝王墓地，伊凡大钟塔是克里姆林宫的最高建筑，高 81 米，登其顶，莫斯科全景可尽收眼底。现克里姆林宫的大片公园和古迹均对外开放。和克里姆林宫毗邻的著名红场南端建有瓦西里·勃拉仁内升天大教堂和列宁陵墓。

克里姆林宫
俄罗斯政府的代称。曾是历代沙皇的官殿，现在是俄罗斯总统办公的地方。